I0876450

Kohlhammer

Die Schriftstellerin Aura Koivisto (geb. 1964) hatte eine außergewöhnliche Kindheit: Sie lebte in ihrer Kindheit im Zoo von Korkeasaari, wo ihr Vater Direktor war. Sie schreibt Artikel für Zeitschriften und hat sowohl Sach- und Kinderbücher als auch Belletristik veröffentlicht. Ihre rund 25 Bücher wurden in mehrere Sprachen übersetzt.

Aura Koivisto

Georg Wilhelm Steller

Die Opfer einer Forschungsreise

Aus dem Finnischen von Marleen Hawkins

Verlag W. Kohlhammer

Die Übersetzung wurde von Finnish Literature Exchange (FiLi) mit einer großzügigen Förderung unterstützt.

FILI FINNISH LITERATURE EXCHANGE

Umschlagabbildung: Der Shishaldin Vulkan auf Unimak Island, Aleutische Inseln, Alaska (Foto: naql via flickr.com; CC BY 2.0).

Das finnische Original erschien erstmals 2019 unter dem Titel Mies ja merilehmä. Luonnontutkija Georg Stellerin kohtalokas tutkimusmatka (Into Kustannus Oy, ISBN 978-952-351-154-5)

1. Auflage 2024

Gesamtherstellung: W. Kohlhammer GmbH, Stuttgart

Print:
ISBN 978-3-17-042654-2

E-Book-Formate:
pdf: ISBN 978-3-17-042655-9
epub: ISBN 978-3-17-042656-6

Inhalt

Vorwort des Verlages

Das tragische Aussterben der Stellerschen Seekuh ist geradezu paradigmatisch für unzählige Tier- und Pflanzenarten, die der unbedachten menschlichen Wirkmacht zum Opfer fielen und gegenwärtig mehr denn je fallen.

Der Rückblick auf die historische Expedition Berings und die faszinierenden Entdeckungen Georg Wilhelm Stellers können vor diesem Hintergrund auch als ein Ausblick in die Zukunft unserer Welt begriffen werden. Geschichte, Gegenwart und Zukunft gehen in dem geistreichen Text von Aura Koivisto eine spannende Verbindung ein.

Daher war es dem Kohlhammer Verlag ein Anliegen, die Übersetzung dieses einzigartigen Buches in Angriff zu nehmen. Dass die Übersetzung durch Frau Marleen Hawkins realisiert werden konnte, ist der tatkräftigen Unterstützung vieler zu verdanken. Ihnen allen sei an dieser Stelle gedankt. Namentlich sind zu nennen: Dr. Joachim Ruf, der die Übersetzung nicht nur angeregt, sondern darüber hinaus das Projekt in allen Phasen verfolgt und unterstützt hat. Die Übersetzung wurde von Finnish Literature Exchange (FiLi) mit einer großzügigen Förderung unterstützt. Frau Prof. Dr. Margritt Engel hat den Druck des Buches mit einem Zuschuss unterstützt. Ebenso hat der Rotary Club Rothenburg o. d. T. die Produktion des Buches gefördert. Viele haben die durch Krankheiten geprägte Übersetzungsphase mit Interesse und Zuspruch verfolgt und so die Last mitgetragen. Ihnen allen gebührt unser Dank, denn ohne ihre Hilfe wäre dieses Buch nie in deutscher Sprache erschienen.

Für Übersetzungen gilt: So nah am Original wie nötig und so frei wie möglich. Konkret haben Übersetzerin und Verlag sich bemüht, Überlegungen und Beispiele, die im Originaltext speziell auf Finnland gemünzt sind, entweder auf Deutschland oder auf Festlandeuropa zu übertragen.

Wörtliche Zitate wurden von der Autorin zwar ausgewiesen, jedoch wie in Sachbüchern üblich nicht wissenschaftlich belegt. Diese Eigentümlichkeit haben wir in die deutsche Übersetzung übernommen.

Frühjahr 2024

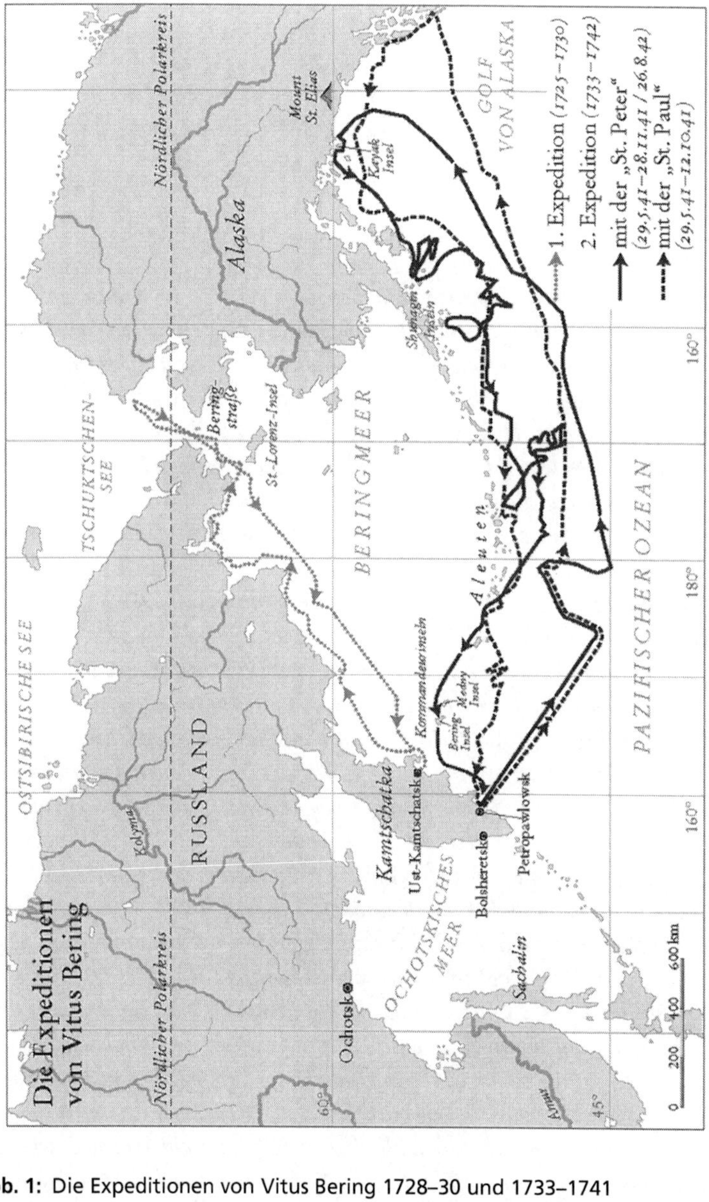

Abb. 1: Die Expeditionen von Vitus Bering 1728–30 und 1733–1741

Gedanken eines Verstorbenen

Ich dachte oft an meine einsamen Stunden auf jener Insel im Arktischen Ozean. Keine andere Zeit erinnere ich so intensiv. Liegt es daran, dass das Leben dort so ungewiss und deshalb so intensiv war? Seltsam war diese Zeit, fremd und unwirklich, trotz aller alltäglicher Pflichten und vielerlei Unannehmlichkeiten. Fleischsuppe kochen, Holz hacken, Kleidung nähen, Durchfall, Ekzeme und Muskelkater, aber wir lebten wie auf unserem eigenen kleinen Planeten, in einem unbewohnten Raum zwischen Himmel und Meer, wobei der Rest der Menschheit nichts von uns wusste. Für sie waren wir tot. Und in der Tat: Tote gab es in unseren Reihen wahrlich reichlich.

Am Leben zu bleiben, erfordert in diesem primitiven Umfeld harte Arbeit und hohe Risikobereitschaft. Wir konnten nicht alles hinterfragen oder anzweifeln. Wir mussten uns die Kälte und den Hunger vom Leibe halten, um zu überleben. Wir mussten täglich an die Grenzen gehen und an dem Glauben festhalten, dass wir es eines Tages – so Gott will – wieder ans Festland schaffen würden. Am meisten machte uns der Mangel an Tageslicht zu schaffen, denn dadurch war die Zeit für die Arbeiten und andere Tätigkeiten begrenzt, während der erzwungene Müßiggang niemandem nützte. Bereits bevor der Sturm uns an das Ufer der Insel gedroschen hatte, schien sich eine düstere Schwere auf den Himmel gelegt zu haben und die darauffolgenden bewölkten, nebligen und grauen Tage hielten über Wochen an – wie ein Wechselspiel zwischen Dämmerung und totaler Finsternis. Nordlichter habe ich indes nur ein einziges Mal gesehen.

Im Winter lag alles unter einer Decke aus Eis und Schnee verborgen. Schnee, den der Wind auf die Insel gepeitscht hatte. Und wie der Wind uns tagelang antrieb, sodass es die reinste Mühe war, überhaupt aufrecht zu stehen, geschweige denn sich in die richtige Richtung fortzubewegen. Der Schnee, den die Windstöße mit sich trugen, machte die Augen blind und schlug seine glitzernden Stacheln in unsere Gesichter. Blickte man hinter sich, hatte er bereits die eigenen Fußspuren verweht, wie ausradiert. In den Schluchten zwischen den Klippen heulte und pfiff der Wind manchmal so dröhnend und furchterregend, als hätte ein böses Ungeheuer sich losgerissen, um ziellos umherzuwüten. Genauso wütend grollte das Meer und warf sich gegen die Ufer, als wollte es die ganze Insel in Stücke reißen.

Im Februar schien das Ende nahe, als unser Eiland von einem Erdbeben erschüttert wurde. Zuerst brach ein bedrohliches Donnern über uns herein, das mehrere Minuten andauerte, und schließlich begann die Erde zu beben. Ich befand mich in unserem Erdloch, als die Strukturen unserer Unterkunft bedrohlich zu schaukeln begannen und hastete nach draußen, um zu sehen, was in der Natur geschah. Das Meer zeigte keinerlei Regung und das Wetter war absolut angenehm …

Insgesamt erlebten wir auf der Insel drei Erdbeben, das letzte im Sommer. Dieses letzte rief uns in Erinnerung, was für ein verletzliches Geschöpf der Mensch ist, und dass die Naturgewalten in diesem Teil der Erde das ganze Jahr über unberechenbar sind. Ich dachte bei mir, dass nicht die Natur es ist, die dem Menschenleben eine Bedeutung beimisst, sondern Gott. Aber es gibt auch die Momente, in denen Gott seinen Blick in eine andere Richtung wendet und den Menschen der Natur überlässt. Diese Momente müssen wir überstehen, ohne zu zerbrechen.

In all diesen Erinnerungen bin ich an jenem Ort. In einer Landschaft, in der die Fluten des Meeres, die Höhe des Himmels und die Kargheit der Tundra ewig herrschen. Alles ist offen und weit. In der Ferne die Berge, deren Farbtöne sich ins Violett neigen und deren Konturen stellenweise schroffe Steilhänge oder senkrecht aus dem Meer ragende Felsklippen bilden. Dort, wo das Ufer seicht ist, erstrecken sich Wiesen, Kies- und Sandstrände und bieten einen friedlichen und beinahe zeitlosen Anblick. Aber es gibt auch Plätze, deren Gestalt sich mit den Jahreszeiten ändert: Einige Strände kann man nur bei Ebbe betreten, doch schon setzt sich das Meer wieder in Bewegung und steigt bald unaufhaltsam bis an die Felswände heran.

An den Stränden unserer Insel ragen massive Basaltsteinformationen empor, die an die Ruinen altertümlicher Burgen erinnern. Besonders imposant wirken diese prächtigen Türme, Säulen und Gewölbebögen im Nebel oder vor dem Hintergrund finsterer Gewitterwolken, die von der Sonne angestrahlt werden. Ja, an Gestein mangelt es nicht, obwohl das Wasser es seit Anbeginn der Zeiten geschliffen und zersetzt hat.

Die Zeit, die mir auf dieser Insel noch bleibt, offenbart sich mir nicht, denn in ihrer eigenen Zeitlosigkeit geben das Meer und die Berge nichts preis – und von menschlichen Behausungen gibt es keine Spur. Nichts, bis auf unser Lager, in der Not eilig improvisierte Unterkünfte, die mithilfe knapper Materialien instandgehalten werden. In ihrer Primitivität lassen sie kaum Rückschlüsse auf ihre Bewohner zu: Unseren aus Treibholz, Brettern des Schiffwracks, Leder und Schiffsegeln halb unterirdischen Behausungen sieht man ein Jahrhundert mehr oder weniger nicht an … Wir nennen sie Gräber, obwohl wir in ihrem Schutz überlebt haben, und obwohl es auf den nahen Wiesen, auf denen der Hahnenfuß und der Sauerampfer blühen, ja auch echte Gräber gibt.

Einer von denen, die in diesen Gräbern ruhen, ist unser Kapitänkommandeur Vitus Bering, der hier am 8. Dezember 1741 starb. In seinem Andenken haben wir die Insel nach ihm benannt. Wir waren seine Forschungsgruppe und dies war seine Amerika-Expedition, von der er selbst nie zurückkehrte. Das anmutige, zweimastige Paketschiff St. Peter legte im Juni 1741 ab und erlitt im November desselben Jahres Schiffbruch. Der Kapitänkommandeur hatte mich, Georg Wilhelm Steller, zum Geologen seiner Expedition ernannt. Die Bezeichnung war weit gefasst, denn zu meinen Aufgaben gehörte jede Art der Naturforschung und mich interessierte tatsächlich alles: das Spiel der Seeotter, die Verwendung von Heilkräutern, die flussaufwärts ziehenden Lachse, die lachsroten Himbeeren, die Austernfischer und die Diademhäher … Und auch meine eigene Spezies habe ich nicht vergessen, denn auch die Naturvölker und ihr Leben gehörten zu meinen Forschungsgegenständen.

Zu entdecken, was noch nicht entdeckt worden war – das war meine Berufung, mein Antrieb und meine Passion, hinter der sich alles andere einreihen musste. Ich habe meine Heimat Deutschland verlassen und bin Diener des russischen Imperiums geworden, Adjunkt der Petersburger Akademie der Wissenschaften. Ich wurde auf eine Forschungsreise geschickt, erst nach Sibirien, wo ich meine Landsleute, die Professoren Gerhard Friedrich Müller und Johann Georg Gmelin traf. Und sie schickten mich weiter nach Kamtschatka, wo ich eine Einladung von Kapitänkommandeur Vitus Bering erhielt. Ich wurde »geschickt« und »eingeladen«, doch ich allein hatte mir die Reise ausgewählt. Das war mein Leben und ich stand keineswegs nur im Dienst des russischen Imperiums und der Petersburger Akademie, sondern ich war vor allem ein Diener der Wissenschaft und ein Diener Gottes.

In Sibirien, Kamtschatka und Amerika habe ich für die Wissenschaft neue Tiere und Pflanzen dokumentiert, die später nach mir benannt wurden. Die »Stellersche Seekuh« – Hydrodamalis gigas *ist das wohl berühmteste Beispiel. Riesen, die in der Brandung des Ozeans wogten und mehrere Tonnen schwer sein mochten. Wie gigantische Robben, obwohl sie nicht zu den Robben, sondern zu den Sirenentieren gehörten. Sie waren von runder Gestalt mit kleinem Kopf. ihre Haut war dick wie die Rinde einer Eiche. Sie diente ihnen als Schutz vor Eis und Felsriffen. Mit ihren stumpfen, schnurrbärtigen Schnauzen zupften sie das Seegras an den Ufern und zermalmten es zu breiiger Nahrung. Ihre Familien blieben stets zusammen, die Partner waren einander ein Leben lang treu. Sie waren von geselliger und erstaunlich sanfter Natur. Wenn ein Familienmitglied verwundet war, versammelten sich die anderen besorgt um es herum und sie verstanden es nicht, vor den Jägern zu fliehen. Und so haben wir sie getötet und gegessen, insgesamt 13 Exemplare.*

Heute weiß ich es: die Strände der Kommandeurinseln östlich von Kamtschatka waren die letzten Orte, an denen man sie noch finden konnte. Nach uns sind noch andere zur Insel gesegelt, jedes Jahr neue Schiffe, neue Männer und sie alle jagten. Sie jagten vor allem Pelztiere, doch die Seekühe töteten sie, um sie zu essen, genau wie wir auch. Und sie töteten diese arglosen Tiere so gnadenlos, dass ihr Bestand innerhalb kürzester Zeit zurückging, bis die Tiere schließlich ausstarben. Bereits 27 Jahre nach unserer ersten Entdeckung wurde das letzte seiner Art gesichtet.

Die Stellersche Seekuh ist von dieser Welt verschwunden, und ich bin es ebenso. Während die Knochen der Seekuh noch in verschiedenen Museen dieser Welt zu sehen sind, ist von mir nicht mehr viel übrig. Mein Grab am Flussufer der Tura in Sibirien ist schon vor einiger Zeit zerstört worden. Im Frühjahr trat der Fluss über das Ufer und im Frühjahr darauf wieder. Jahr für Jahr hat das Wasser die Böschung abgetragen, bis schließlich das ganze Ufer zusammenfiel und in den Fluss stürzte.

1 Große Pläne

Der rastlose Wanderer

Wie kann jemand, der schon eine ganze Weile tot ist, von seinem Leben berichten und auf Ereignisse blicken, die erst nach seiner Zeit geschehen sind? Wie kann ein Toter noch lebendig sein? Gar nicht. Mit dem Tod geht das Bewusstsein eines menschlichen Individuums verloren, es verlischt auf immer und ewig. Anderslautende Behauptungen sind in der Geschichte der Menschheit allenfalls in der Welt der Sagen und Märchen zu finden. Über die eigene Einzigartigkeit, die zwangsläufig auch vergänglich ist, kann man Stolz empfinden oder Trauer, doch ob wir es nun wollen oder nicht: Unvergänglichkeit ist mehr als das Aufrechterhalten der Ich-Form durch den Verstand, das Gedächtnis und die Persönlichkeit. So hinterlassen etwa diejenigen, die sich fortpflanzen, ihren Nachkommen ihre Gene. Doch darüber hinaus gehören zum Kontinuum der Menschheit auch die Geschichten, Kenntnisse sowie Fähigkeiten, Moralvorstellungen, Gedanken und Gefühle. Nicht alle haben lebende Blutsverwandte, doch vermutlich gibt es niemanden, dem auf seinem gesamten Lebensweg kein einziger Seelenverwandter begegnet ist. Deshalb kann durch jeden, der einmal am Leben war, etwas Neues ins Leben gerufen werden, und das kann immer wieder und wieder geschehen. Dieses Neue entsteht aus den Spuren, die ein Mensch und seine Zeitgenossen hinterlassen, seien dies nun Schriftstücke, Bilder oder andere Dinge, welche nachfolgende Generationen berührt. Das ist es, was wir brauchen – eine Berührung, das Gefühl der Verbundenheit, etwas, womit wir uns identifizieren können. Dadurch können wir viele Leben, in verschiedenen Epochen und an unterschiedlichen Orten, *miterleben.* Auf diese Weise bleiben die, die lange vor uns gelebt haben, in uns gewissermaßen lebendig.

Ja, letztlich sterben wir alle und verlieren unser Bewusstsein, doch einige von uns hinterlassen Spuren ihrer selbst, und als Spezies ist der Mensch zumindest bis auf weiteres am Leben. Vielleicht könnte unsere Spezies auch länger bestehen – von anderen Spezies ganz zu schweigen –, wenn wir die Fähigkeit und den Willen hätten, uns noch besser in die Schicksale anderer hineinzuversetzen? Doch warum spukt mir plötzlich ausgerechnet Georg Wilhelm Steller durch den Kopf? Ein Reisender, dessen Leben schon lange Zeit zurückliegt? Was ist an ihm so faszinierend? Der Grund für die Entstehung dieses Buches liegt in einer über dreißig Jahre zurückliegenden Erinnerung:

Ich war mit meinen Freunden im Norden Norwegens, an der Küste des Arktischen Ozeans. Wir saßen in einem kleinen Boot des Hamningberger Kaufmannes Erling Sundve, sind durch die Gischt und die tosenden Wellen und bis an den imposanten Felsklippen von Syltefjordstauran gefahren. Diese Klippen ragten schroff aus dem Meer – und sie waren über und über mit Vögeln bedeckt. Meine Freunde und ich sind leidenschaftliche Vogelbeobachter, doch diese geflügelte Vielfalt stellte alle unsere bisherigen Erfahrungen in den Schatten. Es war unfassbar, nicht in Worte zu fassen: Zigtausende Vögel – Dreizehenmöwen, Lummen, Alkenvögel, Krähenscharben – saßen dicht aneinander gedrängt an der Steilküste und verkündeten lautstark ihre Existenz und ihr Nistrecht. Der Lärm war ohrenbetäubend und die Kakophonie wurde von andauernder Bewegung begleitet. Es herrschte ein einziges Getöse, Vögel, die in ihrer Masse an einen Mückenschwarm erinnern, rasten und sausten durch die Luft. Nicht nur von den Vögeln war die Luft gesättigt, sondern auch von den starken Gerüchen ihrer Hinterlassenschaften, von Algen und von der salzigen Brandung. Die weißen, stromlinienförmigen Basstölpel, die die turmartigen Felsformationen erobert hatten, wirkten ganz besonders exotisch – diese Großvögel sind genauso majestätisch wie Albatrosse. Diese Welt der Vogelklippen wirkte fremd und man scheint dort eine Reise durch die Zeit zu machen. Als bekäme man die Welt so zu sehen, wie sie einst gewesen war – in einer Zeit, als der Mensch noch ein zu vernachlässigender Faktor war und die Natur über eine Fülle und Vielfalt verfügt haben muss, die wir uns heute nicht einmal mehr vorstellen können.

Neben diesen Reiseeindrücken blieb mir noch eine Pflanze in Erinnerung. Sie bedeckte Steine und Felsen wie ein dichter, saftig-grüner Teppich und hatte weiße, rundliche Blütentrauben. Echtes Löffelkraut, *Cochlearia officinalis*, das zu den Kreuzblütengewächsen gehört und laut Erling Sundve ein wichtiges Skorbutkraut der Seeleute war. Der Geschmack ist auf angenehme Weise bitter und sauer, man kann das Vitamin C geradezu herausschmecken. Auch Steller entdeckte auf seiner Seefahrt Echtes Löffelkraut. Ich weiß nicht, ob Erling Sundve ebenfalls an Steller dachte, aber es ist gut möglich, dass er dessen Geschichte kannte. Als Naturkenner wird er von Steller wenigstens schon mal gehört haben. Zumindest der Name wird ihm ein Begriff gewesen sein. Eine der Arten, die Steller für die Wissenschaft dokumentiert hat, ist die Scheckente, *Polysticta stelleri*, die wir gleichfalls an Stränden Nord-Norwegens mit dem Fernglas beobachteten. Ein Wasservogel, der in der russischen Arktis nistet, sich aber im Winter und im frühen Frühjahr in den Gewässern am Varangerfjord im äußersten Nordosten Norwegens aufhält. Das Federkleid der Männchen ist von atemberaubender Schönheit. Eine Spezies, deren Bestand bedrohlich zurückgeht – eine von vielen …

Später wohnte ich über zehn Jahre auf der estnischen Insel Vormsi, wo ein ganz anderes Klima herrscht. Weder Berge noch Gezeiten. An den Stränden eine Blütenpracht wie in einem südlichen Garten, Sonnenschein und der zarte Glanz des Meeres … Skorbut und Forscher, die durch den Sturm segelten, gerieten bei mir vor diesem Hintergrund wieder in Vergessenheit. Dreißig Jahre später unternahm ich aber erneut eine Reise nach Varanger. Und dort traf ich auf Steller. Die Arktis ist in der Tat ein Ozean. Dort kann man Wale sehen und man kann von dort aus nahezu überall hingelangen, jedenfalls theoretisch. Sogar nach Kamtschatka und Alaska. Die Grenzenlosigkeit von Himmel und Ozean bieten dem Geist freien Lauf. Am Strand fühlen sich einige klein, mich hingegen überwältigt das überragende Schauspiel! Und zugleich überfällt mich auch ein Wissensdurst. Ich möchte alles Mögliche in Erfahrung bringen, da die Welt so großartig und voller Wunder ist – und am Rande eines Ozeans wird mir dies in besonderer Weise bewusst.

Auch Georg Wilhelm Steller war sein ganzes Leben lang vom Wissensdurst getrieben. Und um diesen zu stillen, unternahm er gewaltige Anstrengungen. Informationen aus zweiter Hand reichten ihm nicht aus, er wollte selbst suchen und finden. So werden Abenteurer geboren. Wenn ich etwas über Steller in Erfahrung brachte, wollte ich noch mehr wissen. Und so bestellte ich ein Buch nach dem anderen, schaute mir im Internet Bilder von der Beringinsel an, Bilder von Alaska, von exotisch aussehenden Vögeln und Pflanzen, Zeichnungen von Stellers Seekuh, ich breitete Landkarten auf meinem Tisch aus. Es war ein Festtag für mich, als nach wochenlangem Warten Leonhard Stejnegers 600 Seiten starke Steller-Biografie eintraf, die ich aus den Vereinigten Staaten bestellt hatte. Stejneger war ein norwegischer Biologe, der im späten 19. und frühen 20. Jahrhundert gelebt hat und später in die Vereinigten Staaten emigrierte. Auch er hat sich von Steller inspirieren lassen und verbrachte viel Zeit auf der Beringinsel mit der Erforschung der Flora und Fauna und vor allem mit der Suche nach Skeletten von Stellers Seekuh. Leonhard Stejneger – ein Name, den man sich merken sollte, zumal er auf den folgenden Seiten immer wieder in Erscheinung treten wird. Sein Buch unter dem Titel *Georg Wilhelm Steller: The Pioneer of Alaskan Natural History* ist 1936 erschienen. Der mir vorliegende, antiquarisch erworbene Nachdruck aus dem Jahr 1970 sieht neu und unbenutzt aus, ein weinroter Ziegelstein, der in seiner Ernsthaftigkeit an die Bibel erinnert. Auf der ersten Seite elegante Zeichnungen des amerikanischen Blauhähers (*Cyanocitta cristata*) und von Stellers Diademhäher (*Cyanocitta stelleri*). Dazu ein Zitat von Carl von Linné, dem Großmeister der Biologie, seine Beileidbekundung zu Stellers Tod:

> *O bone deus, quod tantum virum eripuisti!*
> Oh guter Gott, was für einen großen Mann hast du uns entrissen!

Ich las das Buch über Steller andächtig, beinahe so, als hätte ich mich in einen Mann aus dem 18. Jahrhundert verliebt! Aber warum auch nicht? Er war doch schlicht und einfach faszinierend. Mutig, forsch und scharfsinnig. Uneitel und bescheiden, rastlos und ungestüm. Ein Mann mit Sinn für Anstand und Gerechtigkeit. Ein Mann, der kein Blatt vor den Mund nahm und zugleich sarkastisch, sensibel und poetisch war. Ein wunderbar widersprüchlicher, warmherziger, lustiger Geist. Offen gesagt hatte er auch weniger sympathische Eigenschaften. Als ich im Alter von zwanzig Jahren zum ersten Mal auf Steller aufmerksam wurde, empfand ich überwiegend Abscheu für diesen brutalen Tierquäler. Es dauerte dreißig Jahre, ehe ich diesem Mann verzeihen konnte, ihn besser kennenlernte. Zuerst musste ich den Gedanken akzeptieren, dass man einen Menschen immer vor dem Hintergrund seiner Zeit betrachten muss.

Er war ein Held und seine Geschichte ist ein einziges Abenteuer, das man voller Spannung nachverfolgen kann, selbst wenn man die Hauptzüge schon aus den Geschichtsbüchern kennt. Wer wird gerettet und wer schafft es nicht? Und was passiert mit wem? Menschen mit ihren unterschiedlichen Schicksalen, all die unzähligen Seitenpfade hier und dort. Aber da ist noch mehr. Naturliebhabern bietet Stellers eine geografische Rundfahrt, die Beschreibung einer Vielfalt an Gattungen von Lebewesen, beeindruckenden Landschaften, wunderschönen Pflanzen und prächtigen Tiere, von denen wiederum jede eine eigene Geschichte erzählt. Und nicht zuletzt werfen diese so vielseitigen Geschichten weitere Fragen auf. Wie war vor 300 Jahren die Beziehung zwischen Mensch und Natur? Und wie ist sie heute? Was hat sich verändert und was ist gleichgeblieben? Ich denke über Steller als Mensch nach, seine Entscheidungen, seine Weltanschauung. Was hat dieser Mann gesehen und erlebt, was hat er gedacht, was hat er gefühlt? Und was würde er über die heutige Zeit denken? Ich lasse mich mitreißen zu dieser Reise der Imagination, tauche in eine andere Zeit ein und versetze mich in einen anderen Menschen hinein, sodass mein eigener Alltag manchmal in den Hintergrund rückte …

Bis die Vorstellung verblasste und ich in die Realität zurückkehrte. Ich genoss abwechselnd die imaginierte Welt und dann die Freude darüber, wieder etwas verständiger geworden zu sein. Es ist erstaunlich, wie ein längst verblichener Mensch durch seine Leistungen unser eigenes Leben so bereichern kann!

Die Nachwelt erinnert sich an Steller aufgrund von Vitus Berings Expedition nach Amerika, die auf traurige Weise berühmt wurde. Heute würde man diese Expedition wohl eher als Stellers Expedition bezeichnen. Denn er war es, der uns seine Aufzeichnungen hinterlassen hat, nicht Bering. Seine offizielle Bezeichnung war »Adjunkt der Petersburger Akademie der Wissenschaften«. Dieser Titel wird an unseren Universitäten nicht mehr verwendet, findet aber am ehesten im »Assistenten« ein Äquivalent. Denn auch die Position eines Adjunkten war die eines Forschungsassistenten, der den Studenten übergeordnet und dem Professor untergeordnet ist.

Den Anstoß zur Gründung der Akademie der Wissenschaften hatte Zar Peter der Große im Jahr 1724 gegeben, wenngleich die Umsetzung in die Praxis aufgrund seines Todes im Jahr 1725 seiner Ehefrau und Nachfolgerin Katharina I. überlassen blieb. Diese neue Instanz sollte Russland dazu befähigen, mit den wissenschaftlichen Errungenschaften des westlichen Europas mitzuhalten und diese sogar zu übertrumpfen. Natürlich war dem Herrscher des russischen Imperiums klar, dass die Wissenschaft auch wirtschaftlichen, administrativen und militärischen Interessen dienlich sein sollte. In der Anfangszeit der Akademie bestand jedoch ein Mangel an russischen Gelehrten, weshalb man auf Unterstützung aus dem Ausland zurückgreifen musste. Die Gelehrten kamen vorwiegend aus den deutschen Ländern und waren typischerweise Männer in den Zwanzigern, die noch am Anfang ihrer Karriere standen. Für sie bot Russland vielversprechende Aussichten.

Auch Steller war Deutscher. Er wurde am 10. März 1709 in Windsheim, einer Kleinstadt in Mittelfranken, geboren. Sein Vater war Kantor und die Familie hatte sage und schreibe zehn Kinder. Steller studierte vor allem an den renommierten Universitäten von Wittenberg und Halle, zwischendurch auch in Leipzig und Jena, wo er sich aber offenbar nicht wohlfühlte. Er studierte zunächst Theologie, wechselte jedoch von den geistlichen Studien nach und nach zu den physischen, besuchte den Anatomie-Unterricht und machte sich mit Tier- und Pflanzenkunde vertraut. Die Pflanzen interessierten ihn am meisten und er widmete sich der Pflanzenkunde mit einer solchen Überzeugung und Inbrunst, dass sein Mentor Friedrich Hoffmann seinetwegen anfing, eine Professur in diesem Fachbereich in Halle einzurichten.

Der siebzigjährige Hoffmann war ein angesehener Mann, Arzt am königlichen Hof, der nicht nur Professor der Medizin war, sondern sich daneben, soweit seine Zeit eben reichte, auch mit Pflanzenkunde und allerlei anderen Dinge beschäftigte. Er drängte Steller, in Berlin das Examen abzulegen, das Voraussetzung für seine Professur in Pflanzenkunde war. Doch als Steller sich schließlich hierfür bereit erklärte, war die Angelegenheit in Halle ins Stocken geraten. Für die Gründung der Professorenstelle bedurfte es nämlich eines königlichen Beschlusses, der jedoch nicht zu erreichen war, da König Friedrich Wilhelm I. erkrankt war.

Hoffmann musste ihm als Mediziner zu Hilfe eilen, um ihn zu pflegen. Und so stand die Installation dieses Amtes vor einer ungewissen Zukunft.

Ein junger Mann will leben, nicht warten. Steller verabschiedete sich von seiner potenziellen Akademiker-Karriere mit der Sicherheit des westlichen Stadtlebens und machte sich auf nach Russland. Er war zu diesem Zeitpunkt 25 Jahre alt, in einem fremden Land, umgeben von einer ihm unbekannten Sprache und Kultur, doch er fand seinen Platz erstaunlich schnell. Den Beginn seines neuen Lebens markierte er für alle wahrnehmbar mit einem Namenswechsel, hieß er doch eigentlich Stöller. Vielleicht wollte er die Russen nicht mit dem ungewöhnlichen Trema des Umlauts irritieren. Vielmehr lag es an ihm, das fremd wirkende kyrillische Alphabet zu lernen. Außerdem musste er sich an die neue – oder besser gesagt alte – Zeitrechnung gewöhnen. Denn in Russland wurde noch der julianische Kalender verwendet, der dem gregorianischen Kalender elf Tage hinterherhinkte. In den historischen Überblicken zu Stellers Zeitalter gilt daher stets der Grundsatz »andere Länder, andere Zeiten«. Die Ereignisse in Russland werden immer nach dem alten Kalender erzählt. Und so erleben wir die Ereignisse auch in diesem Buch nach Stellers Ankunft in Russland elf Tage nach unserer Zeitrechnung. Zwar hat das exakte Datum meist keine große Bedeutung, doch sollte man im Hinblick auf die Zeitangaben und Wetterbedingungen auf Berings Expedition im Hinterkopf behalten, dass beispielsweise der Herbstanfang weiter zurücklag und der Winter bereits weiter vorangeschritten war, als es die Angaben im Logbuch annehmen lassen.

Als Steller in Russland ankam, ließ er sich in St. Petersburg nieder, doch schon bald zog es ihn nach Sibirien – damals wie heute nicht das Traumziel der meisten Menschen. Er sorgte jedoch selbst dafür, dass er dorthin geschickt wurde. Als Forschungsreisender legte er tausende Kilometer mit dem Schlitten, auf dem Binnenschiff oder zu Fuß zurück. Er schlief unter freiem Himmel oder auch in pechschwarzen Schwitzhütten. Als er schließlich am östlichsten Rand Asiens ankam, setzte er seine Reise auf dem Seeweg über unkartierte Gewässer fort – ohne Rücksicht darauf zu nehmen, dass er eine ›Landratte‹ und kein Seemann war. Der Kapitänkommandeur Vitus Bering ernannte Steller zum Geologen seiner Expedition. Doch die Untersuchung von Mineralen reichte diesem nicht aus. Er war ein Naturforscher, der an allem Interesse fand: neben Ottern, Muscheln und Doldenblütlern auch an seiner eigenen Spezies. Sowohl in Amerika als auch in Russland machte er voller Begeisterung anthropologische Beobachtungen. So studierte er etwa die Esskultur der Itelmenen und stellte Vermutungen über den Ursprung der Besiedlung Amerikas an.

Durch Berings Reise wurde Steller zum ersten Wissenschaftler, der Alaska betrat. Sowohl auf der Sibirien- als auch auf der Alaska-Reise gelang es ihm, zahlreiche Tier- und Pflanzenarten für die Wissenschaft zu dokumentieren. Einige wurden später nach ihm benannt. Bekanntheit haben vor allem die Stellersche Seekuh und der Stellersche Seelöwe durch die biologische Nomenklatur erlangt. Auf der Liste der wissenschaftlichen, lateinischen Bezeichnungen findet sich der Name Steller noch öfter wieder. Unter anderem sind nach ihm zahlreiche Vögel, Fische, Mollusken und vor allem Pflanzen benannt. Dies ist umso bemerkenswerter, als die meisten Arten-Bezeichnungen zuvorderst die Tiere selbst beschreiben sollen und nicht die Menschen, mit denen sie historisch oder wissenschaftlich in Verbindung gebracht werden, weshalb auch nur ein Teil Stellers wissenschaftlicher Funde nach ihm benannt ist. Da er selbst es nicht schaffte, sein immenses Material zu verarbeiten und da zudem die von Carl von Linné entwickelte binäre Nomenklatur zu Stellers Lebzeiten noch nicht verwendet wurde, bleibt es schwierig, überhaupt nachzuvollziehen, wie viele für die Wissenschaft neue Arten Steller dokumentiert hat. Hinter der wissenschaftlichen Bezeichnung wird nämlich in Klammern der Namens*geber* vermerkt und Stellers Funde – von ihm gesammelte Proben und von ihm angefertigte Beschreibungen – wurden von vielen Forschern jahrelang geprüft und benannt, auch noch Jahrzehnte nach seinem Tod. Daher findet sich hinter den Bezeichnungen der von ihm entdeckten Arten in aller Regel der Name eines Anderen statt seines eigenen. Stellers Funde wurden später nicht nur durch Linné benannt, sondern auch durch Johann Georg Gmelin, Johann Friedrich Gmelin, Peter Simon Pallas, Wilhelm Gottlieb von Tilesius, Georges Cuvier und Alexander von Middendorff …

Schon allein dieser Auszug aus einer noch viel längeren Liste berühmter Forscher belegt, dass es zahlreiche Tiere und Pflanzen waren! Viele sind asiatische und nordamerikanische Arten, die hierzulande nicht verbreitet sind. Doch auch unter den sibirischen und alaskischen Arten findet sich die eine oder andere uns noch bekannte, zum Beispiel der Dreistachlige Stichling (*Gasterosteus aculeatus*), ein winziger Fisch, der auch in unseren heimischen Gewässern lebt und zumindest nach Meinung der Biologen eine besonders spannende Art ist.[1]

Steller selbst ist nie portraitiert worden, sodass sich kein gesichertes Bild von ihm erhalten konnte. Wir können also nicht mit Sicherheit wissen, wie er ausgesehen hat. Er ist mit dem lateinischen Ausdruck *corpore indurato* (»abgehärteter Körper«) beschrieben worden. Seine vorzügliche Kondition wird durch das hohe Reisetempo bestätigt. Vor der Erfindung der Fotografie wurden für Forschungsreisen häufig Künstler angeheuert, die die Reise mit Zeichnungen und Gemälden dokumentierten. Diese Künstler waren auch für Steller von Nutzen. Einer von ihnen war Johann Berckhan und es wird vermutet, dass eine seiner Zeichnungen möglicherweise Steller darstellt: der Mann, der in das Gewand eines sibirischen Schamanen gekleidet ist, hat nämlich europäische Gesichtszüge. Auf dieser Grundlage malte Ivan Stankov ein Porträt, das 2016 an der Universität Tjumen in Russland enthüllt wurde. Als ich dieses Bild von Steller sah, hatte ich bereits in meiner Vorstellung ein Bild von ihm gemacht. Stankovs Gemälde zeigt einen stilvollen Mann mit feinen Gesichtszügen. Dagegen hatte ich mir Steller rau und kernig vorgestellt, sodass Stankovs Steller im Verhältnis nahezu prinzenhaft wirkte. Und tatsächlich kann mich von meiner eigenen Vorstellung nicht so recht lösen, obwohl diese nicht auf fundierte Belege aufbaut.

Wissenschaftler von Gottes Gnaden

Von Georg Steller ist den nachfolgenden Generationen also kein verlässliches Porträt geblieben, doch der rastlose Wanderer hat sich immerhin in seinen Schriften verewigt. Seine in lateinischer Sprache verfasste Forschungsarbeit *De bestiis marinis* (dt.: »Ausführliche Beschreibung sonderbarer Meerestiere«) erschien posthum im Jahr 1751. Seine Kamtschatka-Beschreibung, die im Jahr 1774 veröffentlicht wurde, war in deutscher Sprache verfasst worden, ebenso wie sein 1793 publiziertes Tagebuch seiner Amerika-Reise. Alle drei Texte sind auch ins Englische übertragen worden.

Abb. 2: Georg Wilhelm Steller. Ein zeitgenössisches Portrait, von dem wir mit Sicherheit sagen können, dass es Steller darstellt, ist nicht erhalten. Dieses Gemälde ist eine Rekonstruktion des Malers Iwan Stankow im Auftrag der Universität Tjumen und wurde 2016 veröffentlicht. Als Vorlage diente eine alte Zeichnung, die möglicherweise Steller darstellt.

Später hat man von ihm noch weitere Texte entdeckt, wie lateinische Arten-Kataloge. Im 20. Jahrhundert wurden in den Petersburger Archiven überraschenderweise sein Briefkorpus sowie das zerstört geglaubte Tagebuch der Sibirien-Reise gefunden. Beide Texte sind inzwischen auf Deutsch herausgegeben.

Seinerzeit gelangte Stellers Hinterlassenschaft nach Petersburg, wo sich vor allem Peter Simon Pallas, Professor an der Akademie der Wissenschaften, seines Erbes annahm – von der Untersuchung der Proben bis hin zur Reinschrift und Veröffentlichung seiner Texte. Pallas wurde 1741 geboren, also im selben Jahr, in dem Bering nach Amerika segelte, und starb 1811. Ebenso wie Steller war auch Pallas Deutscher, hatte an der Universität in Halle studiert und lange Forschungsreisen durch Sibirien unternommen. Er war einer der höchstangesehenen Naturforscher seiner Zeit, der neben seiner eigenen Feldforschung auch Forschungsreisen Anderer organisierte und eine große Menge wissenschaftlicher Texte verfasste. Das Porträt Pallas' zeigt einen sanft, ja ein wenig melancholisch in die Welt blickenden Mann. Pallas' Zusammentragen und Veröffentlichen von Stellers Material war ein dankenswerter Dienst, wenngleich er als Diener des russischen Imperiums notwendigerweise kleine Retuschen vornehmen musste. So korrigierte er einige inhaltliche Fehler und feilte an Stellers Aussagen, an denen die Autoritäten Anstoß hätten nehmen können.

Das deutschsprachige Tagebuch von Stellers Amerika-Expedition wurde 1917 in den Petersburger Archiven gefunden. Die Übersetzung ins Englische legte der Steller-Biograf Leonhard Stejneger vor.[2] Eine neuere Übersetzung ist das 1988 erschienene *Journal of a Voyage with Bering 1741–1742*. Sie wurde von Margritt A. Engel und Orcutt William Frost angefertigt. Letzterer lehrte als Geschichtsprofessor an der Universität von Alaska und ist unter anderem für seine erstklassige Bering-Biografie bekannt. Engel ist wiederum emeritierte Professorin für deutsche Sprache und hatte gemeinsam mit Karen Willmore auch Stellers Kamtschatka-Beschreibung ins Englische übertragen.

Stellers Texte sind mühsam zu deuten. Dafür gibt es mehrere Gründe. Die Handschrift ist entsprechend der damaligen Zeit verschnörkelt, es gibt keine Druckbuchstaben. Fehler in Abschriften und Transkriptionen lassen sich also kaum vermeiden und diese können in den weiteren Arbeiten übernommen werden. Besonders gefährlich sind solche Fehler, wenn durch das Verschreiben eines einzelnen Buchstabens sich ein völlig anderer Wortsinn ergibt! Auch die Tatsache, dass Stellers Deutsch aufgrund von mangelnder Sprachpraxis gelitten oder doch sehr individuelle Züge angenommen hatte, macht die Interpretation nicht einfacher. Zur Zeit Stellers lag im Studium der Schwerpunkt auf der lateinischen Sprache, in Russland sollte wiederum die dortige Landessprache verwendet werden. Steller erfand mitunter Wörter, in denen das Deutsche und das Russische miteinander vermischt wurden, und in seinem Kamtschatka-Buch wurde dieser ›Mischmasch‹ noch dazu um den Wortschatz der Ureinwohner erweitert, den er nach Gehör transkribierte, da es dort ja noch nicht einmal eine Schrift gab. Und natürlich wandelt sich eine Sprache auch im Laufe der Zeit; viele Wörter haben heute eine andere Bedeutung als im 18. Jahrhundert.

Auch die lateinischen Tier- und Pflanzenbezeichnungen bereiteten den Forschern Kopfzerbrechen. Da Linnés Nomenklatur zu Stellers Zeiten noch nicht verwendet wurde, sind die von Steller selbst vergebenen Namen wortreiche Beschreibungen, die nachträglich geändert wurden. Engel und Wilmore mussten für ihre Übersetzung regelrechte Detektivarbeit leisten. So mussten sie neben Biologen auch Experten der lateinischen Sprache des 18. Jahrhunderts konsultieren – und sich dennoch an mancher Stelle allenfalls mit Vermutungen zufriedengeben.

Die lateinische Sprache beherrschte Steller tadellos und sein bedeutendster wissenschaftlicher Text, die Beschreibung der Stellerschen Seekuh, ist in dem Werk *De bestiis marinis* enthalten. Er hatte ihn als Schiffbrüchiger auf der Beringinsel verfasst, also unter mithin primitiven Bedingungen, in einem Erdloch hausend, unter freiem Himmel, vielleicht in einem windgeschützten Hohlraum unter einem Felsen. Ohne je zu wissen, ob er es überhaupt jemals schaffen würde, die Insel wieder lebend zu verlassen. Das Vorwort zu diesem Werk verfasste Steller später, als er einen Winter in Kamtschatka verbrachte. In diesem Text zeigt er, dass ihm vollkommen bewusst ist, dass seine Ausdrucksweise nicht ausgefeilt ist. Zugleich räumt er gewissermaßen den nachfolgenden Generationen das Recht ein, den Text aufzuarbeiten und nach Bedarf zu verwenden – wichtig ist ihm nur, dass die Funde dokumentiert und der Welt zugänglich gemacht sind:

> »Wenn jemandem nicht gefällt, dass ihm der Brei in einer etwas grob gefertigten Tonschale serviert wird, kann er diesen ja selbst in einer feineren Silberschüssel servieren.«

Steller hatte keine Zeit, elegant seinen kleinen Finger abzuspreizen und seinen Text aufzuhübschen. Er eilte voran mit seinen Notizen und seinem wenigen Gepäck im Rucksack. Hinter den Bergen wartete schon die nächste Entdeckung … Ja, Steller plante tatsächlich bereits neue Reisen: Er hatte von Mammutknochen erfahren, die an der Flussmündung der Kolyma in Sibirien gefunden wurden und wollte diese untersuchen. Seine Gedanken drehten sich um die Gerüchte, die ihm zu Ohren gekommen waren. Gerüchte über seltsame Raubtiere in der Region Astrachan, große schwarze Wölfe und die Hyänen der Antike. Wüsten interessierten ihn. Er wünschte sich, von der Petersburger Akademie der Wissenschaften hierhin und dorthin entsandt zu werden. Die Welt ist so groß und es gibt so viel zu erforschen! Aber Steller blieb nicht mehr viel Zeit: noch vier Jahre. Er starb im Jahr 1742 im Alter von nur 37 Jahren.

Obwohl die Naturwissenschaft Stellers große Leidenschaft war, vertiefte er sich bei Bedarf auch in Fragen zur Seelsorge und physischer Gesundheit, wobei ihm sein Fachwissen als Naturforscher auch dabei von Nutzen war. Die Medizin des 18. Jahrhunderts fußte noch auf der Pflanzenkunde und so musste ein kompetenter Arzt sich mit Heilkräutern und ihrer Verwendung auskennen. Daher hatten Ärzte der damaligen Zeit praktisch zwei ziemlich unterschiedliche Fachgebiete. Die Allgemeinmediziner versuchten, die große Vielzahl an Krankheiten und Beschwerden zu behandeln, die Chirurgen ihrerseits waren vor allem an der Front gefragt. So fungierten die Allgemeinmediziner in der Praxis als Botaniker, während die Chirurgen ihr Messerarsenal geschickt bedienten wie kunstreiche Barbiere. Und was für Steller wichtig war: ein Naturforscher steht nicht nur in den Diensten der Wissenschaft, sondern auch im Dienste Gottes! Alles Leben ist die Schöpfung sowie das Werk Gottes und der Beweis für seine Existenz. Indem Steller die Natur deutet, begreift er Gott und seine Taten. Als junger Mann hatte er auf der Abschlusszeremonie seiner Schule, bevor er an die Universität wechselte, eine Abschiedsrede gehalten mit dem Thema »Das Gewitter als Beweis für die Macht Gottes«. Wahrscheinlich betrachtete er dabei auch Wetterphänomene aus naturwissenschaftlicher Perspektive, zumal er sich schon als kleiner Junge für die Natur begeisterte. Doch der Titel deutet auf das grundlegende Verständnis hin, dass Gott hinter allem steht. Diese Ansicht teilten damals die meisten seiner Zeitgenossen.

Die Naturwissenschaft des 18. Jahrhunderts wird noch gewissermaßen von der Theologie umarmt, wie auch die Medizin an die Pflanzenkunde gekoppelt war. Erst als 1859 Darwins *Über die Entstehung der Arten* erschien, konnte man sich allmählich von der Idee eines himmlischen Schöpfers lösen. Gott hatte nicht jede Spezies einzeln erschaffen, tatsächlich war in dem ganzen Prozess sein Eingreifen überhaupt nicht nötig gewesen. Wenn

Darwin auferstehen würde und sich mit der heutigen Evolutionstheorie bekannt machen könnte, die mit allen ihren genetischen und paläontologischen Entdeckungen seine Idee so solide untermauert und so Phänomene erklären kann, die zu seiner Zeit noch Rätsel aufgegeben hatten, so wäre er sicher begeistert und vielleicht auch stolz. Auch wenn Darwin in Bezug auf religiöse Fragen nie seinen Standpunkt geäußert hat – er war ein taktvoller Mann und seine Frau Emma eine fromme Christin –, hätte unsere heutige biologisch begründete Weltanschauung ihm wohl kaum Probleme bereitet. Für Naturforscher, die vor ihm gelebt haben, so wie Steller, müsste diese hingegen ein ziemlicher Schock sein.

Steller war außerordentlich gläubig. Auch wenn er offiziell nicht die Laufbahn eines Priesters eingeschlagen hatte, stand er unter den pietistischen Einflüssen an der Universität in Halle. Für die Pietisten waren ein bescheidener Lebensstil und das Entsagen aller Heucheleien zentrale Ideale. Der Glaube war Teil des Alltags, nicht nur die Andacht an heiligen Feiertagen, und die christliche Gesinnung zeigte sich in den alltäglichen Dingen, in Worten wie auch in Taten. Wenn man sich Steller im 21. Jahrhundert vorstellen möchte, würde die moderne Medizin sein Weltbild möglicherweise doch nicht gänzlich aus den Angeln heben, zumal es auch heute religiöse Forscher gibt. Auf den Glauben an Gott müsste er also auch heute nicht verzichten, er könnte weiterhin an eine übernatürliche Instanz und transzendentale Dimensionen glauben und so gewissermaßen zwei voneinander getrennte Ebenen aufrechterhalten. Einzig den Kreationismus müsste er verwerfen, da die gesamte moderne Biologie auf der Evolutionstheorie basiert. Die Evolution zu akzeptieren, könnte ihm recht leichtfallen, da er tatsächlich bereit war, sich neue Anschauungen anzueignen. Gewiss hatte er über das Rätsel der Verbreitung der Arten und über deren Variationen nachgedacht. Und auch wenn Steller keine Zweifel daran hatte, dass alle Arten von Gott geschaffen worden waren, musste er erkannt haben, dass die Schöpfung an verschiedenen Teilen der Welt stattgefunden hatte. Diesen Schluss hatten ihm unter anderem die Robben nahegelegt, die er am Baikalsee beobachtet hatte. Wie konnten Robben, diese Wesen, die sich an Land nur mit kläglicher Hilflosigkeit fortbewegten, vom Meer in den weit entfernten See übersiedeln, wenn sie nicht mit voller Absicht eben genau dort erschaffen worden waren?

Steller überlegte sich auch, wie Umwelteinflüsse auf Lebewesen, ihre Entwicklung, Größe und ihre Körperbedeckung auswirkten. Er beobachtete, dass jakutische Rinder, die nach Kamtschatka gebracht worden waren, eine Zunahme an Größe und Produktivität aufwiesen. Europäische Pferde wurden in Sibirien kleiner und widerstandsfähiger, in Indien und China wurden sie hingegen zierlicher, sodass sich im Verlauf der Zeit eigene Rassen entwickelten. Diese Feststellung ist besonders interessant, denn Steller musste daraus abgeleitet haben, dass die von Gott erschaffenen Arten nicht endgültig und unveränderlich sind.

Auch Darwin richtete seine Aufmerksamkeit auf die Variation von Haustieren – verständlicherweise, denn mit dem Menschen als verstärkenden Faktor der Evolution wurden Veränderungen in noch kürzerer Zeit möglich. Steller als einen Vorreiter der Evolutionstheorie darzustellen, wäre freilich zu weit hergeholt. So weit gingen seine Gedanken wohl doch nicht. Er interessierte sich für den Einfluss der Umwelt auf das äußere Erscheinungsbild und das Verhalten der Arten, auch seiner eigenen Spezies. Doch das dürfte kaum seinen Glauben an die wortgetreue Wahrheit der Schöpfungsgeschichte erschüttert haben.[3] Heute steht der Kreationismus mit religiösem Fundamentalismus in Zusammenhang. Da sich die Evolutionstheorie nicht mit einer wörtlichen Deutung der Bibel in Einklang bringen lässt, versuchen Kreationisten sie für falsch zu erklären. Daher ist die Haltung der Kreationisten zum wissenschaftlichen Fortschritt eklektisch: zwar setzen sie bei Ärzten nicht die Fähigkeiten eines Botanikers voraus und auch die Heilmittel der modernen Medizin lehnen sie nicht kategorisch ab. Doch von den Biologen erwarten sie sehr wohl, dass diese in ihren Erkenntnissen mehrere Jahrhunderte zurückfallen.

Uns mag die Interdisziplinarität des 18. Jahrhunderts abwegig erscheinen. Doch für Steller erweist sich die unspezifische Ausbildung unter den strapaziösen Umständen der Expedition als Rettung. Denn als Schiffbrüchiger auf dem öden Eiland sind ihm sowohl seine Pflanzenkenntnisse als auch die im Anatomiestudium erworbenen Häutungs- und Sezierfähigkeiten von großem Nutzen. Und da sein Glaube an einen schützenden Gott so tief verankert ist, fällt es ihm in der Katastrophensituation leichter, tapfer und zuversichtlich zu bleiben. Selbst wenn nicht alle gerettet werden können, ist für ihn die Gewissheit tröstlich, dass alles nach dem Willen des allmächtigen Gottes geschieht. Die einem Diener Gottes angemessene

Demut und Selbstbeherrschung lässt er zwar zeitweise vermissen. Doch was wäre gewesen, wenn er nicht so selbstsicher, wenn er nicht so sehr von seinen eigenen Fähigkeiten überzeugt gewesen wäre? Ein bescheidener, zurückhaltender und unsicherer Steller hätte die Reise wohl kaum jemals angetreten. Er hätte sich in einem Steinhaus in irgendeiner deutschen Kleinstadt eingerichtet und sich nach einer Professorenkarriere gesehnt ... Und wir hätten niemals von ihm erfahren.

Steller schonte weder sich selbst noch andere. Er nahm kein Blatt vor den Mund und viele bezeichneten ihn als unbequem. Er machte vor den Vorgesetzten keine Bücklinge, stellte Forderungen und wurde sauer, wenn diese nicht erfüllt wurden. Er war ein Besserwisser, wie er im Buche steht. Und dennoch konnte derselbe Mann, der seinen Nächsten mit Zorn und Sarkasmus begegnete, sich selbst geradezu vergessen, wenn die Lage ernst war. Wenn es brenzlig wurde, krempelte er die Ärmel hoch, angetrieben von aufrichtiger Nächstenliebe. Es scheint, als wäre er in schwierigen Situationen zu seiner Höchstform aufgelaufen. Wie seinem Tagebuch zu entnehmen ist, hatte er während der gesamten Schiffsreise zu nörgeln – sinngemäß: »die anderen verstehen nichts ...«, oder »ich habe es ja gewusst ...« usw. Doch den tragischen Überlebenskampf der Schiffbrüchigen beschreibt er distanziert und sachlich, geradezu als Außenstehender. Er mag schroff und nonkonformistisch gewesen sein, allein sein Verhalten hing davon ab, wie ordentlich die Arbeiten und Aufgaben erledigt wurden. Hinsichtlich äußerer Umstände war er hingegen gänzlich anspruchslos und anpassungsfähig.

Als Steller auf der einsamen Insel dem erkrankten Kapitänkommandeur das Fleisch eines Otterjungen zum Essen anbot, war Bering vom ekeligen Gericht angewidert und wunderte sich über Stellers Geschmacklosigkeit. »Ich versuche nur, mich an die gegebenen Umstände anzupassen.«, konterte dieser. Man kann sich vorstellen, wie er mit den Schultern zuckt, da für ihn die Anpassung an die äußeren Umstände selbstverständlich war. Steller wird seinerseits erstaunt zur Kenntnis genommen haben, dass der Verzehr von Otterfleisch in dieser lebensbedrohlichen Situation einer Rechtfertigung bedurfte. Für den Kapitänkommandeur wurden künftig nur Schneehühner geschossen.

Die Anspruchslosigkeit spiegelte sich auch in seinem unprätentiösen Auftreten wider. Heutzutage würde seine äußere Erscheinung kaum auffallen: Biologen tragen bei der Feldforschung funktionale Trekkingkleidung. Und es bringt auch nichts, seinen akademischen Grad vor sich herzutragen, wenn man etwa durch einen Sumpf watet. Das ist ohnehin in der akademischen Welt unüblich, sofern die Information nicht von Bedeutung für die Arbeit ist. Doch noch vor ein paar Generationen trugen Biologen auf ihren Exkursionen Anzug und Krawatte! Auf alten Fotos sieht man Wissenschaftler, die im Jackett durch Wälder und Felder wandern. Doktoren und Professoren hoben sich bereits vom Pöbel ab, noch ehe auch nur ein einziges gelehrtes Wort über ihre Lippen gekommen war. Im Russland des 18. Jahrhunderts ist das Gefälle zwischen den sozialen Schichten ganz besonders eklatant: von den recht- und besitzlosen Leibeigenen bis hin zu den unvorstellbar wohlhabenden Adeligen, zu deren liebsten Beschäftigung das Ausrichten aufwendiger Feste gehörte – denken wir nur an die von russischen Klassikern beschriebenen »Namenstage« und »ersten Tänze«. In dieser Welt der Extreme ist es nur normal, dass man die Zugehörigkeit zum jeweiligen Stand bereits äußerlich im Auftreten Ausdruck verleiht. Für die niedrigeren Stände beschränkte sich die Selbstdarstellung aufgrund mangelnder Alternativen auf nackte Zehen, Lumpen und Buchweizengrütze, während die Oberschicht sich einer Vielfalt an Accessoires bediente, um ihren Status für alle unverkennbar sichtbar zu machen. Dabei ging es jedoch nicht nur um bloße Zurschaustellung; vielmehr waren diese Menschen schlicht ein gewisses materielles Niveau gewohnt, das zu unterschreiten einem Schock gleichgekommen wäre.

Stellers ›Rucksackreise‹ erscheint im Vergleich zu seinen Zeitgenossen und Landsmännern geradezu anarchistisch. Gerhard Friedrich Müller und Johann Georg Gmelin waren wie Steller als Forscher der Petersburger Akademie durch Sibirien gereist. Doch ihr Auftreten war ein gänzlich anderes: Sie repräsentierten die Gepflogenheiten ihrer Zeit und der akademischen Aristokratie. Obwohl Steller tatsächlich nur Adjunkt war, während Müller und Gmelin bereits Professoren waren, lag der zentrale Unterschied in der Qualität und dem Umfang ihrer Ausrüstung. Steller wurde auf seiner Reise von ein oder zwei Gehilfen begleitet, während die Professoren von einer langen Karawane umgeben waren, zu der neben Ärzten, Bediensteten, Soldaten, Vermessern, Dolmetschern, Künstlern, Sekretären und anderen Gehilfen auch eine ehrfurchterregende Ausstattung gehörte. Was die Herrschaften an Garderobe, Geschirr und Forschungsinstrumenten mitführten, kann man sich heute kaum noch vorstellen. In historischen Aufzeichnungen ist die Rede von einer mehrere hundert Bände umfassenden Bibliothek – darunter befanden sich neben wissenschaftlichen Büchern auch Unterhaltungsliteratur, wie *Robinson Crusoe* und *Gullivers Reisen* – sowie feine Weine aus dem Rheinland. Für jeden der beiden Professoren waren zehn Lastenpferde reserviert, für alle anderen Teilnehmer standen sechs weitere zur Verfügung.

Aber natürlich, wenn man zu Hause im Ohrensessel sitzt, fällt es leicht, sich über die fürstliche Art zu reisen zu amüsieren. Dabei sollte man nicht vergessen, dass Forschungsreisen nach Sibirien damals nicht nur eine kurze Forschungsperiode dauerten, sondern in aller Regel Jahre. Auf den langen unbewohnten Strecken war man mehr oder weniger auf sich selbst gestellt und selbst in den rustikalen Städten konnte man keine Wunder erwarten. Müllers und Gmelins ›Dekadenz‹ muss man daher vor der Tatsache sehen, dass sie zu ihrer Expedition im Jahr 1733 in St. Petersburg aufbrachen und erst 1743 wieder zurückkehrten. Die Sibirien-Exkursion stellte für sie also einen großen Lebensabschnitt dar. Die Professoren gaben sich auch durchaus nicht nur dem Genuss von Wein und dem Lesen von Romanen hin, sondern sie arbeiteten eifrig. Gmelin sammelte Material für das monumentale Werk über die sibirische Pflanzenwelt *Flora Sibirica* und verfasste nach seiner Rückkehr nach Deutschland eine Reiseschilderung, die auch für ihr literarisches Niveau Anerkennung fand. Müller seinerseits machte sich mit der Geschichte Sibiriens vertraut und sicherte einzigartiges Material aus den lokalen Archiven, die andernfalls in Bränden und der turbulenten Geschichte Sibiriens für immer untergegangen wären. Zwar genossen die Herrschaften ihren Luxus, doch im Gegenzug wurden sie von den harten Bedingungen in Sibirien auf die Probe gestellt: rauer Frost und Sommerhitze, Sümpfe und Mückenschwärme, unkooperative Beamte, unmotivierte Arbeiter und leichtsinnige Säufer. Und nie konnten sie sicher sein, nach den miserablen Zuständen im Gelände ein komfortables Obdach zu finden, da auch die Unterkünfte ziemlich unangenehm sein konnten.[4]

Trotz dieser Unterschiede verstanden sich die Professoren gut mit Steller. Sie begegneten sich im Januar 1739 am Jenissei in Sibirien. Zu diesem Zeitpunkt waren Müller und Gmelin bereits seit Jahren auf dem Weg. Sie hatten es bis nach Jakutsk geschafft, wo sie jedoch müde wurden.

Sie wollten nach Ochotsk und von dort über das Meer nach Kamtschatka, beschlossen jedoch ihre Abreise zu verschieben. Sie schickten den russischen Studenten Stepan Krašeninnikov nach Kamtschatka vor: der Jüngling sollte eine Menge vorbereiten, Unterkünfte organisieren und die Forschungen in die Wege leiten. Die Professoren kehrten an den Jenissei zurück, wo der Winter nicht ganz so rau ist wie in Jakutsk. Gmelin wollte auch noch in der Gegend am Jenissei umherziehen, um das Material zu ersetzen, das er beim Brand einer der Herbergen verloren hatte. Tatsächlich waren Müller und Gmelin schon abgekämpft und wollten nicht mehr nach Kamtschatka. Sie hatten bereits einen Antrag an den Senat geschickt, diese letzte Etappe der Forschungsreise auszusetzen. Und so erschien ihnen Steller am Jenissei wie ein Geschenk des Himmels.

Steller war Anfang des vorangegangenen Jahres in St. Petersburg aufgebrochen und hatte bereits einen gewissen Eindruck von Sibirien erhalten. Die Reise war gewiss nicht leicht gewesen. An Weihnachten war er in Tomsk dem Tod in Gestalt einer Fiebererkrankung gerade noch von der Schippe gesprungen. Doch dieser Mann war nicht so schnell zu bremsen, strotzte vor Energie und war hochmotiviert, die Reise bis zum äußersten Rand des Festlands fortzusetzen. Daher schrieb Gmelin einen weiteren Brief nach St. Petersburg. Darin empfahl er, den Forschungsauftrag in Kamtschatka den Professoren abzunehmen und stattdessen Steller damit zu beauftragen.[5] Gmelins Brief berichtet nicht nur von Steller, sondern auch von Gmelin selbst. Die Unterschiede zwischen den beiden Männern waren enorm. Dies ist umso augenfälliger, da doch beide aus Deutschland stammten, beide die Universität besucht haben, beide etwa gleich alt waren und aus ähnlichen Verhältnissen stammten.

In seinem Brief erinnert Gmelin daran, dass es für einen Forschungsreisenden in Sibirien unerlässlich sei, allerlei Ausstattung mit sich zu führen. Zugleich hebt er jedoch bewundernd hervor, dass Steller keinerlei derartigen Ballast mit sich führe. Vor allem Stellers Sparsamkeit beim Essen schien ihn beeindruckt zu haben. »Er hat nur eine einzige Tasse, aus der er sein Bier und seinen Schnaps trinkt«, schreibt Gmelin und erwähnt auch die für ihn denkwürdige Tatsache, dass er überhaupt keinen Wein trank. Steller brauchte auch keinen Koch, weil er sein Essen selbst zubereitete, wobei Gmelin auch die Art der Zubereitung erwähnenswert schien: »Gemüse und Fleisch brodeln gleichzeitig in ein und demselben Topf und aus demselben Topf isst er auch.« Neben der spartanischen Küche spiegelt sich die Askese in Stellers gesamten Lebensstil wider. Wenn er in seinem Arbeitszimmer eifrig seiner Arbeit nachging, ließ er sich weder von Unordnung noch von Rauch und Gestank aus der Ruhe bringen, bewunderte Gmelin. Selbst im Gelände schien ihm jedes Schuhwerk gut genug. Und was auch vom Stil der gelehrten Herren seiner Zeit abwich: »Er gebraucht weder Perücke noch Puder.« Anerkennung fand auch sein Charakter. Laut Gmelin war er immer gut gelaunt; seine Laune schien sich noch zu bessern, wenn um ihn herum viel los war. Damit an dieser Stelle nicht der Eindruck eines unbedarften Witzboldes entsteht, betont der Professor, dass Stellers Genügsamkeit sich keineswegs auf seine wissenschaftliche Arbeit erstreckte. Diese führte er äußerst akribisch und gewissenhaft durch. »Sodass wir in dieser Hinsicht nicht die kleinste Sorge haben.« Gmelin räumt unumwunden ein, dass der Zar seine Ausgaben reduzieren könnte, würde er Steller anstelle der Professoren den Auftrag übertragen; zweifellos eine ehrliche und richtige Einschätzung. Zudem führt er an, dass der Anführer der Großen Nordischen Expedition, Kapitänkommandeur Vitus Bering, gewiss ebenfalls lieber Steller in seine Mannschaft aufnehmen würde, als die beiden Professoren, die sich selbst der Akademie der Wissenschaften und Seiner Majestät verpflichtet fühlten. Die Professoren wären daher dem Kapitänkommandeur gegenüber sicher weniger unterwürfig und gehorsam als Steller. Nun ja, was diese Einschätzung angeht, stellt Stejneger, der Verfasser von Stellers Biografie, lapidar fest: »Offensichtlich hat Gmelin diesen Mann nicht gekannt.«

Tatsächlich störte sich auch Gmelin schon bald an Stellers mangelnder Achtung der Vorgesetzten. Zwischen den beiden kam es zu einem handfesten Streit, da Steller sich nämlich als Forscher der Akademie der Wissenschaften und nicht als Gmelins Assistent begriff. Als Gmelin ihm auftrug, ihm künftig alle Pflanzen und sonstiges Material, das er im Laufe der Expedition sammeln würde, zukommen zu lassen, ignorierte er diesen Befehl schlichtweg. Er machte nach eigener Aussage einen gefügigen Eindruck, um einen Streit zu vermeiden. Doch als sich ihre Wege trennten und Steller seine Forschungen in Irkutsk fortsetzte, adressierte er seine erste Sendung als versiegeltes Paket direkt an die Akademie der Wissenschaften in St. Petersburg. Vielleicht wollte er die Übermittlung seiner Funde auf diese Weise beschleunigen und möglicherweise verstand er auch die

Dünnhäutigkeit des Professors nicht so ganz. Außerdem war er es gewohnt, auf eigene Faust zu handeln. Wie hätte er es sonst geschafft, durch Sibirien zu reisen? Deshalb dürfte er Gmelins Forderung, seine Proben untersuchen und beurteilen zu lassen, nicht nur für unnötig, sondern auch für herabsetzend gehalten haben.

Wie es der Zufall will, landete das Paket aber dennoch in Gmelins Händen, der daraufhin die Fassung verlor: Eine Unverschämtheit! Es kam zu einem zornigen Briefwechsel. Steller war nun in Gmelins Augen ein inkompetenter Novize und seine Arbeit nutzlos. Steller bildete sich wiederum ein, der Wissenschaft neue Funde geliefert zu haben, dabei hatte Gmelin selbst diese schon abgehandelt. Auch die Pflanzen sind völlig falsch benannt. »Als wäre jede Art, die Steller neu erscheint, auch für die Wissenschaft neu!«, spottete Gmelin und ging sogar so weit, dass er Steller in einem Brief zumindest bis auf Weiteres die Reise nach Kamtschatka untersagte. Stattdessen beauftragte er ihn, ins Lena-Delta am Nordpolarmeer zu reisen. Steller war alarmiert. Es wäre doch schade, wenn ihm wegen dieser Fehde die langersehnte Kamtschatka-Reise vorenthalten bliebe. Sogleich setzte er einen langen, verschnörkelten und hochachtungsvollen Brief an die Akademie der Wissenschaften auf, in dem er die Gründe für sein Handeln darlegte. Danach zog er kurz entschlossen nach Kamtschatka. Schließlich war er kein Student von Gmelin, sondern ein Forscher, der die Universitäten in Wittenberg, Halle und Berlin besucht hatte! Die beiden Männer begegneten sich nie wieder und auch die Feindschaft fand zum Glück ein Ende. Beschwichtigend sandte Steller seine späteren Proben an Gmelin und auch dieser sah wohl ein, dass er aus einer Mücke einen Elefanten gemacht hatte. Als Steller in Ochotsk ankam, erhielt er offenbar einen in versöhnlichem Ton formulierten Brief Gmelins, da er auf das Schreiben demütig und eloquent reagierte. Fortan war der Briefwechsel bis zu Stellers Tod stets in herzlichem und freundschaftlichem Duktus gehalten.

Ein freimütiger Mensch, der schon mal die Rangfolgen vergisst, stößt im militärischen Umfeld der Marine ganz gewiss auf Schwierigkeiten. Doch obwohl sich die Beziehung zu Kapitänkommandeur Vitus Bering später als problematisch gestalten sollte, verlief die erste Begegnung angenehm. Auch diese kleine Anekdote wirft ein bezeichnendes Licht auf Steller: Am Ende seiner Reise quer durch Sibirien erreichte er zu Pferd die Hafenstadt

Ochotsk, wo die Expeditionsleitung ihren Stützpunkt hatte. Dort wollte er Bering treffen und wurde von Kapitän Martin Spangberg begleitet. Spangberg war wie Bering Däne und einer dessen engsten Vertrauten, der von Anfang an bei der Organisation der Reise und beim Bau der Schiffe dabei war. Zudem hatte er die Expedition auf die Kurilen und nach Japan geleitet. In Berings Mietshaus trafen sie jedoch nur dessen Sohn Anton an, der Steller offenbar wegen seiner zerlumpten Kleidung für einen Bediensteten von Spangberg hielt und ihn wieder fortschickte. Als Bering kurz darauf auftauchte, lachten die Männer herzlich über das Missverständnis – auch Steller.

Zu Beginn der Segelfahrt nach Amerika verhielt sich Bering Steller gegenüber achtungsvoll. Über die Tage und Wochen hinweg kam es jedoch vermehrt zu Reibereien, die sich nicht mehr verbergen ließen. Das Temperament der beiden und auch ihre Ansichten über die Prioritäten der Reise waren zu unterschiedlich. Bering war vorsichtig, schließlich trug er die Verantwortung für das Schiff und das Leben der Besatzung. Für Steller hingegen gehörte Risikobereitschaft zu einer Forschungsreise dazu und es mangelte ihm nicht an Selbstsicherheit. Während der Seefahrt verteilte er ständig Ratschläge; bisweilen lag er falsch – das Festland lag nicht immer da, wo er es vermutete, manchmal waren die Inseln, die er zu sehen glaubte, nur Wolken über der Wasseroberfläche; manchmal hatte er aber auch Recht. Er wurde jedenfalls nicht mehr ernstgenommen und aus seinen Tagebucheinträgen geht hervor, dass die Offiziere etwas zu sehr von sich selbst überzeugt waren. Das mag zwar stimmen, doch zugleich ist Steller auch nicht besonders diplomatisch. Vielleicht lag es an seinem Stil, seiner Vehemenz und seinem Temperament, das selbst in seinem Tagebuch noch deutlich erkennbar ist. Seinem Biografen Stejneger zufolge verlor er seinen Sinn für Humor, sobald ein Witz auf seine Kosten ging. Steller fühlte sich auf dem Schiff allein gelassen, er wurde zum Außenseiter, den alle lauthals verspotteten. Er war verletzt und heilte seine Wunden, indem er sich sarkastisch in seinem Tagebuch ausließ. Von rein therapeutischem Schreiben kann jedoch nicht die Rede sein, denn obwohl sein Tagebuch der Amerika-Reise nicht mehr zu seinen Lebzeiten erschien, war es auf jeden Fall von Anfang an zur Veröffentlichung bestimmt. Man sagt, es sei zugleich eine Anklage und eine Verteidigungsrede. »Ein Pamphlet«, wie

Peter Lauridsen es abtut, der seinerseits mit seiner Bering-Biografie eine angesehene Verteidigungsschrift für Bering geschaffen hat.

Steller macht darin den Marineoffizier für die Irrtümer verantwortlich, die zu dem katastrophalen Ende der Reise führten. Zugleich rechtfertigt er sich dafür, dass seine eigenen Forschungsergebnisse seiner Meinung nach so mager ausgefallen sind. Man kann sich gut ausmalen, wie er an Deck des Schiffes verärgert und frustriert auf- und abmarschierte und die Beschränkungen und verpassten Chancen bei seiner langersehnten Forschungsreise verfluchte. Steller ist in seiner Direktheit geradezu ungehalten. Es schien ihm überhaupt nichts auszumachen, dass sein Text nicht nur für Ärger sorgte, sondern vielleicht sogar zu einer Verleumdungsklage führen konnte. Andererseits mag sein Beweggrund echter Sorge darüber entsprungen sein, die Akademie der Wissenschaften und der Senat könnten annehmen, er wäre seiner Pflicht nicht nachgekommen. Und so musste er belegen, dass er seine Verpflichtungen nicht so ausführen durfte und konnte, wie er es wollte. Missachtung der Staatsgewalt war schließlich keine Bagatelle. Zweifellos schreibt Steller in seinen Augen nur die Wahrheit. Insofern musste den Beteiligten wenig daran gelegen sein, gegen diese Darstellung auf die Barrikaden zu gehen, da die Schmach nur auf sie zurückfallen würde. Für einige von ihnen findet Steller durchaus dankende und lobende Worte. Vielleicht entsteht gerade dadurch der Eindruck, dass es sich bei ihm um einen objektiv aufrichtigen Mann handelt. Objektiv zu bleiben ist bekanntermaßen schwierig, aber Stellers aufrichtige Worte zeugen von seinem Rückgrat. Er erscheint so ehrlich, wie es für einen Menschen in seiner Situation überhaupt möglich ist.

Am besten zeigt sich dies in seiner Einstellung zu Bering, denn in seinem Tagebuch zeichnet er den Kapitänkommandeur keineswegs als eindimensionale Gestalt wie etwa die untergeordneten Offiziere Sven Waxell und Sofron Hitrovo. Besonderes über letzteren hat er jedoch nichts Gutes zu berichten. Waxell wird von Steller dagegen eher indirekt kritisiert, wenn er vage von »den Offizieren« spricht und ihn so mit Hitrovo in einen Topf wirft. Waxell ist eine der bedeutendsten Personen dieser Expedition, da er unter dem erkrankten Bering das Steuer übernahm und nach dessen Tod schließlich auch das Kommando. Von Bering schien Steller viel gehalten zu haben. Er sah in ihm einen rechtschaffenen, guten Mann, der sich die Meinungen anderer anhört und diese in seine Entscheidungen einbezieht.

Andererseits kann man ihm das auch als Schwäche auslegen. Bering hat zu viel auf andere und deren Meinungen gehört – vor allem aber auf die falschen Leute gesetzt. Deshalb funktionierte schließlich an Bord des Schiffes nichts mehr. Der Kapitänkommandeur war insofern weder Kapitän noch Kommandeur. Tatsächlich steckt in dieser Kritik viel Wahres. Ein zentrales Problem stellten die Regeln dar, an die die russische Flotte gebunden war und die dem Offizierskorps außerordentlich viel Macht gaben: sollte jemand gegen den Kapitän aufstehen und sein Verhalten kritisieren, drohte der Verlust des Dienstgrades und Einkommens. Diese ungewöhnliche Praxis war von der Admiralität wahrscheinlich festgelegt worden, um die Entscheidungsgewalt der Russen selbst sicherzustellen – um Kapitäne, die aus dem Ausland für die Flotte rekrutiert wurden, unter Kontrolle zu behalten.

Jedenfalls holte Bering schon vor Antritt der Reise die Meinungen anderer ein, ließ sich bei der Auswahl der Route beraten und beriet sich im Verlauf der Reise häufig mit seinen Offizieren. Vor allem aber führten seine so getroffenen Entscheidungen dazu, dass sie auf der Rückreise die günstigen Winde verpassten, in Stürme gerieten und letzten Endes auf einer öden Insel Schiffbruch erlitten. Doch obwohl Stellers Aufzeichnungen zeitweise scharfzüngig und nicht frei von Emotionen formuliert sind, bewahrte er sich doch stets seinen Forschergeist. Auch über erschütternde Ereignisse vermag er, klar und sachlich zu berichten. Den Winter auf der Beringinsel beschreibt er im Duktus eines Berichterstatters, ohne die Tatsache hervorzuheben, dass er beim Überlebenskampf der Gruppe eine Schlüsselrolle spielte. Erst Jahre später, als er schon tot war, wurde dies von unserem alten Bekannten Professor Müller dokumentiert, als er auf Wunsch des russischen Staates einen offiziellen Bericht über Berings Forschungsreise verfasste. Müller befragte Überlebende der Reise und trug so die Erfahrungen der Schiffbrüchigen zusammen. Die Männer erinnerten sich voller Dankbarkeit an Steller.

So wurde der Sonderling der Gruppe, der Naturforscher, der während der Schiffreise Zielscheibe des Spottes gewesen war und dessen Meinung auf taube Ohren gestoßen war, auf der öden Insel zu einem geistigen Anführer, der ein Gefühl von Gemeinschaft schuf. Er ging mit gutem Beispiel voran und stellte mit seinen Kenntnissen, seinen Fähigkeiten und seiner Zuversicht Ordnung und Vernunft her, die den Glauben an Rettung und Heimkehr überhaupt erst aufkommen ließ. Doch der Weg nach Hause führte zunächst durch Elend und Verderben: von der 78-köpfigen Besatzung starben sage und schreibe 32. Einer darunter war der Kapitänkommandeur Vitus Bering.

Bering und das Meer

Vitus Bering wurde im Jahr 1681 in Horsens, Dänemark geboren. Bereits mit 15 Jahren fuhr er als Schiffjunge zur See und segelte in die dänische Kolonie Tranquebar in Indien. Nach den Segelfahrten seiner Jugendjahre studierte Bering an der Marineoffiziersschule in Amsterdam, wo er für die russische Flotte rekrutiert wurde.

Die Flotte war das Prestigeprojekt des Zaren Peters des Großen, doch da es einen Mangel an ausgebildeten Seeleuten aus Russland gab, wurden für den Aufbau der Flotte Offiziere aus dem Ausland angeworben. Peter der Große fand es einfacher, Ausbilder ins Land zu holen, als die Auszubildenden in andere Länder zu schicken. Ausbilder aus dem Ausland wurden ihrerseits von den Aufstiegs- und Verdienstmöglichkeiten in Russland angelockt. Es war gut möglich, dass jemand, der sich im Dienst hervortat, mit einem Adelstitel und einem Herrenhaus samt Leibeigenen belohnt wurde.

Auch die Verhältnisse in den Ostseestaaten unterschieden sich von der gegenwärtigen Lage. Schweden hatte sich als Großmacht geriert, folglich Dänemark und Russland gegen sich aufgebracht, die sich daraufhin miteinander verbündeten, um dem Streben Schwedens ein Ende zu setzen. Dieser Streit wurde unter anderem im Großen Nordischen Krieg ausgetragen. Auch Bering nahm an dem Krieg teil, erledigte seine Aufgaben mit Bravour und stieg zum Kapitän zweiten Grades auf, wo er allerdings aus irgendeinem Grund feststeckte. Die Situation war nicht nur enttäuschend, sondern nach Meinung seiner Frau Anna geradezu eine Schmach, zumal der britische Verlobte ihrer jüngeren Schwester gerade in eine Position über Bering, nämlich zum Konteradmiral, befördert worden war. Zu allem Überfluss war er erst fünf Jahre im Dienst gewesen, Bering hingegen bereits zwanzig. Um seine Ehre zu bewahren, kündigte Bering der Admiralität seinen Rücktritt an. Dem Rücktritt wurde stattgegeben, Bering erhielt zudem eine Entschädigung und den Titel des Kapitäns ersten Grades.

Die Berings zogen sich mit ihren Kindern nach Wyborg, Russland zurück, wo Anna aufgewachsen war und ihr Vater als Kaufmann tätig war. Anna Bering wird als willensstarke Frau beschrieben, die trotz der langen Abwesenheiten ihres Mannes fest zu ihm gehalten hat und jeden Schritt seiner Karriere gemeinsam mit ihm durchlebt hat. Sie führten einen regen Briefwechsel, in dem sie sich austauschten. Offenbar hatte Anna einen starken Einfluss auf die Entscheidungen ihres Mannes. Das Paar hatte insgesamt neun Kinder, doch die Kindersterblichkeit war sehr hoch, sodass nur vier das Erwachsenenalter erlebten. Berings Entscheidung, seine Offizierskarriere nach zwanzig Jahren Seeerfahrung zu beenden und ohne Beschäftigung ins Stadtleben zu wechseln, erwies sich schon sehr bald als Fehler. Vielleicht hatten sich die Berings erhofft, dass die Kündigung eine Art Weckruf für die Admiralität sein würde und ihr auffiele, dass sie im Begriff stand, einen guten Mann zu verlieren; vielleicht erwarteten sie auch neue Angebote und nicht, dass der Kündigung so ohne Weiteres stattgegeben würde? Wie dem auch sei, nun saß Bering, Familienvater im Alter von gerade mal 42 Jahren, wirtschaftlich und beruflich auf dem Trockenen. Nach fünf Monaten gab er sich geschlagen und reiste nach St. Petersburg, um über eine neue Saison bei der russischen Flotte zu verhandeln.

Wer kann schon sein eigenes Schicksal vorhersagen? Bering bewarb sich für Aufgaben, die seinen Namen in die Geschichte eingehen ließen und auf die Landkarten brachten. Er war verantwortlich für eine der wichtigsten Forschungsreisen der Geschichte und stieg in der russischen Flotte zum Kapitänkommandeur auf. Gewiss musste er nun nicht mehr zu Hause herumsitzen und Däumchen drehen. Einen festen Wohnsitz würde er freilich nie wieder haben, und die Arbeitsbelastung war geradezu unmenschlich.

Die Forschungsreise nach Amerika, an der auch Steller teilnahm und von der Bering nie zurückkehrte, war für Bering bereits die zweite. Es ist also kein Wunder, dass der 59-jährige Bering bei seiner zweiten Amerikareise Anzeichen der Erschöpfung zeigte. Er hatte zu dieser Zeit bereits zwanzig Jahre entsetzliche Knochenarbeit hinter sich. Steller gestand er, dass es besser gewesen wäre, für die zweite Amerika-Expedition einen jüngeren und am besten noch einen russischen Kapitän anzuheuern. Die erste Amerika-Expedition war bereits unter Peter dem Großen in Planung gewesen. Der Zar hatte getan, was Herrscher üblicherweise tun: Er hatte Krieg geführt und sein Reich vergrößert. Er hatte aber auch grundlegende Neuerungen in Bezug auf Verwaltung, Militär und Kirche durchgeführt. Mit diesen Reformen sollte Russland sich dem westlichen Europa annähern. Russland sollte nicht mehr das barbarische, rückständige Asien repräsentieren, sondern ein strahlendes Imperium, dessen wirtschaftliche, wissenschaftliche und kulturelle Errungenschaften den Rest Europas in den Schatten stellen sollte. Der Traum des Zaren konkretisierte sich in der Gründung von St. Petersburg, jener nach dem Herrscher benannten Hauptstadt des Russischen Kaiserreichs (mit kurzen Unterbrechungen 1712 bis 1910) am Ufer der Newa mit all ihren Palästen, Kirchen und Brücken. Die Gründung einer Stadt an der sumpfigen Flussmündung war nicht einfach und in der Bauphase starben so viele Menschen, dass man der Stadt nachsagte, sie sei auf Knochen errichtet worden. Auch die Neuerungen in Bezug auf die Grenzen des Reiches forderten ihren Tribut; Kriegsführung ist teuer, ob man nun in Rubel oder in Menschenleben rechnet.

Als der Zweite Nordische Krieg vorbei war und Schweden in Poltawa in die Knie gezwungen worden war, konnte Peter der Große beginnen, seine schon lang gehegten Pläne im Osten seines Reichs in die Tat umzusetzen. Er wollte im von Kosaken, Deportierten und Urvölkern bevölkerten, wilden Sibirien für Zucht und Ordnung sorgen. Es war an der Zeit, für den Handel mit Pelz und Erzvorkommen Steuern einzutreiben, aber auch die Land- und Seegebiete hinter Sibirien weckten das Interesse des Zaren. England, Holland und Frankreich schürten dieses Interesse noch zusätzlich: Als Peter der Große in Frankreich nämlich zu Besuch war, erkundigte man sich bei ihm, ob er einer Expedition in die nördlichen Gewässer zustimmen würde, um die Verbindungen zwischen Asien und Amerika zu erforschen. Peter der Große versprach, die Angelegenheit selbst in die Hand zu nehmen.

Die Küste der Arktis war nur wenig erforscht, aber man ahnte, dass zwischen Asien und Amerika keine Landbrücke bestand, sondern dass eine Meerenge die Kontinente voneinander trennte. Man hatte erfahren, dass die Tschuktschen und die Inuit in Alaska miteinander in Kontakt standen.

Wenn diese Information korrekt war, wenn also die Strecke mit ledernen Kanus zurückgelegt werden konnte, konnte der Weg nicht allzu weit sein. Tatsächlich hatte der russische Kosake Semjon Dežnov die Tschuktschen-Halbinsel bereits 1648 von der Flussmündung der Kolyma bis zum Anadyr-Fluss in Kamtschatka umsegelt. Das Vorhandensein einer Landverbindung hätte daher bereits ausgeschlossen sein sollen. Dežnov hatte jedoch nicht die Küste Amerikas gesehen und offenbar auch die Bedeutung seiner Reise nicht vollkommen begriffen. In Moskau hatte das Ereignis jedenfalls für keinerlei Aufmerksamkeit gesorgt. Dežnovs Expedition mit kleinen Einmastern war außerordentlich schwierig gewesen und die meisten Boote haben die Reise nicht überstanden, weshalb das Abenteuer wohl auch keine Nachahmer fand. Der Reisebericht verstaubte im Archiv von Jakutsk, wo Müller ihn erst 1736 wiederentdeckte. Bering wiederum, der zu dem Zeitpunkt bereits seine zweite Amerika-Expedition vorbereitete, erfuhr durch Müller von Dežnovs Reise.

Berings erste Expedition, die von Peter dem Großen angestoßen worden war, diente der Klärung, wie weit sich die nordöstliche Küste Russlands erstreckte und ob eine Landverbindung nach Amerika existierte. Die Erforschung des Seegebiets zwischen Asien und Amerika würde also eine Ausdehnung des russischen Territoriums bedeuten, die Eroberung mehrerer Inseln und der Küste sowie das Monopol über die Handelswege Richtung Osten. Ein segelbarer Kanal durch den Norden würde Europa eine neue, kürzere Handelsroute nach China und Japan eröffnen. Nach überoptimistischen Einschätzungen zeitgenössischer Experten würde sich die neunmonatige Südroute möglicherweise auf fünf bis sechs Wochen verkürzen lassen und natürlich hätte Russland das Recht, für die Nutzung der kürzeren Nordstrecke Abgaben zu fordern. Peter der Große erkrankte und verstarb indes, kurz nachdem die erste Kamtschatka-Expedition beschlossen und Bering zum Anführer selbiger ernannt worden war. Die Frau des Zaren, Katarina I., führte das Projekt fort und so wurde Bering, unterstützt von zwei jungen Marineoffizieren, dem Russen Alexei Tschirikow und dem Dänen Martin Spangberg, mit dem Projekt betraut. Die Reise begann Anfang des Jahres 1725.

Beginn der Reise bedeutete allerdings nicht, dass sogleich in See gestochen wurde. Zuerst musste ein Schiff gebaut werden und dazu musste man an den Rand des Pazifiks gelangen. Dorthin sind es von St. Petersburg aus über 5500 Kilometer Luftlinie und da der Landweg sich durch unzählige Kurven faktisch gewaltig dehnt, muss man noch ein paar Tausend Kilometer hinzurechnen. Ganz Sibirien musste durchquert werden, weshalb auch lange Strecken auf Flüssen zurückgelegt werden mussten. Dies bedeutete, dass Flöße gebaut werden mussten. Auf anderen Strecken gab es weder Straßen noch Wege. Wälder, Sümpfe und Gebirge, Flüsse und Ströme, Schluchten und Wildnis, Frühlingsfluten, Mückenschwärme, Schneestürme, Frost. Nicht nur Schreiner und andere Handwerker mussten diese Strecke zurücklegen, auch ihre Ausrüstung sowie alles, was auf dem Schiff nützlich sein würde, musste quer durch Sibirien befördert werden. Darunter Anker, Kanonen und Kanonenkugeln sowie weiteres ungemein schweres Gepäck! Und nach all dieser Anstrengung ging es eigentlich erst richtig zur Sache. Und so hatten sie bei ihrer Ankunft am Rande des Ochotskischen Meeres bereits eine Menge Arbeit und Strapazen hinter sich. Zudem hatte ihnen die allenfalls zehn Häuser umfassende »Stadt« Ochotsk nicht viel zu bieten. In der verkümmerten Sumpfgegend gab es nicht einmal robustes Holz, das für den Schiffbau jedoch zwingend benötigt wurde. So begnügten sie sich mit anspruchslosen Booten, mit denen sie über das Ochotskische Meer nach Bolsheretsk im Südwesten Kamtschatkas segelten. Von dort aus mussten sie ihre Fracht mühsam auf dem Landweg an die Ostküste der Halbinsel transportieren. Eine weitere schwere Reise durch Berge und Täler, durch von Flüssen zerfurchte Gebiete, wo es keine Straßen gab. Diesen Abschnitt der Reise legten sie mit Hundeschlitten zurück, da es in Kamtschatka noch keine Pferde gab. Nun erst konnte mit dem Schiffbau begonnen werden.

Im Juli 1728 schließlich, also mehr als drei Jahre nach dem Aufbruch in St. Petersburg, hisste die *St. Gabriel* die Segel und steuerte aufs Meer hinaus. Die Männer segelten zunächst an der Küste Kamtschatkas und dann an der Tschuktschen-Halbinsel entlang, so weit gen Norden, wie das Land eben reichte. Danach segelten sie noch bis zum Breitengrad 67° 24', dann traten sie die Rückreise an. Tschirikow hatte zwar vorgeschlagen, bis zur Kolyma weiter Richtung Westen zu segeln, um sicherzugehen, dass auch dort keine Landbrücke bestand. Bering scheute jedoch vor den schwierigen Eisverhältnissen zurück und hielt den Vorschlag für zu riskant, zumal sich der arktische Sommer bereits dem Ende neigte. Das amerikanische Festland bekamen sie nicht zu sehen, da sie immer wieder in Nebel gerieten.

Bering hat schlicht herausragendes Pech gehabt, denn wäre er auch nur wenig vom Ufer weggesegelt und die Sicht etwas besser gewesen, hätte er die amerikanische Küste wohl erkennen müssen. Die Beringinsel ist an der schmalsten Stelle 90 Kilometer breit und bei klarem Wetter kann man von der Mitte der Insel sowohl bis nach Asien als auch bis nach Amerika sehen. James Cook hatte im Jahr 1778 mehr Glück, denn als er die Meerenge besegelte, hatte er geradezu strahlendes Wetter.

Bering konnte natürlich nicht wissen, wie breit oder schmal die Insel war, da es von ihr noch keine Karte gab, und sich die von ihm verwendete Karte von der Küste Asiens als fehlerhaft herausstellte. Keine angenehme Aufgabe, in nördlichen Gewässern herumzusegeln auf der Suche nach Land, das *irgendwo* sein muss. Im schlimmsten Falle wäre die *St. Gabriel* am amerikanischen Festland vorbeigesegelt und im arktischen Eis zerschellt oder eingeschlossen worden. Bering sah seinen Auftrag, der ihm vom Zaren erteilt worden war, als erledigt an: Er war von Kamtschatka aus Richtung Norden am Land entlang gesegelt und hatte festgestellt, dass es nicht mit dem amerikanischen Festland verbunden war. Seiner Meinung nach war klar, dass es keine Landverbindung zwischen Asien und Amerika gab. Die Diomedes-Inseln zwischen Russland und Amerika waren auf der Expedition entdeckt worden und James Cook, der später durch dieselben Gewässer segelte, dankte Bering für die Karte, die dieser angefertigt hatte. Laut Cook waren die Breiten- und Längengrade so präzise ausgemessen, wie es mit den Instrumenten der damaligen Zeit möglich war. Bering zu Ehren taufte Cook die Insel zwischen Asien und Amerika auf dessen Namen. Er verwendete auf dieser Segelfahrt erstmalig das Harrison-Chronometer, mit dem die Meridiane sehr viel präziser gemessen werden konnten als vorher.

Bering überwinterte in Kamtschatka und kartografierte im folgenden Sommer die Gewässer um die Halbinsel herum. Dabei entdeckte er auch die besonders gut geschützte Awatscha-Bucht, wo später für die zweite Amerika-Expedition der Hafen von Petropawlowsk errichtet wurde. Mit etwas mehr Glück hätte Bering auch die Inselgruppe 175 Kilometer östlich von Kamtschatka entdecken können, die später dem Kapitänkommandeur zu Ehren den Namen Kommandeurinseln erhielten. Die größte von ihnen trägt heute Berings Namen und dort ging er 17 Jahre später im Jahr 1741 an

Land. Erneut war ihm kein Glück beschieden, denn hier endete nach unsäglichen Strapazen sein Leben.

Abb. 3: Der Hafen in Petropawlowsk auf der Halbinsel von Kamtschatka, Anfang des 19. Jahrhunderts.

Als Lohn für seine erste Forschungsreise erhielt Bering tausend Rubel und wurde zum Kapitänkommandeur befördert, aber die Auszahlung des Lohns ließ auf sich warten. Russlands politische Elite war nämlich unzufrieden. Die Granden teilten Berings Gewissheit nicht, sondern grämten sich weiterhin mit der Frage, ob weiter im Norden Sibiriens doch eine Landverbindung bestehen könnte. Aus geografischer Sicht ist es einfacher, zu beweisen, dass etwas vorhanden ist, als lückenlos nachzuweisen, dass etwas eben *nicht* vorhanden ist! Bering stand unter Druck. Er wollte die Lage Amerikas aufklären, bis auch der letzte Zweifel ausgelöscht war. Trotz der großen Schwierigkeiten auf der ersten Expedition, schlug er bereits wenige Monate nach seiner Rückkehr nach St. Petersburg eine zweite, noch umfangreichere Operation vor. Vielleicht war er der Annahme, dass der zweite Durchgang trotz allem einfacher verlaufen würde, da er Erfahrung gesammelt hatte und die Route feststand. Außerdem gab es noch viel mehr zu kartografieren. Die ganze Küste des Arktischen Ozeans angefangen beim Weißen Meer war nur lückenhaft erforscht, ebenso wie die nördlichen Gebiete des Pazifiks. Über das Seegebiet zwischen der Halbinsel Kamtschatka und Amerika war nichts bekannt und bei der Darstellung der Seegebiete südlich von Kamtschatka hatten die Kartografen sich hauptsächlich alter Überlieferungen bedient und vielleicht auch ein wenig ihrer eigenen Fantasie. Die Karten aus jener Zeit weisen viele Variationen auf. Die darauf abgebildeten Landgebiete werden mal als Inseln dargestellt, mal als Halbinseln, die wie lange Finger ins Wasser hineinragen. Die vagen Fetzen sind mal mehr mal weniger mit dem Festland verbunden.

Im Jahr 1730 saß bereits die dritte Herrscherin nach Peter dem Großen auf dem Thron, nämlich die Tochter seines Halbbruders Iwan V. Anna Iwanowna. So wie Peter I. strebte auch Anna Iwanowna nach geografischer Größe für Russland und dem Glanz westlicher Bildung und Kultur. Die Idee der Forschungsreise passte insofern gut zu ihren Plänen, Russlands Gebiete zu vergrößern und die Wirtschaft voranzutreiben, um das Land aus der Peripherie zu holen. Die kartografischen Erfassungen und anderen Forschungen wären wissenschaftliche Errungenschaften, die weltweit für Aufsehen sorgen würden. Und so stimmten Anna Iwanowna und ihre Berater Berings Vorschlag nicht nur zu, sondern waren davon regelrecht begeistert. Diese Begeisterung führte wiederum dazu, dass in Bezug auf die Verhältnismäßigkeit die Pferde mit ihnen durchgingen. Bei den Planungen waren der Senat, die Admiralität und die Akademie der Wissenschaften involviert und innerhalb der folgenden zwei Jahre wurde das Projekt so sehr aufgeblasen, dass Bering beim Anblick des endgültigen Handbuches erblasste. Laut seinem Biografen Lauridsen erkannte dieser das Projekt nicht mehr als sein eigenes wieder. Lauridsen fügt noch eine düstere Bemerkung hinzu:

> »Das Opfern mehrerer tausend Menschenleben störte sie [die Zarin und ihre Berater] nicht und sie bemühten sich die Operation so groß und sensationell wie möglich zu gestalten.«

Diese vom russischen Staat organisierte »Große Nordische Expedition«, auch bekannt als die Zweite Kamtschatka-Expedition, war nicht nur *groß*, sondern geradezu größenwahnsinnig und sie war mitnichten auf die Halbinsel Kamtschatka begrenzt. Die Erforschung der amerikanischen Küste wurde erneut in Berings Hände gelegt. Er wurde unterstützt von einem Schwesterschiff unter dem Kommando von Kapitän Alexei Tschirikow, demselben Mann, der bereits bei der ersten Expedition dabei gewesen war. Der andere alte Kollege von Bering, Martin Spangberg, hatte seinerseits den Auftrag erhalten, die Seegebiete um die Kurilen und Japan herum zu erforschen. Die an sich schon gigantische Kartierungsarbeit war jedoch bei Weitem nicht die einzige Aufgabe der Großen Nordischen Expedition. Vielmehr gehörten auch die grundlegende Instandsetzung der Infrastruktur sowie die Verbesserung der Bedingungen in Sibirien dazu. Konkret mussten unter anderem Häfen, Eisenwerke, Leuchttürme, Kirchen und Schulen, Wohnhäuser sowie Depots errichtet werden. Es galt Ackerbau und Viehzucht einzuführen, der Posttransport musste organisiert werden, Untersuchungen über die Geschichte, die Völker, Sprachen und Kultur, Natur und Naturgefahren Sibiriens sollten angestellt werden, Missionsarbeit war zu leisten – und noch vieles mehr. Ein derartiges Projekt kann nicht als reine Forschungsreise bezeichnet werden! Zweifellos konnten nicht alle Ziele dieses gigantischen Vorhabens erreicht werden und es ist vor diesem Hintergrund nicht überraschend, dass das Projekt zehn Jahre dauerte – nämlich von 1733 bis 1743.

Allein um die Segelschiffe für die verschiedenen Expeditionen zu bauen, wurde eine große Anzahl von Handwerkern benötigt, doch es mussten auch Leute angeheuert werden, die das ganze Gepäck quer durch die sibirische Tundra und Taiga beförderten. Dies war Bering, Tschirikow und Spangberg schon von der ersten Expedition bekannt. Auch wenn ein Teil der Reise auf dem Flussweg mit dem Floß oder Boot zurückgelegt werden konnte, war der Großteil doch ein mühsames Schleppen durch schwer gangbares und teilweise mithin lebensgefährliches Gelände. Flüsse mit heftigen Strömungen, bebende Sümpfe, dichte Wälder und Gebirge mussten durchquert werden. Es war eine Reise, bei der Lastenpferde vor Erschöpfung tot umfielen. Doch darüber hinaus starben bei der monatelangen, den Winter hindurch andauernden Wanderung auch so viele Menschen, dass für die Beförderung Leute zwangsrekrutiert werden mussten.

Wenn ganze Bataillone an Arbeitern nötig sind, kann man sich vorstellen, was für Schwierigkeiten die Organisation von Unterkunft und Verpflegung für solch eine Menschenmenge bedeutete. Daher sind einige der Ansicht, dass Berings größter Verdienst nicht seine Seefahrt nach Amerika war, sondern vielmehr die monatelange Koordination des logistischen Alptraums der Expedition durch Sibirien. Bering selbst hat mehrfach festgestellt, dass es kein Kunststück sei, Leute für die Reise anzuwerben, sondern die größte Herausforderung darin bestünde, sie zu versorgen und zu ernähren, wenn sie am Ziel angekommen sind. Einige Offiziere und Forscher wurden auf der Reise von ihren Familien begleitet – auch Bering selbst –, sodass einem Kommentar zufolge der Tross eher an eine Völkerwanderung als an eine Forschungsreise erinnerte. Zusätzliche Probleme bereitete die mangelnde Bereitschaft der sibirischen Beamten, die Vorbereitungen für die Expedition, die Unterbringung und die Versorgung zu treffen. Die Beamten selbst mochten politische Geflohene sein, die nicht gerade großes Interesse an staatlichen Projekten hatten. Zudem hatten viele in den Jahren ihrer Deportation Zuflucht im Alkohol und Philosophieren gesucht, doch selbst diejenigen, die aktiv und hilfsbereit waren, hatten häufig wenig zu bieten. Die Ankunft der Menschenmengen in irgendeinem sibirischen Örtchen bedeutete eine unerwartete Bevölkerungsexplosion und es gab schlichtweg nicht genug Wohnungen und Transportmittel. Die Reise des Trosses durch Sibirien bedeutete für die angeheuerten Arbeiter fürchterliche Strapazen, sodass sie reihenweise zu fliehen versuchten. Um dieser gefährlichen Entwicklung zu begegnen und die ›Arbeitsmoral‹ zu heben, wurden entlang der Lena in Abständen von 20 Kilometern Galgen errichtet. Diese Maßnahme verfehlte ihre Wirkung nicht.

Allein die Durchführung des Transports hat unzählige Menschenleben gekostet, doch die schwierigen Bedingungen bekamen natürlich auch diejenigen zu spüren, die an der eigentlichen Kartierung beteiligt waren. Das Ufer der Arktis mit den Gletschern und Eisbergen wurde per Schiff, Boot und Hundeschlitten, zu Fuß oder auf Skiern durchkämmt. Selbst unter heutigen Bedingungen und mit modernen Geräten wären diese Exkursionen nicht einfach; doch man stelle sich nun die Ausrüstung der damaligen Zeit vor. Zudem ist nicht zu vergessen, dass die Männer obendrein erst die Karten anfertigen mussten. Unter diesen Bedingungen nördlich des Polarkreises zu überwintern, führte zwangsläufig zu Erfrierungen, Hunger und Skorbut.

Ein besonders tragisches Schicksal erlitten Leutnant Wassili Prontschischtschew und seine Braut, die von Jakutsk die Lena entlang in Richtung Nordpolarmeer segelten. Sie verbrachten den Winter im Lena-Delta, von wo aus sie zur Taimyrhalbinsel weiterzogen, bevor sie wegen des

Drifteises umkehren mussten. Sie hatten es zwar bis zum 77° 29' nördlichen Breitengrad geschafft, starben jedoch in ihrem primitiven Winterlager an Skorbut, zuerst Prontschischtschew, zehn Tage später folgte ihm seine Frau. Auch der Schwede Peter Lassenius fiel dem Skorbut zum Opfer. Er sollte das Ostufer der Lena kartografieren, wobei von seiner 48-köpfigen Mannschaft 38 Menschen starben und nur acht überlebten. Prontschischtschews Arbeit wurde von Chariton Prokofjewitsch Laptew fortgeführt, Dmitri Laptew übernahm Lassenius' Posten. Ihre Expeditionen streiften jahrelang am Ufer des Nordpolarmeeres entlang. Wegen der schwierigen Eisverhältnisse konnte der Großteil der Kartierung nicht vom Schiff aus erfolgen, sondern musste mühsam mit Rentier- und Hundeschlitten an Land vorgenommen werden.

Die Große Nordische Expedition hatte natürlich auch Auswirkungen auf das Leben der Urbevölkerung der Region. Die Itelmenen aus Kamtschatka wurden rekrutiert, um die Ausstattung mit ihren Hundeschlitten zu transportieren. Doch aufgrund der zermürbenden Arbeitsbedingungen traten die Menschen nur unter Zwang an. Die Männer mussten ihre Frauen und Kinder schutzlos im Ödland zurücklassen, die Fahrten konnten gerade zur besten Zeit für den Lachsfang stattfinden und bei der Schinderei kamen wertvolle Schlittenhunde ums Leben; das Honorar war kein Ausgleich für die Mühen und die Verluste und zudem hatte man für Geld in der Einöde keine rechte Verwendung. Sven Waxell schreibt in seinen Memoiren: »Tatsächlich hatten die meisten von ihnen keine Vorstellung davon, was Geld ist.« Laut Waxell hatten sich viele von ihnen nie weiter als fünf Meilen (acht Kilometer) von ihrem Geburtsort entfernt, sodass sie sich nun fühlten, als ob sie »ans andere Ende der Welt« reisen müssten. Wer protestierte, musste mit harten Maßnahmen rechnen und Aufstände wurden gewaltsam niedergeschlagen.

Die Disziplinierung der Ureinwohner und die Strafexpeditionen in ihre Dörfer hatten sich als probate Mittel bewährt, periphere Bewohner zu gehorsamen Untertanen und Steuerzahlern zu erziehen. Obwohl die Kosaken schon zur Zeit von Peter I. Kamtschatka weitestgehend unterworfen hatten, widersetzte sich die Tschuktschen-Halbinsel weiterhin dem Zugriff der russischen Regierung. Vor Berings zweiter Amerika-Expedition war bereits eine in die Region entsandt worden, um die unabhängigen Tschuktschen zu unterwerfen. Doch der Feldzug scheiterte und die

Tschuktschen vermochten sich zu behaupten. Neben der Unterwerfung der Tschuktschen war es erklärtes Ziel der Expedition, von der Tschuktschen-Halbinsel nach Amerika zu segeln.

Zwischen Berings erster und zweiter Expedition gab es noch eine weitere, nämlich die des Feldmessers Michail Gwosdew. Seine Reise führte ihn vorbei an den Diomedes-Inseln, deren Existenz Bering bestätigt hatte. Von dort aus segelte Gwosdew weiter, bis er die amerikanische Küste erkennen konnten. Er ging zwar nicht an Land, doch er bekam das Große Land noch vor Bering zu Gesicht, da seine Reise bereits im August 1732 stattfand. Sein Schiff war die *St. Gabriel*, die für Berings erste Expedition gebaut worden war. Die beiden Schiffe für Berings zweite Expedit*ion, St. Peter und St. Paul,* wurden in Ochotsk gebaut. Zuvor mussten jedoch erst eine Kaserne und eine Werft errichtet werden. Und da das Holz für den Schiffbau von Kamtschatka aus über das Ochotskische Meer befördert werden musste, dauerte diese Arbeit Jahre. Zwar gab es während der Laichzeit der Lachse genügend Fisch in Ochotsk, doch ansonsten war das Angebot an Lebensmitteln dürftig, sodass der Nachschub sichergestellt werden musste. Zu allem Überfluss meinte es das Wetter nicht gut mit den Leuten, die Luft am Meer war besonders feucht und im Winter war es eisig kalt; die Landschaft wird als sumpfig und ungesund beschrieben.

Berings Schiffe wurden schließlich im Sommer 1740 fertiggestellt. Es waren sogenannte Paketschiffe mittlerer Größe – derselbe Schiffstyp, der in der Nordsee und der Ostsee für die Beförderung von Passagieren, Waren und Post eingesetzt wurden.

Mit ihren hoch emporragenden Masten, den weißen Segeln und dem edlen Holzrumpf boten die beiden Paketschiffe *St. Peter* und die *St. Paul* zweifellos einen imposanten Anblick. Allerdings waren Berings Schiffe nicht mit Paketen, sondern mit Kriegsausrüstung, wie Kanonen, Kanonenkugeln und einem guten Vorrat an Schießpulver, beladen. Zur Besatzung gehörten natürlich auch Marinesoldaten, die bei Bedarf diese Ausrüstung bestens zu bedienen wussten. Für den Landgang waren beide Schiffe mit jeweils zwei Ruderbooten ausgestattet, in denen je etwa zehn Mann Platz fanden.

Von Ochotsk segelten die Schiffe auf die Ostseite der Kamtschatka-Halbinsel in die Awatscha-Bucht. In der geschützten Bucht gründete Bering den Hafen von Petropawlowsk, der nach seinen beiden Schiffen benannt wurde: »Svjatoi Pjotr« und »Svjatoi Pawel«. Als Bering 1733 in St. Petersburg seine zweite Reise an den äußersten Rand Sibiriens antrat, wurde er von seiner Frau Anna und ihren Kindern begleitet. Die Karawane legte den tausende Kilometer langen, unfassbar mühsamen Weg bis zur Hafenstadt Ochotsk zurück. Dort kam es im August 1740 nach jahrelanger gemeinsamer Reise zum Abschied. Das Ehepaar Bering träumte davon, vom russischen Staat nach erfolgreicher Beendigung der Forschungsreise mit einem stattlichen Herrenhaus belohnt zu werden. Dort wollten sie ihren wohlverdienten Ruhestand verbringen. Doch nun zeigte Bering Anzeichen der Erschöpfung. Er hatte den Beratern der Zarin geschrieben, dass er nach der Reise vom Dienst als Kapitänkommandeur befreit werden möchte: »Ich bin seit 37 Jahren im Dienst und bin immer noch nicht so weit gekommen, dass ich ein Zuhause für mich und meine Familie habe. Ich lebe wie ein Nomade.« Der Traum vom ruhigen Leben im Herrenhaus würde nie erfüllt werden und der Abschied von seiner Familie in Ochotsk wird sein letzter bleiben. Anna Berings lange Rückreise von Ochotsk in die Hauptstadt St. Petersburg dauerte zwei Jahre und die Nachricht vom Tod ihres Mannes holte sie erst im Herbst 1743 ein.

Auf seiner zweiten Expedition bekam Vitus Bering das amerikanische Festland zu sehen, aber er selbst setzte keinen Fuß an Land, nicht einmal auf die Inseln Alaskas. Für den Kapitänkommandeur war es eine Reise voller Sorgen und schwieriger Entscheidungen und er schloss sich oft in seine Kajüte ein. Bereits schwerkrank übergab er die Verantwortung an Leutnant Waxell. Als das Schiff schließlich von seinem allerletzten Sturm erfasst und zerschmettert wurde und auf Grund lief, lag der Kapitänkommandeur bereits schwer gezeichnet und ohnmächtig in seiner Kajüte. Die Überlebenden retteten sich auf eine wüste, baumlose Insel in der subarktischen Zone. Es war bereits November. Die Bedingungen waren so erbärmlich, dass es sich kaum in Worte fassen lässt. Zu dieser Jahreszeit sind die Tage kurz, das Wetter ist gnadenlos, die Ausstattung bestand aus dem, was sich vom Schiffsbruch retten hat lassen. Der größte Teil der Besatzung litt bereits an Skorbut, einige starben, so auch der Kapitänkommandeur.

Seine letzten Tage verbrachte Bering in einem notdürftig aus Treibholz und Stofffetzen zusammengezimmerten Unterschlupf. Er hatte sich völlig zurückgezogen, wollte keine Hilfe oder Gesellschaft. Um sich vor der Kälte zu schützen, hatte er sich zur Hälfte im Sand eingegraben. Sein Zustand ermöglichte ihm nur noch, seine Schmerzen und seinen Körper wahrzunehmen – sein eigener, leidender Körper war sein gesamtes Universum. Vielleicht flammte immerhin ein Fünkchen Bedauern für das absehbare Ende der eigenen Existenz auf? Doch letztlich muss er alle seine Pläne für die Zukunft loslassen. Bering war gewiss ein sehr ehrgeiziger Mann. Ob ihn das Wissen, dass die Insel, auf der er verstarb, einst nach ihm benannt werden würde, mit den nicht erfüllten Wünschen und Zielen versöhnt hätte, muss offenbleiben.

Abb. 4: Kapitän Vitus Bering starb auf der Beringinsel in einer in die Sanddüne gegrabenen Hütte. Auch im Innern der Hütte wollte er halb unter Sand begraben sein, um sich warm zu halten.

Von Ochotsk zur Awatscha-Bucht

Was waren die Ursachen für das schreckliche Desaster von Berings zweiter Amerika-Expedition? Tatsächlich reichen die Probleme weit über den Zeitraum zurück, als die Schiffe ihre Anker lichteten. Die Zarin, der Senat, die Admiralität und die Akademie der Wissenschaften hatten eine wahrhaft gigantische Aufgabe in die Hände eines einzigen Mannes gelegt. Zwar hatte man das riesige Projekt in verschiedene Bereiche aufgeteilt, doch Bering blieb allein für die Gesamtorganisation verantwortlich. Das bedeutete jahrelange Planung praktischer Angelegenheiten unter widrigen Umständen. Die Natur Sibiriens war voller Herausforderungen, die man einfacher hätte bewältigen können, wenn die Verwaltung vor Ort auch nur ein Minimum an Kooperation gezeigt hätte. Der Senat hatte den Beamten zwar angeordnet, sich auf die Ankunft der Expedition bereits im Vorfeld vorzubereiten und ihnen jede Hilfe anzubieten, doch wen kümmerten derlei Ukasse schon im fernen Sibirien? Nichts geschah! Die Beamten vor Ort hatten keine Leute mobilisiert, viele hatten es nicht einmal versucht und etliche verweigerten sich geradezu.

Auf die härteste Probe wurden Berings Nerven vor allem von Grigory Skornyakov-Pisarev, dem Kommandanten von Ochotsk gestellt. Dieser hatte schon vor einiger Zeit vom Senat umfangreiche Anordnungen zu Maßnahmen erhalten, die vor der Ankunft der Expeditions-Truppe umgesetzt werden sollten, doch dieser hatte keinen Finger krumm gemacht. Bering berichtete deprimiert, dass »nicht ein einziges *Pud*« Lebensmittel (ein russisches *Pud* sind weniger als 20 Kilogramm, doch wahrscheinlich war nicht einmal ein einziges Kilo geliefert worden) nach Ochotsk geliefert worden war, keinerlei Infrastruktur war eingerichtet, weder Schiffe noch Depots gebaut worden …

Und doch war Skornyakov-Pisarev mitnichten tatenlos. Sein Einsatz zielte jedoch darauf ab, der Expedition Steine in den Weg zu legen – unter anderem, indem er Arbeiter der Expedition in sein Hauptquartier einlud und ihnen einen Floh ins Ohr setzte, indem er allerlei Ideen möglicher Klagen über Bering und seine Leute entwickelte. Bering stöhnte, dass er für einen einzigen Briefwechsel mit Pisarev drei fleißige Sekretäre benötigt hätte. Der heißblütige Spangberg verlor schließlich die Nerven und kündigte an, »den alten Schurken« niederzustechen, woraufhin dieser sich kurzerhand auf ein Pferd schwang und Richtung Jakutien davongaloppierte, um sich in Sicherheit zu bringen. Einer Erzählung zufolge soll er die immerhin rund 1000 Kilometer durch unwegsames Gelände von Ochotsk nach Jakutien in lediglich neun Tagen zurückgelegt haben – eine sportliche Leistung, bedenkt man, dass der Reiter bereits 70 Jahre alt war.

Doch Berings Untergebene zofften sich auch untereinander. Zugleich waren die Ressourcen knapp und die Beschaffung mühsam, sodass es allein schon deshalb unweigerlich zu Konkurrenzkämpfen kam, wobei die ehrgeizigen Männer sich gegenseitig nicht mit Handschuhen anfassten. Inmitten solcher Streitigkeiten rückten allfällige Fragen nach Zuständigkeiten und Aufgabenteilung gewiss allenthalben in den Hintergrund. Als sich folglich abzeichnete, dass die übergeordnete Operation weder innerhalb des Zeitplans noch des vorgesehenen Budgets realisiert werden konnte, bestrafte St. Petersburg Bering, indem ihm sein Verdienst um die Hälfte gekürzt wurde. Schließlich, kurz bevor die Expedition nach Kamtschatka aufbrechen wollte, traf ein Kurier der Zarin in Ochotsk ein und forderte einen detaillierten Lagebericht. Der Befehl brachte Bering verständlicherweise aus der Fassung, da er ohnehin schon alle Hände voll zu tun hatte, und nun sollte er sich auch noch an den Tisch setzen und einen ausführlichen Bericht verfassen!

Den Rohrstock der Herrscherin bekamen aber auch andere zu spüren. So etwa Spangberg, der in den beiden Sommern zuvor die planmäßigen Expeditionen auf die Kurilen und nach Japan durchgeführt hatte. Er war auf dem Weg nach St. Petersburg, um einen Bericht über seine Ergebnisse vorzulegen, erwartete Dank und Ehre für seine Leistungen. Doch es kam ganz anders. Pisarev, der Intrigant von Ochotsk, hatte einen Beschwerdebrief an die Hauptstadt geschickt, in dem er behauptete, Spangberg sei lediglich bis nach Korea vorgedrungen. In St. Petersburg kamen Zweifel auf und der Bote der Zarin traf Spangberg noch in Sibirien an, und überbrachte den Befehl, nach Ochotsk zurückzukehren und von dort aus die Reise nach Japan zu wiederholen. Auf seiner eilig angetretenen Rückreise traf Spangberg auf Steller auf dessen Weg nach Kamtschatka, sodass die Männer den restlichen Weg nach Ochotsk gemeinsam ritten. Dort angekommen begegneten sie Bering just in dem Augenblick, als dieser endlich an Bord ging, um über das Ochotskische Meer nach Kamtschatka zu segeln. Das war im August 1740.

Spangberg hatte sich beeilt, um Bering noch vor dessen Abreise anzutreffen, um von ihm für seine erneute Fahr auf die Kurilen und nach Japan eines der Segelschiffe, die im Hafen von Ochotsk lagen, zu bekommen. Doch Bering benötigte die beiden kleineren Schiffe für sein Unterfangen. Mit ihnen sollten die Vorräte und sonstiges Zubehör der Amerika-Segler von Ochotsk auf die Ostseite der Kamtschatka-Halbinsel in die Awatscha-Bucht befördert werden. In dem dort provisorisch errichteten Hafen von Petropawlowsk würden sie den kommenden Winter verbringen. Auf die Suche nach einer Passage nach Amerika wollten sie sich erst im Frühjahr des folgenden Jahres begeben, sobald das Wetter dies erlaubte. Bering blieb standhaft: Amerika war das Hauptziel der Großen Nordischen Expedition und der Aufbruch dorthin durfte sich nicht weiter verzögern. Und so musste Spangberg in Ochotsk bleiben und dort erst ein Segelschiff bauen und einmal mehr die benötigten Vorräte und Ausrüstungen besorgen. Es stand fest, dass sich seine Abreise bis zum nächsten oder sogar bis zum übernächsten Jahr verzögern würde.

Die Ungerechtigkeit des Senats und die Sinnlosigkeit des Unterfangens sind bei allen Beteiligten gewiss auf Unverständnis gestoßen und man mag sich den genauen Wortlaut Spangbergs Kommentare gar nicht erst vorstellen. Denn er wird als große, brutale Gestalt beschrieben, vor dem sich nicht nur die Einheimischen fürchteten. So soll er stets einen großen Hund bei sich geführt und diesen auf alle gehetzt haben, die sich seiner Meinung nicht anständig benahmen. Doch selbst ein ungehobelter Mann muss sich den Befehlen seiner Vorgesetzten fügen und so blieb Spangberg in Ochotsk, ließ ein neues Schiff bauen und wiederholte seine Reise. Er war ein tüchtiger und kompetenter Handwerker und nahm viele Arbeiten selbst in die Hand. Außerdem galt er als ausgezeichneter Seefahrer. Es scheint, dass Intrigen ihm den Wind aus den Segeln genommen haben. Im Jahr 1745 kehrte Spangberg ohne Erlaubnis des Senats oder der Admiralität nach St. Petersburg zurück, wofür er vor Gericht gestellt und zum Tode verurteilt wurde. Selbst die Machthaber erkannten das Exempel als unverhältnismäßig, sodass es zurückgezogen und stattdessen Spangberg ›lediglich‹ vom Kapitän zum Leutnant degradiert wurde. Später, im Jahr

1751 – zehn Jahre vor seinem Tod – wurde er zum Kapitän ersten Grades ernannt.

Die Schiffsreise in unbekannte Gewässer erforderte eine stattliche Menge an Lebensmittelvorräten, da die Zeitpläne der Reise verständlicherweise nur in groben Zügen planbar waren. Auf beiden Schiffen der Amerika-Expedition befanden sich tonnenweise Roggenmehl, Graupen, Trockenfleisch, Schweinefleisch und Butter. Dazu wurde Trinkwasser in Fässern gelagert. Die Essensreserven waren auf etwa vier Monate ausgelegt, die Wassermenge sollte für immerhin zwei Monate reichen. Zudem wurden Eier der Meeresvögel aus den Nestern gesammelt und nach Art der Einheimischen in Tran eingelegt. Man kann sich vorstellen, dass die Eier stark nach Fisch geschmeckt haben, was jedoch offensichtlich nicht störte. Vielmehr schreibt Waxell zufrieden, dass die Eier, die im April oder Mai gesammelt worden waren, selbst im November noch verzehrt wurden und kein einziges verfault sei. Und natürlich durfte auf den Schiffen der Zwieback nicht fehlen. Und doch gab es aufgrund eines Unglücks keinen.

Die Beförderung der Lebensmittel von Ochotsk nach Kamtschatka sollte mit dem Segelschiff *Nadežda* erfolgen. Kapitän war Sofron Hitrovo, zweiter Offizier auf Berings Schiff. Kaum hatte *Nadežda* in Ochotsk abgelegt, stieß das Schiff auf eine Sandbank. Das Schiff von der Sandbank zu lösen und wieder instand zu setzen, kostete eine geschlagene Woche. Schlimmer war freilich, dass der Zwieback im Salzwasser aufgeweicht und unwiederbringlich verloren war. Die wenigsten von uns mögen Zwieback als wahre Delikatesse ansehen, doch für die Expedition wäre Zwieback eine überlebenswichtige Absicherung gewesen, sollte sich die Reise verlängern.

Pech und/oder auch Kapitän Hitrovos Unfähigkeit setzten sich fort. Als *Nadežda* endlich im Südwesten der Kamtschatka-Halbinsel im Hafen von Bolsheretsk eintraf, sollte sie zum Hafen von Petropawlowsk in der im Osten gelegenen Awatscha-Bucht segeln. Hitrovo gelang es jedoch nicht, das Schiff durch die Meerenge zwischen der Lopatka-Halbinsel und den Kurilen hindurch zu manövrieren. Niedergeschlagen kehrte er nach Bolsheretsk zurück. Zu seiner Ehrenrettung lieferte Waxell in seinen Memoiren eine lebhafte Schilderung der Fahrt der *St. Peter* durch eben diese Meerenge, wobei er Hitrovos Scheitern mit keinem Wort erwähnt. In der Mitte der Meerenge gab es gefährliche Felsriffe und eben da geriet das Schiff durch den Westwind und Gezeitenwellen ins Schaukeln und konnte gerade eben noch über Wasser gehalten werden. Waxell schreibt, dass er in seiner gesamten Laufbahn auf See niemals in so großer Gefahr gewesen sei. Diese Einschätzung mag überraschen, bedenkt man die Umstände und Bedingungen der Amerika-Expedition. Und so stellt sich die Frage, ob Waxell mit dieser Behauptung seinen Freund Hitrovo von den Vorwürfen entlasten und seinen Ruf als Kapitän wiederherstellen wollte. Wie dem auch sei, ein drittes Mal wollte man Hitrovo nicht das Steuer anvertrauen. Vielleicht wollte er auch selbst nicht mehr ran, sodass man sich entschloss, die Vorräte auf dem Landweg zu transportieren.

Der Transport der Vorräte auf dem Landweg war jedoch extrem anstrengend, denn die 200 Kilometer lange Strecke von Bolsheretsk nach Petropawlowsk verlief durch die Berge, wo es keine Straßen gab. Als Transportmittel sollten Hundeschlitten genutzt werden, was die Mithilfe der Einheimischen voraussetzt. Aus über 500 Kilometern Entfernung wurden also die friedlichen Itelmenen, die Ureinwohner Kamtschatkas, zu dieser Aufgabe verdonnert. Der Rekrutierungsstil ließ einen Teil der Itelmenen glauben, dass ihnen ein Massenmord bevorstand. Hält man sich die Geschichte der Eroberung Kamtschatkas vor Augen, war diese Befürchtung nicht so abwegig, wie man vermuten möchte. Und so holten einige Itelmenen zum Gegenschlag aus und töteten im Schutz der Nacht sieben Russen, darunter auch einen von Berings Matrosen. Als die Russen in ihren in Erdgruben errichteten Behausungen schliefen, entfernten sie die Leitern, die in die Erdgruben hineinführten, warfen brennendes Holz hinein und blockieren die Ausgänge, sodass die Russen am Rauch erstickten. Daher wurde in das entlegene Dorf umgehend eine russische Patrouille entsandt. Man hatte Angst vor einem großangelegten Aufstand der Ureinwohner, zumal bereits Berings erste Forschungsreise mit ihren Zwangsrekrutierungen für Aufruhr gesorgt hatte. Bering hielt die Patrouille zwar an, die Dorfbewohner sachlich zu befragen und dann die Schuldigen festzunehmen. Doch die Befragung verlief ergebnislos, denn alle Itelmenen schwiegen oder deckten sich gegenseitig. Schließlich eskalierte die Befragung und es folgte ein Blutbad, bei dem die Russen erbarmungslos selbst Frauen und Kinder töteten. Die Überlebenden und Gefangenen wurden anschließend ins mehrere hundert Kilometer entfernte Petropawlowsk gebracht. Dort wurden Verhöre durchgeführt, bei denen es nicht bei rein verbalen Drangsalierungen blieb. Doch kein Itelmene sagte gegen jene aus, die sich der Morde an den Russen schuldig gemacht hatten. Stattdessen begingen viele Selbstmord.

Als Steller im Frühjahr 1741 in Petropawlowsk eintraf, musste er mit ansehen, wie »unchristlich und grausam« die Itelmenen behandelt wurden, wie er später in sein Tagebuch schreibt. Er beschuldigt nicht direkt Bering, sondern die Kosaken, die an den Festnahmen und Verhören beteiligt waren. Doch diese handelten als Untertanen des Kapitänkommandeurs, dem die Gewalttaten gewiss nicht unbekannt blieben. Daher lag die Verantwortung für die Gräuel in der Tat bei Bering und Steller hat vor Ort sicherlich kein Blatt vor den Mund genommen. Laut Berings Biografen Orcutt Frost besteht kein Zweifel daran, dass Steller direkt bei Bering gegen den grausamen Umgang mit den Itelmenen protestiert hat. Doch Steller sah auch die andere Seite. In seinem Tagebuch stellt er fest, dass der eigentliche Grund für die Probleme in der Größe des Unterfangens lag, womit er ohne Zweifel den Nagel auf den Kopf getroffen hat. Derartige Kritik hätte allerdings bei den Machthabern gewiss für Empörung gesorgt. Zugleich kritisiert er auch die Militärs – also an erster Stelle Bering, Spangberg und Tschirikow – der vorausgegangenen Forschungsreise dafür, dass sie keinen ordentlichen Bericht über die Schwierigkeiten abgelegt hatten, weshalb die Knappheit der Ressourcen vor Ort weitgehend unklar geblieben war. Steller war offensichtlich der Annahme, dass der Senat und die Admiralität die Prioritäten für die zweite Operation mit mehr Bedacht gesetzt hätten, wenn ihnen die logistischen Grenzen des Machbaren bekannt gewesen wären. Steller schreibt: »Da schon auf der ersten Amerika-Reise die Beförderung der Fracht an der Lena und in Kamtschatka hunderte von Menschenleben gekostet hat, wäre es absehbar gewesen, wie strapaziös diese noch viel größeren Beförderungen werden würden und welches Elend diese der armen Urbevölkerung bescheren würden.« Diese Einschätzung kann man durchaus anzweifeln. Dem Autor war offenbar nicht bewusst, wie heikel sein Text war, doch Pallas von der Akademie der Wissenschaften hatte die Brisanz der Aussagen klar erkannt. Er überarbeitete das Manuskript für die Veröffentlichung und entfernte dabei allzu kritische Sätze. Stellers Kritik an den russischen Kosaken und Beamten setzt sich in seinem Kamtschatka-Buch fort: »Man kann mit Sicherheit davon ausgehen, dass man von Anfang an bis zum heutigen Tag in Kamtschatka ohne jegliche Aufstände und Blutvergießen auskommen können hätte, wenn man diese liebenswürdigen Menschen christlich, vernünftig und human behandelt hätte.«

Waxell sah die Sache anders: Am Ende seines Buches *The American Expedition* spekuliert er über die Gründe für den schnellen Bevölkerungsrückgang der Ureinwohner Kamtschatkas und führt als Hauptgrund die Pockenepidemie an. Er erwähnt aber auch, dass die Menschen »ungehalten und rebellisch [seien], sodass besonders viele Erschießungen nötig waren, um die anderen zu Verstand zu bringen.« Man kann nur spekulieren, ob dies die Reaktion auf Schuldgefühle, oder doch bloß die Sicht eines Mannes war, der mit seinem Gewissen im Reinen ist. Auf jeden Fall divergieren die Einschätzungen von Waxell und Steller deutlich.

Steller war den Ureinwohnern augenscheinlich gewogen. Gleich in seinem ersten Herbst in Kamtschatka nahm er an deren Leben teil und half bei der Gründung einer Schule in Bolsheretsk. Als frommer Pietist war er um die Seelen der Itelmenen und Korjaken besorgt und missbilligte die Gleichgültigkeit und Bestechlichkeit der Pfarrer und anderer Geistlicher. Er schrieb eine Beschwerde an den Senat über den schlechten Umgang mit den Einheimischen. Das war im April 1741, also noch vor seinem Aufbruch nach Amerika. In diesem Schreiben machte er auch konkrete Verbesserungsvorschläge in Bezug auf das Leben und die Administration der Bewohner Kamtschatkas. Einen zweiten Brief schickte er an den Heiligen Synod. Aufgrund seiner mangelnden Russischkenntnisse bat er den Studenten Stepan Kraševinnikov bei der Übersetzung seines Schriftstücks um Hilfe. Allerdings musste dieser ihm Stillschweigen über den Inhalt geloben.

Sein Handeln war geprägt von einem starken Pflichtbewusstsein gegenüber Unterprivilegierten, das sich wohl aus dem Pietismus herleitete. Man möchte zwar meinen, dass bloßer Gerechtigkeitssinn und menschliches Mitgefühl ausreichen müssten, um das Unrecht der indigenen Bevölkerung zu erkennen. Von den Ureinwohnern wurden nämlich Steuern in Form von Pelzen eingefordert, wobei die Eintreibung gänzlich unverhältnismäßig war. Zudem blieb sie ohne jegliche Gegenleistung. Steller war bestimmt nicht der Einzige, der über die Missstände in dieser entlegenen Gegend entsetzt war. Außergewöhnlich waren jedoch seine Bemühungen, die Situation der Eingeborenen zu verbessern. Es lässt sich unmöglich sagen, wie sehr er selbst daran glaubte, dass seine Briefe etwas bewirken würden. Aber es gibt zum Glück stets Menschen, die selbst bei geringen Erfolgsaussichten die Welt zu verbessern suchen. Und gerade dem Einsatz dieser unverbesserlichen Idealisten verdankt die Welt unzählige Verbesserungen.

Hitrovos Fehler hatten also nicht nur verdorbenen Zwieback zur Folge. Vielmehr verloren in Folge der furchtbaren Tragödie viele Menschen ihr Leben, was Berings Expedition nicht zu Ruhm und Ehre verhalf. Darüber hinaus hatte die missglückte Überfahrt der *Nadežda* letztlich Einfluss auf die gesamte Amerika-Reise, denn in den Schwierigkeiten während des Transports über Land gingen weitere Vorräte verloren. Zuerst hatte Bering geplant, auf dem amerikanischen Festland zu überwintern, sodass ausreichend Zeit zum Kartografieren und für andere Forschungen vorhanden gewesen wäre, doch wegen der knappen Lebensmittelvorräte entschied man, die Reise auf eine Segelsaison zu verkürzen.

Zweifellos fußte Stellers unversöhnliche Einstellung zu Hitrovo auf dieser bitteren Erfahrung. In seinem Reisetagebuch schreibt Steller spitze Kommentare über Hitrovo und lässt sich geradezu genüsslich über dessen Patzer aus. Zur Zeit des ›Zwiebackunglücks‹ plante Steller allerdings noch Spangberg bei seiner Wiederholungsreise nach Japan und auf die Kurilen zu begleiten. Spangbergs Erzählungen vor allem über das Ainu-Volk, das die Inseln bewohnt, klangen für ihn offenbar so verlockend, dass er prompt einen Antrag auf Teilnahme an der Reise an den Senat schickte. Doch als er während seiner Zeit in Ochotsk Bering traf, klang die Amerika-Reise offenbar noch verlockender. Er äußerte sein Begehren Bering gegenüber, doch dieser war so von logistischen Aufgaben und anderen Dringlichkeiten eingenommen, dass er keine Zeit fand, über die Anfrage nachzudenken, zumal der Senat und die Akademie der Wissenschaften Steller ja nicht seiner Expedition zugewiesen hatten.

Nachdem Steller über das Ochotskische Meer gesegelt war, ließ er sich vorerst in Bolsheretsk, dem administrativen Zentrum von Kamtschatka nieder. Und da noch Zeit bis zum Aufbruch von Spangbergs Expedition war, begann er Kamtschatka zu erforschen. Steller gehörte nicht zu jenen Männern, die ihre Zeit sinnlos vergeuden. Er befasste sich mit dem Leben der Pazifischen Lachse und fertigte als erster eine Beschreibung ihrer Laichwanderung an. Er lernte auch das hübsche Doldengewächs *Heracleum lanatum* kennen, den Verwandten unseres Bärenklaus, aus dem die Einheimischen sowohl Süßungsmittel als auch Schnaps herstellten.[6] In Bolsheretsk begegnete Steller Stepan Krašeninnikov, einem gerade mal 20 Jahre alten Studenten der Akademie der Wissenschaften, den seine Professoren Gmelin und Müller vorausgeschickt hatten, um praktische Vorbereitungen zu treffen und die entlegene und geheimnisvolle Halbinsel zu erforschen.

Krašeninnikov hatte es nicht leicht. Schon auf der Seereise von Ochotsk nach Bolsheretsk gab es Probleme, da das heruntergekommene Schiff leckte. Obwohl die Besatzung Fracht über Bord warf, um dem Unglück zu entgehen, fiel das Schiff letzten Endes auseinander. Dem Naturforscher gelang es zwar, sein Leben zu retten, doch er verlor seine gesamte Ausrüstung. Er konnte sich schwimmend und mit nichts als seinen Kleidern am Leib ans Ufer retten. Später machte der angehende Wissenschaftler auch noch mit Erdbeben und Vulkanausbrüchen Kamtschatkas Bekanntschaft. Gehilfen zu finden, war schwierig: Als Krašeninnikov die örtlichen Beamten um einen Jäger bat, der ihm Vögel schießt, wurde ihm ein Mann angeboten, der sich als blind herausstellte. Als nächstes bot man ihm Männer an, die wegen Raubes verurteilt worden waren. Als Krašeninnikov mitteilte, dass er lieber jemanden nehmen würde, der nicht als Verbrecher verurteilt worden war, erhielt er keinerlei Angebote mehr.

Trotz dieser schwierigen Umstände ging der junge Mann eifrig seiner wissenschaftlichen Arbeit nach und fertigte Jahre später, in der Ruhe der Petersburger Akademie der Wissenschaften, eine ausführliche Beschreibung Kamtschatkas an. Dafür griff er auch auf Stellers noch unveröffentlichte Texte zurück. Fortan erschienen unter Krašeninnikovs Namen viele Informationen, die Steller zusammengetragen hatte. Das Buch wurde im Jahr 1755 veröffentlicht, doch Krašeninnikov selbst erlebte die Veröffentlichung nicht mehr.

Die Erzählungen über das Zusammentreffen der beiden Forschungsreisenden sind für Steller nicht gerade schmeichelhaft. Steller verkündete, dass Krašeninnikov ihm unterstellt sei und ihm sein Material überließe. Doch wie bereits festgestellt, hat das Schicksal einen anderen Lauf genommen, sodass genau das Gegenteil eingetreten ist. Später leitete Steller Krašeninnikovs Rückreise von Kamtschatka nach St. Petersburg in die Wege. Man könnte den Eindruck gewinnen, dass es sich hierbei um einen Revierkampf handelte, und Steller in dem forschen, zupackenden Jüngling einen Konkurrenten sah. Vielleicht gehörte er tatsächlich zu denjenigen Menschen, denen ein freundlicher Umgang mit Schwächeren leichter fällt als mit Personen, die sich auf Augenhöhe befinden.

Wahrscheinlich kehrte Kraševinnikov nicht ungerne in die Hauptstadt zurück, hatte er doch jahrelang eine ordentliche Portion Wildnis genossen. Stellers Bevormundung ging ihm offensichtlich gegen den Strich, denn in seinem Kamtschatka-Buch verteilt der stark erfolgsorientierte Kraševinnikov einen kleinen Seitenhieb. Er schreibt, wie ein Mensch »nur seine Zeit damit verbringen kann, stundenlang die schneebedeckten Berge anzustarren – oder am Meer dem Rauschen der Wellen zuzuhören und verschiedene Tiere zu beobachten und über deren Intelligenz und Raufereien zu spekulieren … doch, wenn man sich nur in diese Dinge vertieft, könnte die Erde genauso gut nur von Wildtieren bevölkert sein und nicht von Menschen.« In seinem Buch *De bestiis marinis* erzählt Steller in der Tat, dass er auf der Beringinsel tagelang das Leben der Seekühe, der Robben und der Otter beobachtet habe … Kraševinnikovs Maxime, die Natur nur im Hinblick auf den Nutzen für den Menschen zu untersuchen und nicht, weil sie als solche interessant oder bewundernswert wäre, steht diesem Verhalten diametral entgegen.

Kraševinnikov übte auch keinerlei Kritik an der Ausbeutung der Einheimischen, sondern hielt die Steuereintreibung für angemessen und verspottete die seiner Meinung nach primitiven Menschen, die keine technischen Errungenschaften – wie etwa Segelschiffe – vorzuweisen hatten. Er selbst erreichte letztlich mit seiner pragmatischen Einstellung die Position eines Professors und Rektors der Petersburger Akademie der Wissenschaften. Doch auf menschlicher Ebene vermochte er mit seinen wissenschaftlichen Leistungen nicht mitzuhalten. Stejneger erwähnt in seinem Buch, dass er sich auch seinen Studenten gegenüber gnadenlos verhalten habe.

Den Winter vor der Amerika-Expedition verbrachte Steller hauptsächlich in Bolsheretsk, wobei er auf der Halbinsel auch Ausflüge unternahm. Ende Februar erhielt er eine Nachricht aus Petropawlowsk: Bering wollte mit ihm gewisse Angelegenheiten besprechen. Steller ahnte gewiss sofort, um welche Angelegenheiten es dabei ging – er hoffte nämlich auf eine Einladung – und machte sich mit dem Hundeschlitten eilig auf den Weg. Begleitet wurde er von seinem Kosakendiener Thomas Lepihin.

Fahrten mit dem Hundeschlitten sind in Kamtschatka nicht leicht und selbst als Wintersport nicht ganz ungefährlich. Schneestürme können tagelang anhalten, das Eis auf den Flüssen ist oft trügerisch und in den Tälern ist man der Gefahr von Lawinen ausgesetzt. Wenn man den Anschluss an die Schlittenhunde nicht verlieren will, muss man in den schmalen, schaukelnden Schlitten stets wachsam bleiben, besonders, wenn man durch die dicht bewaldete Wildnis saust. Die Gefahr, sich eine Gehirnerschütterung zuzuziehen oder sich ein Auge auszustechen, ist keineswegs zu unterschätzen.

Stellers zügige Reise dauerte zehn Tage. Als er am Ziel ankam, war er trotz der Strapazen noch gut bei Kräften. Umso mehr, als ihm klar wurde, dass Bering ihn unbedingt auf seiner Expedition dabeihaben wollte. Da zu den Interessen das Staates auch die Bodenschätze Amerikas gehörten, sollte auch ein Geologe mit an Bord sein. Allerdings befand sich der einzige Geologe in Spangbergs Gruppe. Darüber hinaus war Steller auch Arzt, was für Bering persönlich noch wichtiger war. Sein Gesundheitszustand hatte sich nämlich zunehmend verschlechtert. Und, wie er schon in Ochotsk bemerkt hatte, war Steller ein froher, unbefangener Typ – die ideale Reisebegleitung … Als Steller Berings Rekrutierungsabsicht erkannte, sicherte er sich sofort seinen Platz. Er war offiziell nicht der Amerika-Expedition zugewiesen worden und hatte bereits einen Antrag gestellt, an Bord von Spangbergs Schiff gehen zu dürfen. Bering versprach, ihn auf eigene Verantwortung mitzunehmen. Außerdem erteilten die Schiffsoffiziere schriftlich ihre Einwilligung. Steller versuchte noch Assistenten und einen Künstler mit auf das Schiff zu bekommen, aber der Platz reichte gerade noch für einen weiteren Mann. Er wählte seinen Kosakendiener Thomas Lepihin, der sein Geschick im Umgang mit der Waffe bewiesen hatte. Einen Künstler gab es schon an Bord, den baltisch-deutschen Friedrich Plenisner aus Kurland, der laut Bering auch Steller zur Verfügung stand. Bering versprach, alles Organisatorische in die Hand zu nehmen und so kam es zum Vertrag. Stellers Teilnahme war von großer Bedeutung, da der Arzt Kaspar Feige kurzfristig aufgrund eigener gesundheitlicher Probleme seine Teilnahme an der Reise absagen musste. Nur dessen Assistent Matthias Betge ging an Bord. Als Steller Anfang Juni an Bord der *St. Peter* ging, war für ihn ein Platz in der Kapitänkabine reserviert. Darüber hinaus bekam er ein Sonderhonorar in Form von eimerweisen Schnaps.

Die nutzlose Karte

Nachdem durch Hitrovos Fehler ein Teil der Lebensmittelvorräte für die Reise verlorengegangen waren, bestimmte nun der Kartograf Joseph-Nicolas Delisle einen falschen Kurs. Delisle war der jüngere Bruder des berühmten Kartografen Guillaume Delisle, der ein Bekannter des Zaren Peters des Großen gewesen war. Kurz vor seinem Tod hatte er seinen kleinen Bruder der Russischen Akademie der Wissenschaften empfohlen. Dort war dieser über zwanzig Jahre als Astronom und Leiter des Geografischen Instituts tätig. Von Bering wurde er engagiert, eine Karte für die Expedition anzufertigen, welche er bereits im Herbst 1732 vorlegen konnte. Berings Biograf Peter Lauridsen kritisiert Delisle, da dieser sich beharrlich an fehlerhaften Karten festgebissen habe. Noch im Jahr 1753, nachdem Delisle bereits nach Paris zurückgekehrt war, erstellte er eine Karte, auf der Ortschaften, wie »João-da-Gama-Land« oder »Compagnieland« (frz. *Terre Vue par Dom J. de Gama* und *Terre de la Compagnie*), aufgeführt waren, deren Existenz durch Berings, Tschirikows und Spangbergs Expeditionen längst widerlegt worden waren. Dies mag aber auch daran gelegen haben, dass die russische Regierung ihre eigenen Forschungsreisen unter strengster Gemeinhaltung durchführte – einige Informationen wurden sogar vor der Petersburger Akademie der Wissenschaften verheimlicht, obwohl Russland mit der Großen Nordischen Expedition die eigene Kartierfähigkeit gegenüber dem fortschrittlichen Westeuropa zu beweisen beabsichtigte! Vermutlich lag es an ebenjener fehlerhaften Karte, dass der ebenfalls an der Petersburger Akademie der Wissenschaften beschäftigte Müller schließlich die Erlaubnis zur Veröffentlichung einer verbesserten Karte erhielt. Allerdings erst im Jahr 1758 – also 15 Jahre nach dem Ende der Großen Nordischen Expedition! Zugleich erhielt er den Auftrag, einen schriftlichen Bericht über die Forschungen der Russen im Pazifik zu publizieren.

In seiner eigenen Reiseschilderung schrieb Waxell noch Jahrzehnte nach den Ereignissen, dass der Gedanke an Delisles fehlerhafte Karte und die dadurch verursachten Katastrophen sein »Blut noch immer zum Kochen« brächten. Waxell scheint diese von einem Franzosen gezeichnete Karte für ein Komplott gegen die russische Expedition gehalten zu haben, doch tatsächlich handelte es sich wohl um einen unbeabsichtigten Irrtum. Fortan wählte Delisle den Weg des geringsten Widerstands, widmete sich dem Kopieren alten Kartenmaterials und fand keine Begeisterung daran, neue Erkenntnisse zu erlangen – wovon es ohnehin nicht mehr viele gegeben hätte – und ließ sich erst recht nicht von solchen Unruhestiftern wie Waxell verunsichern. Im Mai 1741 fanden in Petropawlowsk Beratungen hinsichtlich der für die Amerika-Expedition zu wählenden Route statt. Daran nahm ein weiterer Bruder Delisles teil, Louis De l'Isle de la Croyère, der den Karten gleichfalls größtes Vertrauen entgegenbrachte.

Wurde gerade Joseph Delisle hoch gelobt, so erhielt sein Bruder Louis De l'Isle de la Croyère kaum weniger Anerkennung. Joseph Delisle hatte seinem Bruder eine Professorenstelle an der Akademie der Wissenschaften arrangiert und dieser erhielt in Berings Expedition einen Platz als Astronom. Allerdings war seine Ausbildung offensichtlich für diese Aufgabe wenig geeignet. Als junger Mann hatte er ein Theologiestudium in Paris aufgenommen, wo er jedoch nur mäßige Fortschritte verbuchen konnte, sodass sein Vater ihn schließlich als Soldat nach Kanada schickte. Dort soll er ein ausgelassenes Leben geführt haben, bis ihn seine Brüder nach dem Tod des Vaters zurück nach Europa holten. Daraufhin kam er nach St. Petersburg, wo Joseph Delisle ihn in der Akademie der Wissenschaften in Astronomie und Geografie unterrichtete. Im Anschluss galt er für die Herausforderung in Sibirien und Kamtschatka als qualifiziert.

Für sein wissenschaftliches Werk erhielt de la Croyère ziemlich entmutigende Kritiken; Lauridsen beispielsweise bezeichnete seine astronomischen Arbeiten schlechterdings als wertlos. Wahrscheinlich ging es de la Croyère in erster Linie um einen sicheren Arbeitsplatz und weniger um akademischen Ruhm. Die Professoren Müller und Gmelin hatten bereits während ihrer gemeinsamen Anfangstage bald genug von ihm und bemängelten seinen leichtsinnigen Umgang mit Geld. Doch obwohl de la Croyères wissenschaftliche Leistungen ungenügend waren, wurde er für seine angenehme Gesellschaft geschätzt. Auch Steller machte Bekanntschaft mit ihm, da sie sich in Ochotsk und in Petropawlowsk eine Wohnung teilten. Trotz seines verschwenderischen Umgangs mit Geld wurde er nicht so geringgeschätzt wie seine Ehefrau, die ihn auf der Reise begleitete und ihm den anderen Expeditionsmitgliedern zufolge viel Kummer bereitete. Gmelin verteidigte den mangelnden wissenschaftlichen Erfolg seines Kollegen auf solch nachvollziehbare Weise, dass man Sympathie für de la Croyère empfindet. Alles in allem sei seine Aufgabe schichtweg unmenschlich: Er wurde mit astronomischen Messungen und geografischen Kartierungen mitten in der Einöde Sibiriens und der arktischen Tundra beauftragt. Das hätte er auch noch in Nordamerika fortsetzen müssen – beladen mit langen, schweren und sperrigen Gerätschaften, die bei dem ganzen Gepolter natürlich immer wieder auseinanderfielen. Abgesehen davon gab es nicht einmal genügend ordentliche Gehilfen …

Als im Mai 1741 in Petropawlowsk über die Reiseroute beraten wurde, sprach eben dieser de la Croyère sich mit Nachdruck für die Karte seines Bruders aus. Damit besiegelte er auch sein eigenes Schicksal. Auf der fraglichen Karte waren südöstlich der Halbinsel Kamtschatka Landgebiete eingezeichnet, die entweder direkt an das amerikanische Festland angeschlossen sind, oder Inseln, die nur einen Katzensprung von Amerika entfernt sind. Wenn man also von der Awatscha-Bucht lossegeln würde, wäre »João-da-Gama-Land« nicht weit entfernt – allenfalls eine zweitägige Segelfahrt. Und von dort aus wäre es ein leichtes, nach Amerika zu gelangen. Der fatale Optimismus der Expeditionsleiter ließ sich auch nicht durch die Tatsache erschüttern, dass auf der Karte noch weitere Landgebiete dargestellt waren, deren Existenz Spangberg auf seiner jüngsten Seefahrt bereits unstrittig widerlegt hatte. Offenbar handelte es sich um die Kurilen, die basierend auf Erzählungen alter Seemänner falsch lokalisiert worden waren.

Alle wussten zu diesem Zeitpunkt schon von Gwosdews Seefahrt im Jahr 1732, bei der er von der Tschuktschen-Halbinsel aus die Beringstraße besegelt, dabei die Diomedes-Inseln passiert und das amerikanische Festland zu sehen bekommen hatte. Wäre man also von der Awatscha-Bucht gen Nordost gesegelt, hätte man den neuen Kontinent gewiss erreichen können, und zwar wohl binnen einer Woche. Tschirikow, der Kapitän der *St. Paul*, schlug daher auch Nordosten als Kurs vor, aber de la Croyère verteidigte die Expertise seines Bruders, betonte die Wichtigkeit vom »João-da-Gama-Land« und erinnerte an die Aufforderung des Senats und der Admiralität, bei der Routenplanung auf die Expertise der Professoren zu vertrauen. Prinzipiell keine schlechte Idee, wenn sie denn über die nötige Expertise verfügt hätten!

Der vorsichtige Bering bemerkte, dass die Route ja bereits feststünde und widersetzte sich auch nicht. Die Richtigkeit des Entschlusses schien dadurch bestätigt, dass die Eisverhältnisse im Norden zu Beginn des Sommers eine Hürde darstellen könnten. Allerdings war man sich zu jenem Zeitpunkt in dieser Frage noch nicht sicher, da Bering seine erste Entdeckungsreise nach Amerika erst im Spätsommer (August) unternommen hatte. Und so fiel die Entscheidung auf den Kurs Ost-Südost. Geplant war, bis zum 46. Breitengrad zu segeln und dabei auf »João-da-Gama-Land« zu stoßen. Falls man nicht auf »João-da-Gama-Land« stoße, würde man die Reise in Richtung Ost-Nordost fortsetzen, bis die Küste Amerikas erreicht sei. Danach würde man entlang der Küste bis zum 65. Breitengrad gegen Norden segeln, von wo aus man in die Awatscha-Bucht zurückkehren würde. Für eine einzige Segelsaison war das eine beachtliche Strecke.

Auch de la Croyère brach zur Entdeckung Amerikas auf, wenn auch nicht an Bord von Berings, sondern von Tschirikows Schiff. Er erkrankte schwer an Skorbut, lag kraftlos in seiner Kabine und linderte seine Qualen mit Brandy. Die wissenschaftlichen Messungen wurden offensichtlich nicht durchgeführt. Sein Ende war trostlos und bemitleidenswert: Als die *St. Paul* im Oktober 1741 endlich den Hafen von Petropawlowsk in der Awatscha-Bucht erreichte, lag er in seiner Kabine und starb noch am selben Morgen …

Steller hatte keine Einladung zu der Beratung in Petropawlowsk erhalten, obwohl er als Vertreter der Akademie der Wissenschaften hätte erscheinen sollen. Bering kannte Stellers Standpunkt, denn es war nicht dessen Art, anderen seine Meinung zu verheimlichen. Wie Tschirikow hätte auch er dafür plädiert, Richtung Nordosten zu segeln, da er zu Recht glaubte, dass das Seegebiet zwischen Asien und Amerika bei der Tschuktschen-Halbinsel am schmalsten war. Während seines Aufenthalts in Kamtschatka hatte er sich bei den Einheimischen umgehört – seiner Erzählung nach auch, indem er Schnaps verteilte – und sie nach ihrer Meinung zur Lage des Nachbarkontinents befragt. Bering regte sich über derartiges Geschwätz auf. Schließlich hatte er selbst auf seiner ersten Reise dieselben Gewässer besegelt und nicht die kleinste Spur des amerikanischen Festlands zu Gesicht bekommen. »Wenn dieses ganze João-da-Gama-Land existieren würde, dann wären wir schon drüber hinweggesegelt«, schreibt Steller später in sein Tagebuch. Doch bevor mit ausreichender

Sicherheit bestätigt werden konnte, dass dieses Landgebiet nicht existierte, hatten sie bereits zwei Wochen lang das offene Meer besegelt und waren dabei schon viel zu weit Richtung Südosten abgedriftet.

Die *St. Peter*, ein großes zweimastiges Segelschiff, wäre in den Augen der Menschen von heute ein wahres Kunstwerk. Doch an der Schönheit des Schiffes dürfte man wohl kaum Gefallen finden, wenn man dort über Wochen hinweg leben muss, ohne jemals auch nur einen Fuß an Land setzen zu können. In der Enge von Tschirikows Schiff waren 76 Männer untergebracht, auf Berings Schiff waren es mit Steller und seinem Kosakendiener sogar noch zwei Mann mehr. Einer von Berings Männern war erst elf Jahre alt. Laurentz Waxell, der Sohn Leutnant Waxells, fand sich offenbar erstaunlich gut zurecht und vermochte sich in die Männertruppe einzufügen, denn niemand berichtete explizit etwas von ihm.

Sven Waxell, Berings rechte Hand und späterer Nachfolger, wurde 1701 in Stockholm geboren. Wie Bering war auch er bereits in jungen Jahren auf See gewesen, denn schon mit 15 Jahren diente er in der englischen Flotte. Im Jahr 1725 wechselte er in die Dienste Russlands. Am Ende war er der Einzige, der vom Anfang bis zum Ende an der Großen Nordischen Expedition beteiligt war, die mit allen Vor- und Nachbereitungen volle 16 Jahre seines Lebens in Anspruch nahm.

Selbst für russische Verhältnisse war die Zusammensetzung der Mannschaft der *St. Paul* überaus international. Aus Schweden stammten neben Waxell der erfahrene 70-jährige Steuermann Andreas Hesselberg und der Arzthelfer Matthias Betge. Der Bootsmann Nils Jansen war Norweger, während der Stückmeister Boris Roselius wie auch der Kapitänkommandeur dänischer Abstammung war. Letzterer hatte schon auf Lassenius' unglücklicher Expedition an der Erforschung der arktischen Küste teilgenommen und bei dieser Gelegenheit einen Eindruck von Skorbut und weiteren Schicksalsschlägen bekommen. Nachdem er all dies überlebt hatte, war er nun unterwegs zum nächsten Abenteuer. Aus Deutschland waren der jüngere Offizier Johan Sind und der Künstler Friedrich Plenisner an Bord. Letzterer wurde zu einem guten Freund Stellers. Aus Russland waren neben dem uns bereits bekannten Sofron Hitrovo auch der Bootsmann Alexej Ivanov, der Logbuch-Führer und zweite Steuermann Harlam Jušin sowie Dmitri Owzyn mit an Bord. Letzterer hatte eine der Kartierungsreisen an der Nordküste geleitet. Auf dieser Expedition war es Owzyn beim dritten Versuch gelungen, durch das Eis von der Mündung des Ob zum Jenissei und von dort aus weiter bis nach Turuchansk zu segeln. Anstelle einer Belohnung erhielt er jedoch die Degradierung zum gewöhnlichen Seemann und wurde auf Berings Schiff versetzt, weil er sich den Fehltritt geleistet hatte, sich mit dem nach Sibirien vertriebenen Dolguruki-Fürsten zu verständigen. Bering wollte Owzyn nicht weiter demütigen und machte ihn zu seinem Adjutanten. Die Matrosen und Soldaten der Expedition waren hauptsächlich Russen. Neben den Soldaten, die mit dem Umgang mit Waffen vertraut waren, gehörten auch zwei Trompetenspieler und ein Trommler zur Mannschaft.

Die Anwesenheit von Soldaten gibt Aufschluss über den Charakter der damaligen Forschungsreisen: Es handelte sich dabei zumindest auch um Eroberungszüge, bei denen es zu Waffengefechten kommen konnte. Auf See stand zu erwarten, auf Schiffe anderer Staaten zu treffen, die keine Konkurrenz duldeten. Auf fremdem Territorium musste man zudem mit Ureinwohnern rechnen, die ihren Grund und Boden verteidigen würden. Aus diesem Grunde gehörte zur Fracht der *St. Peter* und der *St. Paul* ein beeindruckendes Waffenarsenal. Bei der Bevorratung mit Medikamenten hatte man ein besonderes Augenmerk daraufgelegt, auf Patienten mit Schussverletzungen vorbereitet zu sein. Stellers verärgerte Feststellung in seinem Tagebuch lautet daher:

> »Nichts zur Behandlung von Skorbut und Asthma, obwohl gerade dies die typischsten Leiden der Seeleute sind.«

Die Expedition war instruiert worden, sich bei Kontakt mit Menschen freundlich zu verhalten. Zur Ausstattung gehörten daher auch Geschenke für die Ureinwohner – etwa klassische Glasperlen, Textilien und Kochtöpfe. Man hoffte, dass bei diesen Zusammentreffen die angeworbenen Dolmetscher – ein Tschuktscher und ein Korjaker – behilflich sein würden. Für die Instandhaltung des Schiffes waren ein Schmied, Schreiner, Küfer, ein Segelmeister sowie ein Fachmann für Leckageortung zuständig. Das Logbuch wurde sicherheitshalber von zwei Männern geführt, Hitrovo und Jušin, die unabhängig voneinander arbeiteten. Diese Aufgabe war außerordentlich wichtig, weshalb Bering die Einträge der beiden Logbücher regelmäßig überprüfte und verglich. Mithilfe derer sollte die Besatzung stets einen Überblick über die aktuelle Position behalten. Außerdem sollten im Anschluss an die Reise auf den Logbucheinträgen basierend die Karten angefertigt werden.

Damals war die Navigation mit erheblichen Schwierigkeiten verbunden. Das Marinechronometer, das zur Bestimmung der geographischen Länge dient, wurde nämlich erst zwanzig Jahre später von dem Engländer John Harrison erfunden und die erste Testfahrt damit machte James Cook. Das Messen der Breitengrade funktionierte besser als die der Meridiane, was wiederum zu Problemen führte. Denn vor der Einführung des Marinechronometers wurde die geografische Länge mithilfe der sogenannten Koppelnavigation bloß geschätzt: Vom Ausgangsort aus wurde ein Fixpunkt festgelegt, nach dem durchgehend der Kurs und die Länge der zurückgelegten Strecke vermutet und mit einem Strich auf der Karte markiert wurde. In dem Buch *Koillisväylä – viikingeistä Nordenskiöldiin* (übersetzt: »Die Nordostpassage – von den Wikingern bis zum Nordenskiöld-Archipel«, es existiert jedoch keine Übersetzung ins Deutsche) erklärt Juha Nurminen, dass die Koppelnavigation nur dann ein zuverlässiges Navigationsverfahren war, wenn die Messungen gewissenhaft und regelmäßig durchgeführt wurden. Nurminen schreibt den damaligen Seefahrern einen »Koppelnavigationsoptimismus« zu, der die Schiffe zu graduellen Abweichungen vom Kurs und folglich in den Untergang führen konnte. Die Koppelnavigation sei äußerst anfällig für von Menschen verursachte Fehler gewesen. Gerade unter den stressigen Bedingungen, die auf Forschungs- und Entdeckungsreisen vorherrschten, tendieren Menschen dazu, die Geschwindigkeit und die Strecke zu unter- oder überschätzen. Auch auf Berings Schiff hat man sich bei der Berechnung der Strecke vor dem Schiffbruch um ganze zwölf Grad verschätzt.

In was für Gewässern segelten die *St. Peter* und *St. Paul*?

In seinem Buch *Where the Sea Breaks its Back* erzählt Corey Ford Georg Stellers Geschichte, gedenkt dabei aber auch seiner eigenen Erfahrungen in den Gewässern Alaskas. Fords Seefahrt fand im Jahr 1941 statt, also ziemlich genau 200 Jahre nach Berings Expedition. Die Landschaften des Archipels machten auf ihn einen unauslöschlichen Eindruck: Die ungewöhnlichen von Wellen geformten Steinsäulen und Monumente erinnerten an riesige Pilze oder Erdtrolle, die plötzlich aus Nebel oder Dunkelheit auftauchten und sich über das vorbeifahrende Schiff zu wundern schienen. »Pinnacle Rocks« nannte der Schiffskapitän die vulkanischen Formationen und stellte gleichzeitig fest, dass diese nicht in der Karte eingezeichnet waren. Der Nebel war oft so dicht, dass die Felsen nur mithilfe des Echos ausgemacht werden konnten, das den Klang des Nebelhorns zurückwarf; außerdem waren selbst die besten Karten unvollständig und wiesen häufig entweder die Anmerkung »P. D.« – *Position Doubtful*, also zweifelhafte Position – oder die Warnung »Position kann um zwei Meilen abweichen« auf. Einige der Buchten, in denen das Schiff ankerte, waren gar nicht auf der Karte aufgeführt, während sich wiederum hie und da seltsame Namen wie »Martha«, »Star of Bengal« und »Oneida« vermerkt fanden. Woher kamen diese Namen? Ford fragte nach und der Kapitän klärte ihn auf: »Das waren Schiffe.« Waren!

Selbst mit den Karten und der Technik, die uns heute zur Verfügung stehen, stellt das Seegebiet zwischen Kamtschatka und Alaska eine Herausforderung dar. Die Finnin Auli Irjala, die gemeinsam mit ihrem Mann die Welt besegelt hat, beschreibt diese Gewässer in ihrem 2007 erschienenen Buch wie folgt: »Die Inselkette der Aleuten verläuft als Fortsatz der Halbinsel Alaska 2000 Kilometer Richtung Westen, bis kurz vor die Küste Russlands. Die Aleuten bilden die Grenze zwischen zwei Meeren, der Pazifische Ozean wird nördlich der Inselkette zur Beringsee. Die Gegend ist karg und bekannt für ihre schwierigen Bedingungen: Sturm, Nebel und starke Meeresströmungen. Die Gewässer sind immer noch schlecht kartografiert, auf den Seekarten gibt es weiße Flecken. Ein Lotse mit 15 Jahren

Erfahrung fuhr im Sommer, unter guten Bedingungen, ein kleines Passagierschiff gegen eine Klippe, die er jahrelang passiert hatte.« Bedenkt man, dass Bering keine Karte zur Verfügung stand und er dennoch bis in den Spätherbst hinein auf diesem Meer umhertrieb, erstarrt man vor Ehrfurcht.

2 Alaska

João-da-Gama-Land

Am 29. Mai 1741 machten sich die *St. Peter* und *St. Paul* auf den Weg. Oder besser gesagt: sie versuchten es. Denn die ersten zwei Tage herrschte Flaute, danach vier Tage lang Gegenwind. Die Schiffe trieben in der Awatscha-Bucht und kamen nicht voran. Erst am 4. Juni bekamen sie Wind in die Segel und gelangten aus der geschützten Bucht hinaus aufs offene Meer. Neun Tage später hatten sie jedoch bereits 1300 Kilometer zurückgelegt und befanden sich auf dem 46. Breitengrad. Es wurde gelotet, doch man konnte die Meerestiefe nicht bestimmen. Bering und Tschirikow berieten sich mithilfe von Megafonen. Da auch zu diesem Zeitpunkt noch keine Spur von »João-da-Gama-Land« in Sicht war, entschieden sie, den Plan einzuhalten und die Suche nach dem Land aufzugeben, um den Kurs Richtung Ost-Nordost zu wechseln.

Es wurde nicht berichtet, was de la Croyère, der auf Tschirikows Schiff mitreiste, davon hielt oder ob er sich überhaupt dazu äußerte. Zu Steller scheinen jedenfalls keine Worte durchgedrungen zu sein. Steller wurde nervös. Er fand, dass die Kapitäne voreilig handelten. Den Kurs zu wechseln, ergab seiner Meinung nach keinen Sinn, da das Land nun nicht mehr weit sein konnte. Denn an Deck hatte er Algen im Meer treiben und am Himmel Möwen und Gänsevögel fliegen sehen – unter anderem Kragenenten. Und dies sind keine Ozeanvögel, sondern Arten, die in der Nähe der Küste leben. Obwohl der Naturforscher den Kapitän darüber unterrichtete, konnte er ihn nicht umstimmen: Der Kurs wurde trotzdem gewechselt. Außer sich vor Wut schrieb Steller in seinem Tagebuch über den unvernünftigen Offizier, der alle Ratschläge und Hinweise ignorierte, die nicht von einem Seemann kamen. Dabei hatte Bering selbst bei den Verhandlungen über Stellers Teilnahme an der Expedition vorgeschlagen, dass zu den Aufgaben des Naturforschers auch das Schätzen der Entfernung zur Küste, basierend auf Anzeichen, die dieser in der Natur beobachtete, gehören würde.

Und in der Tat hatte Steller schlicht Unrecht, was er aber offensichtlich nicht einsehen wollte. Auch später nicht, als er sein Tagebuch überarbeitete. Allerdings bekam er dann auch keine anständigen Karten mehr zu Gesicht. Auch stellt sich die Frage, welches Land er in südlicher oder südöstlicher Himmelsrichtung erwartete, da er ja nicht an die Existenz des »João-da-Gama-Landes« glaubte. Was war die exakte Position beider Schiffe? Wohin wären sie gelangt, wenn sie Stellers Empfehlungen gefolgt wären? Berings Biograf Orcutt Frost stellte fest: »Wenn die Schiffe ihren Kurs Richtung Ost-Südost fortgesetzt hätten, wären sie letzten Endes – mit Glück – nach tausend Seemeilen auf offenem Meer auf die Midwayinseln oder Hawaii gestoßen.« Eine Woche später befanden sie sich noch immer auf offener See. Wieder beobachtet Steller im Meer treibende Pflanzen und schlussfolgert diesmal daraus, dass das Land wahrscheinlich im Norden lag. Erneut fanden seine Ratschläge kein Gehör. In der Rückschau lässt sich sagen, dass es im Norden zwar Land gab, es sich dabei allerdings nur um einen etwa 200 Kilometer entfernten Archipel handelte.

In der Nacht zum 20. Juni brach ein Sturm herein und der Kontakt zwischen der *St. Peter* und der *St. Paul* brach ab. Wie bei der Versammlung in Petropawlowsk beschlossen worden war, versuchten die Schiffe sich an dem Platz wiederzufinden, wo sie sich zuletzt gesehen hatten. Zwei Tage nahm die erfolglose Suche in Anspruch. Tschirikow gab als erster auf und setzte, wie ursprünglich ebenfalls vereinbart, mit der *St. Paul* den Kurs Richtung Ost-Nordost fort. Bering hingegen versuchte, noch einmal Richtung Süden bis zum 45. Breitengrad zu segeln. Vielleicht geschah dies auf Stellers Anregungen hin.

Berings und Tschirikows Wege trennten sich somit endgültig, denn die Männer begegneten sich nie wieder. Die Routen der *St. Peter* und *St. Paul* kreuzten sich zwar noch etliche Male, jedoch verpassten sie sich stets. Und so wussten die Schiffe nichts von der Route des jeweils anderen und gerieten nicht ein einziges Mal in Sichtweite zueinander. Nach vier erfolglosen Tagen wurde die Existenz von »João-da-Gama-Land« letztendlich als übler Scherz abgetan. Ab diesem Zeitpunkt verhielt sich Bering Steller gegenüber skeptisch, wenn dieser Küste witterte oder Landmarken zu sehen glaubte.

Gegen Anfang Juli stießen sie auf Treibholz und einmal sogar auf einen toten Wal. Bering hielt jedoch weiterhin Kurs nach Osten. Steller schrieb in seinem Tagebuch ausführlich über Robben, Otter und in den Meeresströmungen treibende Wasserpflanzen, doch von Land war nichts zu sehen. Hätte man zu diesem Zeitpunkt seinen Rat befolgt und den Kurs nach Norden geändert, wäre man auf den östlichen Aleuten oder auf Kodiak Island angekommen, aber selbst diese lagen noch in weiter Ferne. Die ganze Zeit über befand sich die *St. Peter* fast 100 Seemeilen (etwa 180 Kilometer) vom nächsten Strand entfernt, vermerkte Stejneger in seiner Steller-Biografie. Bering setzte seine Reise stur nach Osten fort, sodass er sich am 14. Juli noch immer auf offener See befand. Als mindestens die Hälfte des Trinkwassers bereits aufgebraucht war, wurde die Lage auf dem Schiff beunruhigend. Der Offizierskorps hielt aus diesem Grunde eine Beratung ab, zu der Steller im Übrigen nicht eingeladen worden war. Dabei wurde beschlossen, den Kurs nach Norden zu wechseln.

Als sich am Abend des darauffolgenden Tages die Wolken am nördlichen Horizont für einen Moment lichteten, glaubte Steller, Land zu sehen. Er rief die restliche Besatzung herbei, denn am Horizont schien sich ein Bergrücken anzudeuten. Auch der Späher glaubte, Land zu sehen, doch auch dessen Bestätigung überzeugte die Besatzung nicht. Zudem wurde die Sicht im selben Augenblick wieder von Wolken verdeckt und man kann sich vorstellen, wie es Spott hagelte: Steller sieht Dinge, die nicht existieren! Doch dieses Mal dürfte Steller Recht gehabt haben. Denn schon am nächsten Tag, dem 16. Juli, kam nach anderthalb Monaten auf hoher See endlich Land in Sicht. Vor der *St. Peter* zeichneten sich Inseln ab, eine Küstenlinie mit einer bewaldeten Landschaft im Hintergrund … Und schließlich, als die Sonne am Himmel erstrahlt, sahen alle einen hohen Berg mit schneebedecktem Gipfel.

Nach dem orthodoxen Kalender ist der 20. Juli, Gedenktag des Heiligen Elias, weswegen das Kap und der Berg bis heute auf den Karten unter den Namen »Cape Saint Elias« und »Mount Saint Elias« eingetragen sind. Das Erscheinungsbild des Berges ist überwältigend; aufgrund seiner Höhe von 5489 Metern ist er zudem der dritthöchste Berg Nordamerikas. An derselben gebirgigen Küste befindet sich auch mit einer Höhe von 3129 Metern der nach Steller benannte Gipfel »Mount Steller«. Das Gebirge gehört heute zum Wrangell-St.-Elias-Nationalpark, dem größten Nationalpark der USA, der Teil des UNESCO Welt-Naturerbes ist.

Amerika! Die Männer jubelten vor Freude. Nach wochenlangem Treiben auf offener See war die Erleichterung riesig. Nur der Kapitänkommandeur Bering freute sich nicht. Als die Männer ihn beglückwünschten, zuckte er nur mit den Schultern und zog sich in seine Kajüte zurück. Dort rückte er Steller und Plenisner gegenüber mit seiner Sorge heraus: »Die Männer blasen wie Windsäcke, sie strotzen nur so vor Begeisterung und denken nicht daran, wie weit wir gekommen sind und welche Schwierigkeiten noch vor uns liegen. Wir sind in einem fremden Land, unsere Essensvorräte reichen nicht zum Überwintern aus, mit dem Herbst kommen Stürme auf, der Gegenwind wird uns verlangsamen …« Bering verkündete, dass es zu diesem Zeitpunkt das Vernünftigste sei, unmittelbar den Rückweg anzutreten. Allerdings müssten sie so bald wie möglich einen Ort finden, wo sie ihre Wasservorräte auffüllen können. Steller traute seinen Ohren nicht. Nun, da Amerika direkt vor ihrer Nase lag, sollten sie direkt wieder umkehren? Waren ihre ganzen Bemühungen vergebens? Fast zehn Jahre lang war die Reise geplant und vorbereitet worden und nun, da sie endlich ihr Ziel erreicht hatten, beabsichtigte Bering aufzugeben … Laut seines Tagebuches verbarg Steller seinen Unmut nicht und erteilte Bering eine impertinente Antwort: »Wir sind also nur deshalb hierhergekommen, um Wasser aus Amerika nach Asien zu bringen!«

Am 15. Juli, dem Tag, an dem Steller glaubte, zwischen den Wolken einen Berg erkannt zu haben, segelte Tschirikows Schiff an der Südostseite Alaskas dem Alexanderarchipel entlang. Nachdem die Schiffe getrennt worden waren, hatte die *St. Paul* ihren Ost-Südost-Kurs fortgesetzt. Ein paar Tage zuvor hatte Tschirikows Mannschaft Gänsevögel, Möwen und Treibholz gesichtet, was in ihnen enorme Freude auslöste. Und tatsächlich, am frühen Morgen erkannten sie am Horizont Berge und dann eine dicht bewaldete Küste … Die *St. Paul* hatte also die Küste Amerikas einen Tag vor der *St. Peter* erreicht.

Tschirikow hatte dasselbe Problem wie Bering. Nach zweimonatiger Seereise gingen die Wasservorräte zur Neige, sodass diese für die Rückreise aufgefüllt werden mussten. Selbst für das kleine Boot war es schwierig einen sicheren Anlegeplatz zu finden. Doch nach einem missglückten Versuch und drei Tagen des Segelns landeten sie in der Nähe einer Insel nordwestlich von Sitka. Auf Basis von den Schilderungen und Beschreibungen der Schiffsroute gehen Historiker heute davon aus, dass die Ereignisse sich auf Yakobi Island abgespielt haben müssen. Der Bootsmann Avram Demntjev wurde mit einem Boot und zehn bewaffneten Männern an Land geschickt. Sie erhielten den Auftrag, eine Wasserstelle zu finden und zwei Fässer voll Trinkwasser zum Schiff zu bringen. Außerdem sollten sie eine Karte von dem Ort anlegen, wo sie an Land gingen, und noch allerlei andere Nachforschungen anstellen. Zu Tschirikows Aufträgen gehörte ebenfalls die Einschätzung der Wald- und Mineralvorkommen, doch da seine Truppe bereits am nächsten Tag zurückerwartet wurden, konnte es sich dabei nur um erste Eindrücke handeln. Eventuellen Bewohnern der Insel sollten sie friedlich begegnen und ihnen Geschenke überreichen. Sollte das Anlegemanöver glücken, sollten die Männer sofort einen Signalschuss abgeben.

Die *St. Paul* konnte indessen nicht ankern und musste sich deshalb auf offener See und in sicherer Entfernung zur Insel aufhalten. Daher war vom Schiff aus nicht erkennbar, ob das Boot an Land anlegte. Als auch kein Signalschuss zu hören war, herrschte bei der Mannschaft Ungewissheit über die Lage der Exkursion. Das Schiff feuerte die Kanone ab, doch eine Antwort blieb weiterhin aus. Am Abend wurden am Mast ferner zwei Laternen aufgehangen, sodass das Boot im Falle einer Rückkehr in der Dunkelheit seinen Weg finden könnte. Zwei Tage verbrachte man unruhig abwartend zu, doch von der Landungseinheit war nichts zu hören oder zu sehen. Der besorgte Tschirikow schickte das zweite, kleinere Boot hinterher. Auf die Reise gingen ein Schreiner, ein Fachkundiger für Leckageortung samt Werkzeugen sowie zwei weitere Freiwillige. Es gab nämlich Grund zur Annahme, dass das größere Boot beim Anlegen beschädigt worden sei, sodass die Männer nicht zurückkehren konnten. In diesem Fall sollten die Schiffshandwerker auf der Insel bleiben, um den Schaden zu beheben. Demntjev und die anderen Männer des ersten Landungsversuches wurden hingegen instruiert, unverzüglich zurückzukehren, um die restliche Schiffsbesatzung über den Stand der Expedition zu informieren.

Das kleine Ruderboot musste eine Strecke von 15 Kilometern zurücklegen. Als es anlegte, herrschte noch gutes Wetter. Auch die *St. Paul* selbst wagte sich etwas näher an die Insel heran, von wo ihre Besatzung beobachten konnte, wie sich das kleine Boot dem Ufer näherte. Doch plötzlich wurde der Seegang wilder, sodass das Schiff sich in offene, sicherere Gewässer begeben musste. Tschirikows Mannschaft hatte direkt erkannt, dass die Insel von gefährlich schroffen Küsten umgeben war. Das Schiff feuerte erneut die Kanone ab und erhielt erneut keine Antwort. Keines der beiden Boote war zu sehen und von der Insel aus erklang kein Schuss. Später schimmerten am Strand allerdings schwach flackernde Flammen, offensichtlich handelte es sich dabei um ein Lagerfeuer. Am nächsten Tag, als die *St. Paul* noch einmal die Insel ansteuerte, näherten sich dem Schiff überraschenderweise zwei Boote. Nur dass es weder ihre Boote noch ihre Männer waren, sondern Kanus, in denen Indigene saßen und paddelten. Aufgrund der Entfernung ließen sich die Gesichter der Ankömmlinge nicht gut erkennen, doch man konnte sehen und hören, wie in einem der Kanus plötzlich vier Menschen aufstanden, mit den Händen winkten und »Agai! Agai!« riefen.

Tschirikows Leute schwenkten zum Zeichen des Friedens und der guten Absicht weiße Taschentücher, doch zeigte dies keine Wirkung. Die Kanus wendeten und kehrten zur Insel zurück. Später sah die Schiffsbesatzung am Strand erneut ein Feuer aufleuchten. Als jedoch das Schiff sich dem Ufer zu nähern versuchte, stiegen die Einwohner der Insel in ihre Kanus, paddelten am Ufer entlang davon und hinterließen nichts als ihr rauchendes Lagerfeuer. In der Nacht wurden wieder Laternen als Signal auf dem Schiff aufgehängt, aber nichts geschah. Die Boote kehrten nicht zurück. Die *St. Paul* wartete noch einen weiteren Tag ab, dann wurde eine Versammlung abgehalten. Tschirikow und seine Offiziere waren sich nun sicher, dass die Männer mit den Kanus die Landungseinheit getötet oder gefangen genommen hatten. Da das Schiff über kein drittes Ruderboot verfügte, war es unmöglich, eine weitere Exkursionsgruppe an Land zu schicken. Seit dem Aufbruch des ersten Bootes waren bereits acht Tage vergangen, sodass man nichts mehr für die Besatzungen der beiden Boote unternehmen konnte. Tschirikow blieb daher nichts anderes übrig, als die 15 Männer ihrem Schicksal zu überlassen. Und so trat die *St. Paul* am 27. Juli den Rückweg an.

Die Rückreise wurde schwierig, da das Trinkwasser knapp war und Nahrungsmittel rationiert werden mussten. Man breitete Segel aus, um

Regenwasser aufzufangen. Später begegnete Tschirikows Mannschaft noch einmal Eingeborenen, die in Kajaks in ihre Richtung paddelten und mit ihnen schließlich Tauschhandel trieben. Die Indigenen erhielten Jagdmesser, die Schiffsleute Trinkwasser. Der Skorbut schlug außerdem zu und schwächte die Mannschaft. Sechs Männer starben und alle, einschließlich Tschirikow, waren derart ermattet, dass sie es nur mit Mühe und Not schafften, das Schiff zu steuern. Als die *St. Paul* am 12. Oktober endlich im Hafen von Petropawlowsk einlief, hatte die Besatzung 21 Mann verloren. In Tschirikows Bericht, den er später abschickte, dankte er dem Steuermann Ivan Jelagin und schlug vor, diesen zu befördern. Ohne Jelagin, der trotz seiner Erkrankung eisern das Schiff gesteuert hatte, wären sie niemals zurückgekehrt.

Es ist anzunehmen, dass die Rückkehr der *St. Paul* also im letzten Moment entschieden wurde, da man die Besatzung der Ruderboote nicht aufgeben wollte. Genau dies stellte aber letzten Endes die Rettung für die auf dem Schiff Verbliebenen dar. Denn ohne die Boote hatten sie keine weiteren Möglichkeiten, an Land zu gehen, um die Inseln zu erforschen und sich länger in den Gewässern Alaskas aufzuhalten. Und so erreichten sie den Heimathafen noch bevor der Wind sich drehte und die verheerenden Herbststürme einsetzten. Auf Berings Schiff hingegen zogen die übermäßigen Bootsexkursionen die Expedition auf schicksalhafte Weise in die Länge.

Und welches Schicksal mag den Männern aus den beiden Ruderbooten, die auf Yakobi Island zurückgeblieben waren, widerfahren sein? Über dieses Rätsel ist viel spekuliert worden. Sogar Legenden haben sich über vermeintlich gemeinsame Nachkommen russischer Seeleute und Indigener gebildet. Allerdings gibt es hierfür keinerlei Belege und es scheint auch nicht sehr plausibel. Allerdings dürften die Eingeborenen die Männer der Landungsboote auch nicht getötet haben. Andernfalls ließe sich die unbesorgte, mit den Händen winkende Annäherung an das große Schiff nicht begreifen. Zudem ist schwer vorstellbar, dass eine Handvoll Männer es fertiggebracht haben könnten, 15 gut bewaffnete Männer zu überwältigen, ohne dass sich auch nur ein einziger Schuss gelöst hätte. George T. Emmons, der zu Beginn des 20. Jahrhunderts 30 Jahre lang unter den Tlingit, einer einheimischen Bevölkerungsgruppe Alaskas, gelebt hatte, konnte keinerlei Erzählungen über Russen, die an der Insel angelegt hatten, in

Erfahrung bringen. Emmons hat zudem eine wahrscheinlichere Version der Ereignisse entwickelt: Vermutlich waren beide Boote untergegangen, bevor sie das Ufer erreichen konnten. An der Küste Alaskas, an den Mündungen der flussartigen Buchten gibt es gefährliche, reißende Strömungen, in denen ein klobiges Ruderboot nicht leicht zurechtkommt, vor allem, wenn es in die Fluten gerät. Die Kajaks und Kanus der Eingeborenen, von den Russen *Baidarkas* genannt, waren dagegen schmal und leicht und passten sich gut dem Wellengang an. Der Ausruf »Agai«, den Tschirikow in seinen Aufzeichnungen notiert hatte, war höchstwahrscheinlich eher »Agou«, was in der Sprache der Tlingit so viel wie »Kommt!« bedeutet. Möglicherweise hatten sie die Havarie aus der Ferne beobachtet und versucht, die Mannschaft auf die Insel zu rufen, um ihnen das Geschehene zu schildern. Vielleicht waren sogar Leichen oder Überreste der Boote an Land angespült worden? Da es keine gemeinsame Sprache zur Verständigung gab, blieb die Botschaft jedoch unverstanden.

Vor Berings Leuten erstrahlte die Küste Alaskas unter dem schneebedeckten Gipfel und den Gletschern des Mount St. Elias. Auf aktuellen Karten sind in dem Gebirge Gletscher sowohl nach Bering als auch nach Steller benannt. Auf Berings Schiff gab man sich mit dem Bespähen des im Süden liegenden Festlands zufrieden. Es war neblig und verregnet und die Sicht war bescheiden. Das Schiff näherte sich langsam und vorsichtig der nächstgelegenen Insel auf der Suche nach einem sicheren Ankerplatz. 40 Jahre später erhielt die Insel von einer anderen russischen Expedition den Namen Kayak Island, denn die Expedition hatte gehört, dass die Bewohner der Insel, die Chugach, ihr den Namen Kajak gegeben hatten. Der Name spielt auf die lange, schmale Form der Insel an, die 30 Kilometer lang und selbst an der breitesten Stelle lediglich knapp drei Kilometer breit ist. Im Süden läuft sie zu einer spitzen Landzunge zu, welcher Bering den Namen St. Elias verliehen hat.

Wer zu Hause in einem Ohrensessel sitzt und nur mit dem Finger auf der Landkarte reist, sehnt sich doch auch nach Bildern, um der eigenen Vorstellung auf die Sprünge zu helfen. Man will sich ja nicht nur auf die eigene Imagination verlassen. Zwar geht man so im heimischen Sessel natürlich nicht tatsächlich auf einen Segeltörn. Doch Google bringt die Ferne schnell näher … Bilder von Kayak Island sind selbst im trauten Heim so spektakulär, dass einem die Luft wegbleibt. Man erahnt einen sagenhaft,

Abb. 5: Chugach Mountains, Mount St. Elias

geradezu bedrohlich wirkenden Ort. Die Insel ist hauptsächlich von flachen Sandstränden umsäumt, im Landesinneren steigt eine steile, imposante Felsformation empor. Stellenweise ragen die nackten Felsen in einem silbrig-grauen Glanz hoch in den Himmel, an anderen Stellen sind die Hänge von dichtem, dunkelgrünem Wald bedeckt. Die bläulichen Gipfel ragen spitz und scharfkantig hoch in die Luft.

Die Insel wirkt rau und unzugänglich. Und das ist sie auch; sie ist heute unbewohnt. Es ist nicht einfach, dort anzulegen und das Inselinnere ist ebenfalls nur schwer zu erreichen. In vergangenen Zeiten war Kayak Island zwar besiedelt, doch 1892 mussten die letzten einheimischen Bewohner sie aufgrund einer Pockenepidemie verlassen. Heute gehört die Insel zum Wrangell-St.-Elias-Nationalpark. Auf der Landzunge St. Elias wurde Anfang des 20. Jahrhunderts ein Leuchtturm errichtet, doch auch ohne selbigen ist die Insel eine gut erkennbare Landmarke. Man kann sich ausmalen, wie die vorgelagerten Felsinseln mit ihren Buchten und den sich windenden Schären sowie das Gebirge im Hintergrund mit den schneebedeckten Gipfeln ein unvergessliches Panorama bildet. Jedenfalls bei klarem Wetter, wenn die Landschaft nicht vom Nebel verschleiert wird. So betrachtet überrascht es nicht, dass einige Menschen, wie etwa die Anthropologin Frederica de Laguna, in dieser Küstenlandschaft Alaskas die schönste Region der Welt sehen.

Die *St. Peter* steuerte zunächst die Westseite der Insel an. Die Nachbarinsel Wingham bot dem Schiff und dessen Besatzung Schutz vor dem Nordwind. Steller konstatierte verschiedene Strömungen in der Meerenge zwischen den Inseln und schmeckte den niedrigeren Salzgehalt des Wassers. Auf diesen Beobachtungen basierend schätzte er, dass sich hinter Kayak Island ein Flussdelta befinden müsste, aus dem Süßwasser ins Meer strömt. Dort könne sich folglich ein geschützter Ankerplatz befinden, von wo aus sich möglicherweise die Küstenlinie erforschen ließe. Steller lag zwar insofern richtig, dass sich auf der Rückseite der Insel eine Flussmündung befindet; der Fluss trägt heute übrigens den Namen Berings. Einen sicheren Ankerplatz hätte man dort jedoch nicht gefunden. Im schlimmsten Fall wäre das Schiff auf eine Untiefe aufgelaufen, die durch angespülte Sedimente entstanden war. Das nächste Festland liegt rund sechs Kilometer von Kayak Island entfernt.

Es war der 20. Juli 1741, als die *St. Peter* an der Westseite der Insel vor Anker ging. Zwei Exkursionsgruppen bereiteten sich vor, mit den Ruderbooten an Land zu gehen. Es war ein großer Moment: Steller war im Begriff, das amerikanische Festland zu betreten, um die eigentliche Aufgabe in Angriff zu nehmen, für die er angeworben worden war: sich in seine Forschungen zu vertiefen … Das wochenlange Warten hatte ein Ende! Hitrovos Truppe nahm das größere Boot. Ihre Aufgabe bestand darin, die Insel zu umkreisen und diese auf mögliche Ankerplätze zu überprüfen. Mit dem kleineren Boot sollte Trinkwasser von der Insel geholt werden. Steller brachte in diesem Moment seinen Wunsch zum Ausdruck, an Hitrovos Exkursion teilzunehmen. Obwohl Hitrovo damit einverstanden war und auch Waxell darin kein Problem sah, sprach sich Bering jedoch dagegen aus. Steller ging gar nicht von Bord. Bering hatte nämlich die Befürchtung, dass, sollte der Wind sich drehen und aus Westen oder Süden wehen, das Schiff unverzüglich das offene Meer ansteuern müsste, damit es nicht auf den klippenreichen Grund auflaufen würde. Der Kapitänkommandeur sowie Waxell blieben auf dem Schiff, um die Situation unter Kontrolle zu behalten. Das Wetter war unbeständig und konnte jederzeit umschlagen. Wenn Steller in dieser Situation auf eigenen

Pfaden Vögel und Pflanzen hinterhergejagt wäre, hätte er es möglicherweise nicht rechtzeitig aufs Schiff zurückgeschafft. Und was, wenn die ungünstigen Winde oder gar Stürme über Tage andauerten? Sollten sie dann warten oder Steller in Amerika zurücklassen? Was, wenn Steller auf feindselige Ureinwohner traf?

Bering machte Steller auf diese Gefahren aufmerksam, was diesen in Rage versetzte. Er argumentierte, dass er unverzüglich mit seinen Forschungen beginnen müsse. Sein Zweck sei es, Seiner Majestät treu zu dienen. Würde er davon abgehalten, werde er dies dem regierenden Senat berichten, schließlich sei er kein weibischer Feigling … und so weiter und so fort. Anlässlich der Ankunft in Amerika ließ Bering eine kleine Feier mit der Besatzung stattfinden. Er servierte seinen Männern Kakao, versuchte die Stimmung aufzuheitern und erlaubte sich dabei den Kommentar, dass man Steller nicht einmal mit einer Delikatesse zähmen und von der Arbeit abhalten könne. Es ist leider unbekannt, was Steller darauf antwortete. Einige berichten, dass er geschimpft habe, andere sind hingegen der Meinung, dass der fromme Pietist auch in dieser Situation gewiss nicht die Contenance verloren habe. Jedenfalls heulte er aus Verzweiflung und Zorn derart auf, dass Bering sogar Mitleid mit ihm hatte. Vielleicht glaubte Bering auch, dass er letzten Endes leichter davonkommen würde, wenn er Steller gewähren ließe: Er fand die gereizte Stimmung, die dieser Sonderling schürte, schlicht unerträglich und gab dem Drängen schließlich nach. Steller durfte mit an Bord des Bootes gehen, doch nicht mit Hitrovos Leuten, sondern mit der Truppe, die Wasser holen sollte. Nur Lepihin wurde erlaubt, Steller zu begleiten, denn mehr Assistenten passten nicht auf das kleine Boot. Vom Schiff bis zur Insel waren es gut eineinhalb Kilometer und als das Boot ablegte, ließ Bering den Trompeter eine Fanfare blasen. Steller vermutete zunächst einen Scherz, eine Art ironische Ehrerweisung. Doch selbst wenn die Ehrerweisung ehrlich und aufrichtig gewesen wäre, ließ sich Steller davon jedenfalls nicht beeindrucken …

Vielleicht hatte sich Bering über den Zwist geärgert, denn gewiss wollte er Steller nicht gegen sich aufbringen. Steller beschreibt Bering nämlich als einen friedfertigen Mann und erwähnt, dass er meist mit ihm einer Meinung gewesen sei, und dass er seine Vorschläge lediglich verriss, um vor der Mannschaft seine Autorität zu demonstrieren. Man muss zugeben, dass die Situation einer gewissen Ironie nicht entbehrt. Vielleicht wurde beim

Kakaotrinken auch etwas über den wichtigtuerischen deutschen Herren gelacht. Doch die Trompetenfanfare könnte auch ein Versuch seitens Berings gewesen sein, die angespannte Stimmung aufzulockern, die Laune wieder anzuheben. Es lebe Steller, der Naturforscher! Das ist doch eine sensationelle Exkursion, oder etwa nicht, Steller? Ein Spaß zum Zweck, den so wichtigen Gemeinschaftssinn wiederherzustellen.

Wenn Bering dies als Spaß beabsichtigte, dann verstand Steller diese Art von Humor jedoch nicht. Er lief nun auf Hochtouren auf. Man kann sich vorstellen, wie er im Boot saß und auf Kayak Island starrte, fasziniert und gespannt, begeistert und zugleich erzürnt. Dort ist sie, die lang erwartete *terra incognita!* Aber ... Gott hilf, ihm ist nur eine einzige Tagesexkursion vergönnt. Genauer gesagt sechs Stunden!

Kayak Island

Als das Boot an der Insel anlegte, blieben die anderen am Bach, um die Fässer aufzufüllen und sich um die Wasserbeförderung zu kümmern. Währenddessen machten sich Steller und der Kosake Lepihin auf den Weg, die Insel zu erforschen. Steller hatte seine leichte Exkursionsausrüstung dabei, zu der ein »Palma«, ein jakutisches Messer mit langer Klinge, gehörte. Damit grub er außergewöhnliche Pflanzen mitsamt Wurzeln aus und klopfte auf Steine. Lepihin hatte eine Muskete und eine Axt bei sich. Die beiden Männer gingen am Strand entlang Richtung Norden und nach etwa einem Kilometer stießen sie auf eine Feuerstelle, an der noch kürzlich jemand gewesen sein musste, denn die Kohlen des Lagerfeuers waren noch warm. Auf der Insel gab es also tatsächlich Menschen – »Amerikaner« bezeichnete sie Steller in seinem Tagebuch.

Bei der Untersuchung der Feuerstelle stellte er Spekulationen über die Bewohner und deren Tätigkeiten auf. Dabei stellte er fest, dass getrocknete Algen als Zündstoff verwendet wurden. Auf dem Feuer war Fleisch gebraten worden, denn auf den Boden lagen abgenagte Knochen; außerdem waren Steine erhitzt worden, um Wasser in hölzernen Trögen zu erwärmen. Kochtöpfe gab es offenbar nicht, schlussfolgerte Steller. Auch die Art, wie das Holz gehackt worden war, deutete darauf hin, dass dafür eine Steinaxt eingesetzt wurde. Die Inselbewohner kannten also kein Eisen. Vieles, was Steller dort vorfand, kam ihm allerdings bekannt vor. Unter den Essensresten gab es Trockenfisch, der auch von den Itelmenen in Kamtschatka anstelle von Brot gegessen wird. Den leeren Schalen nach zu urteilen, wurden zudem Muscheln – ebenfalls nach Art der Itelmenen – roh verzehrt. Steller fand auch einen Verwandten des Bärenklaus, den *Heracleum*, aus dem mit heißem Wasser aufgebrüht ein süßer Kräutertee hergestellt wird. Dies bezeugten die Muschelschalen, die als Teetassen verwendet wurden. Das Bärenklaugetränk ist ebenfalls in der itelmenischen Küche verbreitet. Anhand dieser einen Feuerstelle zog Steller weitreichende Schlussfolgerungen über die Gemeinsamkeiten der Ureinwohner Asiens und Amerikas: Sie hatten sicherlich miteinander zu tun. Entweder waren sie auf ihren *Baidarkas* über die Meerenge gepaddelt und hatten Handel miteinander getrieben, oder es handelte sich hierbei sogar um ein und dasselbe Volk. Mit anderen Worten: Die Bewohner der amerikanischen Küste stammten möglicherweise ursprünglich aus Kamtschatka. So gelang es Steller, als erstem Alaska-Forscher und – mehr oder weniger ab der ersten Stunde – eine Theorie über den Ursprung der örtlichen Bevölkerung zu entwickeln.

Steller schwor Lepihin darauf ein, nicht ohne seine Anweisung von der Waffe Gebrauch zu machen. So setzten sie ihren Gang fort und entdeckten dabei weitere Spuren von Menschen. Hie und da kreuzten sich Pfade und von den Bäumen war Rinde entfernt worden. An einer Stelle hatte man versucht, einen in den Wald führenden Pfad eilig zu verdecken, was zur Folge hatte, dass dieser nur noch deutlicher zu Tage trat. Die Männer drangen weiter in den Wald ein und kamen an zu einer kleinen Lichtung, in deren Mitte sie eine Grube fanden. Es handelte sich offenbar um eine Art Keller der Inselbewohner, ein vier Meter tiefes Lager für Lebensmittel und Küchenbedarf. Lepihin stand Wache, während Steller in die Grube hinabkletterte. Er fand dort getrocknete Rinde der Sitka-Fichte, von der er vermutete, dass sie als Notfallnahrung, als eine Art Hungerbrot, genutzt wurde. Dort wurde auch reichlich getrockneter Seetang und Bärenklau gehortet, außerdem eine brennnesselartige Pflanze, aus der möglicherweise Fischernetze hergestellt wurden. In dem Lager fanden sich auch scharf geschliffene Pfeile.

Der größte Schatz war in hölzernen Gefäßen konservierter geräucherter Lachs, der in Ochotsk (= russisches Festland) *nerkka* und in Kamtschatka *krasnaja ryba* genannt wird. Unvoreingenommen probierte Steller den Fisch und war davon begeistert. Seiner Meinung nach übertraf er geschmacklich den Lachs in Kamtschatka bei Weitem. Nach wochenlangem Verzehr von ausschließlich Schiffsproviant lässt sich diese angenehme Überraschung gut nachvollziehen. Steller nahm aus dem Lager ein wenig Fisch, ein Bündel getrockneter Algen, hölzernen Zunder sowie die Pfeile als Beweismaterial mit und überreichte sie Lepihin zusammen mit einem Auftrag. Sein Begleiter sollte zum Bootsplatz zurückkehren, die Gegenstände zum Schiff bringen und den Kapitänkommandeur bitten, ihm zwei bis drei Männer als Forschungsgehilfen aufs Land zu senden. Zudem müssten die Wasserbeschaffer gewarnt werden, dass die Insel bewohnt sei, auch wenn die Einwohner sich bis auf Weiteres im Wald versteckt zu halten scheinen.

Während Lepihin seinen Auftrag ausführte, setzte Steller seine Exkursion fort. Er ging fünf Kilometer zu Fuß am Strand entlang und sammelte eifrig Pflanzen, bis er plötzlich von einer steil aus dem Meer emporragenden Felswand aufgehalten wurde. Da er seinen Weg nicht am Strand entlang fortsetzen konnte, beschloss er, den bewaldeten Bergrücken hinaufzuklettern, der ins Inselinnere hineinführte. Nachdem er eine Weile an den Abhängen des Hügels umhergestreift war, musste er sich eingestehen, dass es hier keinen Zugang zur anderen Seite der Insel gab. Vor ihm lagen steile Felsen und dichte Wälder; außerdem waren die Wege zu lang und die Zeit zu knapp. Beim Erblicken der unwirtlichen Landschaft dachte Steller an die Schiffsbesatzung: Sie müsste sich nun von dem Gedanken verabschieden, dass sich in der Bucht zwischen der Insel und der Küste ein sicherer Ankerplatz finden lasse – auch ein längerer Aufenthalt des Schiffes auf dem amerikanischen Kontinent schien nicht möglich.

Steller stieg noch einmal auf den Bergrücken, um die Gegend auszuspähen und bemerkte in etwa einem Kilometer Entfernung eine Rauchwolke. Das müssen Menschen an einem Lagerfeuer sein! Er war aufgeregt und eilte zurück zum Bootsplatz. Die Männer hatten soeben eine weitere Ladung Wasserfässer aufgefüllt und waren dabei, die Fracht zum Schiff zu bringen. Steller erzählte ihnen von dem Lagerfeuer und bat noch einmal darum, dass Bering ihm ein zweites Boot und mehr Gehilfen schicken möge. Er musste unbedingt die Inselbewohner befragen. Während er auf das Boot wartete, kochte er sich selbst mit dem erstklassigen Wasser aus einem Bach einen Tee und dokumentierte dabei seine Pflanzenfunde. Er mochte keinen einzigen Moment mit untätigem Herumsitzen vergeuden. Nach einer Stunde kehrte das Boot zurück und Steller erhielt Berings offensichtlich barsch formulierte Nachricht. Wenn Steller nicht mit der letzten Wasserladung zum Schiff zurückkäme, könne er gleich auf der Insel bleiben!

Nüchtern betrachtet musste er sich also noch mehr beeilen, seine Untersuchungen noch rascher vorantreiben. Er bat seinen Kosaken, auf einen dieser schönen, glänzend blauen Vögel zu schießen, die er vorher an der Bachmündung im Wald gesehen hatte und wovon er ein Ansichtsexemplar mitnehmen wollte. Er selbst grub ein paar Himbeersämlinge aus, um sie dem botanischen Garten der Akademie mitzubringen. Die Himbeere war für Steller eine bisher unbekannte Art und er hatte bereits ihre lachsroten Beeren probiert, deren Geschmack er als köstlich lobte. Es handelte sich um die Pracht-Himbeere (*Rubus spectabilis*), die meinen Recherchen zufolge zwar essbar ist, allerdings als nicht besonders wohlschmeckend gilt. Wieder einmal findet man bestätigt, dass die Geschmacksnerven eines Menschen, der sich wochenlang ausschließlich von Schiffsvorräten ernährt hat, äußerst empfänglich für andere Geschmäcker sind, und dass selbst die bescheidensten Nahrungsmittel wie *Haute Cuisine* wirken.

Lepihin gelang es, einen Vogel zu schießen. Heute als Diademhäher bekannt wurde seine wissenschaftliche Bezeichnung nach Steller benannt: *Cyanocitta stelleri* – ein sehr schöner Vogel. Er ist zierlicher als der bei uns beheimatete Eichelhäher, vom Körperbau näher an einer Elster und sein Gefieder glänzt blau; dasselbe Blau wie bei unserem Eichelhäher im Bereich der Armdecken. Die Färbung von Kopf, Scheitel und Schultern des Diademhähers bilden eine dunkle Haube.

Steller erinnerte sich an ein Buch, das er wahrscheinlich vor Jahren in der Bibliothek der Petersburger Akademie gelesen hatte – er hatte ein phänomenales Gedächtnis! – nämlich ein zweibändiges Werk, das die Natur Floridas und der Bahamas beschrieb. Auf einem Bild war der ähnlich aussende Blauhäher (*Cyanocitta cristata*) wiedergegeben. Dieser südliche

Verwandte des Diademhähers war Steller im Gedächtnis geblieben und weil es solche Vögel in Russland nicht gab, konnte er sicher sein, dass man sich auf amerikanischem Boden befand.

Der im Erdkeller gelagerte Lachs schmeckte auch den Leuten an Bord des Schiffes, sodass der letzte Auftrag an die Männer lautete, davon weiteren Nachschub zu besorgen. Es ist gut möglich, dass sie das ganze Lager geleert haben, denn in seinen Aufzeichnungen zeigte Steller sich über den »Raub« empört. Zum Tausch hinterließen sie allerdings Geschenke: Seide, ein paar Messer und Eisentöpfe, Perlenketten sowie Tabak und Pfeifen. Auch an den Geschenken hatte Steller etwas auszusetzen. Er befürchtete nämlich, dass die Menschen, denen das Paffen von Tabak nicht bekannt war, aus Versehen den Tabak essen oder daraus ein Getränk zubereiten würden. Er befürchtete, dass die Inselbewohner sich späteren Expeditionen gegenüber ängstlich oder gar feindselig verhalten würden, sollten sie durch falschen Konsum des Tabaks Vergiftungen erleiden.

Fast 50 Jahre später, im Juli 1790, gab es erneut eine von Russland finanzierte Expedition nach Alaska, von der ein Teilnehmer, Martin Sauer, einen Reisebericht veröffentlichte. Sauer schilderte die Begegnung mit einem »alten, weisen und herzlichen Eskimomann«, den er und die restlichen Expeditionsmitglieder mithilfe eines Dolmetschers befragten. Man fragte ihn, wann die ersten fremden Schiffe an ihrer Küste aufgetaucht waren, und der Befragte erinnerte sich daran, dass er damals ein kleiner Junge war. »Damals kam ein Schiff an der Westseite der Kayakinsel an und ging dort vor Anker«, erzählte der Alte. »Wir waren damals jeden Sommer zum Fischen und Jagen auf der Kayakinsel. Als wir sahen, dass ein vom Schiff gesandtes Ruderboot an der Insel anlegte, rannten wir in den Wald, um uns zu verstecken. Als das Schiff seine Reise fortsetzte, kehrten wir zurück und fanden in unserem Erdloch Perlenketten, Tabakblätter, einen Kochtopf und noch das ein oder andere Geschenk …«

Neben den Chugach lebten auf den Inseln und an der Küste weitere indigene Stämme, wie die Tlingit, Athabasken und Aleuten. Sie bewegten sich geschickt in aus Leder angefertigten *Baidarkas* fort und bestritten ihren Lebensunterhalt vor allem mit Fischfang aus dem Meer.

Hitrovos Truppe hatte keinen ordentlichen Ankerplatz gefunden. Die Bucht war seicht und klippenreich, weshalb die Männer auch nicht ans Festland gingen. Als Souvenirs brachten sie aber aus einer Hütte von

Einheimischen einer Nachbarinsel Dinge wie ein Ruder und eine Kinderrassel mit. Aber es gab nichts Wichtiges zu berichten.

Auch Stellers Funde galten seinerzeit wohl kaum als beeindruckend. Bering ließ ihn nicht einmal seine mühsam ausgegrabenen Himbeersetzlinge mit an Bord bringen; angeblich nahmen sie zu viel Platz in Anspruch. Biologen der nachfolgenden Generationen wissen Stellers Errungenschaften dennoch zu würdigen. In sechs beschwerlichen Stunden schaffte er es, beinahe zweihundert Pflanzenarten zu sammeln oder immerhin zu beschreiben. Die Existenz fast all seiner Funde wird in späteren Vegetationskartierungen bestätigt.[7] Der Naturforscher konnte mit seinen Beobachtungen zufrieden sein und als er nach den morgendlichen Wortgefechten, dem ironischen Trompetenspiel und den harschen Befehlen mit den Wasserbeschaffern zum Schiff zurückkehrte, gab es einen freundschaftlichen Empfang. Bering servierte der Besatzung zur Feier des Tages erneut Kakao.

Heute würde man in solch einem historischen Moment eher Champagner oder Sekt servieren. Kakao gilt doch sehr als ein Kindergetränk. Einige Bücher über Steller erinnern jedoch daran, dass Kakao damals als das Luxusgetränk schlechthin galt. Er wurde im weit entfernten Süd- und Mittelamerika angebaut und verarbeitet, um im Anschluss per Schiff nach Europa exportiert zu werden. Der Kakao, den Bering anbot, hatte sogar eine noch längere Reise hinter sich, da er von irgendeinem Hafen in Süd- oder Mitteleuropa bis nach Kronstadt und St. Petersburg gereist war. Danach musste die Ware tausende Kilometer durch Sibirien befördert werden, um schließlich wieder per Schiff über den Ozean auf den nördlichen amerikanischen Kontinent verfrachtet zu werden … In all den langen Jahren der Expedition hatte Bering offenbar für den Moment, wenn sie zum ersten Mal in Amerika an Land gehen würden, Kakao aufbewahrt. Und auch der rastlose Steller nahm sich die Zeit, sich zu setzen und eine heiße Tasse Kakao zu genießen.

Allerdings vergaß er Kakao und gute Laune fast augenblicklich wieder. Im Bericht in seinem Tagebuch hält er fest, dass ihn plötzlich Wut und Enttäuschung überkamen. Man kann sich lebhaft vorstellen, wie er sich in seine kleine schummrige Kajüte zurückzog und dort über seinen Notizen saß. Anspannung und Machtlosigkeit setzten ihm zu, seine Finger drückten den Stift fest, sodass die Mine seines Bleistifts sicher ein ums andere Mal brach. Hadernd schrieb er: »Diese Reise, der Zeitplan, das Verhältnis ist rechnerisch so, dass wir uns zehn Jahre lang vorbereiten und dann zwanzig Stunden der Sache selbst widmen!« Das Offizierskorps beschimpft er der Dummheit, Trägheit und Feigheit, da sie nichts anderes im Sinn hätten, als nach Hause zu kommen.

Seine Enttäuschung ist verständlich. Steller war seit sieben Wochen auf dem Schiff, hatte an Deck gestanden und auf Landgang gewartet und musste sich jetzt mit einem kurzen Sprung an Land zufriedengeben. Vor ihm lagen zudem mindestens weitere sieben Wochen an Bord. Er war zwar enttäuscht, aber es war ihm auch wichtig, dem Senat und der Akademie glaubhaft zu machen, dass die Expedition erheblich erfolgreicher gewesen wäre, hätte er über die Entscheidungsgewalt verfügt. Sie wären den Winter über in Amerika geblieben, hätten die Küste kartiert und die natürlichen Ressourcen des Gebiets erforscht, sowie Beziehungen zu den Einwohnern vor Ort aufgebaut. Aufgrund der Zaghaftigkeit des Offizierskorps wurden die Pläne nicht umgesetzt. Das Ergebnis nach jahrelanger Arbeit und schwerer Opfer war eine komplette Bauchlandung.

Es ist nicht ungewöhnlich, dass sich bei langen Reisen auf See gerade zwischen Naturforschern und Kapitänen ein angespanntes Verhältnis entwickelt. Wenn man über Wochen und Monate auf engstem Raum zusammenlebt, sich vielleicht sogar eine Kabine teilt, kann man einander leicht überdrüssig werden. Noch dazu sorgen die schwierigen und geradezu gefährlichen Umstände dafür, dass die Nerven angespannt sind. Außerdem verfolgen Naturforscher und Kapitän unterschiedliche Ziele: Während der Kapitän die Verantwortung für das allgemeine Gelingen und die Sicherheit der Expedition trägt, hat der Naturforscher seine eigenen Projekte, in denen er mit Leidenschaft und Ehrgeiz versinkt. Vielfach ohne dabei nach links oder rechts zu schauen. Die Beziehung zwischen Otto von Kotzebue und dem Naturforscher Adelbert von Chamisso war beispielsweise bekanntermaßen bescheiden: Chamisso war mit Kotzebues Reiseschilderung so unzufrieden, dass er später seine eigene Version von der gemeinsamen Segelreise veröffentlichte. George Vancouver geriet über Archibald Menzies und dessen Sorge um das Wohlbefinden seiner Pflanzensammlung schließlich so in Rage, dass er ihn für den Rest der Reise unter Arrest stellte. Und der Kommentar über Naturforscher als »verdammte Störenfriede« zeugt davon, dass auch James Cook zu ihnen ein angespanntes Verhältnis pflegte. Zwar kam Cook mit dem Botaniker Joseph Banks gut aus, aber Johann Reinhold Forster fand er so unerträglich, dass er später erfolglos versuchte, Forster an der Veröffentlichung seiner Reiseschilderung zu hindern. Charles Darwin und der Kapitän Robert FitzRoy unterhielten ein gutes Verhältnis, wenngleich auch sie heftige Streitereien auszufechten hatten. Zur Entspannung der Situation auf der Fahrt der *Beagle* trug zum einen die Tatsache bei, dass Darwin eine angenehme Frohnatur war, zum anderen auch, dass er für längere Zeiträume selbstständig seine eigenen Forschungsexkursionen an Land unternahm. Übrigens litt er zu allem Überfluss an heftiger Seekrankheit. Doch obwohl die Umrundung der Erde geglückt war, endete die Freundschaft zwischen dem Naturforscher und dem Kapitän viele Jahre später, als Darwin »Über die Entstehung der Arten« veröffentlichte. Der gläubige FitzRoy konnte diese blasphemischen Ansichten nicht akzeptieren. Er bereute in aller Öffentlichkeit, einen derart gottlosen Mann mit auf sein Schiff mitgenommen zu haben.

Shumagin Islands

Am frühen Morgen des 21. Juli 1741 stieg Bering an Deck und gab den Befehl, die Anker zu lichten. Dies war insofern auffallend, als er bis zu diesem Zeitpunkt in seiner Kajüte verweilt war und seine Kapitänsaufgaben praktisch Waxell überlassen hatte. Daraufhin protestierte sogar Waxell, der Aufbruch sei übereilt. Zunächst wäre es sinnvoll, die restlichen 20 Fässer mit Wasser aufzufüllen. Doch Bering wollte keine Risiken eingehen. Sollte sich der Wind drehen, wenn die Mannschaft mit den Fässern auf der Insel hantierte, würden sie in Schwierigkeiten stecken. Abreise, und zwar sofort!

Es sollte sich schließlich herausstellen, dass Berings Sorge durchaus begründet war. Am Tag darauf drehte nämlich der Wind und blies so stark, dass das Schiff wohl nicht mehr sicher gewesen wäre. Hätten sie es dennoch geschafft, die Fässer aufzufüllen und auf offenes Gewässer zu segeln?

Zweifellos, allerdings nur, wenn es auf der Insel zu keinen Verzögerungen gekommen wäre. So unglücklich die Eile aus heutiger Sicht also erscheinen mag, geradezu widersinnig war, dass der eilig angetretene Aufbruch sich direkt verzögerte, nachdem die *St. Paul* Kayak Island hinter sich gelassen hatte. Vier Tage geschah nichts, bis am 25. Juli über den weiteren Verlauf der Reise beraten wurde. Bering vertrat die Meinung, dass die Rückreise nicht weiter hinausgezögert werden sollte. Da die Hinfahrt sieben Wochen gedauert hatte, würde auch die Rückreise mindestens genauso lange dauern. Bisher wehte der Wind vorwiegend aus südöstlicher oder östlicher Richtung. Unter dem Einfluss des Herbstmonsuns würde der Wind sich jedoch drehen. Dann hätten sie Gegenwind und je länger die Fahrt dauern würde, umso größer würde das Risiko, in Stürme zu geraten. Zumal zwischen Kayak Island und dem Hafen von Petropawlowsk über 3000 Kilometer liegen …

In seinem Tagebuch gibt Steller zu, dass Bering Recht hatte und über mehr Weitsicht als die anderen verfügte. Waxell und Hitrovo waren jedoch der Meinung, dass die Kartierungen der amerikanischen Küste fortgesetzt werden müssten, was schließlich auch zu den Aufgaben der Expedition gehöre. Bering lenkte schließlich ein: Bei nebligen und windigen Wetterverhältnissen wurde ein Kurs nach Südwest eingeschlagen. Dies bedeutete auch, größerer Abstand zu der klippenreichen und unbekannten Küste, was aus Gründen der Sicherheit unumgänglich war. Bei klarem Wetter würde man wieder in Richtung Nordwesten segeln. Diese Entscheidung bedeutete, dass sie eine lange Heimreise erwartete, da sie allen Kurven, Bögen und Schnörkeln der Küste Alaskas folgen mussten. Die von Bering präferierte Option wäre gewesen, direkt Kurs auf Kamtschatka zu halten.

Nüchtern betrachtet standen ihnen tatsächlich zwei Optionen offen: Entweder hätten sie sich also beeilen und auf direktem Weg nach Kamtschatka müssen, oder aber ohne Hast nach einer geeigneten Stelle zum Überwintern Ausschau halten. Aus sicherer Distanz fällt es leicht, zu erkennen, dass beide Optionen besser gewesen wären. Die Überwinterung hätte das Schiff vor der Zerstörung verschont. Sie hätten in aller Ruhe einen guten Hafenplatz suchen, Schutz in den Küstenwäldern finden und sich zumindest irgendwie auf den Winter vorbereiten können. Vielleicht hätten sie sogar Kontakt zu den Einheimischen hergestellt und von ihnen Hilfe bekommen.

Die *St. Peter* musste bald Bekanntschaft mit den Gefahren der Küste machen, als sie plötzlich und überraschend in Untiefen geriet. Waxell war als Kapitän im Einsatz und dachte später mit Grauen an die Situation zurück, doch nachdem sie geradeaus in Richtung Süden steuerten, gelangten sie wieder in tiefere Gewässer. So segelten sie an der heutigen Kodiak Insel vorbei, die sie im Nebel nicht wirklich erkennen konnten. Sie kamen noch an ein paar anderen kleinen Inseln vorbei, die sie jedoch schon von Weitem erspähten. Als sie sich einer dieser Insel näherten, lichtete sich der Nebel und der Himmel strahlte, sodass Steller sich dazu durchrang, seinen Wunsch nach einer Forschungsexkursion mit dem Boot zu äußern. Bering verweigerte seine Zustimmung. Auf Stellers Protest hin wurde eine schriftliche Bestätigung aufgesetzt, dass der Naturforscher sich nicht seinen Pflichten entzogen habe, sondern dass ihm aufgrund der schwierigen Bedingungen keine Erlaubnis zum Landgang erteilt werden konnte. Als kleiner Trost gelang es Steller, einige Fische zu fangen, die er in Spiritus konservierte und von denen er Beschreibungen anfertigte. In der Nähe der Küste hatte er zudem Gelegenheit Robben, Seeotter und Schweinswale zu beobachten. Waxell nannte die Insel Nebelinsel, doch fünfzig Jahre später segelte der Forschungsreisende George Vancouver an der Küste entlang und gab ihr den Namen Tschirikow Insel. Dabei hatte Tschirikow, der ja auf der *St. Paul* segelte, diese nie zu Gesicht bekommen.

Danach passierten sie den imposanten Mount Chiginagak, hinter dem wiederum eine Kette von mehreren Inseln hervorragte – die Semidi Islands. Diese mussten sie umsegeln, weshalb sie den Kurs wechselten und auf das offene Meer hinaussteuerten. Steller schimpfte in seinem Tagebuch, dass sie beim gemächlichen Umhergondeln an der Küste die günstigen Ostwinde verpassten, die sie »tausend Seemeilen Richtung Kamtschatka getragen hätten«. Dann ließ der Wind nach, das Wetter wurde nebelig und feucht. Am 8. August wurde Berings Befürchtung wahr: Der Wind drehte sich. Statt aus Ost-Südost blies der Wind nun aus West-Südwest. Anfangs wehte er nur schwach, wurde dann immer stärker. Der erste Sturm brach am 17. August 1741 über sie herein, der zweite, noch heftigere, bereits acht Tage später. Fortan mussten sie mühsam gegen den Wind kreuzen. Inzwischen ergab es auf dem Schiff ein zusätzliches Problem. Im Logbuch ist eine alarmierende Information vom Assistenzchirurgen Matthias Betgen notiert: 21 Männer waren an Skorbut erkrankt. Fünf waren bereits völlig arbeitsunfähig. Auch Bering war gesundheitlich angeschlagen. Bering wurde der Ernst der Lage bewusst und er berief am 10. August das Offizierskorps zur Beratung ein. Im Anschluss an die Beratung wurde die Entscheidung gefällt, die Erforschung der Küste abzubrechen und auf direktem Wege in die Awatscha-Bucht zurückzukehren. Dem Plan gemäß würden sie bis zum 53. Breitengrad segeln.

Steller wurde nicht zur Beratung hinzugezogen und in seinem Tagebuch übte er an der Entscheidung Kritik. Seiner Meinung nach wäre es schlauer gewesen, bis zum 49. – 50. Breitengrad zu segeln, denn dort wäre der Wind wahrscheinlich günstiger gewesen. Denn die Küste Alaskas ragt weit nach Süden, sodass sie sich vor das nach Westen strebende Schiff schiebt. Die Küste setzt sich noch 2000 Kilometer weit als Inselkette fort und ist überaus klippenreich. Während der nebligen, dunklen und stürmischen Herbstsaison auf diesen nicht kartierten Gewässern zu segeln, war äußerst gefährlich.

Über die Aleuten konnte Berings Mannschaft tatsächlich noch nicht wissen, doch die nach Süden ausladende Form der Küstenlinie hatten sie bereits wahrgenommen. Steller dokumentierte zudem durchgehend Spuren von Vögeln, Seeottern und Robben, die die Nähe der Küste bestätigten. Als er vom Ergebnis der Beratung hörte, schrieb er spöttisch in sein Tagebuch: »Die Herrschaften möchten die kürzeste Strecke nach Hause nehmen und sich dabei so viel Zeit wie möglich lassen.«

Es ist verständlich, dass niemand Stellers Navigationsweisheiten hören wollte, aber einer von Betge ins Logbuch eingetragenen Notiz lässt sich entnehmen, dass zu diesem Zeitpunkt auch Stellers Fähigkeiten als Arzt infrage gestellt wurden. Die Verantwortung für den Gesundheitszustand der Mannschaft wurde Betge übertragen. Die Gespräche zwischen Bering und Steller dürften zu dem Zeitpunkt allenfalls knapp bis einsilbig gewesen sein: Der in Ungnade gefallene Steller wurde mit seinem Gejammer allein gelassen und musste bei seinen Pflanzen und Fischen versauern. An Energie für seine wissenschaftliche Arbeit mangelte es ihm dennoch nicht. Ihm schien der Skorbut nicht allzu schwer zuzusetzen, denn an einem schönen Abend verbrachte er ein paar Stunden an Deck des Schiffes. Dabei beobachtete er ein seltsames Wildtier, das er akribisch in seinem Tagebuch beschrieb und »Seeaffe« nannte. Das Tier schwamm im Meer, sein kegelförmiger dicker Körper wogte zur Hälfte über der Wasseroberfläche und es starrte mit seinen großen Augen die Menschen an, die an Deck des Schiffes standen. Es war etwa anderthalb Meter lang, der Kopf war wie der eines Hundes und die kleinen Ohren standen ab. Das Wildtier hatte einen beachtlichen, hängenden Schnurrbart und seine dichte Behaarung war am Rücken grau und an der Vorderseite rötlich-weiß. Zu seiner Verwunderung sah Steller keine Vorderpfoten, nur am Schwanz hatte das Tier eine zweigeteilte Flosse. Manchmal schwamm es so nah an das Schiff heran, dass man es mit dem Ruder hätte berühren können. Dann eilte es wieder in die Ferne. Es war neugierig, schwamm sogar unter das Boot und tauchte auf der anderen Seite wieder auf und wiederholte das Ganze etwa dreißigmal, hin und her … Es nahm auf den Wellen treibendes Seegras in den Mund, spielte damit und belustigte Steller zufolge sein Publikum mit allerlei Kunststücken – bis es schließlich in den Wellen verschwand und seiner Wege zog. Zweifellos hat die Behandlung durch die Schiffsbesatzung zu seiner Flucht geführt, denn die Männer versuchten, es zu erschießen. Der Wissenschaftler hätte den Kadaver sicherlich zu Dokumentationszwecken haben wollen. Doch wie hätte man das tote Tier aus dem Meer aufs Schiff hieven sollen?

Bei der Betrachtung des Tieres erinnerte sich Steller an ein Wildtier mit dem Namen »Seeaffe«, das Conrad Gessner in seiner zoologischen Enzyklopädie *Historia animalium* beschrieben hatte. Aufgrund der Ähnlichkeit wollte er auch dieses Tier als »Seeaffen« bezeichnen. Vielleicht erinnerte er sich nicht mehr genau an das Bild aus Gessners Buch, denn der dort dargestellte Seeaffe hatte Flossen und einen langen Schwanz. Gessners Wildtier sah wie ein Fabelwesen aus, eine Art Hybrid zwischen Fisch und Echse. Es fällt schwer das Affenartige zu erkennen. Gessner war bei der Auswahl der in seinem Buch dargestellten Tiere nicht besonders kritisch gewesen. So fanden Fabelwesen dort genauso ihren Platz wie echte Lebewesen. Es ist zu betonen, dass sein Werk Mitte des 16. Jahrhunderts veröffentlicht wurde. In einer Zeit also, als es nur wenige Gelehrte gab und man mangels wissenschaftlichen Materials auf Volksüberlieferungen zurückgreifen musste. Die von Steller attestierte Affenartigkeit ist wohl eher auf das Verhalten dieses neugierigen und verspielten Tieres zurückzuführen.

Biologen nachfolgender Generationen sind ein ums andere Mal auf Stellers Beschreibung des Seeaffen gestoßen und haben ihre eigenen Vermutungen aufgestellt. Es musste irgendein Meeressäuger sein. Aber welcher? Hätte es sich dabei um eine seltene Art handeln können, die ohne Nachfahren ausgestorben war? Und wie zuverlässig war Stellers Beschreibung? Schließlich hatte er seine Beobachtung am Abend gemacht, als die Sonne bereits untergegangen war und die Lichtverhältnisse nicht mehr die besten waren. Einige vermuteten hinter Stellers »Affen« gar nur einen Scherz. Doch Steller strebte in seinen Beobachtungen nach Genauigkeit und hat sich wohl kaum Scherze auf Kosten der Wissenschaft erlaubt. Stejneger, der selbst Biologe war und Stellers Spuren hinterherreiste, war überzeugt, dass es sich bei dem Tier um einen Nördlichen Seebären (*Callorhinus ursinus*) handelte. Diese zu den Ohrenrobben gehörende Art hat große Augen, kleine abstehende Ohren und einen imposanten Schnurrbart. Die Flossen an der Oberseite hält sie oft so dicht an ihrem Körper, dass man diese nicht sieht. Wenn das Tier sich nicht bedroht fühlt, kann es in der Tat sehr neugierig und verspielt sein. Stejneger gab zu bedenken, dass Steller zu jenem Zeitpunkt diese Robbenart noch nicht gesehen hatte – »weder lebendig noch tot« – und betonte, dass er erst im darauffolgenden Frühjahr auf der Beringinsel mit ihr Bekanntschaft machte. Wie wir wissen, kann man sich auf Erinnerungen nicht absolut verlassen. Vielleicht hatte sich also auch der Seeaffe des Nordpazifiks in Stellers Erinnerungen von einem robbenartigen Wesen hin zu Gessners Seeungeheuer entwickelt. Stejnegers Theorie klingt jedenfalls plausibel.

Es gibt aber auch andere Meinungen. Der Bering-Biograf, Orcutt William Frost, und der Autor von *Steller's Island*, Dean Littlepage, nehmen an, dass er die gleichen Robben innerhalb von nur einer Woche aus großer Entfernung gesehen habe und sie für ihn keine fremde Art gewesen seien. Und tatsächlich, in seinem edierten Tagebuch findet an diesen Tagen der »Nördliche Seebär« zwar Erwähnung, aber es ist unklar, was in der originalen Version aufgeführt ist. Und was ist das für ein Tier – der Nördliche Seebär? Die Frage ist von Bedeutung, da es in den Gewässern Alaskas mehrere Robbenarten gibt. Dem Nördlichen Seebären werden wir noch auf der Beringinsel begegnen – und zwar nicht nur einem einzelnen Exemplar, denn auf der Beringinsel verbringen bis zu zwei Millionen Tiere den Sommer …

Hatte Steller sich also vom Verhalten eines einzelnen Tieres in die Irre führen lassen? Oder war es vielleicht die allgemeine Müdigkeit von der Reise und der Drang, etwas Neues und Spannendes sehen zu wollen? Die

Sinne können erstaunlich trügerisch sein, besonders wenn man etwas erwartet und erhofft. Beim Lesen der Seeaffen-Geschichte stellt sich auch die Frage nach Stellers Observationsausrüstung. Hatte Steller ein Fernglas? In seinem Tagebuch findet sich keine Erwähnung. Man kann aber mutmaßen, dass einem Naturforscher des 18. Jahrhunderts ein solches zur Verfügung stand, da sowohl das Teleskop als auch das Fernglas bereits erfunden worden waren. Doch war man damals in Bezug auf Tiere gewohnt, eher zur Schusswaffe als zum Fernglas zu greifen.

Ende August 1741 herrschte unter den Besatzungsmitgliedern keine gute Stimmung. Die *St. Peter* hatte bereits mehrere stürmische Tage hinter sich, der Wind drehte sich fortwährend, Skorbut plagte die Männer, zwei Drittel der Wasservorräte waren bereits aufgebraucht – und sie befanden sich immer noch in den Gewässern vor Alaska. Um die Trinkwasserbesorgung zu sichern, wurde der Kurs nach Norden geändert und die Küste angesteuert. Sie näherten sich einer Inselgruppe, die man heute unter dem Namen Shumagin Islands auf der Karte findet. Das Schiff ankerte zwischen Nagai Island und Near Island. In den frühen Morgenstunden erblickte die Crew auf der rund zehn Kilometer entfernten Turner Island das Flackern eines Lagerfeuers.

Skorbut hatte auch an Berings Kräften gezehrt, der bereits seit drei Wochen krank und bewegungsunfähig in seiner Kajüte lag. Daher hatte Waxell die Verantwortung für das Schiff übernommen. Das Wetter war günstig für einen Landgang und so wurde eine Truppe unter der Leitung des Steuermanns Hesselberg nach Sonnenaufgang mit dem Ruderboot und den leeren Fässern nach Nagai Island entsandt. Hitrovo hatte aber einen anderen Plan: Er wollte in Richtung Turner Island segeln, um dort die Leute zu suchen, die das Lagerfeuer unterhalten hatten. Waxell gefiel der Gedanke nicht. Die plötzlichen Wetterumschwünge machten ihn nervös, so wie sie Bering auf Kayak Island nervös gemacht hatten. Sollte ein Sturm aufkommen, während Hitrovo an Land einem Abenteuer nachging, hätte das Schiff nicht am Ankerplatz warten können, wo es womöglich an den Untiefen zerschellen würde. Doch Hitrovo blieb unbeirrbar, sodass Waxell sich an Bering wandte. Etwas feige wälzte er die Verantwortung auf den kranken Bering ab, dem es in seiner Situation leichtfiel, dem Ansinnen zuzustimmen. Denn krank und erschöpft, wie er war, fehlte ihm jegliche Kraft zu widersprechen. »Soll er doch gehen, wenn er nun einmal will«, lautete seine Antwort und er hätte genauso gut hinzufügen können: Solange ihr mich in Ruhe lasst.

Bevor er seine Exkursionstruppe zusammengestellt hatte, bot Hitrovo Steller also die Möglichkeit an, sich den Wasserbeschaffern auf Hesselbergs Boot anzuschließen. Dort könne er, während die anderen Wasser holen, Steine und Pflanzen der Insel untersuchen. Darauf habe er ja schließlich die ganze Reise über gedrängt. Steller überzeugte dieser plötzliche Anfall von Freundlichkeit nicht. Er vermutete vielmehr, dass es sich hierbei um eine Finte handeln müsse, zumal er überzeugt war, Hitrovo hege gegen ihn Vorbehalte. Er mutmaßte folglich, Hitrovo wolle den einzigen Wissenschaftler nicht bei der eigenen Expedition dabeihaben, wohl um die Ehre für das erste Zusammentreffen mit den Amerikanern für sich allein beanspruchen zu können. Dabei übersah er, dass Hitrovo auch schon zuvor keineswegs gegen Stellers Ausflug an Land gewesen war. Die damalige Auseinandersetzung fand allein zwischen Bering und Steller statt. Auch wenn Stellers Misstrauen grundsätzlich begründet gewesen sein mag, so dürfte es Hitrovo doch weniger um künftige Ehren gegangen sein. Vielmehr wird er die naheliegenden Scherereien beim Landgang mit dem Wissenschaftler gescheut haben, der in seine eigenen Welten und Forschungen versunken war.

Steller nahm das Angebot jedenfalls dankend an, denn ansonsten hätte er auf dem Schiff bleiben müssen. Er machte sich also mit den Wasserbeschaffern auf den Weg, wenngleich er vermutete, dass ihn auf der karg wirkenden Insel kaum staunenswerte Flora und Fauna erwarteten. Immerhin bekam er für eine Weile festen Boden unter die Füße. Das Ruderboot war offenbar keine kleine Jolle, denn immerhin konnte es auf einer Tour zehn Fässer fassen. Hesselberg wurde bei seiner Aufgabe von zehn Männern unterstützt und neben Steller waren auch Lepihin und Plenisner mit an Bord.

Gleich nachdem sie an Land angelegt hatten, rannte Steller los, um eine Wasserstelle zu suchen. Er eilte an einem knapp 200 Meter vom Ufer entfernten Teich vorbei und fand kurz darauf am darüberliegenden Hang eine gute Quelle, deren Wasser in eben jenen Teich mündete. Doch als er zum Bootsplatz zurückeilte, um von seinem Fund zu berichten, sah er, dass Hesselberg und dessen Leute die Fässer am Teich auffüllten, obwohl dieser von Zeit zu Zeit von der Flut bespült wurde! Laut Steller war der Gezeitenwechsel klar zu sehen und als er das Wasser aus dem Teich probierte, nahm er einen salzigen Geschmack wahr. Er teilte dies den Männern mit, doch diese füllten die Fässer weiter unbeirrt mit dem Brackwasser auf. Alarmiert schickte er die Männer mit einer Probe des Quellwassers aufs Schiff. Er bat Waxell ihrer aller Gesundheit zuliebe, die Männer anzuweisen, das Wasser aus der von ihm entdeckten Quelle zu nehmen. Als die Männer zurückkehrten, überbrachten sie ihm einmal mehr eine raue Botschaft. Steller schreibt aufgebracht in sein Tagebuch: »Das Wasser aus dem Tümpel ist angeblich gut, es gibt nichts daran auszusetzen, sagt Waxell.« Und so setzten die Männer das Befüllen der Fässer fort, offenbar gerade *weil* Steller davon abgeraten hatte. Schließlich war er kein Seefahrer und hatte keine Ahnung. Nicht einmal von Medizin, wie sich unlängst gezeigt hatte, obwohl er doch eigentlich Arzt war! Später fand Steller noch an einem kleinen See gutes Wasser. Dieser lag sogar noch näher an der Küste als der salzige Tümpel. Dorthin hätten die Männer problemlos gelangen können, wenn sie anderthalb Kilometer nach Norden ruderten. Hesselberg machte jedoch keine Anstalten, in diese Richtung aufzubrechen, denn er musste Waxells Anweisungen befolgen.

Die langen Wochen auf See und all der Stress waren den zwischenmenschlichen Beziehungen offenbar nicht zuträglich gewesen. Stellers hitziges, ungehaltenes Temperament hatte ihn dazu veranlasst, sich in Angelegenheiten einzumischen, von denen er keine Ahnung hatte. Dies war der Grund dafür, dass Waxell ihm auch in dieser Situation kein Gehör schenkte. Das Ergebnis war traurig und bedauerlich: Hochwertiges Trinkwasser wurde verschmäht, weil es Steller war, der es entdeckt hatte. Lieber füllte man die Fässer mit versalzenem Brackwasser auf. Zum Leidwesen aller war es weder das erste noch das letzte Mal, dass Entscheidungen aufgrund von Machtkämpfen und angespannter Beziehungen getroffen wurden.

Waxell bereute schon bald seine Haltung und ließ die letzten Fässer an dem von Steller vorgeschlagenen See auffüllen. Waxells Einsicht kam allerdings zu spät, denn ein plötzlich aufkommender Sturm zwang die Männer, die Insel eilig zu verlassen. Auf ihrer Flucht mussten sie die Fässer zurücklassen. Steller mutmaßte, dass Waxell das hochwertige Trinkwasser den Offiziersherrschaften vorbehalten wollte. Und so füllte er sein Tagebuch mit scharfzüngigen und erbitterten Einträgen. In seinem eigenen

Reisebericht suchte Waxell wiederum seinen Befehl zu rechtfertigen. Das Wasser habe zwar einen leicht salzigen Geschmack gehabt, sei aber immer noch besser gewesen als gar nichts. Und zum Kochen tauge es allemal, wodurch wiederum gutes Trinkwasser eingespart werden könne. Diese Begründung ist nicht überzeugend, denn die Alternative zum Brackwasser war ja nicht »kein Wasser«, sondern es gab gutes Wasser. Laut Waxell schmeckte man aber auch bei diesem eine leicht salzige Note. Doch dies dürfte kaum der Realität entsprochen haben und diente wohl auch nur dazu, sein Fehlverhalten zu rechtfertigen. Bedauerlich ist, dass es keineswegs bei dieser einen Fehleinschätzung blieb. Als Steller ein weiteres Mal die Initiative ergriff, erntete er wieder nur Spott. Doch dieses Mal waren die Folgen sogar noch schwerwiegender.

Steller hatte einmal mehr den Kosaken Lepihin und diesmal auch dessen Freund Plenisner dabei. Zu dritt machten sich die Männer auf Entdeckungstour. Die Insel war steinig und baumlos, insgesamt von arktischem Charakter. Steller sichtete viele nördliche Meeresvögel, die in Kolonien auf den Steilklippen der Shumagin Islands nisteten. Wahrscheinlich handelte es sich dabei um Gelbschopf- und Hornlunde, Taubenteisten, Alkenvögel und Meerscharben. Aber in der Gegend gab es auch verschiedene Watvögel sowie Möwen und Gänsevögel. Die auffälligste aus der Ordnung der Gänsevögel war die Kragenente: Das Prachtkleid der Männchen glänzt blau, rotbraun und weiß. Es war ein schöner sonniger Tag und trotz der Wolken, die über den Himmel zogen, blieb es trocken, sodass gegen Mittag auch die an Skorbut Erkrankten vom Schiff gebracht wurden, damit sie sich an der frischen Luft erholen konnten. Die von Mangelerscheinungen entkräfteten Männer lagen auf dem Rasen am Hang, ihre Glieder angeschwollen, die Zähne locker und das Zahnfleisch blutend. Wussten sie, dass ihr Leid von einem Mangel an Vitamin C verursacht wurde? Nein, denn im 18. Jahrhundert war über Vitamine noch nichts bekannt. Niemand wusste, dass die geheimnisvolle, tödliche Krankheit, die Seefahrer nach Monaten auf See befiel, auf die einseitige, Vitamin-C-arme Ernährung zurückzuführen war. Und natürlich wusste auch Steller nichts über Vitamine. Aber er wusste, wie die Krankheit zu behandeln war!

Vor dem Aufbruch nach Amerika, noch in Kamtschatka, hatte er über dieses Rätsel nachgedacht. Warum blieb die Bevölkerung, die im hohen

Norden lebte, vom Skorbut verschont, während die Expeditionsmitglieder aus allen Teilen der Welt auf langen Seefahrten furchtbar litten? Auch auf der Großen Nordischen Expedition kostete der Skorbut zahlreiche Menschen das Leben. Und so befragte er die Itelmenen und kam zum Schluss, dass es einen Zusammenhang zwischen Skorbut und der Ernährung gab. Er war offen und unvoreingenommen und ließ sich auch von Menschen belehren, die von den meisten ›Westlern‹ als primitiv und unverständig angesehen wurden. Dennoch lag Steller mit einigen seiner Ansichten falsch. So vermutete er, dass das Trinken von Salzwasser zur Verschlimmerung der Krankheit führte. Auch deshalb versuchte er so verzweifelt, die Männer von dem salzigen Tümpel abzubringen und sie dazu zu bewegen, süßes Wasser zu verwenden. Allerdings waren sich die zeitgenössischen Ärzte in dieser Frage nicht einig. Einige versuchten sogar, die Krankheit mit Salzwasser zu lindern. Jedenfalls hatte Steller allen Grund zur Freude, als er auf der Insel feinste Skorbutkräuter fand. Gemeinsam mit Lepihin und Plenisner sammelte er heilende Pflanzen und Beeren. Aber er war sich durchaus bewusst, dass sie zu dritt in der kurzen Zeit nicht genug zusammentragen konnten, um den enormen Bedarf zu decken. Da die Wasserbeschaffung noch im Gange war und man plante, den Landgang bis zum nächsten Tag auszudehnen, zimmerte Steller mit seinen Gehilfen eilig eine Art Schutzdach zusammen. Sein Plan war, auf der Insel zu übernachten und so die Zeit, die für die Rückkehr auf das Schiff nötig war, zu sparen. Später änderte er seine Meinung und kehrte mit dem Ruderboot über Nacht doch auf das Schiff zurück. Einer der Erkrankten, die man an den Strand gebracht hatte, starb nämlich.

Die Symptome und der Krankheitsverlauf folgten dem für Skorbut typischen Muster. Wie der Bering-Biograf Frost feststellt: »Üblicherweise zeigte Skorbut auf europäischen Segelschiffen seine ersten Anzeichen nach zwei Monaten auf See.« Und was stand ihnen danach bevor? »Nach drei oder mehr Monaten auf See endeten die Skorbutfälle häufig mit dem Tod.« Die *St. Peter* hatte am 29. Mai am Kai von Petropawlowsk abgelegt und nun hatten sie den 31. August. Sie waren also bereits seit drei Monaten auf dem Meer. Steller war über die Todesnachricht einer der Erkrankten bestürzt und begriff, dass er unbedingt noch einmal persönlich mit Waxell über die von ihm entdeckte Wasserstelle und das Sammeln der Heilkräuter sprechen musste. Er musste Waxell den Ernst der Lage begreiflich machen.

Und so beschloss er, noch einmal mit ihm zu sprechen und dabei nachdrücklich, aber respektvoll zu bleiben. Wie auch immer Steller seine Argumente vorgebracht haben mag, Waxell blieb uneinsichtig und dickköpfig. Soll Steller nach Belieben seine Kräuter sammeln und aufs Schiff bringen, Männer würden für dieses Vorhaben jedenfalls nicht bereitgestellt. Man habe Besseres zu tun. Steller erkannte, dass er mit dem Rücken zur Wand stand und an der Situation nichts ändern konnte. Es hätte auf der Insel Echtes Löffelkraut geben können, das vor bitter-saurem Vitamin C nur so sprüht – es hätte wenig gebracht. »Man hat so mit mir gesprochen wie mit einem Lehrling der Chirurgie.« Und so beschloss er, sich in Zukunft nur noch um seine Belange zu kümmern. Er war verletzt und verzweifelt, aber auch zutiefst besorgt.

Hinterher ist man klüger und knapp 300 Jahre später fällt es leicht, sich Stellers Auffassung anzuschließen und über Waxells Dummheit zu ärgern. Doch man muss sich in die Lage Waxells hineinversetzen und sich auch verdeutlichen, was ihm an Wissen zur Verfügung stand. Seit den ersten langen Seefahrten auf den Weltmeeren hat Skorbut unzählige Seeleute das Leben gekostet und galt tatsächlich als die häufigste Todesursache auf See. Diese bedrohliche Krankheit kursierte also bereits seit Jahrhunderten, aber man war ihr gegenüber macht- und ratlos. Auf langen Seefahrten, nach mehreren Wochen und Monaten auf dem Wasser, schlug die Krankheit nahezu mit Gewissheit zu, vernichtend und erbarmungslos. Sie hat ganze Expeditionstruppen, die im Eis steckengeblieben sind und in arktischen Gebieten überwintern mussten, dahingerafft. Einige überlebten, andere nicht, aber es gab keine Erklärung dafür. Und der Herr, der als Geologe für die Expedition angeheuert worden war und sich bisher lächerlich gemacht hatte, der die Beobachtung von Pflanzen und Vögeln für so außerordentlich wichtig hielt und glaubte, etwas von der Seefahrt zu verstehen, behauptete nun auch zu wissen, wie man diese tödliche Krankheit heilen könne. Waxell sollte diesem Mann glauben und seine Männer auf der Insel Gräser zupfen und Beeren pflücken lassen – als ob die wenigen noch gesunden Männer nichts anderes zu tun hätten! Steller konnte Waxell unmöglich überzeugen und Waxell konnte Steller unmöglich glauben.

Am folgenden Tag sammelten Steller, Lepihin und Plenisner auf den Wiesen der Insel möglichst viele Pflanzen. Gegen sieben Uhr abends erfolgte der zügige Aufbruch von der Insel. Ein Soldat hatte nämlich die

Nachricht überbracht, dass sich ein Sturm zusammenbraue und drängte den Forscher und seine Gehilfen zur Eile, sodass sie ihre Arbeit abrupt abbrechen mussten. Die bedrohlichen Wolken, die sich im Nordosten auftürmten, hatten sie nicht bemerkt, da ihre Sicht von einem hohen Bergrücken verdeckt war. Rennend legten sie die sechs Kilometer zum Boot zurück, was eine beachtliche sportliche Leistung war. Am Strand herrschte emsiges Treiben, denn die Kranken wieder in die Boote zu bringen, war mühsam und die Männer, die in letzter Minute vom Kräutersammeln zurückgekehrt waren, mussten bis zur Taille durch die stark ansteigenden Fluten waten. Alle waren durchnässt, unterkühlt und erschöpft. Auch die Rudertour zum Schiff war aufgrund des starken Wellengangs kräftezehrend. Der Blick zurück auf die Landschaft, die sie hinter sich ließen, vermochte ihre Stimmung gewiss auch nicht zu heben – falls sie überhaupt die Kraft hatten, aus dem Boot zu schauen. Zurück blieb eine öde, karge und steinige Insel, an deren Ufer sie ein trauriges Andenken an ihren Besuch errichtet hatten. Ein kleiner Hügel und ein Holzkreuz: das Grab des Matrosen Nikita Shumagin. Die Mannschaft benannte die Insel zu seinen Ehren nach ihm. Heute ist die gesamte Inselgruppe nach Shumagin benannt, während die eine Insel, auf der Shumagin starb, nunmehr Nagai heißt.

Begegnungen

Hitrovos Boot war nicht zurückgekehrt. Die Windstöße wurden immer stärker und am Abend brach ein schreckliches Unwetter los und hielt bis zum nächsten Tag an. Die *St. Peter* steuerte in Richtung Near Island, um vor den Böen aus Ost und Nordost Schutz zu suchen. Nagai Island liegt westlich von Near Island, während Turner Island, zu der Hitrovos Boot aufgebrochen war, östlich der Insel Nagai und nordöstlich der Near Island liegt. Mit dem Ruderboot benötigte die Truppe vom Schiff bis zur Insel etwa vier Stunden. Doch als sie auf Turner Island ankam, war das Lagerfeuer bereits verlassen. Offensichtlich hatten die Leute sich auf die andere

Seite der Insel zurückgezogen. Eingeborene traf die Expedition also nicht an und auch sonst gab es wenig zu entdecken. Zu allem Überfluss endete die Exkursion unglücklich oder zumindest peinlich.

Die Männer stießen mit ihrem Ruderboot nämlich etwa zur selben Zeit von der Insel ab, wie die Wasserbeschaffer und Steller mit ihrem von der Insel Nagai. Doch Hitrovos Boot wurde vom Sturm erfasst, geriet in gefährlichen Wellengang und der Nordostwind drängte es in Richtung Nagai ab. Die Männer kämpften um ihr Leben und schließlich schleuderte eine mächtige Welle das Boot an den Sandstrand, in die Nähe des kleinen Sees, den Steller zuvor entdeckt hatte. Erstaunlicherweise ertrank niemand in der Brandung, niemand wurde zerschmettert – alle überlebten den Aufprall. Die Männer waren durchnässt und unterkühlt, aber es gelang immerhin, ein Feuer zu entzünden, dessen Flackern vom Schiff aus zu sehen war. Hitrovos Truppe musste die Nacht auf der Insel verbringen und da am gesamten darauffolgenden Tag der Wind immer noch das Meer aufwühlte, konnte die *St. Peter* den Gestrandeten kein Boot zur Hilfe zukommen lassen. Und da ihr eigenes Boot nicht mehr fahrtauglich war, mussten die Schiffbrüchigen noch eine weitere Nacht auf der Insel verweilen. Allerdings konnten die Männer vom Strand von Nagai aus die *St. Peter* nicht sehen, da diese bei Near Island Schutz vor dem Sturm gesucht hatte. Sie sahen also nur, wie das Schiff wegsegelte und im Nebel und Regen verschwand. Sie mussten davon ausgehen, dass die *St. Peter* wegen des Sturms und auf Waxells Anweisung hin davonsegelte und sie auf der kargen Insel zurückließ. Einzig der Tschuktsche, der als Dolmetscher angeheuert worden war, blieb optimistisch und sprach den anderen Mut zu. Er versicherte ihnen, dass das Schiff, falls es wegen des Sturms aufs offene Meer gesegelt war, wieder zurückkommen würde. Und selbst wenn es nicht zurückkommen sollte, würden sie es überleben: Auf der Insel wuchsen Meerkohl und andere essbare Pflanzen. Am nächsten Morgen legte sich der Wind und vom Schiff wurde ein Boot entsandt, um die Schiffbrüchigen an Bord zu holen. Das Wetter war jedoch nach wie vor regnerisch und neblig. Wie man sich vorstellen kann, sorgte die Ankunft der Retter bei den Gestrandeten für große Freude. Der Wind nahm jedoch schnell wieder zu, sodass sie nicht gleich die Rückreise antreten konnten, sondern eine dritte Nacht auf der Insel verbringen mussten. Erst früh am nächsten Morgen, dem 3. September 1741, gelang endlich die Abreise und sie kehrten glücklich an

Bord des Schiffes zurück. Das beschädigte Boot von Hitrovos Exkursion ließen sie zurück, da es ihnen zu mühsam erschien, es mitzuschleppen.

In diesem Augenblick dürfte Steller froh gewesen sein, dass er an dieser missglückten Exkursion nicht teilgenommen hatte. Allen war klar, dass man wegen Hitrovos unergiebiger Expedition nicht nur ein Boot verloren, sondern auch den günstigen Ostwind verpasst hatte. Dieser hätte sie zügig aufs offene Meer und einen großen Sprung näher nach Kamtschatka gebracht. Stattdessen mussten sie sich vor dem Ostwind in Sicherheit bringen, während sie auf die ›Ausflügler‹ warteten, und vergeudeten somit bei Near Island weitere kostbare Zeit.

Die Wasserfässer waren nun immerhin aufgefüllt, als die *St. Peter* wieder aufs offene Meer steuerte. Das Schiff nahm Kurs in Richtung Ost-Südost, aber nun drehte der Wind und blies aus Süden und sie kamen nicht voran. Vor ihnen lag wieder eine Insel – die zu den Shumagin Islands gehörige Bird Island. Es handelt sich um eine baumlose, windgegerbte Insel, auf deren Klippen Seevögel nisteten. Grüne Hänge, nackte Felsen, steinige, fragmentarische Strände prägen ihr Erscheinungsbild. Das Schiff drehte sich und kreiste um die Insel herum, mied das gefürchtete Riff und suchte tiefe Gewässer. Über Nacht ankerte es im Schutz der Insel. Am nächsten Tag ging es genauso weiter und am späten Nachmittag ankerte es erneut an derselben Stelle … Plötzlich ertönte von der Insel ein kraftvolles Brüllen. Steller vermutete zunächst eine Robbe, doch dann wurde klar, dass es menschliches Geschrei war. Von der Insel aus näherten sich zwei lederne Kajaks, in denen jeweils ein Mann saß. Die *Baidarka*s bewegten sich schnell vorwärts und noch einmal machten die Männer sich laut bemerkbar. Laut Stellers Beschreibung handelte es sich um einen hohen und kräftigen Schrei, der sich wie eine Art Gebet oder Zauberformel anhörte. Erst jetzt bemerkte man an Deck, dass sich auch am Strand der Insel Menschen befanden. Sieben konnten gezählt werden und auch diese schrien laut. Die Männer hielten in einiger Entfernung zum Schiff an und begannen der Crew zu winken: Sie zeigten auf die Insel und boten in Gebärdensprache Essen und Trinken an. Man musste sich mit Händen und Füßen verständigen, denn weder der Tschuktsche noch der Korjake, die Bering als Dolmetscher engagiert hatte, vermochten sich mit den Einwohnern zu verständigen.

Die Küste Alaskas wurde vor etwa 13 000 Jahren besiedelt, als Asien und Amerika an der Beringstraße noch durch eine Landbrücke miteinander verbunden waren. Tschuktschen, Korjaken und die in Kajaks (= *Baidarkas*) rudernden Aleuten waren zwar allesamt Bewohner der Beringsee und des Nordpazifiks. Doch der gemeinsame Ursprung lag zeitlich zu weit zurück, als dass eine gemeinsame Verständigung noch möglich gewesen wäre. Die Völker, die auf den Inseln und an der Küste Alaskas leben, stellen eine sprachlich und kulturell bunte Gruppe dar. Wenn schon die Menschen, die nur in diesem Gebiet leben, sich so stark voneinander differenziert haben, ist es kein Wunder, dass es bei der Verständigung mit Tschuktschen und Korjaken Schwierigkeiten gab. Jedenfalls dürften auch die Aleuten, nach denen auch die Inselkette benannt ist, Nachfahren der aus Asien stammenden Ureinwohner sein. Wer waren sie? Vielleicht Itelmenen aus Kamtschatka oder vielleicht ein Volk, das bereits vor diesen auf der Halbinsel gelebt hatte. Steller nannte sie zunächst, wie bereits erwähnt, schlicht »Amerikaner« und erst später sprachen die Russen von Aleuten.

Einer der Aleuten paddelte näher heran und schmückte sich zu Ehren der Begegnung. Er bemalte seine Nasenseiten und Wangen und roter Farbe, außerdem steckte er Grasbüschel in seine durchlöcherten Nasenflügel. Die Nase hatte er bereits mit Knochenstücken geziert, die er gleichfalls in die durchlöcherte Nase gesteckt hatte. Dann nahm er zwei rotgefärbte Fichtenzweige und befestigte daran Habichtfedern und Habichtkrallen. Diese warf er heiter lachend auf das Schiff. Es wurden Tauschgeschenke angeboten und die Besatzung band Seidenstoff, zwei Spiegel, Perlen und kleine Kupferglocken an ein Brett und bot diese dem Paddler an. Die freundliche Geste ermutigte den Aleuten und er überreichte noch einen Fichtenzweig, an dem ein toter Habicht befestigt war. Der Korjake verstand die Geste falsch, griff nach dem Zweig und versuchte den Mann damit ans Schiff heranzuziehen. Dieser erschrak, ließ los und paddelte eilig davon. Sie versuchten ihm dennoch zur Beschwichtigung ein zweites Brett anzubieten, an dem Seidenstoff und ein Spiegel befestigt waren. Noch einmal luden die Aleuten Berings Leute winkend zu sich ein, ruderten dann aber in ihr Lager zurück.

Obwohl es nur noch eine Stunde hell war, wurde beschlossen, die Einladung der Aleuten anzunehmen. Das Lagerfeuer war weniger als einen Kilometer entfernt und das Lager befand sich unter dem Schutz eines

Felsvorsprungs. Mit dem Boot brachen Steller, Waxell und zehn weitere Männer auf, darunter auch der Korjake. Waxell war der Meinung, dass man diese Eingeborenen ohne weiteres als Gefangene nehmen könnte, aber Bering verwarf diese Idee. Die Menschen sollten freundlich behandelt werden, schärfte er ihm ein und es wurden Geschenke ins Boot geladen. Zur Sicherheit wurden auch Schusswaffen und Säbel eingepackt, versteckt unter einem Segeltuch. Nach Hitrovos Abenteuer gab es kein zweites Boot mehr, weshalb der abendliche Besuch durchaus waghalsig war. Unter dem Küstengewässer befanden sich Riffe und während sich das Boot der Insel näherte, nahm der Wellengang zu und begann, das Boot zu traktieren. Ohne Boot würden sie nicht mehr von der Insel wegkommen. Waxell beschloss, möglichst nah an die Insel heranzufahren und dann mithilfe des Ankers das Boot langsam und vorsichtig Richtung Insel zu ziehen. Bis an den Strand gelangten sie dennoch nicht. Die Aleuten verstanden nicht, weshalb die Besucher zögerten. Sie selbst glitten scheinbar mühelos durch das Meer: Mit ihren aus Robbenfell und Knochen gefertigten leichten, schmalen und flexiblen *Baidarka*s konnten sie sich bestens fortbewegen. Spannten sie Decken um ihre Taillen, konnte auch kaum Wasser in die Kajaks eindringen, selbst wenn sie in starker Gischt untertauchten. Warum kamen diese Männer nicht an Land, obwohl sie ihnen so freundlich zuwinkten, sie so herzlichst begrüßten? Um keinen schlechten Eindruck zu hinterlassen, schickte Waxell den Korjaken und zwei weitere Männer an Land. Die Männer zogen ihre Kleidung und ihre Stiefel aus und wateten durch das kalte Wasser, das ihnen bis zu den Achseln reichte. Das Boot wurde mit einem Seil an einem Uferstein festgebunden.

Der Empfang war herzlich, die Gäste wurden hochachtungsvoll an den Händen zum Lagerfeuer geführt und man bot ihnen Tran, eine köstliche Delikatesse, an. Doch auch diejenigen, die im Boot geblieben waren, sollten nicht leer ausgehen. Ein alter und ehrwürdig aussehender Mann nahm sein Kajak und paddelte an das Boot heran. Das Zusammentreffen verlief etwas holprig, denn als erstes bot Waxell ihm Schnaps an, sicherlich kein ihm bekanntes Getränk. Beherzt leerte der Alte das Glas in einem Zug und erschrak vor dem brennenden Geschmack. Er spuckte die Plörre aus und stieß ein schauderhaftes Gebrüll aus. Die von Waxell eilig angebotene Pfeife, vermochte die Situation auch nicht zu retten. Steller war verärgert. Er hatte Waxell bereits im Vorfeld dringend abgeraten, Schnaps und Tabak anzubieten. Er hatte ganz richtig vermutet, dass diese Genussmittel den Ureinwohnern unbekannt waren. Steller argumentierte, dass auch die Europäer die lokalen Delikatessen der Itelmenen und Korjaken – wie roter Fliegenpilz, vergorene Fischsuppe oder Weidenrinde – für ungenießbar hielten.

Die Abenddämmerung brach herein, der Wind frischte auf und es sah nach Regen aus. Es wurde also Zeit, zurückzukehren. Waxell rief die Männer zum Boot und die zwei Russen machten sich auf den Weg, doch die Aleuten waren in den Korjaken vernarrt und wollten ihn nicht mehr ziehen lassen. Vielleicht erschien ihnen der dunkelhaarige Mann mit seinem breiten Gesicht wie einer von ihnen. Vielleicht wollten sie ihn sogar adoptieren. Der Korjake selbst fand die Aussicht furchterregend. Er wand sich und schrie, man möge ihn nicht zurücklassen. Gleichzeitig griffen einige Aleuten nach dem Seil des Ruderbootes und versuchten es an Land zu ziehen. Ausgelassen und übermütig setzten sie alles daran, ihre Gäste an Land zu bewirten. Doch bei denen erzeugte ihr Verhalten Panik: Das Boot drohte an den spitzen Kanten der Steine zu zerbersten, der Korjake zerrte und schrie … und Waxell sah keinen anderen Ausweg, als seinen Männern einen Schießbefehl zu geben. Immerhin befahl er, lediglich Warnschüsse über die Köpfe der Menschen hinweg abzugeben. Vom Knall erschrocken legten sich die Aleuten bäuchlings auf den Boden. Der Korjake konnte sich befreien und stürzte Hals über Kopf auf das Boot, die Männer kappten das Seil des Bootes und der am felsigen Untergrund verkeilten Anker wurde ohne langes Zögern abgeschnitten. Die verärgerten Aleuten gestikulierten mit den Händen, einige sammelten Steine, um sie ihren unangenehmen Gästen nachzuwerfen. Einmal mehr fand eine Bootsexkursion ein plötzliches und unrühmliches Ende.

Um acht Uhr abends war die Expedition zurück auf dem Schiff. Von dort aus beobachteten sie in der verregneten und dunklen Nacht das Lagerfeuer der Aleuten, das am Strand schimmerte. Der Besuch war nicht glücklich verlaufen und dürfte auf beiden Seiten für Verlegenheit gesorgt haben. Aber die Aleuten waren keineswegs nachtragend. Bereits am nächsten Tag näherten sich sieben Männer dem Schiff.

Es kam sogar zu einem Tauschhandel, Berings Leute gaben einen Eisentopf und Nähutensilien und bekamen von den Aleuten zwei Kopfbedeckungen und Vogelfedern. Die Hüte gingen später beim Schiffbruch verloren, doch Steller beschreibt sie in seinem Tagebuch. Sie waren aus rot und grün gefärbter Baumrinde gefertigt, an der Vogelfedern befestigt waren. An einem befand sich auch eine kleine aus Knochen gefertigte Skulptur, die einen Menschen darstellte.

Dieses Zusammentreffen verlief ohne Zwischenfälle und am nächsten Morgen, dem 6. September 1741, nach einer weiteren Nacht vor Anker in der Nähe von Bird Island, drehte sich der Wind und die *St. Peter* konnte endlich ihre Reise fortsetzen. Bei ihrer Abreise sahen die Männer, wie auch die Aleuten ihr Lager verließen und zu einer anderen Insel paddelten, wo sich offensichtlich ihr kleines Dorf befand. Dies war das letzte Zusammentreffen der Expedition mit Ureinwohnern. Auch wenn sie kaum Gelegenheit hatten, diese kennenzulernen, stellte Steller sowohl an der Physiognomie als auch an den Essgewohnheiten Gemeinsamkeiten mit den Itelmenen aus Kamtschatka fest. Trotz dieser Gemeinsamkeiten waren die Aleuten jedoch ein Seevolk. Sie lebten dauerhaft auf Inseln und begaben sich nicht nur zum Jagen oder Fischen dorthin, wie dies Steller vermutete. Ihre *Baidarkas* waren für ihre Zwecke ideal und Steller beschreibt sie mit Bewunderung. Auch Martin Sauer, der später in denselben Gewässern auf Abenteuerreise war, lobte die Fortbewegungsmittel der Aleuten. Er berichtet von der Insel Unalaska, wie unfassbar geschickt die Aleuten mitten in der Brandung manövrierten – beinahe so, als wären sie selbst Meeresbewohner. Er schätzte, dass die *Baidarkas* Geschwindigkeiten von bis zu 16 Stundenkilometern erreichten.[8]

Die Inselbewohner lebten von dem, was das Meer ihnen bot. Sie lebten vor allem vom Fischfang und im gesamten Nordpazifik von Kamtschatka bis Alaska war Lachs ein so wichtiges Nahrungsmittel, dass man sogar von einer Lachskultur sprechen kann. Die Aleuten waren auch geschickte Jäger von Seevögeln und Meeressäugern. Sogar Wale erlegten sie. Vor dem Hintergrund der Größe der Tiere sowie der verwendeten Waffen und Fortbewegungsmittel scheint das nahezu unmöglich. Auch wenn die Speere mit Pflanzengift bestrichen waren, blieb die Jagd auf Wale in Kajaks ein äußerst waghalsiges Unterfangen. Das Gift hat wohl kaum unmittelbar gewirkt und der Wal hat mit ziemlicher Sicherheit eine Reaktion auf den Speerangriff gezeigt. Die meisterhafte Fortbewegung mit den Kajaks war für die Aleuten jedenfalls mithin überlebensnotwendig.

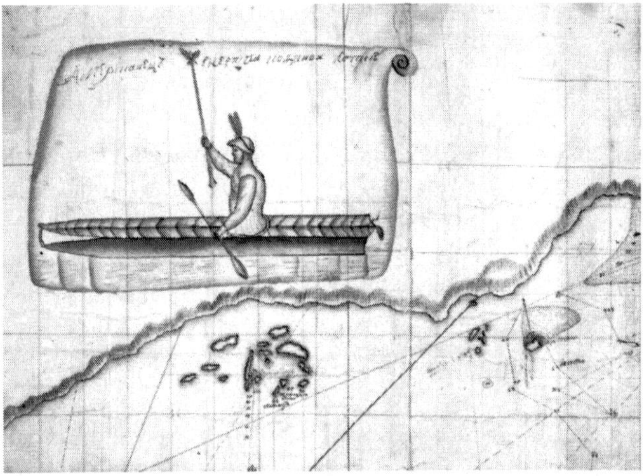

Abb. 6: Ein Aleut paddelt mit dem Kajak in der Nähe von Shumagin Island. Sven Larsson Waxell, erster Offizier auf der *St. Peter*, hielt die erste Begegnung mit den Ureinwohnern Alaskas in einer Zeichnung fest.

Das Leben der Aleuten war sicher hart. Den Lebensunterhalt zu bestreiten erforderte Kenntnisse und war mühsame Arbeit. Unfälle, Hunger und Erfrierungen ließen sich nicht immer vermeiden. Dennoch hat das Volk überlebt, sodass viele Inseln ganzjährig besiedelt waren. Auch Dean Littlepage stellt fest, in welch auffallendem Kontrast sich Berings Expedition zu den Aleuten präsentierte. Die Mannschaft der *St. Peter* war in der rauen Umgebung schwach und anfällig, während die Bewohner der Gegend angepasst und souverän waren. Was die technische Entwicklung angeht, hatten die weltgewandten Europäer die isoliert als Jäger und Sammler lebenden Aleuten zwar weit hinter sich gelassen. Doch auf der anderen Seite war Berings Expedition im Vergleich zu den Aleuten alles andere als gut ausgerüstet. Bemitleiden musste man die Aleuten jedenfalls nicht: mutig und voller Schwung bewegten sie sich in ihren Kajaks fort, bewegten sich wie und wo es ihnen beliebte und hatten damals noch keinen Mangel an Nahrungsmitteln. Es gab genug Tran, selbst um den Gästen welchen anzubieten. Lediglich die Feuerwaffen zwangen diese sonst so ausgelassenen, lauten und begeisterten Menschen für einen Moment lang in die Knie. Die Situation von Berings Leuten war demgegenüber viel elender. Sie saßen bereits seit zwei Wochen fest und schienen kein bisschen voranzukommen, ein Ruderboot musste bereits am Strand zurückgelassen werden und auch das zweite wirkte im Vergleich zu den Kajaks lächerlich ungeschickt. In den Fässern hatten sie Wasser gefasst, das nicht zum Trinken taugte, sie hatten zu wenig Essen und der Skorbut setzte ihnen derart zu, dass bereits einer verstorben war. Sie hatten keine Möglichkeit, den Winter in Alaska zu bleiben, doch auch die Rückkehr in den Heimathafen erschien zunehmend ungewiss.

Tatsächlich hatten die vom Skorbut verursachten Schmerzen gerade zu dieser Zeit auf erstaunliche Weise nachgelassen. Die noch bis vor kurzem von schrecklicher Kraftlosigkeit geplagten Männer, konnten sich wieder auf den Beinen halten. Das Zahnfleisch blutete nicht mehr und auch die Zähne wackelten nicht mehr. Ihre Genesung hatten die Patienten Steller zu verdanken, der sie mit Salat, Echtem Löffelkraut, Sauerampfer und Enzian versorgt hat. Deren Vitamin-C-Gehalt zeigte eine enorme Wirkung. Auch Bering kam aus seiner Kajüte und nahm seine Kapitänsaufgaben

Abb. 7: Echtes Löffelkraut (*Cochlearia officinalis*).

wieder auf. Sein Zustand hatte sich bereits acht Tage nach der Kräuterkur gebessert. Steller hatte zwar gereizt auf Waxells Einstellung reagiert und in seinem Tagebuch das schriftliche Gelöbnis abgelegt, sich fortan ausschließlich um seine eigenen Angelegenheiten zu kümmern. Diesen Vorsatz scheint er allerdings nicht umgesetzt zu haben, sondern er kümmerte sich auch weiterhin um die Kranken. Die Wirkung seiner Pflanzenkuren musste den Männern wie ein Wunder vorgekommen sein. Leider gab es zu wenig Pflanzen, sodass der Vorrat bald ausging – mit fatalen Folgen. Nikita Shumagins Tod ist der erste, doch nicht der letzte, der sich im Logbuch der *St. Peter* vermerkt findet. Die Rückreise dauerte fast ein Jahr, viel länger, als man geplant hatte. Für viele endete die Reise freilich bereits viel früher – hinabgelassen in die Tiefen des Nordpazifiks oder unter der Erde der hügeligen Wiesen der Beringinsel.

Gewaltige Stürme

Am 6. September setzte die *St. Peter* endlich ihre Reise fort und segelte im raschen Tempo auf das offene Meer hinaus. Vielleicht erwachte die Hoffnung wieder? Wenn alles gutginge, könnte man bereits Ende Oktober in der Awatscha-Bucht sein …

Steller stand gewiss an Deck des Schiffes und betrachtete die Inseln, die in der Ferne verschwanden. Hinter ihnen lagen die schroffen Klippen von Bird Island. Die schwer zugänglichen Steilküsten bieten den Vögeln einen geschützten Nistplatz und auf der Insel hat sich bereits eine beachtliche Kolonie niedergelassen. Steller schreibt von der atemberaubenden Vielfalt der Vögel: Papageitaucher, Kormorane, Rissa, Alkenvögel … Er beschreibt auch eine amerikanische Version des Austernfischers: ein komplett schwarzer Watvogel mit rotem Schnabel und roten Beinen, der auf einem Stein sitzt und mit dem Kopf nickt. Ein neuer Kontinent mit all seinen neuen Arten!

Was ging dem Naturforscher in dieser Situation durch den Kopf? Hoffte auch er auf eine baldige Heimkehr? Wahrscheinlich hegte er gemischte

Gefühle. Die Reise war eine Enttäuschung gewesen: sechs Stunden auf der einen Insel, zwei Tage auf der anderen. Nur drei Begegnungen mit Amerikanern, von denen die längste nicht einmal eine Stunde gedauert hatte. Das war der Stand hinsichtlich seiner Forschungen. Zudem konnte er nicht hoffen, noch einmal Land unter die Füße zu bekommen, bevor sie den Hafen von Petropawlowsk erreichten. Immerhin sahen sie noch Wale, bevor sie das offene Meer erreichten. Einer ragte bis zur Hälfte aus dem Wasser – eine beeindruckende Erscheinung und Steller ist von seiner Größe fasziniert. Doch das Element der Wale ist das Wasser und ihr Leben bleibt für den Forscher des 18. Jahrhunderts ein Rätsel. Steller erinnerte sich, bereits zuvor Wale gesehen zu haben. Meist wenn ein Sturm bevorstand und er hält in seinem Tagebuch fest, dass auch dieser Wal »tatsächlich zu verstehen gegeben hat, dass ein Sturm bevorstand.« Im Laufe des Nachmittags ließen sie die Küste und auch die letzten Inseln hinter sich, der Wind war günstig. Doch in der Nacht bewahrheitete sich die Prophezeiung Stellers: die *St. Peter* geriet in einen tobenden Sturm. Es war der erste, doch wie viele würde es im Laufe des folgenden Monats noch geben? Sollte man von einem Sturm oder von zwei Stürmen sprechen, wenn sich während eines zwei Wochen andauernden Sturms ein Tag Pause einschlich?

Liest man Stellers Schilderungen in seinem Tagebuch, ist man überrascht, dass die *St. Peter* all die Belastungen so lange ausgehalten hat. Auch die Seefahrer selbst waren erstaunt. Sie befanden sich inmitten eines donnernden, brüllenden Sturms. Der Wind pfiff und sauste, riesige Wassermassen wurden aus dem Meer geschleudert und gespuckt. Der Sturm rüttelte und schüttelte mit gewaltigen Kräften am Schiff, sodass es den Männern unmöglich erschien, mit dem Leben davon zu kommen. Jederzeit drohte der Mast zu brechen, die Takelage zu reißen oder gar das ganze Schiff zu bersten. Jede der gewaltigen Wellen konnte die letzte sein, konnte ihnen den Todesstoß verpassen. Und jedes Mal, wenn die Wellen über das Deck des Schiffes schwappten, schien es unausweichlich, dass das Meer sie allesamt im nächsten Augenblick verschluckt und mit sich in die kalte Tiefe reißt. Eines Abends konstatierte der Steuermann Hesselberg, dass er in den 50 Jahren, die er bereits zur See gefahren ist, noch nie einen solch schlimmen Sturm erlebt habe. Ja, er habe noch nicht einmal Erzählungen von einem solchen Sturm gehört. Doch am nächsten Tag kam es *noch schlimmer* – und am darauffolgenden Tag erneut *schlimmer* …

Damit nicht genug. Der Skorbut kehrte zurück und diesmal war auch Steller hilflos, denn seine Arzneien waren aufgebraucht. Während eines Sturms starb der Grenadier Andrei Tretjakov. Als der Wind sich am darauffolgenden Tag für einen Moment legte, wurde sein Leichnam ins Meer hinabgelassen. Es zeigte sich sogar die Sonne, die Wolken flohen in rasendem Tempo über den Himmel und am Mast leuchtete eine vom Gewitter hervorgerufene elektrische Koronaentladung auf. Die Seefahrer nannten dieses Phänomen »Elmsfeuer« und hielten dies für ein gutes Omen. Und in der Tat hatten sie erhebliches Glück, dass sie am selben Nachmittag einem schrecklichen Unglück entgingen. Vor ihnen tauchten überraschend Inseln auf, doch sie konnten das Schiff noch rechtzeitig abwenden. In der Dunkelheit oder während eines Sturms wären sie zweifellos gegen das Riff gekracht. Doch was konnten sie auch schon erwarten, als immer wieder Inseln und Untiefen, zeigt Steller sich in seinem Tagebuch wenig überrascht. Schon seit langem hatten sie erkannt, dass die Küste weit nach Süden ragt. Wenn es allein nach ihm und dem Kapitänkommandeur gegangen wäre, hätten sie die südlichste und zugleich sicherste Route gewählt.

Um den Monatswechsel von September auf Oktober kämpfte bereits über die Hälfte der Männer mit Skorbut und wegen der schmerzenden, geschwollenen Beine waren viele völlig bewegungsunfähig. Und auch diejenigen, denen es besser ging, waren nicht voll einsatzfähig. Der Sturm dauerte weiter an, das Schiff drohte jederzeit zu kentern. Es schwankte so heftig, dass niemand stehen, sitzen oder liegen bleiben konnte. Die Männer heulten vor Schmerzen und Angst, als die Wellen sie hin und her prügelten und schleuderten. Einige versuchten zu beten, aber Steller vermutet, dass sie in den letzten zehn Jahren in Sibirien so viel geflucht hatten, dass Gott ihre Gebete nicht erhören könne. Die Blitze und Hagelkörner, die der Himmel peitschend auf sie herabschickte, trugen gewiss zum Eindruck der strafenden Hand Gottes bei. Wie eine besänftigende und schützende Zauberformel sprach der fromme Pietist Gott sowohl seine Dankbarkeit als auch sein Verständnis für dessen Zorn aus. Er nahm alles demütig an, den liebevollen Schutz ebenso wie die furchteinflößende Machtdemonstration.

Am 8. Oktober machte der Sturm eine Pause, doch als er sich in der darauffolgenden Nacht wieder fortsetzt, schlugen die Offiziere vor, zurück an die Küste Amerikas zu steuern und dort zu überwintern. Bering lehnte den Vorschlag ab. Er war der Meinung, es sei besser, auf Gott zu vertrauen. Um sich Gottes Schutz zu sichern, sammelten die Männer eine Kollekte ein. Sie gelobten, das Geld der Kirche zu spenden, wenn es ihnen glücke, den Heimathafen zu erreichen. Und so wurde die Reise in Richtung Kamtschatka fortgesetzt.

Zwischendurch erlebten die Seeleute auch ein paar ruhigere Tage. Am 15. und 16. Oktober gelang es ihnen sogar, einige Schäden zu reparieren, die das Schiff im Sturm erlitten hatte. Doch es war nur ein kurzes Aufatmen, denn wieder sammelte der Wind seine Kräfte und gleichzeitig begann der »Tod ebenso bekannt und alltäglich zu werden wir der Sturm«, wie Steller in sein Tagebuch notiert. Der Skorbut wütete und ein Toter nach dem anderen musste in Tuch gewickelt über die Reling ins Meer gelassen werden. Alexei Kisseljov, Nikita Haritonov, Luka Zavjakov und Stepan Buldirev fanden hier ihr Grab. Und genauso Karp Pašennoi, Ossip Tšentsov, Ivan Davidov, Alexei Popov, Ivan Nebaranov …

Während das Schiff mehr und mehr einem von Stürmen zerrissenen Wrack glich, waren die Männer an Bord desselben in noch schlechterer Verfassung. Auch deshalb ging die Reise nur langsam und mühsam voran. Sie trauten sich nicht, die Segel voll zu hissen, da es auf dem Schiff nicht genug Männer gab, die die Segel bedienen konnten. Bering lag in seiner Kajüte und Waxell wurde ebenfalls so krank, dass er es kaum schaffte, an Deck zu gehen. Einige schafften es nicht einmal mehr, aufrecht zu sitzen, andere wünschten sich nur mehr den Tod. Stellers Schilderungen sind trostlos. Wie soll sich ein Segelschiff fortbewegen, auf dem zwei Männer, die sich selbst kaum auf den Beinen halten können, mit Mühe und Not einen dritten auf den Wachposten hieven müssen. Als schließlich nur noch drei einsatzfähige Männer an Bord waren, übernahm Steller das Kommando und wurde zum Seemann, was weder seinen Aufgaben noch seinen Fähigkeiten entsprach. Die *St. Peter* wurde gewissermaßen zu einem steuerlosen Geisterschiff.

Es war bereits November, als schließlich Land in Sicht kam. Ein schneebedecktes Gebirge. Es schien zu schön, um wahr zu sein. Jušin zufolge waren es lediglich 16 Seemeilen bis zum Festland. Es muss Kamt-

Abb. 8: Das Schiffsunglück der *St. Peter* 1741 aus Sicht eines Künstlers. Illustration aus dem 19. Jahrhundert.

schatka sein! Die halbtoten Männer schleppten sich an Deck. Sie dankten Gott, waren voller Freude und guter Vorsätze. Kaum weniger erfreut war der schwer erkrankte Bering. In den Vorräten fand sich noch der ein oder andere Schluck Schnaps, der zur Feier ausgegeben wurde. Sie studierten die Papiere, auf denen die Grenzen der Awatscha-Bucht eingezeichnet waren, verglichen sie mit der Landschaft vor ihnen. Dort muss der Leuchtturm sein, dort die Hafenmündung … Auch der Tschuktsche und der Korjake, die aus Kamtschatka stammten, waren überzeugt, eine bekannte Landschaft zu erkennen. Der Mensch sieht, woran er glaubt; und er glaubt an das, worauf er hofft.

Am Nachmittag lugte nach zehntägiger Abwesenheit sogar die Sonne hinter dem Wolkenschleier hervor, sodass Jušin endlich die Lage genauer bestimmen konnte. Seinen Berechnungen zufolge befanden sie sich bei 54° 30' nördlicher Breite. Sie waren von der Awatscha-Bucht weit Richtung Norden getrieben … Die Bucht vor ihnen war nicht die Awatscha-Bucht. Die Nachricht lirß alle verstummen. Doch was war das dann für ein Land und wo befanden sie sich?

3 Die Beringinsel

Vor Anker

Es war also nicht die Awatscha-Bucht, ja noch nicht einmal Kamtschatka. Es war vielmehr die Insel Medny, die zu den Kommandeurinseln gehört und deren Name übersetzt »Kupferinsel« bedeutet. Die Nachbarinsel der Beringinsel ragen steil und unzugänglich aus dem Meer hervor. Von Weitem betrachtet scheinen beide Inseln tatsächlich miteinander zu verschmelzen, sodass durchaus der Eindruck entstehen kann, Kamtschatka zeichne sich am Horizont ab, während die Meerenge zwischen den beiden Inseln wie eine Bucht erscheint.

Betrachtet man auf der Karte die Route der *St. Peter*, fällt auf, dass sie allerlei Schlaufen, Kreise und Zacken manövriert hat. Das Schiff segelte vorwärts, machte eine steile Wende, segelte erneut vorwärts, wendete und kehrte in dieselbe Richtung wieder zurück … Es ging nicht voran, sondern man bewegte sich im Kreis. Die Winde waren ungünstig und der Sturm ließ das Schiff rotieren.

Stejneger zufolge wurde das Logbuch bis zum 23. Oktober 1741 lobenswert akkurat geführt. Doch dann zeichneten sich Schwierigkeiten ab. Als sich das Schiff am 29. Oktober dem Ende der aleutischen Inselkette näherte, war das Spiel verloren. Die Zustände waren chaotisch, die Mannschaft vom Skorbut gezeichnet und es war kein Sonnenstrahl in Sicht. So missglückten selbst die Berechnungen und bei der Bestimmung der Lage schlichen sich zunehmend Fehler ein. Stejneger versucht das Durcheinander und die Ungereimtheiten in den Logbüchern mithilfe von Stellers Tagebuch, späteren Berichten und der Wahl der Kursrichtungen nachzuvollziehen, scheint aber gleichfalls zu verzweifeln: »Wie auch immer die Erklärung dafür lautet, das Ergebnis war, dass der Kurs sich mit verheerenden Folgen nach Norden verschoben hatte.« Stejneger schätzt, dass das Schiff die Awatscha-Bucht (53°) innerhalb von acht oder neun Tagen hätte erreichen können, wenn es bei 53° 30' nördlicher Breite den Kurs nach Westen eingeschlagen hätte. Offensichtlich wurden die Aleuten für die Kurilen gehalten. Aufgrund dieses Irrtums wurde der Kurs nach Norden geändert und durch die Aleuten hindurch gesegelt ... Auch Steller war fest davon überzeugt, dass es sich bei den Inseln um die Kurilen handelte und schien auch später diese Auffassung nicht aufgegeben zu haben. Aufgrund falscher Annahmen kritisierte er Waxells Kurs, äußerte regelmäßig seine Zweifel, lag jedoch hinsichtlich des Kurses, völlig daneben. Später war er jedoch offenbar der Erste, der an der Kamtschatka-Illusion zu zweifeln begann.

Doch es grenzte bereits an ein Wunder, dass sie es überhaupt schafften, das Schiff fortzubewegen. Der größte Teil der Mannschaft lag flach, einige waren bereits verstorben. Jušin schreibt ins Logbuch: »Wegen des Skorbuts habe ich so starke Schmerzen in meinen Händen und Beinen, dass ich es nur mit Mühe und Not schaffe, meinen Aussichtsposten zu besetzen.« Waxell seinerseits erinnert sich Jahre später an die Situation:

> »Ich kann mir keine schwerere Aufgabe vorstellen, als durch ein unbekanntes Meer zu segeln. Ich spreche aus Erfahrung und kann versichern, dass ich während des letzten Monats unserer Reise, als wir mit den Bestimmungen der Längen- und Breitengrade gerungen haben, nachts nur wenige Stunden geschlafen habe. Wir lebten in ständiger Gefahr und Ungewissheit.«

In seinem offiziellen Bericht schreibt Waxell sachlich kühl von den Schwierigkeiten der Reise, doch in seinen späteren Memoiren stellt er die Lage schmerzhaft und trostlos dar: »Das Schiff war wie ein totes Stück Holz ohne irgendjemanden, der es hätte steuern können. Wir trieben hin und her, wohin der Wind und die Wellen uns trugen.«

Am Morgen des 6. Novembers stellte sich der Jubel des vorangegangenen Tages als voreilig heraus, denn bis zur Awatscha-Bucht war es noch ein ganzes Stück. Das Wetter war eisig und der Wind, der im Laufe der Nacht stärker geworden war, hatte Spuren der Verwüstung hinterlassen: die Großsegel waren in schmale Fetzen gerissen. Und wieder war ein Mann verstorben. Nun hatten sie bereits zwölf Männer verloren und 34 waren in schwacher Verfassung. Die Männer wurden zur Beratung in Berings Kabine gerufen. Diesmal alle, die sich noch gerade so auf den Beinen halten konnten. Jeder durfte seine Meinung kundtun. Der Kapitänkommandeur plädierte dafür, die Segelreise in Richtung Südwesten fortzusetzen, bis sie die Mündung der Awatscha-Bucht erreichen. Es könne nicht mehr sehr weit sein, dieses Stück schaffen wir jetzt auch noch. Dafür würden auch die Segel des zweiten Mastes reichen. Waxell und Hitrovo waren anderer Meinung. Sie wollten in der Bucht bleiben, die vor ihnen lag. Das Schiff gleiche einem Wrack, die Männer seien krank und schaffen es nicht mehr. Es wäre einfacher, an Land nach Menschen zu suchen, nach dem nächstgelegenen Dorf, wo sie Transporthilfe bekommen würden. Die anderen zögerten. Wäre gesichert, dass das Land vor ihnen Kamtschatka ist, würden sie Waxells und Hitrovos Vorschlag befürworten. Aber ist das Kamtschatka?

Hitrovo verkündete, es sei Kamtschatka und er würde sogar seinen Kopf darauf verwetten. Steller schreibt in seinem Tagebuch beiläufig, dass die Männer Hitrovos Kopf wohl nicht mehr allzu viel Wert beigemessen hätten. Bering holte sich die Meinung seines Adjutanten Owzyn ein. Owzyn verkündete, dass er Bering zustimme, und erntete Wutausbrüche von Waxell und Hitrovo. Sie verscheuchten ihn und riefen ihm »Hurensohn« und »Hund« hinterher. Das belegt einmal mehr, dass Bering vom Skorbut gelähmt war, denn ein solches Betragen hätte der alte Herr andernfalls nicht geduldet. Owzyn war, wie wir bereits gesehen haben, bereits früher bei einer der schwierigen arktischen Expeditionen dabei gewesen, die aber den Fehler begangen hatte, sich mit dem nach Sibirien vertriebenen Dolgoruki-Fürsten anzufreunden, woraufhin er zum einfachen Matrosen degradiert worden war. Die Obrigkeit zeigte sich schließlich jedoch versöhnlich und ernannte ihn erneut zum Marineoffizier. Diese Nachricht erreichte Bering allerdings nicht mehr, bevor die *St. Peter* ihre Reise antrat. Aufgrund seines Offiziersranges und seiner Dienstjahre wäre ansonsten nämlich Owzyn und nicht Waxell Berings nächster Nachfolger gewesen, was sich zweifellos auf diese Beratung ausgewirkt hätte.

Nach diesem Zwischenfall wurde auch Steller nach seiner Meinung gefragt. Verbittert hält er in seinem Tagebuch fest: »Man hat sich auch zuvor nicht darum geschert, was ich zu sagen hatte – weil ich kein Seemann bin, wie die Herren zu verstehen gegeben haben – weshalb es besser ist, dass ich auch jetzt nichts sage.« Er war beleidigt und trotzig, wofür er von

Historikern kritisiert wird. Er habe sich in diesem kritischen Moment der Verantwortung entzogen und sich Bering gegenüber unsolidarisch gezeigt. Tatsache ist aber auch, dass man Steller bis zu diesem Zeitpunkt nur verlacht hatte und auch Owzyns Schicksal war gewiss nicht gerade ein Ansporn, sich einzubringen. Wenn selbst Berings Adjutant beschimpft wurde, konnte Steller kaum erwarten, dass es ihm besser erging. Der Druck, den Waxell und Hitrovo ausübten, führte dazu, dass der Vorschlag des Kapitäns keine Befürworter mehr fand. Aus reinem Wunschdenken bildeten die Männer sich ein, bei dem Land vor ihnen handle es sich um die Halbinsel Shipunsky, obwohl es deutlich breiter war als irgendeine Halbinsel Kamtschatkas. Außerdem erstreckt sich Kamtschatka von Nordost nach Südwesten, während sich die Beringinsel von Südosten nach Nordwesten zieht. Steller schreibt in sein Tagebuch: »Aber da Bering auf der ersten Amerika-Expedition keine Inseln östlich von Kamtschatka entdeckt hatte, bilden wir uns ein, dass es dort auch keine gibt. Und so kommen die Offiziere zu dem Schluss, dass das Land vor uns Kamtschatka sein *muss.*« Es störte sich auch niemand daran, dass selbst die Einheimischen, der Tschuktsche und der Korjake, nichts wiedererkannten, als sie sich dem Land näherten.

Die Entscheidung war gefallen. Alle waren erschöpft von den langen Wochen der extremen Anspannung und Krankheit und nun fiel der Stress von ihnen ab. Die Erleichterung ließ sie bewusstlos werden. Ohnmächtig fielen die Männer in die Federn und schliefen ein. Sie brauchten ja nichts mehr zu tun, nur noch die Bucht vor ihnen anzusteuern, dort vor Anker zu gehen und dann wären sie so gut wie gerettet …

Steller blieb jedoch wachsam und besorgt, weil sich niemand an Deck befand, obwohl das Schiff das Land ansteuerte. Es war vier Uhr nachmittags, doch auf der nördlichen Halbkugel bricht um diese Zeit schon die Abenddämmerung an. Er ging zu Bering, um ihm zu sagen, dass er wenigstens einen seiner Offiziere auf den Wachposten beordern solle. Waxell und Hitrovo kamen beide, doch laut Steller verhielten sie sich völlig sorglos und steuerten volle Kraft voraus. Als die Sonne unterging, waren sie noch etwa einen halben Kilometer vom Strand entfernt. Das Wasser hatte laut Steller eine Tiefe von neun Klafter (16,5 Meter), als endlich der Anker geworfen wurde.

Um sechs Uhr abends, der Mond war bereits aufgegangen, passierte es: Die strömenden Fluten setzten hohe Wellen in Gang, das Meer begann zu schäumen und dann wurde das Schiff von einer gewaltigen Welle erfasst. Die *St. Peter* schaukelte und schwankte kraftlos in der Brandung, stieß gegen die scharfkantigen Klippen, die den Strand umgeben, und wurde wieder mit dem Sog der Welle auf das offene Meer zurückgetragen. Vor und zurück, vor und zurück ... Das Schiff wurde elendig hin und her gedroschen, schlug zweimal gegen das Riff, das Ankerseil riss, die Wellen schwappten und schäumten, es geriet ins Taumeln, die Blanken drohten jeden Moment zu zerbersten. Es herrschte ein fürchterliches Chaos.

Steller beschreibt die Panik wie eine Komödie. Ihm zufolge wusste niemand mehr, wer das Kommando innehatte, oder wie das Kommando lautete. Es herrschte ein einziges Gedränge und Geschrei. Steller macht sich in seinen Aufzeichnungen über Hitrovos bleiches Gesicht lustig und dokumentiert Ausrufe des Grauens: »Jetzt ist alles vorbei, oh Gott, unser Schiff ist dem Untergang geweiht!« Als einer der Männer in all dem Radau hysterisch lachte und sich erkundigte, ob das Wasser sehr salzig sei, überlegte Steller süffisant, wie das wohl gemeint war: »Wäre der Tod seiner Meinung nach vielleicht süßer, wenn wir in Süßwasser sterben würden ...«

Einige der Matrosen waren in dem Aberglauben gefangen, dass das Unheil des Schiffes auf die zwei Verstorbenen zurückzuführen sei, die sich an Bord befanden und Steller sah zu, wie sie hastig die Leichen ohne große Zeremonie ins Meer warfen. Ursprünglich war beabsichtigt, die Toten beim nächsten Landgang zu beerdigen. In dem Tumult ging der zweite Anker verloren und beinahe hätten sie auch noch den dritten und letzten Anker verloren, wenn nicht eben jener Owzyn, der kurz zuvor noch von der gemeinsamen Beratung vertrieben worden war, die Ruhe bewahrt hätte. Auch Alexej Ivanov, der die Position des verstorbenen Bootsmannes eingenommen hatte, tat sich in dieser Lage hervor. Die beiden verhinderten, dass der Anker geworfen wurde. Stattdessen setzten sie durch, dass man das Schiff treiben (schwojen) ließ. Und so hob eine massive Welle das Schiff auf ihren Rücken und schleuderte es in eine windstille Bucht zwischen den Klippen und dem Strand. Darunter befand sich sandiger Boden in rund sieben Metern Tiefe, bis zum Strand waren es noch etwa 600 Meter. Und nun konnte auch der Anker, der dank Owzyn und Ivanov noch vorhanden war, ins Meer geworfen werden.

Die Reise der *St. Peter* war damit beendet. Mit zerrissenen Segeln ruhte sie vor Anker am Strand der Beringinsel. Laut Steller wurde es eine angenehme und klare Nacht. Der Mond schien und die sanften Wellen wiegten die Männer in einen erholsamen Schlaf. Sowohl Steller als auch Waxell notieren später, dass die gesamte Insel von steinigem Riff umsäumt war, das sich bis weit ins Meer erstreckte. Es gab nur eine schmale Stelle, wo das Schiff gerade genug Platz fand, sodass es nicht am Riff zerschellte. Und just an diesem Fleck war das Schiff in der Dunkelheit auf wundersame Weise gelandet. Oder: Wohin Gott es in seiner Weisheit und Güte gelenkt hatte, wie Steller feststellt. Es war jedoch nur eine Frage der Zeit, bis ein weiterer Sturm zuschlagen und dann das Schiff entweder gegen eine Sandbank, ein Riff oder zurück aufs offene Meer schleudern würde.

Die gesamte Mannschaft wollte daran glauben, dass sie an der Küste Kamtschatkas gelandet sei. Sie alle hofften, nun die Reise zu Fuß fortsetzen zu können und früher oder später Menschen zu begegnen. Doch selbst wenn dies gelänge, gab es keine Garantie, dass sie die absehbaren Strapazen überleben würden. Einige Männer starben, viele waren schwerkrank und kaum jemand war ganz bei Kräften. Es wäre ein mühsamer Fußmarsch, bis sie unter Menschen kommen würden. Steller war sich indes sicher, dass die Wirklichkeit wesentlich trostloser war: Sie sind auf einer von gefährlichen Riffen umgebenen Insel gelandet, mitten im eisigen Nordpazifik. In dieser rauen Umgebung müssen sie überwintern, obwohl sie ganz und gar nicht darauf vorbereitet sind. Und auch mit Hilfe ist nicht zu rechnen, da die Insel offensichtlich unbewohnt ist. Für all diese Einsichten fand er schon auf seiner ersten Forschungsexkursion hinreichend Anzeichen.

Landgang und Besiedelung

Früh am nächsten Morgen begann das Schiff zu wippen und das Wasser überzuschwappen. Die Flut kam, das Meer wurde zunehmend unruhig, schob sich in Wellen in ihre stille Bucht und bedeckte das Riff mit Wasser. Als sich der Wellengang wieder etwas beruhigt hatte, ließen sie das Boot zu

Wasser und eine erste Patrouille machte sich auf den Weg, die Gegend auszukundschaften und Trinkwasser für die vorerst an Bord Verbliebenen zu besorgen. Sie benötigten dringend Ersatz für die versalzene Brühe von Shumagin Islands.

Steller war natürlich mit von der Partie. Wegen der ungewissen Lage hatte er den ganzen Morgen seine kostbaren Notizen und Pflanzenproben geordnet und zusammengetragen, um sie bei erster Gelegenheit an Land bringen zu können. Und natürlich wollte er selbst sehen, an was für einem Ort sie da gelandet waren. Er gehörte zu denjenigen, die noch in guter Verfassung waren, zumal er von Anfang an körperlich gut in Form gewesen war und im Laufe der Reise begriffen hatte, wie wichtig der Verzehr von Gemüse ist. Eine anständige Portion Salat hatten auch der Kosake Lepihin und Plenisner bekommen und wahrscheinlich war auch Waxells Sohn versorgt worden. Nun machten sie sich auf den Weg an Land, auch Waxell. Dessen Skorbut-Leiden war allerdings schon stark fortgeschritten. Außerdem kamen noch ein paar weitere Männer mit, die für die Trinkwasser-Beschaffung zuständig waren, sowie ein paar Kranke, die aus dem muffigen Schiff gebracht werden wollten. Das Boot hatte den Strand noch nicht erreicht, als die Männer eine Gruppe von Tieren ins Wasser eilen und ihnen entgegenschwimmen sahen. Einige hielten sie für Bären, andere für Vielfraße, tatsächlich aber waren es Seeotter. Es waren viele und zudem überraschend furchtlose. Steller hatte Seeotter in Kamtschatka gesehen, wo sie jedoch wegen der Jäger sehr scheu waren.[9]

Zunächst mussten die Männer einen Platz suchen, wo Wasser vorhanden war und die Kranken sich ausruhen konnten. Ein Teil blieb auf dem Boot zurück, um die Kranken zu pflegen, während Steller, Plenisner, Lepihin und Waxell die Insel erkundeten. Sie stiegen einen Hang hinauf, um sich eine bessere Übersicht verschaffen zu können. Vor ihnen eröffnete sich ein von schneebedeckten Bergen umsäumtes Tal. Sanft wogende Hänge hier, steile Felswände dort, hügelige Wiesen und Torfbuckel allenthalben. Vom Abhang floss ein klarer Fluss abwärts, der sich durch das Tal schlängelte und in die Meeresbucht mündete. Aber auch Sandfelder, Geröllflächen, steinige Böden und im Osten das offene Meer in seiner unerbittlichen Größe. Es ist ein phänomenales, beeindruckendes Panorama. Eine malerische Landschaft hinter der sich eine unendliche Weite öffnet, in der sich der Blick in der Ferne und Höhe verliert. Allein in den

Augen der Gestrandeten ist dieser Ort lediglich eine überwältigende Einöde.

Und die Einzelheiten? Den Fluss bemerkten sie sicherlich sofort, schließlich hatten sie schon seit Wochen ekliges Brackwasser trinken müssen. Auch Steller lobt in seinen Aufzeichnungen die kristallklaren Flüsse und Bäche, die rauschenden Wasserfälle, das frische Wasser, woran es ihnen fortan nicht mehr mangeln würde. Was ihm allerdings Sorgen bereitete, war die baumlose Vegetation. Es gab allenfalls kniehohe Sträucher, deren Äste nicht dicker waren als ein Handgelenk. Das bedeutete, dass sie ihr Feuerholz unter dem angespülten Treibgut am Strand würden sammeln müssen. Und dieses lag unter einer festen Kruste aus Schnee. Es war also ein karges, windgegerbtes Fleckchen Erde, dem ein harter Winter mit heftigen Schneestürmen und langen, dunklen Nächten bevorstand. Aber sie hatten ja gar nicht vor, dort zu verbleiben. Vielmehr würden sie sich hier nicht einen Moment länger aufhalten als unbedingt nötig.

Waxell kehrte zum Boot zurück, um von der Wasser- und Lagerstelle zu berichten. Plenisner machte sich mit einer Waffe auf zur Nahrungsmittelbeschaffung. Steller und Lepihin erkundeten die Umgebung. Als der Tag sich dem Ende neigte, trafen sie sich am Lagerplatz und tranken gemeinsam Tee. Steller fiel auf, dass sich Waxells Zustand erheblich verschlechtert hatte. Die Fußmärsche zwischen dem Bootsplatz und dem Lager waren für ihn offenbar zu anstrengend gewesen. »Gott weiß, ob das hier Kamtschatka ist«, seufzt Steller. »Was denn sonst?«, fragt Waxell und beginnt vom Aufbruch zu reden. Davon, wie sie im nächstgelegenen Dorf den Transport organisieren würden, wie man das Schiff in den Hafen zurückbringen würde. Plenisner hatte ein halbes Dutzend Vögel geschossen und kehrte mit der Beute zurück. Es handelte sich um Alpenschneehühner. Steller und seine Gefährten erachteten sie als Moorschneehühner, da das Alpenschneehuhn noch nicht als eigene Art spezifiziert war.[10]

Noch drei weitere Männer waren auf die Jagd gegangen. Sie hatten zwei Robben und zwei Seeotter erlegt, kehrten jedoch nur mit den Pelzen zurück. Steller drängte darauf, dass sie auch das Fleisch holten – schließlich brauchten sie zu essen. Die Männer machten sich gehorsam auf den Weg, um den Robbenbraten heranzuschaffen. Stellers Anweisungen wurden nunmehr offenbar ohne Murren befolgt. Augenscheinlich hatte er in der Zwischenzeit seinen Führungsanspruch etabliert und war wohl bereits dabei, sich als Anführer des Lagers zu empfehlen. Dabei spielte sicherlich auch eine Rolle, dass er nicht nur Befehle erteilte, sondern auch selbst mitanpackte und beispielsweise Suppe kochte. Während Steller kochte, baute Plenisner aus Treibholz und Segeln ein provisorisches Schutzdach, wo die Mannschaft ihre erste Nacht verbringen konnte. Waxell kehrte indes mit zwei weiteren Männern aufs Schiff zurück. Er brachte Bering Geflügelbraten und Pflanzen, die Steller gesammelt hatte. Noch konnten sie etwas Grünzeug auftreiben, obwohl die Pflanzen bereits vom Frost ›gebissen‹ und teilweise von Schnee bedeckt waren.

Am nächsten Tag wanderten Steller und Lepihin am Strand entlang Richtung Südosten. Steller sammelte erneut Pflanzen und Lepihin schoss acht Polarfüchse. Steller war über die kleinen Polarfüchse mit dem dunklen Fell verwundert. Sie kamen in Rudeln und waren neugierig. Später am Lager stellten sich die Tiere geradezu als aufdringlich heraus. Sie folgten den Männern auf Schritt und Tritt, schauten ihnen direkt in die Augen und schnappten sogar nach ihren Stiefeln. Steller schloss daraus, dass diese Tiere nie zuvor mit Menschen in Kontakt waren.

Auf derselben Wanderung stieß Steller zum ersten Mal auf Seekühe. Es war Flut und plötzlich tauchten in der Nähe des seichten Ufers dunkle Rücken auf, die wie gekenterte Boote sanft in der milden Brandung wogten. Die Tiere schnaubten und spritzten. Steller wunderte sich einmal mehr und fragte Lepihin, ob ihm diese Tiere bekannt seien, ob es sich gar um eine Art Wal oder Hai handele … Lepihin antwortete, dass er derartige Tiere noch nie gesehen habe. Erst später vermochte Steller die Tiere genauer zu betrachten und als Seekühe zu identifizieren, die er bisher nur aus Abbildungen in Büchern kannte. Bei den Abbildungen in den Büchern handelte es sich jedoch um Manatis, also Rundschwanzseekühe, und Dugongs, auch bekannt als Seeschweine oder Gabelschwanzseekühe, die in südlicheren Gefilden vorkommen. Weder Steller noch Lepihin hatten diese Tiere also zuvor gesehen, zumal sie in Kamtschatka nicht vorkamen. Steller schloss daraus ganz richtig, dass sie folglich nicht in Kamtschatka seien. Zugleich bemerkte er am Himmel über den Bergen einen Wolkenschleier, in dem ein dunkler Widerschein zu sehen war. Es handelt sich um den sogenannten Wasserhimmel. Dieses Phänomen ist Seefahrern der Polarregion bestens bekannt: die offene See, von der das schneebedeckte

Land umgeben ist, spiegelte sich als dunkler Widerschein in den Wolken. Damit war ihm klar: Sie waren von Wasser umgeben, also auf einer Insel.

Am Abend sprach Steller mit Plenisner über seine Beobachtungen und schlug vor, sich auf die Überwinterung, die ihnen zweifellos bevorstünde, vorzubereiten. Sie hätten eine Menge harter Arbeit vor sich, müssten eine Schutzhütte bauen, Brennholz sammeln und sich überhaupt gegenseitig unterstützen, zusammenhalten. Plenisner war bereit, natürlich. Tatsächlich zweifelte er jedoch an Stellers Inseltheorie, aber er war zu höflich und friedliebend, als dass er widersprechen wollte. Lepihin hingegen verließ der Mut. Klagend maulte er: Es ist Stellers Schuld, dass wir hier sind! Wieso mussten wir aus Kamtschatka aufbrechen, dort war doch alles gut! Wegen Steller muss ich nun in diesem Elend dahinsiechen!

Dieser schien aus den widrigen Umständen Kraft und Stärke zu geschöpft zu haben. Anstatt zu klagen oder zu spotten, fand er tröstende und aufbauende Worte für den armen Lepihin. Er erkannte offenbar, wie wichtig in dieser Lage Gerechtigkeit und Demokratie sind. Er stand zu seiner Schuld und gab zu, dass er es gewesen sei, der Lepihin ins Verderben geführt habe. Doch dies war gewiss nicht seine Absicht gewesen, im Gegenteil. Er glaube, dass sie mit Gottes Hilfe überleben würden, wenn sie sich nicht entmutigen ließen. Nun, da sie in der Patsche saßen, waren sie doch wie eine Familie. Steller versprach, dass das »was sein ist, auch Lepihins ist, dass sie alles teilen und jeder dem anderen dient«. Dies waren edle Worte im Russland des 18. Jahrhunderts, wo noch die Leibeigenschaft herrschte und die Herren zu ihren Dienern einen Abstand hielten, als wären sie eine andere Spezies. Als Lepihin jedoch weiter jammerte, erinnerte Steller ihn an die Zufälle und überraschende Wendungen, die das Leben bereithält. Man könne doch gar nicht mit Sicherheit sagen, dass es ein Segen gewesen wäre, zu Hause zu bleiben. Wer weiß, was dort in der Zwischenzeit passiert wäre …

Steller hatte zweifellos recht und dieser Gedankengang hat sich seine Gültigkeit bis auf den heutigen Tag bewahrt. Menschen sterben zu Hause und auf Handelsreisen oder während sie die Post aus dem Briefkasten holen; Unfälle passieren überall, man kann auch vom Küchenhocker fallen. Man muss nicht in die Berge oder die Gletscher reisen, um sein Leben zu verlieren. Wenn das Schicksal zuschlägt, drängt sich nicht der Gedanke auf, andere Entscheidungen hätten dazu führen können, dass man bereits vor vielen Jahren gestorben sein könnte … Wer weiß, ob diese etwas abstrakten Hypothesen Lepihin Trost spendeten. In Stellers Tagebuch werden danach jedenfalls keinerlei solcher Gespräche mehr erwähnt. Als der erste Schock überwunden war und sie an den darauffolgenden Tagen mit allerlei Arbeiten beschäftigt waren, blieb wohl schlicht keine Zeit mehr, um Trübsal zu blasen. Durch die anfallenden Arbeiten entstand eine Alltagsroutine, die dazu führte, dass sich die Gemüter beruhigten und sich in die Situation fanden. Allmählich begann sich ihr Leben auf der Insel ›normal‹ anzufühlen, obwohl es erst kurz zuvor noch alles andere als normal erschienen war.

In den folgenden Tagen gab es viel zu tun. Steller, Plenisner und Lepihin begannen, eine Behausung zu bauen. Sie streiften durch das Tal und suchten einen guten, geschützten Platz für ihre Behausung. Sie entschieden sich für eben jenen Platz, den das Fuchsrudel schon vor langer Zeit für ihren Bau ausgewählt hatte. Die Tiere hatten ihre Höhlen in Sandhänge und windgeschützten Wälle gegraben. Steller erkannte den Sinn, sich ein Beispiel an den Füchsen zu nehmen und die Behausung teilweise in die Erde zu graben. Tatsächlich hatten sich Grubenhäuser bei den Itelmenen in Kamtschatka bereits bewährt und wahrscheinlich dachte er an eben jene, als er den Männern seine Idee präsentierte. Da es keinen schützenden Wald gab, müsse man eben unter der Erde Schutz suchen.

Zunächst mussten sie jedoch das Gebiet erobern und die aktuelle ›Bevölkerung‹ vertreiben. Allerdings hielten sie sich nicht damit auf, diese nur zu vertreiben, sondern sie töteten sie stattdessen kurzerhand. Die Polarfüchse verkannten den Ernst der Lage. Anstatt zu fliehen, wuselten sie den Männern um deren Beine herum. Sechzig Tiere wurden mit Jagdmessern und Äxten getötet. Das Leder der Tiere wurde zur Abdichtung der Hütte verwendet. Für das Gerüst des Grubenhauses suchten die Männer am Strand nach Treibholz. Als Dach dienten Mäntel und andere Kleidungsstücke. Die erste notdürftig zusammengezimmerte Bude stellte sich jedoch als instabil heraus. In der Nacht kam ein Sturm auf, der das Dach in Fetzen riss. Die Männer mussten im Dunkeln und bei tosendem Wind Reparaturarbeiten durchführen. Erst, als sie die mühsamen Arbeiten erledigt hatten, konnten sie sich erschöpft erneut zum Schlaf hinlegen.

Stellers Truppe diente den anderen Männern als Vorbild. Als die Männer in der warmen Stube um eine kleine Feuerstelle saßen und Tee tranken, befanden sie das ›Grab‹ in Anbetracht der Umstände als recht gemütlich. Und so teilten sich die Männer in Gruppen auf und begannen, weitere halb unterirdische Häuser zu graben. So entstand auf den sandigen Wällen im Tal ein kleines Dorf. Das Treibholz, das für den Gerüstbau und für Wärmeenergie benötigt wurde, war jedoch sehr knapp. Während die Bauarbeiten voranschritten, mussten für die Suche nach Treibholz immer weitere Strecken zurückgelegt werden – schließlich mehrere Kilometer. Während einige Männer auf der Baustelle schufteten, kümmerten sich andere um die Kranken. Wieder andere gingen auf die Jagd, einige kochten Essen. Ein Teil der Männer blieb auf dem Schiff, darunter auch Waxell und Hitrovo.

Steller lud den Assistenzarzt Matthias Betge in seine Gruppe ein, der mit Vergnügen annahm. Auch der Unteroffizier Johan Sindt wurde in die Gruppe aufgenommen. Er war zwar schwer krank, doch Steller pflegte ihn nach besten Kräften. Nach dreimonatiger Krankheit begann sich der Gesundheitszustand des Mannes zu verbessern.

Als sich auch der Konstable Boris Roselius Stellers Gefolge anschloss, waren in der Gruppe viele Ausländer, die in der damaligen Zeit in Russland alle in einen Topf geworfen und als Deutsche bezeichnet wurden. Zu Stellers Truppe gehörten aber auch drei russische Kosaken, neben Lepihin noch Ivan Partinjagin sowie der Dolmetscher Alexej Lazukov (entweder Tschuktsche oder Korjake). Später kamen noch Berings Diener Johann Maltsan und Maffei Kukuškin dazu.

Bering war zu diesem Zeitpunkt bereits schwer krank. Er wurde vorsichtig in einer Sänfte vom Schiff getragen. Für ihn wurde ein mit Segeltuch bedeckter Unterschlupf in einer Erdgrube errichtet. Der Tag war nasskalt und es schneite. Steller stattete Bering einen Besuch ab und zeigte sich über dessen ruhiges Gemüt überrascht. Sie unterhielten sich über die Lage und Bering fragte ihn nach seiner Meinung. Steller teilte seine Beobachtungen mit und sagte, dass sie seiner Ansicht nach auf einer Insel gelandet seien, die entweder unbewohnt oder von nur sehr wenigen Menschen bewohnt sein dürfte. Allerdings sei die Küste von Kamtschatka nicht weit entfernt, mutmaßte Steller. Jedenfalls habe er einen Fensterrahmen gefunden, der an den Strand gespült worden sei. Und zwar ein Gitterfenster – mit Sicherheit das Werk eines russischen Schreiners. Andererseits sei auch eine Fuchsfalle an den Strand angespült worden, die nicht aus Eisen gefertigt war. Dies deute wiederum auf Ureinwohner Amerikas als Urheber hin. Insofern sei auch Amerika nicht weit. Bering stimmte ihm zu, wollte jedoch seine Meinung nicht allgemein kundtun. Er wollte die Männer wahrscheinlich nicht demoralisieren. Er war um das Schiff besorgt und am Ende der Unterhaltung sagte er noch: »Wenn nur das Boot heil bleibt!«

Die Männer wussten es noch nicht, aber sie waren 175 Kilometer von Kamtschatka entfernt. Sie befanden sich auf einer Insel, die aufgrund eben dieser abenteuerlichen Reise später nach Bering benannt wurde. Ihr Lager befand sich im Südosten der Beringinsel. Die Behausungen sind etwa 60 Meter vom Strand in sandigen Abhang eingegraben. Daneben fließt ein kleiner Fluss, aus dem sie Trinkwasser schöpften. Vom Lager aus hatten sie freie Sicht auf die Bucht, in der die *St. Peter* ankerte. Auf modernen Karten findet sich dieser Ort unter dem Namen Commander Bay – Kommandeursbucht.

Die Beringinsel ist mit einer Fläche von 1667 Quadratkilometern die größte der Kommandeurinseln. Sie ist etwa 95 Kilometer lang und in der Mitte etwas weniger als 20 Kilometer breit. Die Insel erstreckt sich etwas schief von Südosten nach Nordwesten, läuft im Süden spitz in der Manati-Halbinsel aus. Im Norden geht die Form ein wenig in die Breite, etwa wie ein Pilzkopf. Dort befinden sich die Nordwest-Halbinsel und die Waxell-Halbinsel. Dazwischen liegt der größte See der Insel – Saranasee. Bis dorthin war Steller jedoch wohl nie gekommen, denn einen solch großen See hätte er bestimm nicht unerwähnt gelassen.

Die Strände sind stellenweise sandig oder von Geröll bedeckt, an einigen Stellen ragt das Gebirge mit seinen steil abfallenden Felswänden bis ins Meer hinein, so dass man die Insel nicht zu Fuß am Strand entlang umrunden kann, nicht einmal bei Ebbe. Hie und da fließen klare Flüsse und Bäche und an den Felsen sprudeln imposante Wasserfälle herab. Die Mitte und der Süden der Insel sind von Tälern und Bergrücken zerklüftet. Der höchste Berg ist der 757 Meter hohe Mount Steller. Die Nordhälfte ist eher flach, eine weite Heidelandschaft mit niedrigen Sträuchern und Weidendickicht sowie in den feuchteren Gebieten Moorland mit Teichen und Seen.

Die Insel Medny, die sich südöstlich der Beringinsel befindet, ist mit 186 Quadratkilometern deutlich kleiner. Die beiden Inseln trennt eine etwa 50

Abb. 9: Die Küste der Beringinsel im Sommer. In dieser Landschaft verbrachte Steller über neun Monate.

Kilometer breite Meerenge. Um sie herum gibt es noch weitere kleine Inseln und Schären, von denen vor allem Arij Kamen und Toporkov als bedeutende Nistplätze erwähnenswert sind.

Die Kommandeurinseln sind die westlichsten Ausläufer der aleutischen Inselkette. Vulkanaktivität gibt es hier nicht mehr, unterirdische Unruhen allerdings schon, sodass es hin und wieder zu Erdbeben kommt. Der Pazifik erstreckt sich bis an die Südseite der Insel, nördlich der Insel beginnt die Beringsee. Das maritime Klima sorgt vor allem für Nebel, Regen und Wind. Die Sommer sind frisch, die Durchschnittstemperatur im Juli beträgt weniger als zehn Grad Celsius. Die Winter sind hingegen relativ mild: die Durchschnittstemperatur im Februar liegt bei minus vier Grad Celsius. Der eisige Wind und die Schneestürme sorgen aber dennoch für beißende Kälte. Wir befinden uns in der subarktischen Zone.

Obwohl die Landschaft insgesamt die Kargheit der Tundra widerspiegelt – windgegerbt und baumlos und nur von Zwergsträuchern bewachsen – sind die Täler am Fluss und die geschützten Hänge mit mannshoher Vegetation überraschend üppig bewachsen. Die Feuchtigkeit und der vulkanische Boden nähren die Vegetation hier ebenso wie in Kamtschatka. Auch Stejneger, der später die Insel bereist hat, schreibt, dass er einige ihm aus Kindertagen bekannte Pflanzenarten nicht erkannt hat, da sie so unfassbar groß wurden!

Wenn ich mir Fotos von der Beringinsel ansehe, muss ich an meine anfangs erwähnten Reisen nach Nord-Norwegen, an den Rand des Polarmeeres denken. Es gibt gewisse Ähnlichkeiten, wobei die Landschaft der Beringinsel noch exotischer ist und auch hinsichtlich der Fauna andere Arten aufweist. Die Lunde sind Hornlunde oder die ungewöhnlich aussehenden Gelbschopflunde; die Kormorane sind Rotgesichtscharben und Meerscharben; die Gryllteisten sind wiederum Taubenteisten. Neben der schwarzbeinigen Dreizehenmöwe des Polarmeeres gehören zu den Möwenvögeln der Beringsee die endemische rotbeinige Dreizehenmöwe und neben der Eiderente treffen wir die Scheckente, die Prachteiderente und die Plüschkopfente an.

Diese Artenvielfalt ergibt sich aus der Lage der Beringinsel, die sie zu einem einzigartigen Knotenpunkt macht, wo sowohl eurasische als auch nordamerikanische Fauna anzutreffen ist.[11] Nirgendwo sonst auf russischem Gebiet gibt es eine solch dichte Konzentration von Säugetieren und Vögeln wie auf den Kommandeurinseln. Zudem ist die Beringsee wohl eine der reichsten Seegebiete die Erde. Wenn man weiter nach Norden kommt, wird die Natur an der Erdoberfläche immer karger, während im Meer die Nährstoffdichte zunimmt. Dadurch, dass sich die kalten Strömungen der Arktis mit den wärmeren Strömungen aus dem Süden vermischen, entsteht ein außerordentlich nahrhaftes Seegebiet, in dem es von Phytoplankton, Zooplankton sowie Fischen und Schalentieren nur so wimmelt. Die klippenreichen Küstengebiete mit ihren Schluchten, Flussmündungen, Riffen und Gezeiten bieten eine unendlich vielfältige Umgebung.

In seinem Buch *Arctic Dreams* schreibt Barry Lopez von seinen Erfahrungen an der Beringstraße, die er in den 1980er Jahren gemeinsam mit Forschern bereiste, um die Frühlingsumzüge der Robben, Wale und Vögel zu verfolgen. »Eine solche Menge an Tieren gibt es meines Wissens nach in keiner anderen Gegend in Nordamerika«, schwärmt er. »Wenn die Wanderung im Frühjahr in vollem Gange ist, ist die Fülle des Lebens auf der Beringsee in ihren Dimensionen schlicht atemberaubend.« Für einen Naturwissenschaftler ist diese öde Insel also ein buntes Paradies und alles andere als öde. Was die Tierwelt angeht, gleicht sie eher einer wimmelnden Metropole. Doch die *St. Peter* strandete nicht im Sommer, sondern zu Beginn des Winters auf der Insel. Wie mag die Landschaft ausgesehen haben? Zu dem Zeitpunkt sah alles ganz anders aus, denn auch von dieser Jahreszeit gibt es Fotos, auf denen eine raue, steinige Mondlandschaft zu sehen ist. Das Land ist weitgehend von Schnee und Eis bedeckt. Scharfkantige Felsenriffe, umgeben vom tosenden finsteren Meer, Brechern, Windböen, Frost, Schneematsch. Ödnis unter einer weißen Schneedecke. So gesehen ist dies ein jämmerlicher Ort zum Überwintern. Vor allem, wenn man dafür ganz und gar nicht ausgerüstet ist. »Not und Mangel, ungeeignete Kleidung, Kälte, Nässe, Erschöpfung, Krankheit, Ungeduld und Hoffnungslosigkeit«, führt Steller als »tägliche Gäste« auf. Während also auf den Sommerbildern die Abhänge grünen und die Blumen blühen, sieht man auch eiserne Kreuze. Denn für viele Männer der Crew bedeutete die Insel das Ende. Kreuze gibt es nicht so viele, wie es Tote gab, da einige der Gräber im Laufe der Zeit verloren gegangen sind. Wahrscheinlich sind sie durch die von Wellen verursachte Erosion ins Meer gespült worden.

Während der Seefahrt starben zwölf Männer. Danach, als die *St. Peter* bei der Beringinsel vor Anker lag, verschieden weitere zwanzig. Einige verstarben auf dem Schiff, einer im Boot auf dem Weg zum Strand und einer direkt, als sie am Strand ankamen. Einige hielten noch länger durch, Wochen, teilweise sogar bis zu zwei Monate. In Jušins Logbuch werden die Ereignisse in lakonischem Stil festgehalten: »Heute starb aus Gottes Willen der und der …« Die Kranken schienen in ziemlich regelmäßigen Abständen zu sterben, wobei der 15. November ein besonders finsteres Datum war: An jenem Tag starben vier Männer und das auch noch sehr plötzlich. Als sie aus dem Schiffsraum geholt wurden, zogen sie sich an und wirkten erleichtert. Doch als sie an Deck traten starben drei unmittelbar und ein vierter schließlich im Boot auf dem Weg zum Strand.

Am selben Tag kehrten Roselius und zwei andere von einer viertägigen Forschungsexkursion zurück. Sie überbrachten eine trostlose Nachricht: Nirgendwo hatten sie menschliche Siedlungen entdeckt. Nicht einmal Wald hatten sie finden können – also weder Hilfe noch Feuerholz. Und auch nichts, was darauf hingedeutet hätte, dass sie in Kamtschatka gestrandet waren. Am 22. November verkündete Jušin, dass er aufgrund seiner Krankheit nicht mehr in der Lage sei, das Logbuch ordentlich zu führen. Er würde lediglich ein paar Notizen eintragen. Die Notizen an jenem Tag sind der Tod von Steuermann Hesselberg und dem Matrosen Semjon Antemev.

Steller verfasste einen langen Nachruf auf Hesselberg. Der 70-jährige Steuermann, dem es gelungen war, ein halbes Jahrhundert lang die Meere zu besegeln, schien bei ihm einen bleibenden Eindruck hinterlassen zu haben. Laut Steller hätte so manches Unglück verhindert werden können, wenn man sich Hesselbergs Ratschläge zu Herzen genommen hätte. Er führt nicht genauer aus, was er damit meint, aber drückt sein Bedauern darüber aus, dass die anderen Hesselberg schlecht behandelt und die Kompetenz des alten Seebären verspottet und ihn wie einen »Idioten« behandelt hätten. Er scheint es Hesselberg nicht nachgetragen zu haben, dass dieser auf den Shumagin Islands die Fässer entgegen seines Rates mit Salzwasser befüllt hatte. Was konnte schließlich Hesselberg schon dafür, wenn Waxell es so angeordnet hatte und die Hierarchie auf dem Schiff streng zu befolgen war.

Im selben Boot

Der Skorbut plagte die Menschheit schon seit ewigen Zeiten, doch seine schrecklichsten Spuren hinterließ er, als die Menschen im 16. Jahrhundert anfingen, die Ozeane zu besegeln. Nach Schätzungen von Historikern sind in den vielen Jahrhunderten der Seefahrt zwischen einer und zwei Millionen Seeleute an Skorbut gestorben! Der Vitaminmangel stellte somit eine ernstere Bedrohung dar als die Seeschlachten. Es kann nicht überraschen, dass man damals vielfach Spekulationen über den Ursprung der Krankheit anstellte. Dabei lag der Gedanke offenbar näher, dass eine giftige Substanz Auslöser sei, als die Leiden auf den *Mangel* einer Substanz zurückzuführen. Auch der finnische Arzt und Philologe Elias Lönnrot

(1802–1884) nannte als Ursachen für den Skorbut zu viel Salz, nasskaltes Wetter und zudem – etwas überraschend – Trägheit sowie Untätigkeit. Damit befand sich Lönnrot in bester Gesellschaft: Dies war eine ganz typische Vorstellung damals. Da der Heilungsplan allerdings oft auch die Stärkung des allgemeinen Befindens beinhaltete, wurde den Patienten neben Gymnastik und frischer Luft auch Gemüse und Fruchtsäfte verordnet. Es finden sich indes erstaunlich viele Einzelfälle dokumentiert, bei denen die Mangelkrankheit mithilfe von Zitrusfrüchten, Steckrüben, Zwiebeln sowie Sauerampfer und Echtem Löffelkraut erfolgreich geheilt worden ist. So nutzte beispielsweise die Schiffsbesatzung der Niederländischen Ostindien-Kompanie zu Beginn des 17. Jahrhunderts zur Vorbeugung von Skorbut nicht nur Zitrusfrüchte, sondern hielt auf dem Schiff sogar kleine Kräutergärten.

Doch warum hat sich das auf empirische Erfahrung beruhende Wissen nicht verbreitet, wenn das Problem so gravierend war? Informationen verbreiteten sich nicht immer so schnell, großräumig und widerspruchslos. Angesehene Ärzte, die an Land praktizierten, verhielten sich gegenüber Entdeckungen von Steller und seinesgleichen vielfach skeptisch, ja abschätzig. Und vielleicht erschien in Anbetracht des entsetzlichen Ausmaßes der Krankheit die Lösung auch schlicht zu simpel. Zur Skepsis trug noch bei, dass zum Beispiel die Säfte durch Kochen konserviert wurden, was ihre Wirkung jedoch verminderte. Zudem konnte man auch trotz Säften und Grünfutter noch krank werden, wodurch die Glaubwürdigkeit der Berichte der Seefahrer zudem erschüttert wurde. Gemeinhin kamen die Offiziere und ihre nächsten Bediensteten am besten davon, da ihre Nahrung von höherer Qualität war als die der Matrosen. Matrosen konnten tatsächlich bereits bei Antritt einer Reise an Vitaminmangel leiden. Etwa zur gleichen Zeit, als Bering seine letzte Seefahrt antrat, verlor George Anson, Admiral der britischen Royal Navy bei seiner Weltumseglung rund 1500 Männer, von denen der Großteil an Skorbut starb. Entsetzt über die Todesfälle begann der Arzt James Lind 1747 eine vergleichende Studie mit Patienten, die Symptome von Skorbut zeigten. Er behandelte sie sowohl mit Meerwasser, Apfelwein und Essig als auch mit Zitrusfrüchten. Sein Forschungsergebnis veröffentlichte Lind erst sechs Jahre später und erhielt mitnichten die verdiente Aufmerksamkeit. Vielleicht war ihm selbst die Bedeutung seiner Studie nicht klar?

Erst als der Oberarzt der Royal Navy, Gilbert Blane, sich mit Linds Untersuchung und James Cooks Reiseberichten befasste und Zitronensaft als Heilmittel anpries, gehörte die Endemie der Vergangenheit an. Blane schrieb 1780 ein Pamphlet über das Thema und endlich, im Jahr 1795, wurde bei Expeditionen der Royal Navy die Bevorratung mit Zitronensaft angeordnet. Im darauffolgenden Jahrhundert gab es allerdings noch einen Rückschlag, da man Zitronen durch Limetten ersetzte, deren Vitamin-C-Gehalt deutlich geringer ist. Cook war einer der Vorreiter im Kampf gegen den Skorbut: auf seinen Segelfahrten wurde Sauerkraut und anderes Gemüse serviert. James King, der mit Cook gereist war und später zum Kapitän aufstieg, berichtete, dass Cook bei jeder Gelegenheit frisches Gemüse in die Schiffsküche bringen ließ und mit seiner Autorität selbst auch die voreingenommenen Seeleute dazu brachte, dieses zu essen. Die Royal Society verlieh Cook ihre höchste Auszeichnung und zwar nicht für seine Segelreisen an sich, sondern für seinen Verdienst an der Gesundheit der Mannschaft. Auch der Polarforscher und Kartograf Adolf Erik Nordenskiöld (1832–1901) vertraute auf Sauerkraut und Zitronensaft ebenso wie auf Moltebeeren, die er sich schmackhaft machte, indem er sie in Rum einlegte.

Steller gehörte zu den wenigen Ärzten seiner Zeit, der Skorbut-Patienten erfolgreich zu behandeln in der Lage war. Leider hatte er nicht hinreichend Kräuter zur Verfügung und als die Segelreise auf der Beringinsel ihr vorläufiges Ende fand, waren viele Crewmitglieder schon so schwer erkrankt, dass man nichts mehr für sie tun konnte. Erschwerend hinzu kam, dass die Vegetation der Insel bereits zu welken begonnen und der Schnee sich über sie gelegt hatte. Dennoch ist es schier unfassbar, dass sich das Wissen über die erfolgreiche Behandlungen Stellers kaum rezipiert wurde. Die Veröffentlichung seiner Schriften schritt nur schleppend voran und auch das von Pallas bearbeitete Tagebuch fand kaum Beachtung. Jedenfalls sind die Erkenntnisse an Kapitän Joseph Billings komplett vorbeigegangen, denn auf seiner Segelfahrt von 1785–1793 wütete der Skorbut gewohnt gnadenlos unter der Besatzung. Immerhin setzte sich zu Beginn des 19. Jahrhunderts die Kenntnis über Behandlungsmöglichkeiten des Skorbuts auch in der russischen Flotte allmählich durch. Der baltischdeutsche Kapitän Adam von Krusenstern, der unter der Flagge des Imperiums segelte, bestückte etwa seine Vorräte mit in Wasser eingelegten Wildzwiebeln.

Vor dem Hintergrund der zerstörerischen Wirkmacht des Skorbuts und der schleppenden Verbreitung seiner Bekämpfung kann man nur staunen, wie die arktischen Völker die finsteren Wintermonate zu überleben gelernt haben. Wie konnten ganze Sippen genügend pflanzliche Nahrung für einen so langen Zeitraum konservieren? Hatten die Inuit und die Tschuktschen überhaupt die technischen Möglichkeiten dazu? Wohl kaum. Ihr Geheimnis lautete Rohkost. Die arktischen Völker nahmen zumindest einen guten Teil ihrer Speisen, wenn nicht gar insgesamt, roh zu sich. Fleisch, vor allem Innereien, enthielt ebenso wie Fischrogen eine gewisse Menge Vitamin C, welches man jedoch nicht durch Kochen oder Braten zerstören darf. Polarforscher und andere Forschungsreisende in den nördlichen Gebieten überlebten nur, wenn sie die örtlichen Gewohnheiten übernahmen und rohes Fleisch, Fett, Blut und Fisch zu sich nahmen. Die Kochkultur unserer Zivilisation ist für die arktischen Bedingungen gänzlich ungeeignet.

Nach den schlimmen Erfahrungen lernte man schließlich also auch in der westlichen Ökumene, dem Skorbut vorzubeugen. Doch erst zu Beginn des 20. Jahrhunderts kam man dahinter, dass die Krankheit durch einen Vitaminmangel verursacht wurde und in den 1930er Jahren lernte man schließlich, dieses Vitamin auch synthetisch herzustellen.[12]

In seinem Reisebuch widmet Waxell dem Skorbut ein eigenes Kapitel. Da er selbst schwer erkrankt war, weiß er sehr genau, wovon er schreibt. Er beschreibt die Entwicklung der Krankheit Schritt für Schritt: Wie die Gliedmaßen anschwellen, das Blut aus dem Zahnfleisch tritt, die Zähne wackeln, ja schließlich ausfallen und das Gesicht sich allmählich gelb verfärbt. Die Glieder fühlen sich bleiern an, aufstehen fällt schwer und selbst die kleinste Anstrengung führt zu Atemnot. Müdigkeit entwickelt sich weiter zu Niedergeschlagenheit und Depression. Schließlich kann der Patient nur noch liegen und wünscht sich den Tod. Zugleich sind die Sinne empfindlich geschärft und selbst kleinste Geräusche und Rufe werden beängstigend laut wahrgenommen. Er beobachtete aber auch Patienten, die geistig wach blieben, sich einen guten Appetit bewahrten und sich daher einbildeten, bei guter Gesundheit zu sein. Waxell berichtet etwa von den Männern, die sie vom Schiff an Land holten: Sie hätten sich gefreut und geglaubt, sie würden schnell genesen, sobald erst einmal an Land wären. Doch kaum hatten sie sich angezogen und waren an Deck getreten, seien sie kollabiert und verstorben.[13] Auch in Stellers Tagebuch findet sich eine schauderhafte Schilderung von verendenden Patienten. Er erzählt, wie die Männer, die man ins Lager gebracht hatte, sich zunächst unter offenem Himmel ausruhen mussten, da die Behausungen noch nicht fertig gewesen seien. Die Kranken hätten lautstark ihr Leid geklagt: Sie frören, hätten Hunger und Durst, denn der Skorbut hatte ihre Münder derartig entstellt, dass Essen und Trinken für sie unmöglich war. Das schwarzbraun verfärbte Zahnfleisch »quillt wie ein Schwamm auf« und sei derart geschwollen, dass es die Zähne gänzlich verdeckte …

Inmitten der elenden Zustände auf der Beringinsel, zwischen den Kranken und den noch nicht begrabenen Toten, die im Lager verteilt lagen, tauchten Polarfüchse auf. Mutig wagten sie sich heran, schnupperten und als sie merkten, dass die Menschen sich nicht bewegten, schnappten sie nach ihnen und zerrten an ihnen. Sie knabberten den Verstorbenen die Nasen ab, fraßen ihre Finger und Zehen. Die arbeitsfähigen Männer waren indes mit dem Bau der Behausungen und der Essensbeschaffung beschäftigt und schafften es nicht, das Lager durchgehend zu bewachen und die Eindringlinge zu verjagen. Die Anzahl von Polarfüchsen scheint enorm, zumal die Männer bereits Dutzende Tiere erschlagen hatten. Und trotzdem kamen sie weiterhin und stahlen mit Begeisterung alles Mögliche. Sie fraßen, zerrissen und verteilten Lebensmittel, kauten alle Dinge aus Leder, stibitzten Stiefel, Handschuhe und Socken und schleiften sie mit sich herum. Steller staunte, wie geschickt die Füchse die Gewichte von den Fleischfässern stießen oder wie sie selbst Lebensmittel zu fassen bekamen, die die Männer hochgehängt hatten. Sie bedienten sich teilweise sogar der Werkzeuge und anderer nicht essbarer Gegenstände.

Die Hundeartigen sind bekanntermaßen neugierig und verspielt. Ich erinnere mich an eine Meldung aus einer deutschen Kleinstadt vor ein paar Jahren, wo ein Fuchs Schuhe von Terrassen und Treppen geklaut hatte. Schließlich fand man im Fuchsbau rund zweihundert Schuhe!

Zurück auf die Insel: Eines Nachts wachte ein Mann vom Druck auf seiner Blase auf. Im Halbschlaf (oder vielleicht weil er so krank war) schaffte er nicht mehr die Behausung zu verlassen, sondern ging lediglich auf die Knie und pullerte aus der Öffnung des Grubenhauses. Dabei fiel der arme Kerl einem Fuchsangriff zum Opfer. Und wie man sich schon denken kann, ist ausgerechnet sein bestes Stück betroffen. Steller zufolge sei ein ohrenbetäubender Schrei zu hören gewesen. Immerhin schien der Angriff nicht tödlich gewesen zu sein. Obwohl die Polarfüchse also eine Plage für die Gestrandeten darstellten, schreibt Steller, dass sie »mit ihrer List und ihren drolligen Kunststücken uns in all unserer Misere zum Lachen brachten«. Vielleicht sorgte auch das eben wiedergegebene Ereignis bei den Männern für hämisches Gelächter. Das Opfer des Fuchsangriffs konnte indes sicherlich nicht lachen.

An dieser Stelle muss ich kurz erklären, wie meine erste schwärmerische Jugendliebe beinahe unmittelbar wieder erlosch. Der deutsche Zoologe und Leiter des Berliner Tiergartens Bernhard Grzimek ist wohl besonders für sein Buch über Afrika mit dem Titel *Serengeti darf nicht sterben* bekannt. In seiner 1979 erschienen Erzählsammlung *Vom Grizzlybär zur Brillenschlange: Ein Naturschützer berichtet aus vier Erdteilen* findet sich ein Kapitel, das von den Seeottern, den Polarfüchsen und »Georg Stellers Abenteuern« handelt. Ausführlich wird erzählt, wie die Männer von den Mätzchen der Polarfüchse die Nase voll hatten und zum Gegenschlag ausholten. Ungeachtet der elenden und bemitleidenswerten Situation der Männer sind diese Schilderungen unfassbar grauenvoll. Sie fußen auf Stellers Tagebuch, vor allem der ersten Version der englischen Übersetzung, wo ausführlich vom Krieg gegen die Polarfüchse berichtet wird. Er beschreibt, wie die Tiere nicht nur getötet, sondern darüber hinaus auf grausamste Art gequält wurden, um sie einzuschüchtern. Den Polarfüchsen wurden die Schwänze und Beine abgehackt, die Augen ausgehöhlt, sie wurden bei lebendigem Leibe angezündet und gehäutet, paarweise an den Beinen aufgehängt, so dass sie sich in der Panik gegenseitig annagten. Überall liefen oder krochen verstümmelte Tiere herum, um ihren Artgenossen ein Mahnmal zu bieten. Laut Steller zeigte all dies aber keinerlei Wirkung, außer dass die noch lebendigen Füchse bei ihren Raubzügen noch gemeiner und unverschämter wurden. Steller selbst ist sich jedenfalls des grausamen und sinnlosen Verhaltens bewusst. Aus seinen in einem vagen Passiv gehaltenen Beschreibungen geht jedoch nicht hervor, ob Steller an der Quälerei beteiligt oder nur Zuschauer war. Er selbst hatte zu jener Zeit als Arzt und Lagerkoch alle Hände voll zu tun, weshalb wohl vor allem die Matrosen die

Urheber dieses unsäglichen Leids gewesen sein dürften. Auch passt derart primitives Treiben nicht wirklich zu Stellers moralisierendem Stil. Andererseits hat er die Misshandlungen auch nicht missbilligt oder versucht, sie zu verbieten.

Man darf jedoch nicht vergessen, in welcher Zeit wir uns befinden. Im 18. Jahrhundert erstreckten sich die Regeln der Ethik nicht einmal auf alle Menschen und schon gar nicht auf andere Spezies. Beispielsweise florierte der Sklavenhandel noch prächtig. Darüber hinaus schwankt auch heute noch das Ausmaß an Empathie nicht nur von Gesellschaft zu Gesellschaft, sondern sogar von Mensch zu Mensch. Zwar wird Tierquälerei aus reinem Vergnügen zumal in den westlichen Ländern allgemein verurteilt. Doch wenn wirtschaftliche Interessen dahinterstecken (man denke etwa an die Massentierhaltung etc.), nehmen wir es mit der Umsetzung unserer Überzeugung in die Praxis nicht so genau. Dann wird das Leid, das den Tieren wiederfährt, als unvermeidbar abgetan, oder man sieht über die Bedürfnisse und die Leiden der Tiere geflissentlich hinweg.

Am 20. November wurden schließlich die letzten kranken Männer vom Schiff geholt. Roselius und zwei weitere Männer ließen alle Reserveanker ins Wasser hinab und verließen das Schiff, das nun unbewacht in der Bucht zurückblieb. Waxell war bereits in so schlechter Verfassung, dass er selbst von zwei Männern gestützt nicht mitlaufen konnte. Während sie ihn aus der Kombüse an Deck geleiteten, wurde er dreimal ohnmächtig. Als sie an Land gingen, trugen ihn vier Männer in die Krankenunterkunft.

Bering ordnete an, das Schiff besser zu befestigen, aber der Wind behinderte die Umsetzung und es gab auch zu wenige arbeitsfähige Männer, wobei selbst diese von ihren Kräften verlassen wurden, als sie bis zu den Achseln durch das kalte Wasser waten mussten. Das Unterfangen musste schließlich unverrichtet abgebrochen werden. In der Nacht zum 29. November brach ein Sturm aus Nordost herein, der die *St. Peter* an den Strand schleuderte. Das Schiff war stark mitgenommen, die Segel wurden entkleidet, Takelage und Steuerruder zerbrochen und in der Außenhaut klaffte ein Loch, Wasser schwappte rein … Schließlich strandete die *St. Peter* auf einer Sandbank und bewegte sich dort nie wieder weg. Das Schiff bot einen trostlosen Anblick und die Gewissheit, dass der Proviant zur Neige ging, machte die Situation noch hoffnungsloser. Ein Teil der Fracht konnte immerhin noch an Land gerettet werden, doch die Vorräte, die auf dem Schiff blieben, wurden von Salzwasser durchnässt. Die Kisten, in denen das Schießpulver aufbewahrt wurde, zerbrachen und das Schießpulver mengte sich unter das Mehl, das bereits seit zwei Jahren in Ledersäcken gelagert wurde. Die Qualität des Mehls wurde dadurch mitnichten aufgewertet. Dennoch aßen sie es mutig weiter. Das durchnässte Schießpulver stellte jedoch einen noch herberen Schlag dar. Allein das feuchte Klima – der Nebel und der Schneeregen – erschwerten die Nutzung von Waffen und Schießpulver; nachdem nun das Pulver auch feucht war, fielen Feuerwaffen bei der Besorgung von Fleisch gänzlich aus und sie mussten auf andere Tricks zurückgreifen.

Steller, den man nun wirklich nicht mehr für seine zu kurz gekommene Forschungsreise bemitleiden muss, demonstrierte in dieser Situation positives Denken. So habe ihm zufolge »der Sturm das Schiff vielleicht besser platziert, als es ihnen aus menschlicher Kraft gelungen wäre.« Zweifellos hätte es schlimmer kommen können. Der Sturm hätte das Schiff aufs offene Meer zerren können, wo es mitsamt aller Vorräte endgültig gänzlich verloren gewesen wäre. Dennoch hatten sie nun anstelle eines seetauglichen Schiffes ein auf einer Sandbank gestrandetes Wrack, mit dem sie so nicht mehr aufs Meer segeln konnten. Doch war es nicht zu ändern. Die Männer seufzten vor Erschöpfung. Zwei Tage lang erholten sie sich und erledigten nur das Nötigste: Essen kochen und die Kranken pflegen. Steller erkannte, dass Bering es nicht schaffen würde. Und er machte sich ernste Sorge um Waxell, denn wenn auch er stürbe, würde Hitrovo zum Kapitän aufsteigen. Steller war überzeugt, dass es dann zu einer verhängnisvollen Rebellion und Spaltung kommen würde. Er war sich sicher, dass Hitrovo nicht die einende und ermutigende Führungsfigur war, die sie in dieser schwierigen Lage brauchten. Mit Sicherheit wäre es auch Steller selbst schwergefallen, sich Hitrovos Befehlen zu beugen. Sein negatives Bild von Hitrovo ist geradezu amüsant. Während Waxell in seinen Memoiren schreibt, dass der arme Hitrovo derartig vom Skorbut außer Gefecht gesetzt war, dass er sich kaum auf den Beinen halten konnte, litt Hitrovo nach Stellers Diagnose schlicht an Faulheit. Sicher scheint, dass Hitrovo aufgrund seiner Fehler in der Vergangenheit allgemein unbeliebt war. Wahrscheinlich fühlte er sich deshalb in der Unterkunft der Mannschaft nicht wohl und bat um Unterschlupf in der Stube von Stellers Gruppe. Die Bitte wurde unter Berufung auf Platzmangel abgelehnt, obwohl später sehr wohl noch Platz für zwei Diener Berings gefunden wurde, als Bering auf seinem Totenbett darum bat.

Kapitänswechsel

Am 8. Dezember morgens um fünf Uhr verstarb Bering. In den letzten Wochen wollte er keinerlei Gesellschaft mehr, sondern bat lediglich darum, allein sein zu dürfen. Sein Körper lag zum Teil unter Sand bedeckt, da die Wände der Erdgrube auf ihn gerieselt waren. Die Hilfe der Männer lehnte er dennoch ab: »Je tiefer in der Erde ich liege, umso wärmer ist mir.« Und so mussten sie Bering zunächst ausgraben, bevor sie ihn begraben konnten.

Steller pflegte Bering nach besten Fähigkeiten und Möglichkeiten. Der aufbrausende, seiner Forschung verschriebene Wissenschaftler hatte sich offenbar zum geduldigen und fürsorglichen Arzt entwickelt. Zugleich versuchte er in seiner Funktion als Pfarrer seinen im Sterben liegenden Mitmenschen Trost zu spenden. Während es auf der Reise Zeiten gab, als Bering und Steller kaum miteinander gesprochen hatten, wurde Steller in der Not zu Berings engstem Vertrauten. Im letzten Monat vor seinem Tod pflegten die Männer offensichtlich ein gutes Verhältnis zueinander und unterhielten sich über alles Mögliche. Die Uneinigkeiten aus der Zeit auf See gerieten dabei zusehends in Vergessenheit. Steller schreibt, dass Bering seinen eigenen Worten zufolge dankbar für das Leben war und sich glücklich schätzte.

Steller bewunderte die Gelassenheit, mit der Bering dem Tod entgegensah, und dass er bis zum Ende seinen klaren Verstand und seine Sprache bewahren konnte. Er sah in Berings Sterben sogar eine Art Erhabenheit, oder wollte diese zumindest sehen: »Es gab vielleicht keinen treffenderen Ort, um sich auf die Ewigkeit vorzubereiten, als dieses Totenbett unter der Weite des Himmels.« Für den frommen Pietisten war diese materielle Armut würdevoll und für einen Menschen, der seine Kraft aus der Natur schöpft, fühlt sich ein Tod unter freiem Himmel umgeben von Natur richtig an. Vielleicht stellte Steller sich vor, wie auch er Gott in jenen kargen, bescheidenen Verhältnissen näherkam. Berings Tod war jedoch auch von Leid geprägt, gesteht Steller, wobei er alle Erhabenheit vergisst und die vielfältigen Beschwerden seines Patienten aus der Sicht des Arztes ungeschönt beschreibt. Geschwollene Beine, Fieber, entzündete Gedärme, Sekrete und triefende Wunden. Die von Steller beschriebenen Symptome wurden später teilweise auch zur Aufklärung von Berings Todesursache herangezogen.

Nach Stellers Einschätzung hätte Bering überlebt, wenn er nur unter Leute gekommen wäre, an einen warmen und geschützten Ort mit einer anständigen Mahlzeit. Er stellte fest, dass Bering »eher an Hunger, Kälte, Durst, Ungeziefer und Trauer gestorben ist als an irgendeiner Krankheit«. In seinem Brief an Gmelin beklagt Steller den »jämmerlichen Tod«, der Bering zuteilwurde, »unter offenem Himmel und von Ungeziefer gefressen«. Auch Waxell erinnerte sich schwermütig an Berings bedrückenden Tod, an die letzten Tage, an denen Bering in der Kälte und halb unter Sand begraben lag. Das Mitgefühl und die Anteilnahme, die in Waxells Memoiren mitschwingen, zeigen deutlich, wie sehr Bering von seinen Untergebenen geachtet und geschätzt wurde. Dies bestätigt Steller in seinem kleinen Nekrolog, den er in seinem Tagebuch verfasste. Dort erzählt er nicht nur von Berings Leben, sondern dankt ihm auch für seine Christlichkeit, seine Gerechtigkeit, seine Besonnenheit und Milde. Er schreibt, dass Bering bei seinen Untergebenen ebenso beliebt war wie bei der Obrigkeit.

Allerdings kann man Bering seine Milde auch zum Vorwurf machen: Er vertraute zu sehr auf seine Untergebenen und hörte sich deren Meinungen an, obwohl ihnen das Wissen, die Fähigkeiten und die Erfahrung fehlte. In seiner Kritik nennt Steller keine Namen, aber ganz gewiss dachte er dabei an Waxell und Hitrovo: »In den gewaltigen Sumpfgebieten in Ochotsk und Kamtschatka unterstützte Bering die anderen, die sich so schwer auf ihn stützten, dass er selbst versank.« Bering war ein besonnener Mann, was ihm gerade die Nachwelt als Schwäche auslegte. Vielleicht zeichnete sich Berings Charakter am ehesten dadurch aus, dass die Sicherheit seiner Mannschaft für ihn oberste Priorität hatte und er deshalb versuchte, unnötige Risiken zu vermeiden. Es erscheint ungerecht, dass ausgerechnet ein solcher Kapitän so ungeheuer viele Männer aus seiner Mannschaft verlor.

Waxells und Hitrovos Vorschlag, die Küste Amerikas abzutasten ebenso wie Hitrovos Bootsabenteuer verzögerten die Rückreise auf verhängnisvolle Weise. Hätte Bering den Mut und die Kraft besessen, allein über die Route und den Zeitplan der Rückreise zu entscheiden, wäre die *St. Peter* wahrscheinlich im Herbst in Kamtschatka angekommen. Er befolgte jedoch die Anweisungen der Admiralität, seine Entscheidungen gemeinsam mit seinen Offizieren zu treffen. Zu allem Überfluss hatte Bering auf seiner Reise, eigentlich auf seinen beiden Forschungsreisen, ungewöhnlich viel Pech.

Merkwürdig ist allerdings, dass bei der Beerdigung nicht Steller die Grabrede hielt. Schließlich war er Pfarrer. Diese Aufgabe übernahm Waxell, der zu diesem Zeitpunkt so weit genesen war, dass er sich wieder auf den Beinen halten konnte. Vielleicht sah man dies als Aufgabe des Kapitännachfolgers an, oder möglicherweise wollte Steller die Aufgabe an Waxell abgeben. Er war jedenfalls nicht zufrieden mit dessen Rede, in welcher dieser konstatierte, dass Bering »als reicher Mann gestorben war, aber wie ein Gottloser begraben wurde«. Das klingt in der Tat seltsam, ja geradezu pietätlos. Aber vielleicht wollte er zum Ausdruck bringen, dass Berings Begräbnis in ungeweihte Erde einer unbewohnten Insel dem Leben eines noblen Christen nicht gerecht würde. Steller interpretierte den Gedanken anders und hätte sich wohl eine Entschuldigung von Waxell gewünscht.

Im Jahr 1991, genau 250 Jahre nach Berings Tod, wurde sein Grab wieder geöffnet. Eine russisch-dänische Expedition von Archäologen und anderen war mit der Aufgabe betraut, die sterblichen Überreste des Kapitänkommandeurs zur Untersuchung nach Moskau zu bringen. In den Nachbargräbern wurden fünf weitere Leichen gefunden. Man versuchte, diese zu identifizieren. Es wurden medizinische Untersuchungen durchgeführt, um das Alter der Verstorbenen zu schätzen. Außerdem wurden die von Steller beschriebene Positionen der Gräber zu Rate gezogen. Die übrigen sterblichen Überreste, hatte offenbar das Meer bereits abgetragen. Berings Grab wies auch tatsächlich eine Ehrerweisung an den Kapitän auf: Bering ist der einzige, dem die Männer einen hölzernen Sarg gezimmert hatten. Allerdings ist er etwas knapp geraten, so dass die Leiche krumm reingelegt werden musste. Zudem wurde er tiefer begraben als die anderen. Ein Jahr später, im September 1992, wurde Bering erneut begraben.

Im Gegensatz zum ersten Begräbnis fiel dieses pathetisch und feierlich aus. Honoratioren sowohl aus Dänemark als auch aus Russland nahmen teil. Nach der militärischen Zeremonie in Petropawlowsk wurden die Särge mit einer Fregatte der Küstenwache auf die Beringinsel überführt. Die Gräber wurden höher am Hang angelegt, so dass die Brandung oder die sich im Tal windenden Flüsse zumindest in naher Zukunft keine Gefahr mehr darstellen. Lutherische und orthodoxe Kreuze markieren heute die Grabstellen.

Woran ist Bering also gestorben? Laut pathologischen Untersuchungen und Stellers Darstellung hatte Bering vielerlei Beschwerden, von denen Skorbut nur eine war. Seine Zähne waren allerdings fest, was darauf hindeutet, dass der Skorbut noch nicht das tödliche Stadium erreicht hatte. Zweifellos hatte er jedoch Berings Kondition geschwächt. Anfangs musste er ein Mann von guter körperlicher Verfassung gewesen sein; anhand seiner Maße lässt sich rekonstruieren, dass er einen kräftigen Körperbau hatte, etwa wie ein Gewichtheber. Frost spekuliert in seiner Bering-Biografie, ob das gemalte Portrait von dem Kapitänkommandeur vielleicht doch seinen gleichnamigen Großonkel darstellt. Denn der Mann auf dem Bild ist schlichtweg übergewichtig und ein Lebemann. Wie dem auch sei, nach Einschätzung der Ärzte hatte Berings Herz versagt. Keine sonderlich überraschende Todesursache für einen knapp 60-Jährigen, auf dessen Schultern die Last einer der größenwahnsinnigsten Expeditionen der Geschichte gelegen hat. Ein Herz kann bereits aufgrund geringerer Belastung versagen.

Allen Widrigkeiten und Todesfällen zum Trotz schien ein Überleben auf der Insel möglich zu sein. Ende Dezember befand sich auch der Logbuchführer Jušin nach eigenen Angaben auf dem Weg der Besserung. Anfang des neuen Jahres starben noch zwei Männer. Der Purser Ivan Lagunov, der am 7. Januar verstarb, ist das letzte Opfer des Skorbuts. Gegen Ende des Monats waren alle wieder auf den Beinen und konnten zumindest leichte Tätigkeiten ausführen.

Waxell wurde indes von Steller hingebungsvoll gepflegt, bekam nahrhafte Suppen und unter dem Schnee ausgegrabene Kräuter. In seinen Memoiren spricht er Steller höchstes Lob aus. Er bezeichnet ihn als »ausgezeichneten Botaniker«, der »Pflanzen sammelte und uns Pflanzen zeigte, aus denen wir entweder Getränke zubereiteten oder sie verzehrten und durch deren Verzehr wir eine deutliche Verbesserung unserer Gesundheit feststellten«. Er betont, dass kein einziger Mann völlig gesundete, ehe er etwas Grünzeug zu essen bekam. Reichliche Mengen an Salat gab es jedoch erst im Frühling.[14] Waxell mag sich mit dem Gedanken herumgeschlagen haben, ob es mehr Überlebende gegeben hätte, hätte er Stellers Bitte auf Shumagin Island entsprochen und einen bedeutenderen Vorrat an frischem Grünzeug auf dem Schiff angelegt.

Doch auch Steller findet anerkennende Worte für Waxell. Er berichtet, wie dessen »ständigen Bemühungen und freundschaftliche Ermutigungen« die Arbeiten am Laufen hielten. Der vierzigjährige Waxell hatte sich seine Anerkennung redlich verdient. Selten musste jemand das verantwortungsvolle Amt als Kapitän unter so schwierigen Vorzeichen antreten – in einer unbewohnten Gegend, ohne zu wissen, wo man sich befindet, mit einem Schiff, das wie ein Kadaver am Strand lag, ein Großteil der Mannschaft ebenso krank wie er selbst, einige sogar im Sterben liegend, andere bereits tot. Waxell selbst berichtet später, wie sie »entschlossen ihre Lebhaftigkeit und Tapferkeit aufrechterhielten und versuchten aus ihrem Gefängnis ein Zuhause zu machen«. Als sie auf der Insel strandeten, hat Steller sofort erkannt, dass vor ihnen ein harter Überlebenskampf lag, bei dem der Erhalt der Hoffnung von zentraler Bedeutung sein würde. Und das setzt wiederum einen guten Gemeinschaftssinn voraus. Stellers Überzeugung wurde in seiner Ansprache an den Kosaken Lepihin deutlich. Dieser beklagte sich, sie seien aufgrund Stellers Verschulden auf der Insel gestrandet. Steller ging nicht auf die Vorwürfe ein, sondern ermahnte die Leute, zu teilen und sich gegenseitig zu helfen.

Während auf dem Schiff eine strenge Hierarchie herrschte, erforderten der nackte Überlebenskampf, diese zu lockern und einen Gemeinschaftssinn zu entwickeln. Im Grunde hatte dieser Kampf bereits an Bord des Schiffes begonnen, als Skorbut und Stürme wüteten und Steller auch tatsächlich bereits einfache Matrosenaufgaben übernahm. An Land machte er genauso weiter, indem er tatkräftig als gutes Beispiel voranging. Die anderen sahen, wie sich in seiner Gruppe alle in die Aufgaben einbrachten, wie Entscheidungen gemeinsam getroffen wurden und wie sie so die täglichen Aufgaben zusammen meisterten. Aber auch Waxell und Hitrovo brachten beispielsweise ihre privaten Essensvorräte in die Gemeinschaftskiste ein. Auf der Insel entstand eine Art Kolchos zweihundert Jahre vor den Kolchosen der Sowjetzeit.

Die Demokratie stärkt das Gefühl der Zugehörigkeit, wobei gerade der Respekt, der jedem Einzelnen entgegengebracht wird, eine zentrale Rolle spielt. Steller schreibt, dass die Männer beschlossen, ihre Spitznamen abzulegen und sich stattdessen respektvoll mit Vor- und Nachnamen anzureden und »bald stellten wir fest, dass Pjotr Maximovič sich beherzter an die Arbeit machte als Petruška«. Vielleicht erinnerte sich Steller an die Kollektivarbeit der Fischer, denen er am Baikalsee begegnet war. In seinem Reisetagebuch über Sibirien schildert er begeistert, wie die Fischer ihr Geld zusammenlegten, um die nötige Ausrüstung zu beschaffen. Wie jeder seiner Arbeit nachging und der Gewinn später untereinander aufgeteilt wurde. Sie waren umgänglich, freundlich und höflich zueinander, lobt Steller, beteten sogar vor und nach ihren Mahlzeiten und aßen in Stille …

Als über das Schicksal des Schiffes und bevorstehenden Maßnahmen beraten werden sollte, rief Waxell alle zusammen. Nach der Versammlung wurde der Plan schriftlich festgehalten und alle konnten den Vorschlag entweder unterschreiben, oder aber ihre abweichende Meinung darauf vermerken. Im April, als die endgültige Entscheidung über die Zukunft gefällt wurde, hielt Waxell eine Rede, in der er erneut an den Gemeinschaftssinn appellierte: Sie alle hätten den gemeinsamen Wunsch, lebendig von der Insel weg zu kommen. Um dieses Ziel zu erreichen, müssten sie sich gegenseitig helfen. Wenn jeder das tut, was er kann, wird Gott ihnen seinen Segen geben, denn »Gott hilft denen, die sich selbst helfen«. Waxell spricht offenbar klar mit Stellers Worten. Die schiffbrüchigen Männer saßen nicht nur sprichwörtlich im selben Boot – Ende des folgenden Sommers sogar wieder wortwörtlich.

Der Alltag der Schiffbrüchigen

Die Prioritäten begannen sich allmählich zu ändern, schreibt Steller. Als ihnen bewusstwurde, dass sie die Erdgruben im verschneiten Flachland noch für längere Zeit bewohnen würden, gewannen einige Gegenstände an Wert, während andere überhaupt nicht mehr wichtig waren. Auf Nähzeug beispielsweise wurde geachtet, ebenso auf Äxte und Messer. Dagegen wurden die feinen Uniformen zu Arbeitshemden und -hosen umfunktioniert. Steller schildert, wie die Menschen in allerlei Näh- und Reparaturarbeiten immer geschickter wurden, so dass sie mit diesen Handwerken geradezu ihr Brot hätten verdienen können, etwa als Schuster oder Schneider. Er selbst war stolz auf seinen Mantel, den er aus dem Leder von Robbenbabys selbst genäht hatte.

Zu ihrer ›Kolchose‹ gehörten fünf Gebäude, von denen vier direkt aneinandergereiht waren. Im nördlichsten Gebäude wohnte Waxell mit seinem Sohn, Hitrovo sowie fünf weiteren Männern. Das Nachbargebäude war eine Wohnung, die unter der Leitung eines Matrosen erbaut worden war und in der ein Dutzend Männer lebten. In Stellers Hütte wohnten zehn Männer, von denen neben ihm selbst noch fünf weitere aus dem Ausland stammten. Ihre Nachbarn waren der Bootsmann Ivanov und der Logbuchführer Jušin sowie zwei weitere Männer. Etwa 150 Meter entfernt befand sich ein Gebäude für Matrosen und Soldaten. Der dort untergebrachte Owzyn hatte mit Berings Tod seinen Adjutanten-Titel verloren und nun wieder den Rang eines einfachen Matrosen, obwohl er ein Anwärter auf Berings Nachfolge gewesen wäre.

Jeder Haushalt war selbst für Verpflegung und Feuerholz verantwortlich. Um die Beschaffung kümmerte sich eine Arbeitsbrigade von fünf bis sechs Männern, da sowohl die Jagd als auch der Holztransport Zusammenarbeit erforderten. Ohne Schusswaffen mussten die Beutetiere mit vereinten Kräften gejagt, umstellt sowie erlegt werden. Das Treibholz von den Stränden zum Lager zu befördern, war harte Arbeit. Das Holz war von einer bis zu einem Meter dicken Schneedecke bedeckt, so dass sie es zuerst mühsam suchen und freilegen mussten. Steller schreibt, dass sie das Holz in der Nähe des Lagers bereits in der Bauphase der Unterkünfte verwendet hatten, so dass sie im Dezember das Brennholz aus vier Kilometern Entfernung herbeischaffen mussten. Bereits im Januar und Februar wuchs die Strecke auf sechs bis sieben Kilometern und im März gar auf bis zu 15 bis 16 Kilometer an. Als im April der Schnee schmolz, erleichterte sich ihre Situation, da das Holz nun einfacher gefunden werden konnte. Zudem bedienten sie sich auch an dem zerstörten Schiffswrack. Während die einen also mit der Besorgung von Fleisch und Feuerholz beschäftigt waren, kümmerten sich die Köche im Lager um die Zubereitung der Speisen. Steller ging in seiner Rolle als Koch auf und Lepihin übernahm für seinen Wirt vielerlei andere Aufgaben im Lager, trug Wasser herbei und erledigte den Abwasch.

Gemeinschaftlichkeit, eine funktionierende Kommune, Handwerk – dies hört sich geradezu utopisch an. Doch so wunderbar war das Leben auf der Beringinsel wohl doch nicht und das lag nicht allein an der rauen Natur. Alle persönlichen Verwerfungen und düsteren Gefühle wurden gewiss nicht niedergeschrieben, die kleineren hat man wohl vergessen, größere wollte man vergessen. Doch mindestens ein Phänomen erschütterte den Gemeinschaftssinn im Lager der Kommandeursbucht und davon berichtet Steller. Er merkt an, dass sie sich kaum vom Skorbut erholt hatten, als die Männer schon von der nächsten heimgesucht wurden. Und diese Krankheit war das Glücksspiel. Die Männer begannen nämlich in ihren Stuben Karten zu spielen. Von außen betrachtet scheint es nur verständlich, dass in diesen bedrückenden Winternächten der Wunsch nach einem Zeitvertreib wie dem Kartenspiel entbrennt. Und niemand kann schließlich rund um die Uhr schlafen und auch die vielen Haushaltsaufgaben waren irgendwann einmal erledigt. Was sollte man also an jenen Tagen tun, wenn die Schneestürme so heftig waren, dass man sich draußen nur auf allen Vieren vorwärtsbewegen konnte? Die Stürme können tagelang andauern. Womit soll man sich in diesen engen, schummrigen Räumen beschäftigen, außer mit dem Stopfen von Kleidung, dem Reparieren von Werkzeugen, mit Geplauder und Teetrinken … Steller laß und schrieb, aber die Seeleute waren derartige Unterhaltung nicht gewohnt. So in etwa verteidigt Waxell das Verhalten. Er erwähnt Steller nicht namentlich, berichtet jedoch, dass es Kritik am Kartenspiel gegeben habe, er aber das Spielen dennoch nicht verbieten wollte. Ganz im Gegenteil: Er begrüßte es, dass die Männer einen Zeitvertreib gefunden hatten, der ihnen über die Melancholie des Alltags hinweghalf. Steller seinerseits gibt zu verstehen, dass Waxell und Hitrovo deshalb nicht in den Spielwahn eingegriffen haben, weil sie selbst daran teilnahmen. Das mag durchaus stimmen. Daneben dürfte Waxell um sein Ansehen gefürchtet haben. Denn vermutlich hätten sich die Männer über ein Verbot einfach hinweggesetzt. Und vielleicht war das Kartenspiel in seinen Augen auch tatsächlich nur ein harmloser Zeitvertreib …

Doch nach Stellers Meinung war gerade die Unverhältnismäßigkeit das Problem. Auch wenn das Glücksspiel für den Pietisten eine Sünde darstellte, machte er seine Kritik eben nicht daran fest. Vielmehr sorgte er sich über die konkreten Folgen. Denn seiner Ansicht nach waren die Männer schlicht spielsüchtig – »man hört nichts anderes mehr als Gerede darüber, wie der und der wieder 100 Rubel gewonnen hat und wie der und der wieder so und so viel verloren hat«. Bei all der Begeisterung für das Spiel blieben nicht nur wichtige Aufgaben unerledigt. Es kam auch zunehmend zu Meinungsverschiedenheiten, ja sogar Schlägereien. Und was das Schlimmste war: Als die Männer ihr gesamtes Geld verspielt hatten, nahmen sie Pelze der Seeotter als Einsatz. Es kam sogar zu Diebstählen. Steller bedauerte die armen Otter, die unnötig getötet wurden, nur wegen ihres Pelzes. Seine Sorge war mitnichten unbegründet, denn die Folgen waren gravierend.

Otterfleisch war nämlich während der Wintermonate das Hauptnahrungsmittel der Männer, da es kaum alternative Nahrungsquellen gab. Daher jagten sie zunächst nur so viele Otter, wie sie zum Essen benötigten. Für das Leder hatte man wenig Verwendung und auch der Geldwert hatte keine Bedeutung, da sie sich fernab von Menschen befanden. Daher überließen sie die Häute anfangs den Polarfüchsen, die sie zerfetzten … Bis das Glücksspiel Einzug hielt und die Tiere reihenweise erschlagen wurden, nur um ihnen das Fell über die Ohren zu ziehen. Das Fleisch warfen die Männer nunmehr weg oder überließen es den Polarfüchsen zum Fraß. Die zunächst so forschen Otter wurden durch das Abschlachten zunehmend scheu und schon bald begann die Anzahl der Tiere, die in der Nähe des Lagers lebten, abzunehmen. Im Laufe der Wochen mussten die Männer ihr Jagdgebiet immer mehr ausweiten, was die Nahrungsbeschaffung nicht nur erschwerte, sondern aufgrund der unvorhersehbaren Schneestürme auch gefährlich machte. Während sie noch im November und Dezember im Umkreis von drei bis vier Kilometern Otter finden konnten, mussten sie im Januar bereits sechs bis sieben Kilometer und im Februar gar Strecken von 20 bis 30 Kilometern zurücklegen. Im März und April waren die Seeotter nördlich des Lagers völlig ausgerottet. Sie mussten auf die südlicheren Teile der Insel ausweichen, was bedeutete, dass die Gestrandeten beschwerliche Hügellandschaft überqueren mussten. Und auch dort zogen sich schließlich die Wege hoffnungslos in die Länge.

Steller beschreibt, dass die Jagd anfangs einfach war, da die Strände voll von Ottern waren, die sich dort in aller Ruhe räkelten. Bald begriffen die Tiere jedoch, dass es sich bei den Menschen um Raubtiere handelte, die sich ihnen mit Stöckern und Knüppeln näherten. Die Otter wurden wachsam, geradezu schreckhaft und flohen vom Strand ins Meer. Während die Männer anfangs bei Windstille und Mondschein auf die Jagd gegangen waren, mussten sie später im Schutz der Dämmerung und bei schlechtem Wetter ausrücken, wenn die Otter sie nicht so leicht wittern konnten. Zudem mussten sie mit mehreren Männern auf die Jagd gehen, um die Otter zu umzingeln und ihnen den Weg abzuschneiden. Schusswaffen konnten sie ja nicht mehr benutzen, da das Schießpulver durchnässt und somit unbrauchbar war. Wie Steinzeit-Jäger mussten sie die Beute mit dem Knüppel erlegen. Trotz allem unterhielten die Männer ihr Glücksspiel den ganzen Winter über bis in den Frühling hinein. Berings Mannschaft lieferte einen eindrucksvollen Beweis dafür, dass der Mensch Unterhaltung und Vergnügung braucht, auch wenn dadurch der eigene Lebensunterhalt oder sogar das Leben auf dem Spiel steht.

Steller beobachtete das Leben der Seeotter und dokumentiert es sehr genau. Er schildert die Verspieltheit der Otter, ihre atemberaubende Gelenkigkeit und Geschwindigkeit, ihre Bewegungen im Wasser und an Land, ihre Gestik und Mimik.[15] Vor allem der familiäre Bund der Seeotter rührte Steller. Er schreibt, wie sie ihre Kinder »mit einer solchen Zärtlichkeit in den Arm nehmen, die man kaum beschreiben kann, sie spielen miteinander und umarmen und küssen einander wie Menschen«. Und er schwärmt von den Muttertieren, die ihre Jungen niemals im Stich lassen. Bei drohender Gefahr versucht die Mutter ihr Junges mit sich zu tragen und wenn es ihr nicht gelingt, stirbt sie lieber gemeinsam mit ihrem Jungen, als sich allein in Sicherheit zu bringen. Wenn ein Otter einen Schlag mit dem Stock erhalten hat und zu Boden gefallen ist, verdeckt das Tier mit den Vorderpfoten seine Augen, so als wolle er seinen Mörder nicht sehen. Und wenn es tot ist, liegt es mit den Vorderpfoten auf der Brust, genauso wie Menschen ihre Toten aufbahren. Steller schreibt, dass er sich einen Otter als Haustier mitgenommen hätte, wenn er Tiere von der Beringinsel hätte mitnehmen können. Er war davon überzeugt, dass diese liebenswürdigen und geselligen Tiere leicht zu zähmen wären, so erstaunlich furchtlos sie anfangs waren, als die Männer auf die Insel kamen. »Was seine Schönheit und seinen Pelz angeht, ist der Seeotter unübertroffen«, versichert Steller und unterstreicht noch einmal: »Es gibt keinen Vergleich, er übertrifft alle anderen Arten des Ozeans, er ist auf Platz eins, was die Schönheit und Geschmeidigkeit seines Pelzes angeht ...«

Abb. 10: Ein Anblick, der Steller bewegte. Eine Seeotter-Mutter säugt ihr Junges, während sie an der Wasseroberfläche treibt.

Neben der Schwärmerei schreibt Steller auch von den Methoden der Otterjagd und den Pelzpreisen in Russland und China. Außerdem führt der Wissenschaftler mit den Seeottern Versuche durch und berichtet darüber. In Grzimeks Buch findet sich ein solches Kapitel, das aus Stellers Feder stammt:

> »Ich nahm ein paar Mal den Weibchen ihre Jungen weg, aber ihnen selbst habe ich nichts getan. Sie jammerten dann so kläglich wie Menschen und als ich zwei lebendige Jungen mit mir nahm, folgten mir die Muttertiere von Weitem wie Hunde und riefen laut nach ihren Jungen, was an das Weinen eines kleinen Kindes erinnerte. Als die Jungen die Stimmen ihrer Mütter hörten, antworteten sie mit dem gleichen weinenden Ton. Ich setzte mich in den Schnee und dann kamen die Muttertiere ganz nah, um ihre Jungen mitzunehmen, die ich mit meiner Hand im Schnee abgesetzt hatte. Als ich acht Tage später wieder in die

Gegend kam, wo ich den Müttern die Jungen weggenommen hatte, fand ich am gleichen Platz ein sehr betrübtes Weibchen. Ich tötete es und es machte keine Anstalten zu fliehen. Nachdem ich es erschlagen hatte, stellte ich fest, dass das Tier innerhalb von acht Tagen so stark abgenommen hatte, dass die Knochen nur noch von Haut bedeckt waren. Dasselbe ist noch ein paar Mal passiert.«

Der Wissenschaftler hat recht: Seeotter sind ausgesprochen fürsorgliche Muttertiere. Es wurde beobachtet, dass sie sich so hingebungsvoll dem Wohlergehen ihrer Jungen widmen, dass einige Muttertiere sich von den Strapazen der Aufzucht nicht mehr erholen. Da Seeotter nicht über eine Fettschicht wie die Robben verfügen, haben sie keinerlei Reserven für Hungerzeiten. Dies gilt besonders für die Zeit, wenn sie den Nachwuchs säugen. Seeotter leben in Verhältnissen, die dem Nachwuchs viel abverlangen und deshalb wird auch den Müttern viel abverlangt. Und so vermehren sie sich nur langsam, sie bekommen nur alle zwei Jahre ein Nachwuchs.

Einerseits stellt Steller als Wissenschaftler derlei Beobachtungen an, doch wie handelt er? Der russische Historiker Leonid Passenjuk schreibt von dieser nicht so sympathischen Seite Stellers. Ihm zufolge hatte bereits ein anderer Historiker angemerkt, dass Steller zwar ein erstklassiger Naturforscher war, als Mensch jedoch unmoralisch. In seinem Buch, das in den 1970er Jahren erschien, verteidigt Passenjuk Steller:

> Er hat Tiere gequält. Nun, was soll man darum ein Geheimnis machen, er hat sie gequält. Jedoch nicht zum Vergnügen, sondern er hat ihr Verhalten beobachtet und darüber Aufzeichnungen gemacht. Die fraglichen Aufzeichnungen gaben späteren Moralisten Anlass dazu ihn herunterzuputzen – und gleichzeitig dabei außer Acht zu lassen, dass er Mitte des 18. Jahrhunderts gelebt hat! Damals kam es niemandem in den Sinn, darüber nachzudenken, ob es moralisch richtig war, Kaninchen für Tierversuche zu missbrauchen. Heute denken wir darüber nach. Und sind uns der Tatsache bewusst, dass Versuchstiere immer noch gequält werden.

Steller bringt gegenüber den Seeottern auch demütige Dankbarkeit zum Ausdruck. Er schreibt, dass diesem Tier Wertschätzung gebührt, da es der Mannschaft über Monate hinweg als nahezu einzige Quelle sowohl für Nahrung als auch den Kranken für Medizin gedient habe. Seiner Meinung nach schmeckt das Fleisch der Seeotter ausgesprochen gut, vor allem das Fleisch der Weibchen und Jungtiere sei zart wie Lammfleisch. Nicht alle teilten seine Einschätzung. Bering lehnte Seeotterfleisch kategorisch ab und die meisten würgten es aus Mangel an Alternativen irgendwie hinunter. Laut Waxell musst man das Fleisch wie eine Schuhsohle kauen, bevor man ein Stück schlucken konnte. Er merkt auch finster an, dass sie aus Mangel an Feuerholz oft gezwungen waren, das Fleisch roh zu essen. Er hatte natürlich keine Ahnung, was für einen Segen dies für die Heilung vom Skorbut bedeutete! Steller schien sich dagegen für so ziemlich alles zu begeistern, das ihm an Essbaren in den Topf kam. Das Tagebuch des Naturforschers beinhaltet hingebungsvolle Beschreibungen von Geschmackserlebnissen, die ihm verschiedene Tiere bereiteten.

Ende Januar gelang es ihnen, in der Nähe des Lagers eine junge Robbe zu erschlagen, deren Fleisch jedoch allen schmeckte. Zur selben Zeit fanden sie einen gestrandeten toten Wal. Sein Fleisch war zwar schon leicht verfault, konnte jedoch noch gegessen werden. Von diesen Reserven zehrten sie noch lange Zeit. Daneben erhielt jeder gleichsam als tägliche ›Delikatesse‹ fünf Stücke Brot. Es waren einfache Happen, für deren Herstellung man den Teig zwei Tage in einem hölzernen Kübel gären lässt und die Brötchen dann in Tran brät. Das Wort Delikatesse muss man also unter Anführungszeichen setzen. Nicht zuletzt, da die Zutaten für den Teig nämlich aus dem vorher erwähnten Lager des Schiffsraums stammten. Das Mehl war nicht nur alt, sondern auch mit Meerwasser, Schießpulver und allerlei anderen Partikel vermengt. Laut Steller war es »besser, den Inhalt nicht genauer zu analysieren«. Es dauerte seine Zeit, bis die Männer sich an die hausgemachte Backware gewöhnten, da sie anfangs so starke Blähungen verursachte, dass die Bäuche der Männer »wie Trommeln« aufquollen. Waxells 12-jähriger Sohn wurde übrigens nicht zu den Männern gezählt, so dass Waxell seine Portion mit seinem Sohn teilen musste. In seiner eigenen Reiseschilderung erwähnt Waxell seinen Sohn nur einmal und zwar genau in diesem Zusammenhang.

Als Getränk nahmen die Männer »Tee« zu sich, dessen Hauptzutat die Zweige der Krähenbeere waren. Krähenbeerenbüsche gab es auf der Insel zur Genüge und da es ein immergrünes Gewächs war, fand es sich gerade an windigen Plätzen, an denen kaum Schnee lag. Waxell berichtet auch von einem Festtagsgetränk, das er einmal der ganzen Mannschaft serviert habe. Dieses sibirische Getränk namens *Saturna* wurde traditionell »aus guter Butter, feinem Weizenmehl und Tee« zubereitet. Das Mehl wir schnell in Fett angeschwitzt, bis es braun wird. Anschließend gießt man die labbrige Masse mit Tee auf, den man konstant kochend einrührt, bis die Flüssigkeit dick und trübe wie etwa Kakao wird. »Es ist ein gutes und sättigendes Getränk«, lobt Waxell. Er hatte allerdings nicht die Zutaten, die das Rezept vorsah, war aber ein kreativer Koch und verwendete anstelle von Butter aus Walfett ausgekochtes Fischöl und anstelle von Weizenmehl verunreinigtes Roggenmehl. Die Zweige der Krähenbeere ersetzten die Teeblätter. »Alle genossen das Getränk und waren fröhlich und gutgelaunt und niemand wurde vergiftet. Und so verbrachten wir den Rest des Tages bis Mitternacht.« Offenbar war es keine Kunst, den anspruchslosen Seeleuten einen Genuss zu bereiten. Es wird auch nicht ersichtlich, ob Waxell meinte, dass sein Getränk ungefährlicher war als Alkohol und deshalb niemand »vergiftet« wurde oder, ob er erleichtert war, dass das Gebräu niemandem den Magen verdarb …[16]

Vor seinem Tod konnte Bering noch zwei Gruppen auf eine Exkursion schicken, um die Lage der Schiffbrüchigen in Erfahrung zu bringen. Die erste Gruppe blieb nur vier Tage weg und fand weder Anzeichen für menschliche Besiedlung noch Wald. Die zweite Gruppe schickte Bering eine Woche vor seinem Tod auf die Reise. Damals teilte er wohl schon Stellers Gewissheit, dass sie sich auf einer Insel befanden, wollte aber die Hoffnung der Männer am Leben halten. Diese Südost-Gruppe kehrte erst Ende Dezember mit ebenso mauen Ergebnissen zurück. Nun war es also an Waxell, eine weitere Truppe loszuschicken. Ende Februar brach Jušin mit vier weiteren Männern auf, um den Norden auszukundschaften. Nachdem sie über 60 Kilometer zurückgelegt hatten, gelangten sie auf eine Landzunge. Dort enden die steilen Felswände im Meer. Sie kehrten Anfang März zum Lager zurück.

Als nächstes wurde Ivanov, der Nachfolger des ersten Bootsmannes, der an Skorbut verstorben war, auf die Reise geschickt. Auf der Insel hatte er sich als einer der tüchtigsten Männer hervorgetan, was Waxell zu schätzen wusste. Ivanovs Gruppe brach am 15. März auf, diesmal in Richtung Süden. Sie kehrten vier Tage später zurück. Auch in diese Richtung haben steil abfallende Felsen ihre Reise schon bald beendet. Allerdings haben die Männer zwei bedeutende Beobachtungen gemacht. Zunächst haben sie gesehen, dass sich am Strand imposante Tiere versammelten, die auf Basis von Stellers Beschreibungen als Nördliche Seebären identifiziert wurden.

An dieser Stelle befand sich der sommerliche Paarungsort der Robben. Die Männchen waren schon eingetroffen, sie treffen nämlich stets vor den Weibchen ein. Sodann erkannten sie am Strand Teile eines Bootes, das sie selbst im vorangegangenen Winter in der Awatscha-Bucht gebaut hatten. Kamtschatka konnte also nicht sehr weit entfernt sein.

Ende März machte sich Ivanovs Gruppe noch einmal auf den Weg, diesmal über die Berge auf die gegenüberliegende Seite der Insel und im Anschluss weiter nach Norden. Wenn sie feststellen wollten, dass sie sich in Kamtschatka befanden, sollen zwei Männer den Weg bis zur Awatscha-Bucht fortsetzen und die anderen zurückkehren. Die Truppe kam bis zur nordwestlichen Halbinsel und kehrte am 6. April mit der »Neuigkeit« zurück, dass sie sich offenbar auf einer Insel befinden. Denn nun hatten sie alle Himmelsrichtungen ausgekundschaftet und es bestand in dieser Frage kein Zweifel mehr. Und dennoch gab es immer noch Leute, die die Hoffnung nicht aufgegeben hatten, auf Kamtschatka zu sein, notiert Steller. Aber die meisten akzeptierten den Gedanken, dass sie auf einer Insel gestrandet waren. Und auch ihre Vorstellung davon, wo sie sich befanden, wurde allmählich konkreter. Sie nahmen nunmehr an, dass ihre Insel gegenüber der Halbinsel Kronotsky vor Kamtschatka liegt.

Was die Entfernung angeht, lagen die Schiffbrüchigen mit ihrer Vermutung jedoch falsch. Steller schreibt, dass die Beringinsel sich in einer Meerenge zwischen Asien und Amerika befinde, die so schmal sei, dass man die amerikanische Küste innerhalb von drei bis vier Tagen erreichen könne, wenn man von der Awatscha-Bucht aus nach Nordosten segelt. Waxell schätzte die Strecke länger ein und tippt auf acht Tage. Steller bildete sich ein, bei klarem Wetter von einem hohen Hügel in der Nähe des Lagers aus auf der amerikanischen Seite Berge zu erkennen. Es handelte sich dabei allerdings um Wolken und die Meerenge zwischen den Kontinenten lag viel weiter im Norden.

Der Frühling rückt näher

Gegen Ende des Winters war die Schneedecke bereits vereist, was die Fortbewegung erleichterte. Auch die Tage wurden allmählich länger. Dennoch waren die Jagdausflüge keine Spaziergänge. Die Distanzen waren erheblich und die Wetterumschwünge ließen sich nur schwer vorhersehen. Steller berichtet von drei Exkursionen im April, bei denen die Männer im Lager bereits mit dem Schlimmsten für die Teilnehmer rechneten. Am 1. April brachen vier Männer aus Stellers Haushalt zur Jagd auf. Er selbst blieb im Lager. Die Exkursionstruppe geriet überraschend in einen gewaltigen Schneesturm, so dass sie nicht weiterkonnten. Der Nordwestwind toste und wirbelte die ganze Nacht Schnee auf, so dass sich die Schneewehen stellenweise bis zu zwei Meter hoch auftürmten. Einen solchen Sturm hatten sie auf der Insel noch nicht erlebt. Am Morgen beruhigte sich das Wetter allmählich und die Männer mussten sich aus den Schneewehen hervorgraben. Auch das Lager lag unter Schnee und Steller zufolge musste stundenlang Schnee geschaufelt werden. Gerade als die Männer aus ihren Buden kamen, kehrte die Jägertruppe ins Lager zurück. Steller schildert, dass die Männer mechanisch steif marschierten. Sie waren von der Kälte betäubt und unfähig zu sprechen. Der Assistenz-Chirurg Betge war schneeblind und sah nichts mehr. Ein Mann namens Sindt fehlte. Er war während des Sturms von den anderen getrennt worden. Sie fanden ihn erst Stunden später am Strand. Sein Zustand war noch schlechter als der der anderen. Sindt hatte die Nacht über am Ufer eines Baches gelegen, weshalb seine Kleidung festgefroren war. Er war so stark unterkühlt, dass Steller fürchtete, dass er seine Beine und Hände verlieren würde. Später konstatierte er jedoch, Gott habe ihn geheilt, so dass keine bleibenden Schäden entstanden. Auch Betge gesundete und erlangte nach acht Tagen seine Sehfähigkeit zurück. Steller war dankbar, denn zumindest hatte er Gott bei der Pflege der an Hypothermie leidenden Männer geholfen.

Auf der nächsten Jagd geriet Steller in einen ähnlichen Schneesturm. Bei ihm befanden sich Plenisner, Lepihin und einer von Berings Dienern. Zwar hatten die dramatischen Erlebnisse sie vorsichtig werden lassen, doch als ihnen das Fleisch ausging, mussten sie erneut auf die Jagd, wobei sie angenehmes und sonniges Wetter abwarteten. Als Beute erlegten sie so viele Otter wie sie tragen konnten. Aufgrund der großen Entfernung versuchten sie nicht, am selben Tag noch zum Lager zurückzukehren, sondern blieben am Lagerfeuer sitzen. Überraschend brach ein Schneesturm über sie herein und es schneite wie aus Kübeln. Der Kosake Lepihin rollte sich unter einer Schneewehe zusammen, Plenisner und der andere Mann versuchten sich warmzuhalten, indem sie hin und her liefen, obwohl sie sich aufgrund des Sturms kaum auf den Beinen halten können. Steller wiederum hockte auf der Stelle und ließ sich den Schnee um die Nase wehen, während er selbst Tabak paffte, um sich wie er schreibt »warmzuhalten und die Bitterkeit des Todes zu vergessen«. Der nächste Morgen war so finster, dass sich der Tag »kaum von der dunkelsten Nacht unterscheidet«. Die Männer irrten auf der Suche nach einem geschützten Ort tapsend umher. Schließlich fand Lepihin eine Höhle, die ihnen an den folgenden Tagen Unterschlupf bot. Hier vermochten sie ein Lagerfeuer zu unterhalten, der Rauch wurde durch ein Loch in der Decke nach draußen gezogen. Die Männer konnten sich aufwärmen und vermochten sich so von den Strapazen zu erholen. Da jedoch in der Zwischenzeit die Polarfüchse die von ihnen erlegten Otter geklaut und gefressen hatten, mussten sie sich vor dem Rückweg erneut auf die Jagd begeben.

Zur gleichen Zeit waren auch Jušin und vier weitere Männer auf der Jagd. Unter ihnen befand sich der Schreiner Sava Starodubtsov. Auch sie suchten in einer Höhle am Strand Schutz vor dem Sturm, aber während des nächtlichen Schneesturms stieg der Meeresspiegel an, so dass ihr Unterschlupf zur Falle wurde, der sie nicht entkommen konnten. Die Männer harrten eine geschlagene Woche ohne Essen und Feuerholz in dem steinernen Gefängnis aus, bis der Wasserspiegel wieder sank. Im Lager war man indes zur Auffassung gelangt, die ganze Gruppe sei ums Leben gekommen. In dieser Situation wurde der Schreiner Starodubtsov zum Inbegriff des Hoffnungsträgers. Man plante nämlich aus dem gestrandeten Wrack ein neues, kleineres Boot zu zimmern, mit dem man zurück in den Heimathafen segeln wollte. Die Mannschaft hatte allerdings die drei anderen Schreiner an den Skorbut verloren. Der junge Starodubtsov war daher der Einzige, der die nötigen handwerklichen Fähigkeiten und Kenntnissen vom Schiffsbau besaß. Sein Tod hätte die Männer in ein tiefes Loch fallen lassen.

Als Waxell in der zweiten Januarhälfte wieder einigermaßen genesen war, ordnete er an, das Schiffswrack zu begutachten. Der neue Kapitän war sich im Klaren, dass die *St. Peter* Staatseigentum war und sie sich deshalb keine Nachlässigkeit erlauben durften. Entscheidungen, die das Schiff betrafen, erforderten einen breiteren Konsens. Mit dem Senat und der Admiralität war nicht zu spaßen, weshalb Waxell sich vergewisserte, dass die Entscheidungen gemeinsam getroffen und schriftlich festgehalten wurden. Bei der Begutachtung wurden die Schäden aufgelistet, die die *St. Peter* erlitten hatte. Eine Reparatur war aufgrund der schwerwiegenden Schäden aussichtslos. Alle unterzeichneten die Erklärung, nur Owzyn nicht. Vielleicht glaubte er tatsächlich, dass das Schiff noch zu reparieren war, oder er war auf Waxell sauer, der ihm nach Berings Tod den Rang eines Matrosen überlassen hatte. Wie dem auch sei, Owzyn fertigte eine schriftliche Gegendarstellung an, woraufhin eine weitere Versammlung abgehalten wurde. Waxells Autorität setzte sich durch, allerdings wurde beschlossen, eine weitere Prüfung vorzunehmen, wenn das Wasser aus dem Schiffsraum entfernt worden sei und die Schäden am Boden erkennbar würden.

Die Männer berieten aber auch über mögliche Maßnahmen, um nach Kamtschatka zu gelangen. Obwohl zu diesem Zeitpunkt einige wohl immer noch hofften, sich auf einer Landzunge Kamtschatkas zu befinden, setzte sich der Plan allmählich durch, ein kleineres Schiff zu bauen. Wenn man im Frühjahr mit den Abrissarbeiten und dem Schiffsbau beginnen würde, könnte man sich im Spätsommer auf den Weg machen. Anfang Februar schleuderte der Sturm und die Flut die *St. Peter* noch höher den Strand hinauf, wodurch die Demontage und der Neubau erheblich erleichtert wurde. Bis dahin musste das Vorhaben jedoch ruhen, den restlichen Winter verbrachten sie mit alltäglichen Besorgungen. Das bloße Überleben nahm ihre gesamte Kraft in Anspruch.

Die nächste Beratung über das Schicksal des Schiffes hielten sie Anfang April. Die Kartierungsexkursionen waren zwischenzeitlich erfolgt. Sie befanden sich unwiderlegbar auf einer Insel, weshalb sie den Plan wieder wegzukommen konkretisieren mussten. Owzyn hatte einige Männer aus seiner Hütte um sich geschart. Sie wollten die *St. Peter* reparieren. Die Mehrheit war nach wie vor anderer Meinung: mit dem leckenden Boden und den anderen Beschädigungen sei das Schiff nicht mehr zu reparieren. Außerdem war das Schiff so tief in die Sandbank eingesunken, dass man es unmöglich wieder ins Wasser schieben konnte. Um ein so großes Schiff zu bewegen, bedurfte es zumindest großer Baumstämme, die es auf der Insel jedoch nicht gab. Auch eine Fahrrinne für das Schiff zu graben, war von vornherein zum Scheitern verurteilt, denn die Flut würde den Kanal im Sand unterspülen, noch während sie ihn freizulegen.

Das Boot, mit dem sie an der Insel angelegt hatten, könnten sie freilich reparieren. Doch sie hielten es für zu klein für den stürmischen Ozean. Das Risiko, mit einem halben Dutzend Männer in die Tiefen des Meeres gezogen zu werden, schien ihnen zu hoch. Laut Waxell und der Mehrheit war folglich die einzig vernünftige Lösung, aus dem Wrack der *St. Peter* ein neues Schiff zu bauen. Kleiner als das alte, doch größer als das Ruderboot. Seine Worte waren zuversichtlich und die Entscheidung fiel letztlich sogar einstimmig: auch Owzyn unterschrieb den Vorschlag. Allerdings änderte dieser am nächsten Tag seine Meinung noch einmal und sie mussten eine weitere, eine letzte Versammlung abhalten, bei der die bereits gefällte Entscheidung bestätigt wurde.

Der junge Starodubtsov bewies bewundernswertes Selbstvertrauen, als er Waxell mitteilte, »wenn ihr mir die Maße nennt, baue ich euch ein solches Schiff, mit dessen Hilfe – sowie mit Gottes Hilfe – wir sicher ans Ziel segeln werden«. Man muss bedenken, dass er bisher lediglich als einfacher Arbeiter unter Spangbergs Führung am Bau eines Paketschiffes beteiligt gewesen war. Tatsächlich blieb Waxell ihm zu Dank verpflichtet und empfahl den sibirischen Schreiner später für den lokalen Adel, in den er auch tatsächlich erhoben wurde. In unserer modernen Unbeholfenheit können wir nur ehrfürchtig den Hut ziehen vor diesem Unterfangen. Allein die Vorbereitungen, die dem Schiffbau vorangingen, beinhalteten eigene, gesonderte Teilprojekte, an deren Durchführung heute wohl die allermeisten Menschen scheitern würden. Ein Teil der Werkzeuge mussten zunächst erst hergestellt werden, bevor man sie nutzen konnte. So musste erst eine Esse gebaut werden, in der der Schmied aus Eisenteilen des gekenterten Schiffes Spaltäxte, Hämmer und Brecheisen schmieden konnte. Für das Feuer in der Esse musste Treibholz gesammelt werden und zu Kohle weiterverarbeitet werden. Steller hält fest, dass gerade das Brennen von Holzkohle überaus mühsam sei und den Beginn der Bauarbeiten verzögerte. Das Schiffszubehör wurde abgetragen und am Strand gesammelt, die Werkzeuge wurden vom Rost befreit, poliert und geschliffen. Dazu mussten allerdings erst einmal Schleifsteine gefertigt werden.

Ein Dutzend Männer, die besonders geschickt im Umgang mit Hammer und Axt waren, wurden zu Starodubtovs festen Gehilfen ernannt. Die übrigen Männer wurden in drei Gruppen von etwa zehn Mann aufgeteilt, die im Wechsel alle zwei Tage verschiedene Aufgaben erledigten. An die soziale Hierarchie wurden insoweit Zugeständnisse gemacht, dass Waxell, Hitrovo und auch Steller ihre Aufgaben selbst wählen durften, doch auch sie legten die Hände keineswegs in den Schoß. Wenn eine Gruppe auf die Jagd ging, bereitete eine andere im Lager bereits das Essen vor und reparierte je nach Bedarf Schuhe und Kleidung. Eine dritte Gruppe machte sich wiederum beim Schiffsbau nützlich. Wenn sich die Gelegenheit bot, musste man sich auch reihum ausruhen.

Die Jagdausflüge waren sehr kraftraubend, denn allein bis zu den Jagdgebieten mussten nun schon fast 20 Kilometer zurückgelegt werden. Allein deshalb war ein Wechsel bei der Jagd sinnvoll, ja nötig. Am 18. und 19. April hatten die Männer jedoch Glück, oder wie Steller es ausdrückt »hob der gute Gott ganz überraschend unsere Stimmung kräftig an«. An beiden Tagen gelang es ihnen, jeweils eine große Robbe zu töten. Dabei handelte es sich um zwei stattliche Bullen von Nördlichen Seebären. Die Bezeichnung ist jedoch irreführend, da es sich keineswegs um Bären handelt, sondern um eine Robbenart aus der Familie der »Ohrenrobben«. Im Finnischen hat man den Nördlichen Seebären deshalb in »Beringrobbe« umbenannt, obwohl der Kapitänkommandeur mit dieser wohl keine Bekanntschaft gemacht hatte. Im Englischen heißt das Tier aufgrund seines prächtigen Fells hingegen *Northern fur seal*, also nördliche Pelzrobbe. Steller hatte bereits in Kamtschatka vom Nördlichen Seebären gehört und möglicherweise war ja der »Seeaffe«, den er vom Schiff aus gesehen hatte, auch eine solche Robbe gewesen. Er schreibt, dass über die Robben bekannt sei, dass sie zu Beginn des Frühlings in großen Gruppen aus dem Süden kämen und dabei die Kurilen und Kamtschatka passieren, um dann weiter über das offene Meer in Richtung Osten weiterzuziehen. Im September wandern die Robben dann wieder in Gruppen zurück in den Süden. Da die weiblichen Beutetiere, die die Bewohner Kamtschatkas fingen, im Frühjahr trächtig waren und im Herbst mit Jungtieren zurückkehrten, war klar, dass die Robben den Sommer an irgendeinem

Paarungsplatz verbrachten. Wo sich dieser allerdings befand, blieb ein ungelöstes Rätsel, über das die Bewohner Kamtschatkas schon lange spekulierten. Steller wusste nun, dass sich zumindest eine der Kolonien auf ihrer Insel befindet. Zweierlei minderte jedoch die Freude der Männer an »dieser unerwarteten und erstaunlichen von Gott gesegneter Fülle«. Zum einen besteht das Fleisch der alten Bullen fast ausschließlich aus Fett, riecht widerlich und *ist* auch widerlich. Nachdem sie das Fleisch verzehrt haben, plagte die Männer reihenweise Durchfall und sie erbrachen im Akkord, so dass der Nährwert der Mahlzeiten eher gering ausfiel. Zum anderen befand sich der Strand fast 20 Kilometer von ihrem Lager entfernt.

Allmählich verbesserte sich ihre Lage, denn im Mai treffen die Weibchen und Jungtiere ein, deren Fleisch nach Stellers Meinung geradezu köstlich schmeckten. Außerdem entdeckte Jušin eine bessere Route zum Robbenstrand, wenngleich auch diese beschwerlich blieb. Danach wurde die Jagd so organisiert, dass zwei Männer im Wechsel Position am Strand bezogen und die Tiere erschlugen und dafür sorgten, dass durchgängig Fleisch zur Verfügung stand. Der Rest der Gruppe kümmerte sich darum, das Fleisch zum Lager zu transportieren. Dort wurde eine Annahmestelle eingerichtet, wo die Beute verteilt wurde. Im Laufe des Frühlings machten sie die Beobachtung, dass die Insel auch der Paarungsort einer weiteren Robbenart ist. Diese Art erhält später von Wissenschaftlern den Namen »Stellerscher Seelöwe« (*Eumetopias jubatus*). Auch von diesen kommen zunächst die Bullen an, denn diese müssen die besten Reviere okkupieren, um sich so einen möglichst großen Harem zu sichern. Die »Stellerschen Seelöwen« sind groß und gewaltig, so dass sich die nur mit Stöcken bewaffneten Männer nicht in ihre Nähe wagten. Ans Jagen war nicht zu denken, aber sie freuten sich über ein totes Exemplar, das an den Strand gespült wurde und dessen Fleisch noch essbar war. An der Todesursache bestand kein Zweifel, denn im Kopf der Robbe steckte eine Harpune, die sie als das Handwerk der Itelmenen aus Kamtschatka identifizierten. Am 20. April, einen Tag, bevor die Männer sich an die Demontage des alten Schiffes machten, fanden sie in fünf Kilometern Entfernung einen teilweise im Sand begrabenen, aber dennoch »ziemlich frischen« Wal. Damit hatten sie auf absehbare Zeit genug Tran und Öl, es blieben sogar tatsächlich einige Fässer übrig.

Abb. 11: Bellender männlicher Seelöwe.

Neben dem Kochen kümmerte sich Steller auch um seine Forschung. Er vermaß den Wal und fertigte eine Beschreibung an, auf Basis derer Stejneger davon ausgeht, dass es sich um einen »Pazifischen Nordkaper« (*Eubalaena japonica*) handelte. Heute gilt diese Art als stark gefährdet; im westlichen Seegebiet gibt es vielleicht 200–300 Exemplare, im Osten und Norden hingegen nur noch 30–50.[17] Im Laufe des Frühlings schmolzen die Schneedecken und aus der Erde spross allenthalben Grün. Steller sammelte frische Schösslinge, Blätter und Zwiebeln, mit deren Hilfe die Männer schließlich und endlich die letzten Nachwehen des Skorbuts hinter sich ließen. So gewannen sie die nötige Kraft, um sich auf die Heimreise vorzubereiten. Der Frühling auf der Beringinsel war für Steller sicherlich eine Erfahrung, die er so noch nie zuvor (und danach) gemacht haben dürfte. Vor dem Hintergrund des dunklen und kalten Winters mit den heulenden Schneestürmen glich der Frühlingsanfang wohl dem Wunder der Wiederauferstehung. Man kann sich kaum vorstellen, wie sich nach diesen Erfahrungen die wärmeren Brisen angefühlt haben müssen, das beeindruckende Land, das allmählich unter dem Schnee zum Vorschein kam und die immer helleren Abende. Der Frühlingsanfang näherte sich sogar viel zu rasch. Der andauernde Regen ließ die Schneedecken so schnell schmelzen, dass die Situation für die Männer kritisch wurde: das Hochwasser drang in die Grubenhäuser und die Männer mussten eilig neue Behausungen zusammenzimmern.

Und dann folgt eine andere Art von Flut: ein Schwall von Vögeln, die an ihre Nistplätze zurückkehren. Tag und Nacht ist der Himmel erfüllt vom Surren der Flügel, den Bewegungen und Geräuschen vorbeifliegender Vogelscharen, die am Himmel kreisen wie eine dichte Sturmwolke und dann wieder auf der Meeresoberfläche treiben wie ein gigantisches Floß. Die Möwen krakeelen um die Wette, am Lagerplatz singen Spornammer und Pieper, aus den Felsspalten quillt der kraftvolle Gesang des Zaunkönigs hervor … Und der Frühling bringt nicht nur Vögel, sondern auch weiteres Leben mit sich: im Fluss begeben sich die Lachse laut planschend auf Laichwanderung, die Strände füllen sich mit Robbenmassen, in der Ferne auf dem Meer schießt der Dampf der ausatmenden Wale in die Luft … Die Vegetation hält ebenfalls beeindruckende Überraschungen bereit. Man kann sich die Insel arm und karg vorstellen, da es keine Bäume gibt. Doch mit dem Frühling erblüht auf den Hängen, Wiesen und in den Flusstälern eine unglaubliche Blütenpracht, die sich durch den ganzen Sommer fortsetzt. Veilchen, Steinbrech, Primeln, Narzissen-Windröschen … Während viele Arten wie Gämsheide, Schuppenheide und Moosheide direkt am Erdboden blühen und die im Wind zitternden Gräser und Schilfe klein erscheinen, wachsen auf den Wiesen auch stattliche Pflanzen mit robusten Stängeln. Lilien, Orchideen, Mädesüß und Germer … Die mannshohen Gräser zeigen, was für eine Kraft in den langen Sommertagen und dem feuchten Meeresklima steckt. Auch der vulkanische Boden ist reichhaltig. Vor allem an den feuchten Bachufern und in den geschützten Flusstälern wuchert es: Weiden, Mehlbeeren und Zwerg-Birken bilden ein undurchdringliches Dickicht.

Auf der Insel wimmelt es plötzlich von Leben und mittendrin Steller. Ist er glücklich? Will er weg? Steller bestimmt auf der Insel etwa 200 Arten, was für die Arbeit eines einzelnen Mannes und in Anbetracht des Pflanzenwissens seiner Zeit eine überaus beachtliche Leistung ist. Unter den Pflanzen finden sich aus Sibirien und Kamtschatka bekannte Arten: Fritillaria, gelber Rhododendron, der bei den Itelmenen beliebte Wiesen-Bärenklau. Die Pflanzen sind ein weiteres Indiz dafür, dass Kamtschatka nicht weit sein kann. Dennoch liegt es noch so weit entfernt, dass man seine Existenz nicht einmal bei klarem Wetter erahnen kann, ganz gleich wie hoch die Berge sind, von denen aus Steller Ausschau hielt. Stattdessen sah er im Südosten Medny sowie kleinere Inseln und Schären, auf deren steilen Klippen und Felstürmen Seevögel ihre dichtbesiedelten und geräuschvollen Nistkolonien errichten. Hoch oben in luftiger Höhe gleitet ein mächtiger Adler mit starren Flügeln. Seine Schultern und sein Schwanz leuchten schneeweiß im Kontrast zu seinem dunklen Federkleid, sein Schnabel ist massiv und von orange-gelber Farbe. Es ist der »Riesenseeadler« (*Haliaeetus pelagicus*) und auch von ihm fertigte Steller die erste wissenschaftliche Beschreibung an. Er schrieb und wanderte, lebte in dieser seltsamen, abgeschiedenen Welt, von der er noch eines Tages dem Rest der Welt erzählen würde …

Abb. 12: Der Riesenseeadler ist eine der zahlreichen von Steller beschriebenen Arten. Dieser schwerste Adler der Welt kann ein Gewicht von über zehn Kilo erreichen und die Spannweite seiner Flügel beträgt über zwei Meter.

Am Robbenstrand

Der Nördliche Seebär gehört also zu den Ohrenrobben, die im Gegensatz zu anderen Robbenarten sehr kleine Ohrmuscheln aufweisen. Bei den Ohrenrobben befinden sich die Gliedmaßen auf der Körperunterseite und die Hinterbeine zeigen sogar nach vorne. So können sie sich im Gegensatz zu anderen Robbenarten auch an Land relativ schnell und über beachtliche Strecken fortbewegen. Unter den Robben bilden außerdem noch die Walrosse eine eigene Familie. Heute wissen wir, dass die Beringsinsel nicht der einzige sommerliche Paarungsort der Nördlichen Seebären ist. Noch viel größere Kolonien als auf den Kommandeurinseln befinden sich auf den Pribilof-Inseln, die näher an der Küste Alaskas liegen. Weitere Robbeninseln sind die Insel Sachalin, die Kurilen sowie die Küste Kaliforniens. Über den Winter ziehen die Robben der Beringsee dann in mildere Gewässer.[18] »Wenn ich sagen müsste, wie viele Robben ich auf der Beringinsel gesehen habe, ich könnte es nicht schätzen: es waren unzählige«, konstatiert Steller. Spätere Biologen haben errechnet, dass die Kommandeurinseln zu Stellers Zeiten, vor dem Schlachten durch die Pelzhändler, zeitweiliger Lebensraum für eine Million, vielleicht sogar anderthalb Millionen Nördliche Seebären gewesen sein dürfte! Der Robbenstrand war vom Brummen und Knurren, vom Geheule und Gejaule erfüllt. Durch dieses tierische Treiben kann man nicht einfach hindurchspazieren. Stellenweise mussten die Männer einen weiten Bogen um die Uferstreifen machen und die Hänge erklimmen. Die Bullen sind nicht nur riesig, sondern auch aufbrausend. Nach Steller hätten viele Männer ihr Leben lassen müssen, wären die männlichen Robben an Land genauso schnell wie zu Wasser. Doch die Robben hatten allen Grund aggressiv zu sein. Zum einen kämpften sie ums Leben, da die Männer auf der Suche nach Fleisch waren; zum anderen beschränkte sich auch Steller nicht immer aufs Observieren, sondern provozierte die Bullen regelrecht zum Angriff. Steller berichtet, wie er einmal einen Bullen beim Paarungsakt störte und das Tier ihn daraufhin so wild attackierte, dass es ihm nur mit Mühe und Not gelang, zu entkommen.

Es ist erstaunlich, wie es Muttertieren in diesem Gewimmel gelingt, ihre Jungen zu finden. Bereits in den ersten gemeinsamen Tagen knüpfen sie eine starke Bindung: das Muttertier und ihr Robbenbaby lernen, einander an Stimme und am Geruch unfehlbar zu erkennen. Nach der Geburt erhalten die Babys eine Woche lang enge Betreuung und reichlich fetthaltige Milch. Danach müssen die Muttertiere auftanken; sie verschwinden im Meer, um zu fressen, und kehren erst nach etwa einer Woche zu ihren Babys zurück. Die meiste Zeit spielen die Robbenjungen miteinander, da die Milch so fetthaltig ist, dass ein Säugen pro Woche genügt. Eine Woche nach der Geburt sind die Weibchen erneut bereit zur Paarung, wobei die Babys des Folgejahres gezeugt werden. Die eigentliche Tragzeit beträgt kein volles Jahr, da bei den Robben die Entwicklung des Embryos verzögert stattfindet: die befruchtete Eizelle teilt sich zunächst mehrmals. In diesem frühen Stadium treibt der Embryo in der Flüssigkeit in der Gebärmutter, nistet sich in der Gebärmutter ein und setzt seine weitere Entwicklung erst Monate später fort. In der hitzigen Paarungszeit haben die mächtigen Bullen, die ihren Harem bewachen, überhaupt keine Zeit zum Essen. Am Ende der Saison ist ihre Fettschicht bereits so dünn, dass die Haut lose herabhängt wie ein Sack und bei der kleinsten Bewegung schlottert. In diesen zwei Monaten verlieren die Robbenbullen bis zu einem Viertel ihres Körpergewichts. Diesen enormen Gewichtsverlust können sie gut verkraften, schließlich sind die Männchen fünfmal so schwer wie die Weibchen. Während ein Weibchen etwa 40–50 Kilogramm wiegt, beträgt das Gewicht einer männlichen Robbe 200 manchmal sogar bis zu knapp 300 Kilogramm. Ein nachlässiger Beobachter könnte sie für zwei verschiede Arten halten, schreibt Steller.

Der Stellersche Seelöwe ist der größte Vertreter aus der Familie der Ohrenrobben. Ein Bulle kann bis zu 1100 Kilogramm wiegen, ein Weibchen 350 Kilogramm. Statt eines wolligen Pelzes tragen sie eine dicke Fettschicht, weshalb sie von den Pelzjägern kaum gejagt wurden. Die Urbevölkerung schätzte allerdings das Fleisch und tötete die gigantischen Tiere mithilfe von Giftpfeilen. Das Leder war leicht, aber robust und eignete sich daher ausgezeichnet für die Herstellung von Kajaks, Kleidung und Schuhwerk. Die Speiseröhren und Mägen der Tiere wurden aufgespannt und anstelle von Fensterglas verwendet. Wenn das aufgespannte Leder in den Wänden der Räucherkammern allmählich rußig und schwarz wurde, konnte man es ablösen, waschen und wieder neu aufspannen.

Auch der auf der öden Insel gestrandete Zoologe erkannte, dass sich Robbenleder als Rohstoff für die Herstellung von Schuhsohlen eignete. Steller brachte sich selbst das Schustern bei und übte sich so in angewandter Zoologie. Des Weiteren baute er eine Unterkunft aus Treibholz an einer strategisch günstigen Stelle und verfolgte sechs Tage lang das Leben der Robben. Eine Observation von einem strategischen Aussichtspunkt aus ist erstaunlich modern – Steller präsentiert sich als Pionier der Ethnologie. Als die Petersburger Akademie zehn Jahre später seine Schriften veröffentlichte, erhielt die wissenschaftliche Gesellschaft umfassendere Informationen über den Nördlichen Seebären, als ihr über die geläufigen Arten zur Verfügung stand, lobt Stejneger und ergänzt, dass die Amerikaner, die rund hundert Jahre später die Robben der Pribilof-Inseln zu erforschen begannen, den Abhandlungen Stellers kaum etwas hinzuzufügen konnten. Darüber hinaus zollten sie ihm jedoch keine Anerkennung, wie er missbilligend feststellt. Ein amerikanischer Robbenforscher, dem Stellers Forschungen nicht völlig entgangen sein dürfte, hatte geschrieben, wie Steller »von Gangrän und Skorbut befallen« und »mit schmerzenden Knochen und wässrigen Augen« über die Hügel der Beringinsel gekrochen sei, »um einen Blick auf diese seltsamen Tiere zu erhaschen«. Stejneger bemerkt dazu gereizt: »Stellers Gesundheit war, wie wir wissen, auf der Beringinsel ausgezeichnet und er hat nie an ›Gangrän und Skorbut‹ gelitten.«

Die imposanten Nördlichen Seebären waren für Berings Männer insofern leichte Beute, da sie es nicht verstanden, vor den Menschen zu fliehen und sich an Land derart ungelenk fortbewegten, dass sie es nicht rechtzeitig ins Wasser schafften. Davon abgesehen, blieb die Jagd schwierig und muss als grauenhaftes Gemetzel bezeichnet werden. Auch wenn den schiffbrüchigen, von Hunger geplagten Männern nichts anderes übrigblieb und die Methoden ohne Schusswaffen zwangsläufig primitiv waren, bleibt Stellers Darstellung schockierend. Er schreibt, wie sie die Tiere zuerst blind machten, indem sie mit Steinen auf ihre Augen zielten und dass die Tiere einen so »zähen Geist« hatten, dass das Abschlachten eines Tieres die harte Arbeit von zwei oder drei Männern voraussetzte. ›Arbeit‹ bedeutet: den Kopf des Tieres zu zerschlagen. Dafür brauchte es bis zu 200 Schläge und zwischen den Schlägen, mussten die Männer zwei- bis dreimal verschnaufen, um neue Kraft zu sammeln. Die Schilderung geht weiter: »Selbst als der Schädel in Stücke zertrümmert ist, so dass fast das ganze

Gehirn herausquillt und alle Zähne zerschmettert sind, holt das Tier noch zum Angriff aus und setzt seinen wütenden Kampf fort.« Der »wütende« Kampf ist vielmehr ein verzweifelter ums eigene Überleben. Diese äußerst erschütternden Schilderungen des Robbenschlachtens sind in einigen Büchern zitiert worden, auch in Stejnegers Biografie. Allerdings nicht das Kapitel, das ich eines Abends in Stellers *De bestiis marinis* gelesen habe. Dort berichtet der Wissenschaftler noch eingehender von der erstaunlichen Zähheit des Nördlichen Seebären. Nach der Lektüre konnte ich kaum schlafen: »Ich habe absichtlich einer Robbe den Schädel zertrümmert, ihr die Augen ausgestochen und sie dann an Ort und Stelle zurückgelassen und mehr als zwei Wochen später sah ich, dass sie immer noch lebte, an der gleichen Stelle, unbeweglich wie eine Statue.« Nach der Lektüre bin ich auch nicht mehr sicher, ob er nicht doch an der Quälerei der Polarfüchse beteiligt war. Vielleicht hatte er auch das mit seiner ›wissenschaftlichen‹ Arbeit begründet? Und ist es möglich, dass Stejneger aus Rücksicht auf sein Idol diese unerträglichen Schilderungen ausgelassen hat? Das Leid der Robbe liegt nun freilich lange Zeit zurück, von ihr ist kein Knochensplitter mehr übrig, ebenso wenig von ihren Peinigern.

Zweifellos ist es vergeblich über ihr Leiden zu trauern, andererseits ist die Darstellung auch deshalb so ergreifend, weil derartig schreckliches und unnötiges Leid auf der Welt noch immer geschieht. Noch immer verhält sich der Mensch nicht so zivilisiert und menschlich, wie man das erwarten sollte. Noch immer müssen Tiere unter der Neugier der Menschen, unter ökonomischen Gründen und auch dem Spaß am Töten leiden. Auch hierzulande wird erstaunlich wenig über die Probleme gesprochen, die im Zusammenhang etwa mit der Jagd entstehen. Wir bilden uns ein, dass der Tod der Wildtiere stets kurz und schmerzlos erfolgt, obwohl bei der Jagd viele Tiere verwundet werden und einen langen qualvollen Tod erleiden. Treibjagden können sich über Stunden hinziehen und auch bei der Jagd von Wasservögeln werden oft verwundete Tiere zurückgelassen.

Dieser Hang zum Töten von Lebewesen ist eine Konstante in der Geschichte des Menschen; evolutionsbedingt war dies ein Vorteil und noch heute schlummert diese Eigenschaft in vielen Männern und wird durch die Umgebung entweder verstärkt oder abgemildert. Und so verschafft das Töten von Tieren einigen Menschen ebenso Befriedigung wie eine gut genährte Katze Spaß daran hat, Mäuse und Vögel zu fangen. Dieser Gedanke wirkt vielleicht beschämend, weshalb meist andere Aspekte betont oder gar das Gemeinwohl als Gründe angeführt werden. Steller ließ sich zweifellos von seiner wissenschaftlichen Neugier leiten. Er beobachtete aufmerksam die Reaktionen der Tiere auf Schmerz und Leid, weil ihm dies Aufschluss über die Eigenschaften der Arten gab. Seine Neugier kann man ähnlich bei Kindern beobachten, die Insekten die Beine ausreißen oder Vogelbabys zerquetschen. Ungeachtet seiner wissenschaftlich motivierten Gräueltaten war Steller jedoch keineswegs besonders grausam – ganz im Gegenteil. Er hatte Mitleid mit Tieren, die unnötigerweise getötet wurden. Tatsächlich beschrieb er sie in einer ungemein schönen Sprache voller Bewunderung. Gerade vor diesem Hintergrund schockieren uns heute seine »Experimente«. Als Forscher stellt dieser Mann augenscheinlich seine Gefühle ab, gilt sein Wertekanon nicht mehr. Doch dies war seiner Meinung nach zum Wohle der Wissenschaft nötig.

Der Mensch hat das gottverliehene Recht, sich die Tiere zunutze zu machen, das hat Steller nie abgestritten und entsprach damit voll dem Zeitgeist der Aufklärung. Aber Mäßigung war geboten. Verschwendung war nicht nur sinnlos, sondern auch Sünde. Die Natur war ein Geschenk Gottes, das der Mensch nutzen durfte, aber in Ehren halten musste. Es ist nicht überraschend, dass schon vor Steller und auch noch im nachfolgenden Jahrhundert Pfarrer sich oft auch als Naturbeobachter und -forscher betätigten.

Die Vermessung der Seekuh

Neben dem Seeotter und den Robben hat Steller eine gründliche Untersuchung der »Stellerschen Seekuh« (*Hydrodamalis gigas*) angefertigt. Mit der Kuh ist diese allerdings nicht verwandt, ihre nächsten Verwandten an Land sind vielmehr die Elefanten. Und wie Steller nach seiner Obduktion feststellen durfte: die Seekuh ist kein Wiederkäuer. Heute gibt es aus ihrer Familie nur noch eine Art, den »Dugong«. Auch der Dugong lebt im Wasser, ernährt sich von Pflanzen und ist ein rundschnäuziger, kahlköpfiger Fleischklops, der wie eine Kreuzung aus Wal und Robbe wirkt. Allerdings ist er deutlich kleiner als seine ausgestorbene Verwandte. Der Dugong kann eine Länge von bis zu drei Metern erreichen und 400–500 Kilogramm schwer werden. Ziemlich bescheiden im Vergleich zur Stellerschen Seekuh, die eine Länge von acht bis neun Metern erreichen konnte und 5000–8000 Kilogramm wog! Zur selben Ordnung[19] wie Stellers Seekuh und der Dugong gehören die »Manatis«, die auch »Rundschwanzseekühe« genannt werden und von denen es drei Gattungen gibt: den »Karibik-Manati«, den »Afrikanischen Manati« und den »Amazonas-Manati«, auch bekannt als »Fluss-Manati«. Der größte unter ihnen ist der Karibik-Manati, dessen Gewicht bis zu 1600 Kilogramm betragen kann, meist jedoch zwischen 500 und 600 Kilogramm liegt. Die heutigen Dugongs und Manatis leben in tropischen und subtropischen Zonen und können nur in warmen Gewässern überleben. Der Lebensraum des Dugongs reicht vom indischen Ozean bis zum Pazifik; das Seegebiet um Japan ist der nördlichste Punkt, an dem die Art vorkommt.

Die Stellersche Seekuh war somit die einzige ihrer Art, die in nördlichen Gewässern zurechtkam und ihre gewaltigen Ausmaße sind ursächlich gewiss evolutionäre eine Anpassung an die Kälte. Zu dem Zeitpunkt, als Steller auf das nach ihm benannte Tier traf, war dessen Lebensraum allerdings bereits geschrumpft. Auf Basis von Fossilien lässt sich rekonstruieren, dass diese Art die Inseln und Küsten des Pazifiks deutlich breiter besiedelt hatte, bis hin nach Japan und Kalifornien. Zusammenfassend muss man konstatieren, dass mit dem Eintreffen der Menschen Millionen Jahre friedlicher Existenz abrupt endeten. Allein schon die Bejagung durch die Urbevölkerung ließ die Anzahl der langsamen und sich nur sehr langsam fortpflanzenden Tiere bereits schrumpfen. Die Stellersche Seekuh vermochte in einer Welt des Menschen schlicht nicht zu überleben und die Küstengewässer der abgelegenen Kommandeurinseln boten ihr den letzten sicheren Zufluchtsort. Steller berichtet, dass die Tiere im Winter so dünn waren, dass man ihre Rippenknochen sehen konnte, was darauf hindeutet, dass sie bereits auf einen ungünstigen Lebensraum ausgewichen waren.

Steller beschreibt, welche Arten von Wasserpflanzen und Algen die Seekühe in den flachen Küstengewässern abweideten. Die Tiere verbrachten einen Großteil ihrer Zeit mit Fressen. Da sie dabei ihre Zähne abnutzten, hatten sich ihre Kauwerkzeuge zu harten, reibeartigen Kauplatten weiterentwickelt. Steller nahm eines dieser einzigartigen anatomischen Teile für die Sammlungen der Petersburger Akademie mit. Es ist auch eine Zeichnung erhalten, die vermutlich von Plenisner stammt. Bei Dugongs und Manatis schieben sich die Backenzähne durch die starke Abnutzung allmählich nach vorn. Bei den Manatis wird bei Bedarf sogar ein neues Gebiss gebildet. Den Dugongs droht jedoch bei zu starker Abnutzung des Gebisses der Hungertod. Dieses Problem kennt man auch bei Elefanten und alten Pferden. Die Evolution hat die Dugongs und Manatis äußerlich an Flusspferde angeglichen, nur mit einer runderen Schnauze, was ihnen eine sympathische Erscheinung verleiht. Mit ihrer breiten Oberlippe und einem Sauger raffen sie im Wasser treibende Pflanzen und Algenfetzen zusammen. Der Schnurrbart nutzt den Tieren als feiner Tastsinn, der wichtige Ergänzung zum schwach ausgebildeten visuellen Sinn bildet. Dieser nützt den Tieren in den extrem trüben Gewässern ohnehin kaum. Dugongs und Manatis sind jedoch nicht zur Echoortung fähig, wie etwa Wale. Steller bezeichnet die Augen der Stellerschen Seekuh als sehr klein, nicht größer als die Augen eines Lamms und die Ohren waren fast nicht vorhanden. Tatsächlich hatten sie keine Außenohren und der Gehörgang war so eng, dass nur eine Erbse hineingepasst hätte.

Ihre faserreiche Nahrung ist schwer verdaulich, weshalb sie dafür die Hilfe von Mikroorganismen benötigen: einen Pansen haben sie zwar nicht, aber einen Magen und einen beachtlich langen Darm voller Mikroben. Steller war sich wohl kaum der Bakterienstämme im Magen seiner Seekuh bewusst, aber die Darmgase hat er durchaus wahrgenommen. So beschreibt er, wie das Öffnen des Magens ein kräftiges Zischen auslöste. Bei der Untersuchung des Rumpfes machten sich einige Männer einen Spaß daraus, ein Loch in den Darm zu stechen, so dass der flüssige Inhalt sich möglichst auf einen anderen ergoss. Der Magen war gigantisch, fast zwei Meter lang und anderthalb Meter breit und es brauchte vier Männer, um diesen mit Algen gefüllten Sack mit einem Seil aus dem Rumpf zu lösen. Die Länge des Darms betrug nach Stellers Messungen 150 Meter. »Jeden Tag während der zehn Monate auf unserem unglücklichen Abenteuer hatte ich die Gelegenheit von der Tür meiner Hütte aus die Lebensart dieser Tiere zu erforschen«, hält Steller fest. Am liebsten hielten die Seekühe sich in den Flussmündungen auf, wo die Vegetation am üppigsten war. Sie grasten in aller Ruhe, ohne ihrer Umgebung viel Beachtung zu schenken,

Abb. 13: Stellers Seekuh

halb schwimmend, halb durch die Untiefen kriechend, wobei sie ihre Nüstern alle vier bis fünf Minuten aus dem Wasser hoben und wiehernd ausatmeten. Ansonsten waren sie nahezu lautlos, nur wenn sie verletzt wurden und starben, gaben sie ein leises Seufzen von sich. Sie schliefen auf dem Rücken treibend, nachdem sie sich zunächst aus den Küstengewässern zurückgezogen hatten, so dass die Wellen sie nicht an Land schwemmen konnten. Während der Flut kam es vor, dass sie so nah an den Strand kamen, dass man sie nicht nur mit einem langen Stock berühren konnte, sondern manchmal sogar mit der bloßen Hand.

Steller nahm an, dass die Seekühe im Familienverband lebten und die Partner einander treu blieben. Ihm zufolge passten die Eltern auf, dass sich die Jungen in ihrer Nähe aufhielten. Während des Weidens hielten sich die Jungen vor den Muttertieren, während der Wanderung in der Mitte der Gruppe auf. Das Liebesleben der Seekühe beschreibt Steller in liebevoller, nahezu poetischer Sprache. Die Paarung findet im Frühjahr statt, oft am Abend, wenn das Meer still ist. Nicht nur aufgrund des ungewöhnlich langen Vorspiels zog der Naturforscher Parallelen zum Liebesakt der Menschen. Die Tiere tollten miteinander herum, das Männchen jagte das

Weibchen, das Pirouetten drehte und sich neckisch vom Bullen wandte, bis sie sich »erschöpft und widerwillig« auf den Rücken fallen ließ. Dann stürzte sich das Männchen leidenschaftlich auf das Weibchen und beide »ergeben sich einander in einer Umarmung«. Steller überlegt, ob man die stumpenartigen vorderen Gliedmaßen der Seekuh nun als Hände oder Beine bezeichnen sollte. Im Kontext des Liebesspiels spricht er von Händen, da Männchen und Weibchen einander ›umarmen‹. Mit ihren Händen kratzen sie aber auch Algen von den Felsen oder stützen sich beim Treiben im steinigen Küstengewässer ab. Steller hält weiter fest, dass die Seekuh stets nur ein Junges gebiert und die Trächtigkeit etwa ein Jahr lang dauert. Auch die Säugezeit dauert ungewöhnlich lange, was durch Beobachtungen an Dugongs untermauert wurde. Sie vermehren sich sehr langsam, da das Dugongweibchen sein erstes Junges erst im Alter von 10–17 Jahren bekommt und nicht jedes Jahr gebiert. Andererseits werden Dugongs aber auch recht alt mit einer Lebenserwartung von bis zu 70 Jahren. Die Lebensdauer der Stellerschen Seekuh lag sicher auch in dieser Größenordnung. Aufgrund dieser Dispositionen darf die Erwachsenensterblichkeit dieser Tiere nicht zu sehr ansteigen, ansonsten bricht der Stamm zusammen.

Die hungrigen Männer betrachteten diese Seekühe gewiss mit wässrigen Mündern. Kein Wunder: das Fleisch des Nördlichen Seebären ist ekelhaft und das Schlachten mühsam. Außerdem war der Weg zur Kolonie der Seebären lang und beschwerlich, so dass sie bereits unterwegs müde wurden und sich auch noch die mühsam hergestellten Schuhe abliefen. Das Fleisch der Seekuh kann ja wohl kaum schlechter sein und die Tiere haben eine stattliche Größe, sodass man von einem einzigen Tier lange zehren könnte … Andererseits stellt die gewaltige Größe auch ein Problem dar: Wie soll man so einen im Meer lebenden Riesen erlegen? Im Winter, wenn das Wasser eiskalt ist, hatten sie eine Jagd nicht einmal versucht, aber im Frühjahr wurde die Verlockung zu groß. Zumal sie ihre Zeit und Energie auf den Schiffbau verwenden wollten. Den ersten Jagdversuch wagten sie Ende Mai. Sie warfen einen großen, eisernen Haken, an dem ein robustes Seil befestigt war, auf eine im Küstengewässer grasende Seekuh. Die Männer halten das andere Ende des Seils fest und zogen mit aller Kraft. Doch so sehr sich die 40 Männer auch anstrengten, das mächtige Tier war stärker und die Jäger landeten platschend im Wasser.

Ein weiteres Problem stellte die dicke Haut dar. Nachdem Steller die Seekuh aus der Nähe betrachten konnte, stellte er fest, dass ihre Haut so hart und runzlig war wie die Rinde einer Eiche. Deshalb wurde sie auch als Borkentier bezeichnet. Die dicke Haut bot ihnen den nötigen Schutz vor scharfen Riffen und Eisblöcken, zwischen denen die Tiere sich fortbewegten. Zudem befand sich darunter noch eine weitere, weiße Schicht, dicker als Rindshaut. Haken vermochten diese doppelte Haut nicht zu durchdringen. Die Männer unternahmen mehrere Versuche, aber jedes Mal entkamen die Tiere. Steller entwickelte eine andere Strategie. Dafür musste das Ruderboot repariert werden. Die eigentliche Jagd wurde von zwei Kommandogruppen durchgeführt. Ein halbes Dutzend Männer jagen mit dem Boot eine Seekuh, in deren Haut der schreckliche Haken so tief und fest wie möglich getrieben wird. Die zweite Gruppe am Strand hält das am Haken befestigte Seil fest und versuchen den Fang einzuholen. Unterdessen stechen die Männer im Boot mit Speeren auf das Opfer ein, um es zu schwächen. Dieser Plan ging tatsächlich auf. Sie vermochten ein Tier so weit einzuholen und zu schwächen, dass das arme Tier bei Ebbe auf dem Trockenen lag, so dass sie es schließlich töten und zerteilen konnten.

Stellers Beschreibung, wie die Tiere versuchten, ihrem angegriffenen Familienmitglied zu helfen, ist herzzerreißend. Anstatt eilig zu fliehen, schwammen sie neben dem Opfer her, schubsten das Wasser vor sich her und versuchten mit den Flossen ihren Kameraden vom Haken zu befreien. Einmal gelang es ihnen sogar. Sie begleiteten den verzweifelten Todeskampf bis zum bitteren Ende. Und darüber hinaus. Ein Bulle beeindruckte Steller ganz besonders, indem er zunächst versuchte, seine Partnerin vom Haken zu lösen. Obwohl die Männer ihn mit Schlägen zusetzen, blieb er selbst verwundet an der Seite seiner Partnerin, selbst als die Männer sie an Land zogen. Und auch als das Weibchen bereits tot war, stürmte er immer wieder auf sie zu und hielt noch am nächsten Tag, als die Männer das Fleisch verarbeiteten, neben ihr Wache. Selbst am dritten Tag, als Steller allein an den Strand kam, war der Bulle dort.

Dieses Verhalten erinnert an die an Land lebenden Verwandten der Seekuh. Auch Elefanten lassen nichts unversucht, um ihre Nächsten zu beschützen, sind von tödlichen Verlusten tief betroffen und können noch lange Zeit an der Seite der Verstorbenen verbringen, um zu trauern und die Toten sanft mit dem Rüssel zu liebkosen. Ein Elefant, der das Schlachten der Wilderer überlebt hat, dabei jedoch seine Familie verloren hat, kann sich unter Umständen von dem psychischen Trauma nie wieder erholen.

Den Sommer über töteten die Männer insgesamt 13 Seekühe. Ein Tier lieferte der ganzen Mannschaft genug Essen für zwei Wochen und aus dem Rest legten sie Vorräte für die Heimreise an. Die Nahrungsmittelknappheit war damit vorbei. Portionen wurden nicht mehr rationiert, jeder durfte so viel Essen und Fett in sich hineinstopfen, wie er wollte. Laut Steller gewannen die Männer so wieder deutlich an Kraft. Waxell betont, dass die Schreiner ohne die Seekühe nicht genug zu essen gehabt hätten und sich folglich der Schiffbau verzögert hätte, so dass sie noch einen weiteren Winter auf der Insel hätten verbringen müssen. Zwar war das Fleisch ziemlich zäh, doch wenn man es lange genug kocht, ähnelt es Steller zufolge dem Rindfleisch. Wichtig war, dass sich das Fleisch an der Luft ziemlich lange hält, ohne zu verderben. Steller vermutete, dass dies an der Nahrung der Tiere und dem daraus folgenden hohen Gehalt an Meersalz liegt. Selbst wenn sich bereits Maden im Fleisch winden, sei es noch essbar.

Das Fett der Seekuh wird von Steller noch mehr gelobt. Nach ein paar Tagen in der Sonne wurde ursprünglich weißes Fett »schön gelb wie holländische Butter«. Wenn man es erhitzte, entfaltete es einen feinen Geschmack, der das Fett aller anderen Tiere übertraf – »wie Mandelöl«. Sie tranken es tassenweise, wodurch der extrem hohe Energiebedarf der Männer bestätigt wird. Außerdem nutzten sie das ausgekochte Öl für Lampen, da es hell und rauchfrei brannte. Sie kamen sogar in den Genuss der Milch dieser Tiere, von der Steller schwärmte. Unter den getöteten Tieren fanden sich nämlich auch säugende Muttertiere und Steller machte es sich zur Gewohnheit, diese verstorbenen Tiere zu melken. Sie konnten es sich nicht leisten, wertvolle Nahrung zu verschwenden. An einem Weibchen führte Steller auch wissenschaftliche Vermessungen durch. Dies geschah Ende Juni und seine weniger begeisterten Assistenten musste er mit Tabak für die Aufgabe anwerben. Das Unterfangen war nicht einfach, zumal das Wetter miserabel war. Es regnete und war windig, zudem versuchten die Polarfüchse ihren Teil abzubekommen. Kriegten sie nichts von der getöteten Seekuh zu fassen, versuchten sie, Stellers Papiere und Stifte zu stibitzen. Trotz der Schwierigkeiten der Operation beinhaltet *De bestiis marinis* seitenweise Erläuterungen zu den Organen und Körperteilen der Seekuh sowie genaue Maße: Das Herz war 56 cm lang und 64 cm breit, die

Zunge 30,4 cm lang, die Zitze 10 cm usw. In die Geschlechtsöffnung des Weibchens passen fünf Finger mit Leichtigkeit, stellt der Forscher fest. Bei einem männlichen Exemplar vermaß er auch das männliche Geschlechtsorgan, das 81 cm lang ist. Es erinnert an das Geschlechtsorgan eines Pferdes, berichtet Steller, während die Milchdrüsen des Weibchens sich an etwa der Stelle befinden, wo sie sich auch beim Menschen finden. Sogar der sechsbeinige Hautparasit, von dem die Seekuh befallen war und den Steller als »Laus« bezeichnet, wurde von ihm akribisch beschrieben. Er erwähnt, dass die Möwen sich gern auf die Seekühe setzten und die Läuse als Zwischenmahlzeit pickten und dadurch den Seekühen Erleichterung verschafften.

Fleisch, Fett und frische Pflanzen … außerdem standen Lachse auf dem Menüplan der Männer. Wie Kamtschatka und Alaska sind auch Kommandeurinseln ein Paradies für Lachse und zu den Arten, die dort vorkommen, gehört auch der edle Königslachs. Und so warfen sie einmal pro Woche ihr Netz im Fluss in der Nähe des Lagers aus. Selbst Feuerholz hatten sie nun genug. Ihnen stand nicht nur Treibholz zur Verfügung, das unter den schmelzenden Schneedecken zu Tage trat, sondern auch Bretter, die beim Schiffsbau übrigblieben. Zwar blieb auch der Juni noch kühl, neblig und windig (22 Wolkentagen mit einer Durchschnittstemperatur von sieben Grad Celsius), dennoch war das Wetter bereits wesentlich milder. Alles in allem wurde ihr Leben spürbar einfacher. Daher gingen auch die Bauarbeiten an dem Schiff zügig voran und Steller, der bei den Schreinerarbeiten nicht gebraucht wurde, konnte sich auf seine naturwissenschaftlichen Beobachtungen konzentrieren. Er unternahm mit Lepihin eine dreitägige Exkursion in den Norden der Insel. Dort ist die Landschaft gemäßigter: im Hintergrund erheben sich sanft die Tafelberge, weichgezeichnet vom matten Licht der Sommernacht. Auf den Seen der Tundra und im Heideland nisten Raubmöwen, Sterntaucher und Odinshühnchen. Tausende und abertausende farbenprächtig blühende Moltebeeren zeichnen ein gepunktetes Muster auf die quarkigen Sümpfe.

Aufbruch von der Insel

Obwohl sie einige fertige Teile vom alten Schiff weiterverwenden konnten, musste vieles auch angepasst oder komplett neu hergestellt werden. Den Kiel zum Beispiel fertigten sie aus dem Großmast des alten Schiffes. Die Bretter waren von geringer Qualität, weshalb sie beim Abtragen einrissen und die Nägel und Schrauben Löcher hinterließen. Daher mussten sie eine Menge Lücken füllen. Teer kochten sie aus den Schiffsseilen aus und konnten daraus immerhin soviel abzapfen, um die Außenhaut des Schiffes damit abzudichten. Für den Rest mussten sie sich mit Fett begnügen. Ivanov fand auf dem Meeresgrund den kleineren Anker; die beiden großen Anker blieben jedoch trotz aller Bemühungen verschwunden. Hitrovo sollte das russische Staatseigentum auflisten, das sie gezwungen waren, auf der Insel zurückzulassen. Da gab es einiges: Kanonen und Kanonenkugeln, Kochtöpfe, Sanduhren, Messer und Waagen ... Auch Berings Habseligkeiten wurden in Truhen verpackt zurückgelassen. Vor der Abreise zimmerten sie noch eine Art Lager, in das sie die Sachen unterbrachten. Gleichzeitig bauten sie zwei Öfen, in denen sie Brot für die Reise buken und trockneten. Sie nahmen auch allerlei weiteren Proviant mit, Trockenerbsen, Mehl und Seekuh-Fleisch. Sie hatten sogar noch ein Fass voll gepökeltem Rindfleisch, das sie wie einen teuren Schatz seit ihrem Aufbruch aus der Awatscha-Bucht aufbewahrt hatten. Außerdem nahmen sie zehn Fässer Trinkwasser mit. Neben den Essensvorräten brachten sie zwei Pumpen, drei kleinere Kanonen und Kanonenkugeln als Ballast mit an Bord.

Sindts Aufgabe war es, zu berechnen, wie viel jeder von der Insel mitnehmen durfte. Persönlichen Besitz gab es kaum noch – die wertvollste Fracht bestand aus den Seeotterfellen, von denen sie insgesamt 800–900 Stück gesammelt hatten. Nach Sindts Berechnungen standen Steller 30 Felle zu, aber letzten Endes erhielt er den Großteil der Pelze, einer Quelle zufolge 300. Die Männer schenkten sie ihm als Dank dafür, dass er ihr Leben gerettet hatte.

Das neue Schiff wurde ebenfalls auf den Namen *St. Peter* getauft, obwohl es im Vergleich nur ein schlichter Einmaster war. Es war zehn Meter lang, etwa dreieinhalb Meter breit und anderthalb Meter hoch. Am

8. August 1742 wurde es zu Wasser gelassen. Doch der Versuch misslang, denn als sie das Schiff ins Wasser schoben, brach die Rampe unter dem Gewicht zusammen. Das Schiff musste wieder weiter nach oben geschoben werden, so dass die Männer zwischen dem Schiff und der Rampe ein Podest aus massiven Holzplanken errichten konnten. Dieses Unterfangen nahm so viel Zeit in Anspruch, dass der Wasserspiegel erneut absank und sie bis zur Flut warten mussten. Doch dann gelang es, die wiederauferstandene *St. Peter* erfolgreich ins Wasser gleiten zu lassen. Das Schiff lag noch einige Tage vor Anker, so dass die letzten Vorbereitungen getroffen werden konnten. Zunächst hielten die Männer eine kleine Abschiedsfeier, bevor sie sich auf die Reise machten. Der Mast wurde aufgerichtet, die Segel und die Takelage gesetzt, das Steuerruder befestigt und die Fracht geladen.

Steller musste eine bittere Enttäuschung in Kauf nehmen. Alle naturwissenschaftlichen Proben, die er auf der Reise und Insel zusammengestellt hatte, mussten zurückbleiben. Die mühsam und unter schwierigsten Bedingungen gesammelten, getrockneten und gepressten Pflanzen blieben auf der Insel zurück. Einzig die Samen durfte er mitnehmen, da diese auf dem engen Raum keinen Platz wegnahmen. Dass er hingegen die präparierte Baby-Seekuh mit an Bord nimmt, war undenkbar. Er hatte das Tier mühsam gehäutet, die Haut mit trockenem Heu ausgestopft, sorgfältig das ganze Skelett gereinigt und wieder zusammengesetzt – vergebens! Für die Biologen der Nachwelt wäre dies ein einzigartiger Schatz gewesen, der mit einiger Wahrscheinlichkeit als Spielzeug der Polarfüchse endete.

Seine Enttäuschung beschreibt Steller in einem Brief an Gmelin, doch als Realist hatte er Verständnis für die Situation. In der Tat beklagt er sich darüber nicht einmal in seinem Tagebuch, sondern schreibt davon, wie beengt es für die 46 Männer auf dem kleinen Schiff war. Es gab nur eine Kajüte, in der Waxell, sein Sohn, Hitrovo und Steller Platz fanden. Die anderen mussten sich in den Frachtraum zwängen. Obwohl ein Teil der Männer immer an Deck Wache hielt und stets nur ein Teil von ihnen ruhte, lagen sie dennoch wie in einer Sardinenbüchse und mussten ständig über- und durcheinander krabbeln. Schon bald nach dem Aufbruch mussten alle Sachen, die nicht unverzichtbar waren, aus Platzmangel über Bord geworfen werden, wie zum Beispiel Steppdecken und anderes Bettzeug. Am 12. August gingen die Männer noch zu Berings Grab und errichteten ein

Holzkreuz. Es war dies nicht nur eine Ehrerweisung an den verstorbenen Kapitänkommandeur, sondern auch ein Zeichen des Russischen Imperiums.

Am nächsten Morgen versammelten sich alle noch einmal, baten Gott für ihre Reise um seinen Segen und traten die langersehnte Reise an. Steller schreibt von den »inneren Gefühlen« der Männer und meinte damit, dass die Männer zwar in andächtiger Stille an Bord gingen, innerlich jedoch aufgewühlt waren. Schließlich hatten sie zehn Monate lang auf der Insel gewohnt, dramatische Momente, Tod aber auch Rettung erfahren, Hoffnung und Hoffnungslosigkeit. Nun stand ihnen so oder so die letzte, aber gewiss nicht ungefährlichste Etappe bevor, oder wie Steller es formuliert: »Das Schiff würde uns entweder in unsere Heimat zurückbringen oder unser Schicksal auf eine andere Art besiegeln.« Zweihundert Kilometer über einen gefährlichen Ozean in einem anspruchslosen, aus wiederverwendetem Material gebauten Schiff – wer wäre von dieser Herausforderung nicht beeindruckt? Der Anker wurde gelichtet, die Männer standen an Deck und betrachteten gewiss auch mit etwas Wehmut ihr Lager, von dem sie sich allmählich entfernten. Im Nu waren die Polarfüchse vor Ort, um die verlassenen Behausungen und die zurückgelassenen Sachen zu erforschen.

Zunächst war das Meer spiegelglatt, so dass sie fast 15 Kilometer rudern mussten, bevor ein leichter Nordwind das Schiff Richtung Süden geleitete. Das Wetter war schön und man kann sich die hoffnungsvolle Stimmung der Männer gut vorstellen. Steller war geradezu feierlich, zumindest schreibt er von Gottes Gnade, von der wunderbaren und gütigen Fügung, die er in dieser Situation erkannte, so als würde er die Insel in einem Spiegel betrachten. Genau wie die Insel immer kleiner zu sehen ist, schrumpft die Erinnerung, in was für einem elenden Zustand sie dort im vergangenen November angekommen waren …

Am folgenden Tag gab es ein Leck. Am Tag darauf hatten sie Gegenwind, weshalb sie das Seil zum Boot kappten und es seiner Wege ziehen ließen. Am späten Abend, als sie schon 65 Kilometer von der Beringsinsel entfernt waren, leckte das Schiff bereits so stark, dass sie das Wasser nicht mehr so schnell rauspumpen konnten, wie es hineinläuft. Panik setzte ein, hektische Aktivität sorgte dafür, dass in der Enge des Schiffes jeder jedem im Weg war. Das Segel wurde herabgelassen und sie warfen weiter Ballast über Bord. Der Schreiner Starodubtsov konnte jedoch das Leck ausfindig machen. Um drei Uhr morgens war die Stelle kalfatert und mit einer Holzleiste verdeckt. Die Pumpen mussten freilich noch weiterlaufen.

Zwei Tage später, am 17. August, zeichnete sich durch den Nebelschleier Land ab. Sie sahen einen schneebedeckten Vulkan – es war der Kronotsky in Kamtschatka. Die Halbinsel lag nur noch fünf Kilometer entfernt. Bis zur Awatscha-Bucht sind es jedoch noch 250 Kilometer. Auf dem letzten Streckenabschnitt ging es nur langsam voran, mal herrschte Gegenwind, mal Flaute. Sie mussten abwechselnd luven und rudern, doch schließlich hatten sie Sicht auf den bekannten Leuchtturm und am 26. August um zwei Uhr morgens lief das Schiff in die Awatscha-Bucht ein. Bald darauf paddelten ihnen zwei Itelmenen in ihren Kajaks entgegen – die erste menschliche Begegnung seit ihrem Schiffbruch! Die 13-tägige Reise endete um zwei Uhr nachmittags im Hafen von Petropawlowsk.

»Die Aussicht auf die Umgebung ist beeindruckend«, sagt Sakari Pälsi, der durch Kamtschatka gereist war, über den Hafen von Petropawlowsk. Und sicher erging es den Männern, die von der Beringinsel zurückkehrten, genauso. Vermutlich erschien ihnen das ganze Leben wie ein Wunder. »Wenn man den nahegelegenen Hügel besteigt, sieht man gleichzeitig den Ozean, die schneebedeckten, schwindelerregend hohen Berge, von denen einige noch immer aktive Vulkane sind, und zu Füßen liegt die wunderschöne von Menschen bewohnte Hafenbucht mit ihren Parks«, berichtet Pälsi weiter. »Man hat eine Aussicht auf das echte Kamtschatka, zu deren Eigenheiten die vulkanischen Berge gehören. Sie sind kegelförmig, ihre Gipfel von Kratern zerfurcht und einer gleicht dem anderen.« Die *St. Peter* ist endlich am Ziel, auch wenn sie ihre Erscheinung gänzlich verändert hat, seitdem sie vor einem Jahr und drei Monaten den Hafen verlassen hatte.

Die Rückkehr von Berings Forschungsgruppe war für alle überraschend, da man die Männer totgeglaubt hatte. Man erinnerte sich genau, in welcher Verfassung Tschirikow und die Besatzung der *St. Paul* im vergangenen Herbst zurückgekehrt waren. Von den 76 Männern waren 21 verstorben und der Rest von den Strapazen gezeichnet. Das Eigentum von Verstorbenen konnte verkauft oder weggegeben werden. Und so war alles Hab und Gut, das vor der Abreise im Hafen von Petropawlowsk eingelagert worden war, für die Heimkehrer verloren. Die Freude über die Rückkehr wurde daher gewiss ein wenig getrübt, wenngleich die wertvollen Otterpelze zumindest finanziell für die im Hafen zurückgelassenen Sachen entschädigten. Steller überprüfte seine Verluste nicht, vermutlich hatte er seine Sammlungen schon vorher nach St. Petersburg geschickt. Am nächsten Tag versammelten sich die Männer in der Kapelle und dankten Gott für ihre Rettung. Sie erinnerten sich auch an ihr Versprechen, das sie auf stürmischer See irgendwo in der Nähe der Aleuten gegeben hatten: wenn sie lebendig in den Heimathafen zurückkehren sollten, würden sie Geld sammeln und es der Kirche spenden.

Den Kapitän des Schwesterschiffes *St. Paul* trafen sie jedoch nicht mehr an, denn Tschirikow war bereits nach Ochotsk zurückgesegelt und hatte den langen Rückweg nach St. Petersburg angetreten. Tschirikow hatte sich dennoch ihre absolute Anerkennung und Wertschätzung verdient. Er war nämlich direkt zu Beginn des Sommers mit der *St. Paul* erneut losgesegelt, um nach Berings Leuten zu suchen. Ein edler und loyaler Zug, bedenkt man, was ihm selbst in jenen Gewässern widerfahren war und dass seine Gesundheit nach der Reise keineswegs wieder ganz hergestellt war. Tatsächlich ist er nie wieder völlig genesen. Auf seiner Suche segelte Tschirikow zur aleutischen Inselkette und von dort aus nach Norden. Am 22. Juni erspähten sie eine Insel, der er den Namen St. Julian gab. Als sie die Insel passierten, erblickten sie am südlichen Strand Robben. Und im Südosten, in weiter Ferne, befand sich das Lager der Schiffbrüchigen … Steller war am selben Tag an der Westseite der Insel, um Robben zu beobachten, aber er konnte das Schiff nicht sehen, das hinter der Halbinsel vorbeifuhr. Und so gab Tschirikow seine Suche auf, die zweifellos von Anfang an beinahe hoffnungslos war und steuerte zurück zur Awatscha-Bucht, wo er am 2. Juli anlangte.

Obwohl Petropawlowsk auch nach zeitgenössischem Maßstab keinesfalls eine Metropole war, erlebten die Männer nach der langen Zeit auf der öden Insel eine Art Kulturschock. Laut Steller erschien ihnen in der Hafenstadt alles unwirklich, wie in einem Traum. Waxell schreibt von wahrem Überfluss. Keine Erdgruben, sondern Wohnungen mit vier Wänden, die Wärme der Öfen und fertiges Essen vom Lagerkoch, ohne dass man 20 Kilometer wandern muss, um widerspenstige Robben zu erschlagen. Andererseits entzündete die Rückkehr in den Alltag nach dem Ausnahmezustand bei einigen wohl auch einen Funken Wehmut. Die enge Gemeinschaft brach schlagartig auseinander und die meisten begegneten einander nie wieder. Auf der Beringinsel hatten sie existentielle Erfahrungen gemacht und dabei große Gefühle erlebt. In der Erinnerung ist es üblich, die Mühen des Alltags auszublenden, ernsthafte zermürbende Zeitspannen zu verkürzen und die farbenfrohen Momente pointiert zu inszenieren. Die Erinnerungen der Menschen können voneinander abweichen. Wie beispielsweise ein Ereignis gewichtet wird, muss/kann nicht objektiven Maßstäben entsprechen. Es gibt Leute, die bei der kleinsten Gelegenheit sauer werden und im Laufe ihres Lebens verbittern, während an lebenslustigen Menschen selbst bitterste Erfahrungen scheinbar abperlen.

Ich stelle mir vor, dass Steller zu dieser letzten Gruppe gehörte. Ich möchte mir vorstellen, dass er auch einen Augenblick der Ruhe erlebt hat. Obwohl er ein energiegeladener, fleißiger und temperamentvoller Mensch war, konnte vielleicht auch er manchmal zur Ruhe finden. Vielleicht gab es Momente, in denen er sich – erschöpft vom Durchwachen, von seinen Exkursionen und von der Arbeit – in angenehme Gelassenheit sinken ließ und alle Erwartungen und Anforderungen vergaß – selbst die, die er selbst an sich stellte. Ich stelle ihn mir vor, wie er sich irgendwo auf einem Hang ausruht, vor ihm das grüne Gestrüpp und der klare Fluss, der sich durch das Gras windet und in den Schoß des Meeres mündet. In der Ferne am Sandstrand zwitschern die Watvögel. Er lehnt sich in einem windgeschützten Raum zwischen den Felsen zurück und blickt zu den Wolken auf, die vom Wind getrieben durch den unendlich hohen Himmel treiben. Er lauscht dem Widerhall der trillernden Schneeammer, begleitet vom gedämpften Rauschen der Brandung ... Dabei ereilen ihn Erinnerungen an sein vergangenes Leben, an die Zeit, als er in seiner Heimatstadt Windsheim dem Orgelspiel seines Kantor-Vaters lauschte und selbst im Chor sang. Vielleicht erinnert er sich an den Psalm von Orlando di Lasso, der damals in der Kirche ertönte, an den kräftigen, mehrstimmigen Lobgesang auf das Leben und auf Gott ... Und nun ist der Gesang der Schneeammer seine Musik ... Er hatte einen langen Weg hinter sich, kam aus einer anderen Zeit und einem anderen Leben. Allein das Gebet, der Glaube und die Suche begleiteten ihn überallhin, sein Leben lang. Er lebte in einer Welt der Heiligkeit, geleitet von Gott und in einer Welt voller faszinierender Rätsel, in der die Phänomene der Natur, Gott und die Ewigkeit eng miteinander verwoben blieben. Vielleicht erlebte er auf dieser Insel, abgeschnitten vom Rest der Welt, einen Moment, in dem ihm sein Gott näher war als an jedem anderen Ort?

4 Kamtschatka und Sibirien

Das Leben geht weiter

Als die *St. Peter* im September erneut zu Wasser gelassen wurde, um nach Ochotsk zu segeln, leckte das Schiff bereits so stark, dass es nahezu umgehend wieder umdrehen musste. Waxell verbrachte folglich den Winter in Petropawlowsk. Er brauchte Zeit, um zu genesen und das Schiff zu reparieren. Während dieser Zeit verfasste er seinen Bericht über die Amerika-Reise und brachte das Logbuch nachträglich in Ordnung. Im Herbst 1743, als der Senat Waxells Bericht erhielt und dabei von Berings Tod erfuhr, war es an der Zeit, die Große Nordische Expedition für beendet zu erklären. Es gab natürlich noch viele abschließende Aufgaben, so dass für Waxell das Sibirien-Kapitel erst im Januar 1749 abgeschlossen war. Er setzte seine Laufbahn bei der russischen Marine fort, wo er schließlich zum Kapitänkommandeur befördert wurde. Waxell starb 1762 im Alter von 61 Jahren.[20] Waxell hatte drei Söhne, die als Anerkennung für die Verdienste ihres Vaters in den russischen Adel erhoben wurden.

Laurentz, der Sohn, der bei der Reise dabei war und von dem Waxell nur erwähnt, er habe seine mickrige Portion Brot mit ihm geteilt, schien kein Trauma von den Erlebnissen davongetragen zu haben. Jedenfalls diente der junge Waxell in der russischen Marine und tat sich dort so hervor, dass er noch zu Lebzeiten seines Vaters zum Kapitän ersten Ranges aufstieg. Stellers geliebter Feind Hitrovo erhielt sogar einen höheren Rang als Waxell. Möglicherweise spielte dabei auch die Tatsache eine Rolle, dass er gebürtiger Russe war. Er wurde zum Konteradmiral ernannt und starb im Jahr 1756. Ivanov, von dem Waxell sagte, dass »man bei ihm in schwierigen Zeiten Schutz wie in einer Festung fand«, erhielt wiederum nach der Reise einen Auftrag als Kurier. Er sollte Waxells Bericht und die Logbücher nach St. Petersburg bringen. Nachdem er die Mission erfolgreich beendet hatte und nach Kamtschatka zurückgekehrt war, setzte er seine gefährlichen Segelreisen fort. Es wird vermutet, dass es sich bei ihm um jenen Ivanov handelt, der zehn Jahre später an der Westküste Kamtschatkas ertrank. Bei dem Unglück waren noch zwei weitere Schiffe dabei, von denen eines unsere alte Bekannte ist: die einmastige *St. Peter*. Dieses Segelschiff, das in der primitiven Werft der verlassenen Insel gebaut worden war, war erstaunlich robust. Die Reise der *St. Peter* endete erst nach zwölf Jahren auf See im Jahr 1754 im Hafen von Ochotsk. Außerdem segelten russische Pelztierjäger mindestens zweimal mit der *St. Peter* zur Beringinsel und wieder zurück.

Und noch weitere setzten ihre Segellaufbahn fort. Stellers ehemaliger Mitbewohner Sindt unternahm noch zwei Forschungsreisen. Einer von Berings Dienern wurde Pelztierjäger und kehrte auch noch einmal zur Beringinsel zurück, bevor er mit den anderen Robbenfängern auf die Aleuten weiterzog. Dort überlebte er noch einen weiteren Schiffbruch, starb aber letztlich bei seinem dritten Schiffsunglück. Es gäbe sicherlich noch zahlreiche weiterer solcher Geschichten, auch wenn nicht alle in den Geschichtsbüchern zu finden sind.

Der Chirurgie-Assistent Betge kehrte nach St. Petersburg zurück, wo er fortan als Chirurg im Marinekrankenhaus arbeitete. Stellers guter Freund Plenisner wurde später wiederum zum Hafendirektor von Ochotsk und zum Gouverneur von Anadyr ernannt. Neben seinen Verwaltungsaufgaben organisierte er einige Forschungsreisen und interessierte sich für Geografie. In einem Bericht an die Akademie legte Plenisner dar, dass der asiatische und der amerikanische Kontinent früher wohl miteinander verbunden gewesen waren. Diese Auffassung galt in der damaligen Zeit jedoch als abwegig. Es ist daher davon auszugehen, dass er sich diese These vor der Publikation reiflich überlegt haben dürfte.[21] Später wurde Plenisner des Betrugs und der Unfähigkeit beschuldigt, weil er nicht verhindert hatte, dass einer der Seefahrer die Pocken mit nach Kamtschatka brachte. Ihm wurde der Prozess gemacht. Allerdings wurde er freigesprochen und zog daraufhin nach St. Petersburg.

Tschirikow, der Kapitän der *St. Paul*, kehrte 1746 nach St. Petersburg zurück und wurde zum Kommandeur befördert. Allerdings vermochte er sich wie bereits erwähnt von den Strapazen gesundheitlich nie mehr ganz zu erholen und starb nur zwei Jahre nach seiner Rückkehr an Tuberkulose.

Anna Berings Träume wurden durch den Tod ihres Mannes zerstört. Ein friedlicher Lebensabend als Gutsherrin war ihr nicht mehr vergönnt. Stattdessen musste sie sich mit dem Lohn begnügen, der ihrem Mann posthum zugesprochen wurde, sowie mit einer kleinen Witwenrente und dem, was Bering hinterlassen hatte. Von ihren Söhnen machten zwei Karriere bei der russischen Armee und einer schlug eine Laufbahn als Assessor ein. Von ihren Enkeln ist Christian Bering erwähnenswert, der in die Fußstapfen seines Großvaters trat und bei der Marine Karriere machte. Als Teilnehmer von Billings' Expedition besuchte er sogar die Beringinsel.

Anfang 1742 feierte die schiffbrüchige Mannschaft auf der Beringinsel den Namenstag der Kaiserin Anna. Anspruchslos erhoben sie ihre Gläser mit *Saturna*, dem mit Mehlschwitze zubereiteten Krähenbeerentee, auf ihre Landesherrin, ohne zu wissen, dass die so geehrte bereits tot war. Kaiserin Anna Iwanowna starb bereits im Oktober 1740. Doch nach ihrem Aufbruch aus Ochotsk kamen keinerlei Nachrichten aus Russland zu ihnen durch. Der Kaiserin Anna folgte ihr Großneffe Iwan VI. an die Macht, der allerdings noch ein Baby war. Ernst Johann von Biron hatte dies in die Wege geleitet. Er war Oberkammerherr und der Liebling der verstorbenen Kaiserin und wurde nun als Vormund von Iwan VI. zum stellvertretenden Reichsregenten. Er begünstigte seine deutschen Freunde, was bei den Russen für Groll sorgte. Die Armee wurde nervös, Biron abgesetzt und Anna Leopoldowna, die Mutter von Iwan VI., übernahm stellvertretend für ihren Sohn die Regentschaft. Auch sie blieb jedoch nur kurze Zeit auf dem Thron, denn die Tochter von Peter dem Großen, Elisabeth Petrowna, organisierte mit Unterstützung des Adels einen Putsch, der sie Ende 1741 auf den Thron brachte. Anders als ihr Vater war Elisabeth nicht westlich orientiert und verhielt sich gegenüber Untertanen aus dem Ausland skeptisch. Die deutschen Berater der verstorbenen Anna Iwanowna wurden kurzerhand entlassen, ein Teil von ihnen wurde nach Sibirien geschickt. Einige der früher nach Sibirien vertriebenen Herren wurden wiederum in die Hauptstadt zurückbeordert. So ging der Verkehr zwischen Sibirien und St. Petersburg hin und her.

Die neue Linie spiegelte sich auch im Leben der Teilnehmer der Großen Nordischen Expedition wider. Obwohl sie sich in der Peripherie allerlei

Freiheiten erlauben konnten (»der Kaiser – oder die Kaiserin – ist fern und Gott ist hoch oben«), konnten sich die Herren ihrer Unantastbarkeit nicht gewiss sein, insbesondere, wenn sie ausländischen Ursprungs waren. Jederzeit konnte ein Gegner oder ein Feind eine Klage in St. Petersburg einreichen, als Folge derer man sich dann bei einem Verhör und vor dem Richter wiederfand. Steller war sich des Konfliktpotenzials bewusst. Die Veränderungen an der Akademie der Wissenschaften gaben wenig Anlass zur Hoffnung. Freunde und Unterstützer waren verschwunden – umgesiedelt oder verstorben. Deshalb schien es an der Zeit, den offiziellen Bericht über die Amerika-Reise zu verfassen. Steller wurde von seinem Assistenten Alexej Gorlanow unterstützt, der den Text aus dem Lateinischen ins Russische übersetzte. Der Bericht bestand im Grunde aus demselben Inhalt wie sein Reisetagebuch, wenngleich der Bericht aus Zeitmangel stark gekürzt war. Bering und seinen Offizieren wurde Respekt gezollt. Dennoch wird dem Leser ersichtlich, dass Steller wegen der Fehleinschätzungen des Offizierskorps seine Pflichten nicht so erfüllen konnte, wie er gewollt hätte.

Diese Rechtfertigung war wohl deshalb nötig, weil er sich ohne den Auftrag der Akademie auf die Reise begeben hatte. Bering hatte zwar eine offizielle Mitteilung über seine Rekrutierung verfasst und versprochen, die Verantwortung für die Entscheidung zu übernehmen. Doch da sein Bürge in der Zwischenzeit verstorben war, stand zu befürchten, dass er nachträglich mit einer Strafe belangt würde. Stellers Schreiben mag zwar etwas feige wirken, doch mit der ausländerfeindlichen Kaiserin war nicht zu spaßen. Und zudem stand Steller ja auch tatsächlich hinter dem, was er zu Papier brachte. Er hatte wohl nicht gesehen, dass die Katastrophe keineswegs erst mit Berings spontaner Entscheidung ihren Anfang nahm, sondern vor allem auf den Eifer des Senats, der Admiralität und der Akademie zurückzuführen war, das nicht vorhandene »João-da-Gama-Land« zu lokalisieren. Doch letztlich gelang es ihm dennoch nicht, seine Stellung zu sichern. Ihm fehlte vielleicht der Sinn für die Spielregeln am Hof. Vielleicht lag ihm das Spielen grundsätzlich nicht, sei es nun das Glücksspiel, sei es das wechselhafte Spiel der Beziehungen. Und so zog er in Kamtschatka schlechte Karten, machte sich einen mächtigen Feind und verteidigte andererseits Leute, die im Abseits standen.

Das gleiche Problem plagte auch andere deutsche Wissenschaftler an der Akademie. Sie mussten stets die Vorurteile der Regenten im Hinterkopf behalten und ihre Loyalität beteuern. Ihre Forschungsarbeit wurde massiv behindert und auch der offene Wissensaustausch mit ausländischen Kollegen war nicht gestattet. Außerdem setzte die Loyalität zur Regierung voraus, etwaige eigene ethische Überzeugungen aufzugeben oder zumindest zu dehnen. Eine flexible Auslegung ethischer Prinzipien führen häufig zur Stärkung der eigenen Position und auch zu wirtschaftlichen Vorteilen – Russland war hierin keine Ausnahme. Dort konnte ein Wissenschaftler, noch dazu ein Deutscher, wenn er gute Dienste leistete, auch weiterhin ein angenehmes Leben genießen.

Stellers Freund Professor Gmelin hat dem Druck nicht standgehalten. Er verlängerte zwar seinen Vertrag mit der Akademie, bat jedoch darum, für ein Jahr von seinem Amt freigestellt zu werden, um in sein Heimatland zu reisen. Er nahm sein Material aus Sibirien mit und kehrte nicht mehr zurück. Daher wird vermutet, dass er die Entscheidung endgültig zu gehen, schon früh gefällt hatte, zumal die Zusammenarbeit mit der neuen Leitung der Akademie nicht gut lief. So erstaunt etwa die Anordnung der Akademie an Gmelin, seine sibirische Forschungsreise um mehrere Jahre fortzusetzen, obwohl er bereits nach St. Petersburg hätte zurückkehren wollen. Er beklagte folgerichtig, dass ihm der Arbeitsauftrag wie eine Vertreibung aus St. Petersburg schiene. In Deutschland veröffentlichte Gmelin sein Reisetagebuch aus Sibirien, das für seine Zeitgenossen interessant und spannend zu lesen war. Seine Beschreibungen waren jedoch für Russland teilweise wenig schmeichelhaft. Gmelin berichtet unverblümt von der Sauferei der Russen, den elenden Räucherhütten und den Drangsalierungen durch die Beamten. In St. Petersburg verlangte man von Müller, eine Zusammenfassung des Buches zu schreiben, doch dieser blieb seinem Freund treu und lehnte den Auftrag ab. Gmelins Verdienste wurden dessen ungeachtet von Russland anerkannt. Über seine schriftlichen Arbeiten verhandelte Gmelin persönlich mit Russland und als er 1755 überraschend im Alter von nur 46 Jahren starb, kaufte die Akademie seiner Witwe sein übriges Material ab und zahlte ihr eine Kompensation. Zu seinem beeindruckenden Lebenswerk gehört neben den Reiseschilderungen aus Sibirien der Vierteiler *Flora Sibirica*.

Müller verblieb indes im Dienst des Imperiums und starb 1783 im Alter von 78 Jahren. Auch er war ein ungemein fleißiger Arbeiter und veröffentlichte eine beachtliche Anzahl von Texten über die Geschichte und Ethnografie Russlands. Er gilt daher als Vater der Geschichtsschreibung über Sibirien und interessierte sich insbesondere für die Ethnologie. Er musste auch in der Gunst Katharinas der Großen gestanden haben, denn ihm wurden persönliche Audienzen gewährt. Die Kaiserin stammte selbst aus den deutschen Landen, was dabei auch eine Rolle gespielt haben könnte. Trotz allem hatte Müller jedoch Probleme. An der Akademie entstand nämlich ein Schisma, wobei sich die Situation besonders zwischen Müller und dem angesehenen Professor Michail Lomonossow zuspitzte. Der russische Lomonossow warf seinem Kollegen – wie könnte es anders sein – vor, dass er die Russen herabwürdigte, während er gleichzeitig die Ausländer positiv inszeniere. Der Streit führte schließlich dazu, dass Müller nach Moskau versetzt wurde, womit er sich aber gut abfand. Hier konnte er ungestört arbeiten und war bis zu seinem Ende als Wissenschaftler tätig.

Auch Peter Simon Pallas, der Herausgeber von Stellers Texten, machte eine beachtliche Karriere an der Petersburger Akademie und diente Russland jahrzehntelang, beinahe bis an sein Lebensende. Auch seine Errungenschaften sind beachtlich, von jahrelangen Forschungsreisen in Sibirien bis hin zu Veröffentlichungen, die eine ganze Bibliothek füllen könnten. Katharina die Große belohnte ihn dafür mit einem Gutshof auf der Krim. Doch auch Pallas bekam die Eskapaden seiner expansionswütigen, hochmütigen und exzentrischen Wahlheimat zu spüren. Dennoch fand er neben seiner guten Position und wirtschaftlichen Sicherheit auch sonst Gefallen an seiner Umgebung. In einem Brief an Müller stellte er nämlich fest: »Wenn ich nach Deutschland zurückkehren würde, würde ich dort vor Trauer umkommen.« Und beinahe scheint sich seine Prognose erfüllt zu haben. Denn als er schließlich nach Berlin zurückkehrte, verstarb er bereits ein Jahr später …

Steller musste ähnliche Gedanken gehabt haben. Russland war ein großes Land, das in ihm große Gefühle weckte. Das unbeschreibliche Chaos bereitete ihm Kummer und ließ ihn bisweilen verzweifeln. Aber in all dem Chaos stieß er auch auf faszinierende Funde und Erkenntnisse, konnte sich auf verlockenden Seitenpfaden verlieren.

Jukkola, Kisla und Selaga

Die nächsten zwei Jahre, von August 1742 bis August 1744, verbrachte Steller in Kamtschatka, wo es ihm an Forschungsarbeit nicht mangelte. Was die Natur und das Klima angeht, wirkt Kamtschatka kaum als ein Teil Russlands, sondern bildet eher eine Einheit mit der Küste Alaskas, den Aleuten und den Kommandeurinseln. Die Tundra und die schwer zugänglichen Sumpfgebiete im Norden Kamtschatkas sind die einzige Verbindung zum russischen Festland. Ansonsten ist die Halbinsel vom Meer umgeben, so dass sie in ihrer Abgeschiedenheit einer riesigen Insel gleicht. Es gibt dort beispielsweise keine Frösche oder Schlangen. Diese Isolation war für die von den Menschen gejagten Beutetieren ein Segen. Zur Fauna Kamtschatkas gehören unter anderem Bären, Wölfe, Vielfraße, Zobel und Waldren. An den Stränden trifft man auf Seeotter, Walrosse und Wale. Auch die Vögel zeugen von der Abgeschiedenheit der Gegend, denn auf der Halbinsel leben unter anderem Gerfalken und Wanderfalken sowie prächtige Riesenseeadler.[22] Und auch die Vegetation hat einiges zu bieten: unglaublich üppige Flusstäler, die kränklich wirkende Tundra, die Blütenpracht der alpinen Wiesen. Teilweise ragen Lärchenwälder hoch empor, andernorts bilden Erlen und Weidendickichte ein mangrovenartig verstricktes Ökosystem. Unverkennbar sind auch die dichten Wälder der Ermans Birken.

Die Halbinsel ist 1500 Kilometer lang und an der breitesten Stelle 500 Kilometer breit. Kamtschatka ist somit etwas kleiner als Finnland, aber es leben hier viel weniger Menschen. Aktuell leben knapp 350 000 auf Kamtschatka, von denen die Hälfte in Petropawlowsk wohnt. Es gibt hier immer noch weite Gebiete, die unbewohnt und nicht befahrbar sind. Einzigartig ist das Naturschutzgebiet Kronozki, das im Osten von Kamtschatka liegt. Das Gebiet mit seinen Vulkanen und heißen Quellen wurde zum UNESCO Weltnaturerbe gewählt.

Schweift man mit Google Maps durch die Halbinsel, taucht man in eine dramatische Szenerie ein. Vulkane ragen vereinzelt wie große, von der Natur selbst errichtete Pyramiden hervor. Auf einigen Bildern leuchten sie schneeweiß, auf anderen Bildern speien sie Flammen in den schwarzblauen Nachthimmel. Auf den Bildern sieht man auch Gletscher und

Fontänen der Geysire. Dann wieder Lavafelder, die bei Vulkanausbrüchen entstehen und deren öde Landschaft mit den aufrecht erstarrten, verkohlten, toten Baumsilhouetten an Gemälde von Schlachtfeldern des Ersten Weltkriegs erinnern. Auf einigen Bildern dominieren fast unnatürlich wirkende Farben: Schwefelgelb, Giftgrün, Purpur und Türkis ... Die Farben entstehen in den »Chemiefabriken« der heißen Quellen, in denen unter anderem chemosynthetische anaerobe Bakterien leben. Auf Tierbildern sticht die Menge der Bären und Lachse hervor. Die Lachse sind groß, größer – gigantisch. Und meistens hängen sie tot am Haken eines meist tapfer schauenden Burschen. Andere wurden in kristallklaren Gewässern schwimmend abgelichtet. Dabei sind sie feierlich rot. Es war mir nicht bekannt, dass es *so* rote Lachse gibt. Die Bären ihrerseits trotten an Flussufern entlang, lugen durch die Uferböschungen und fischen mit ihren Tatzen nach Lachsen. Hier befindet sich tatsächlich die dichteste Bärenpopulation Eurasiens und die Bären sind hier auch größer. Allerdings ist Wilderei heutzutage erschreckend weit verbreitet, wie auch Sergey Gorshkov in seinem Buch *Odyssey through Kamchatka* bestätigt, dessen englische Übersetzung 2017 erschienen ist.[23] So eindrücklich wie der Naturfotograf die Gefährlichkeit der Bären beschreibt, kann kein Zweifel an den Risiken seines Berufs aufkommen. So beschreibt er unter anderem, dass selbst erfahrene Forscher und Fotografen von Bären getötet worden sind. Andererseits gibt es in Gorshkovs Buchs auch ein Zitat aus dem Tagebuch von Makar Ivanovič Ratmanov, der Kamtschatka Anfang des 19. Jahrhunderts bereist hatte. Ihm zufolge gab es damals zwar eine gewaltige Anzahl Bären, diese seien jedoch sanft und menschenscheu. Auch Steller merkt an, dass die Bären in Kamtschatka so gutmütig seien, dass sie Menschen kaum je angreifen. Nicht einmal dann, wenn sie sich in die Enge getrieben fühlen.

Wollte Gorshkov seinen Job also lediglich besonders gefährlich inszenieren, oder hat sich das Verhalten der Bären geändert? Aufgrund der Überfischung ist der Lachsbestand zurückgegangen. Das kann sehr wohl dazu führen, dass die Bären hungrig sind und gereizt. Das Problem ist in letzter Zeit auch auf der Insel Sachalin beobachtet worden, wo die Bären eine ungewöhnliche Aggressivität zeigten. Vor dem Winterschlaf müssen die Bären sich mästen, doch da der Lachsbestand massiv zurückgeht, gelingt ihnen dies nicht mehr. Im Herbst 2017 wurde berichtet, dass auf

Abb. 14: Das Gebiet um den von Bering errichteten Hafen in Petropawlowsk ist über die Jahre zu einer Stadt angewachsen. In der Stadt mit dem Namen Petropawlowsk-Kamtschatski wohnen heute 180 000 Menschen. Im Hintergrund ist die Vulkan-Landschaft Kamtschatkas zu sehen.

Sachalin zwei Menschen bei einem Bärenangriff ums Leben kamen und die Behörden mussten schließlich Dutzende ausgehungerte Bären erschießen, da diese in die Dörfer vorgedrungen waren und Haustiere angegriffen haben.

Luftgetrockneter Lachs, *jukkola*, war über Jahrhunderte hinweg das Hauptnahrungsmittel der Bevölkerung Kamtschatkas – ihr »einziges Brot«. *Kisla* war wiederum vergorener Fisch. Die Zubereitung klingt einigermaßen grob, zumindest das »Rezept« des schwedischen Naturforschers Sten Bergman. Bergman hatte die Gegend in den 1920er Jahren bereist und schreibt, dass man für die Zubereitung von *Kisla* einfach ein Loch in die Erde gräbt, wo man etwa 2000 Lachse einfach verfaulen lässt, zum Teil sogar lebend. Das vollgestopfte Erdloch bedeckt man wieder mit Erde. Danach kann der Inhalt in dem ›Gefäß‹ ziehen und wird dabei zu einem Brei. Das fertige *Kisla* wird schließlich mit einer Mistgabel aus der Grube gehoben. Selbst Steller erschauderte bei dem Gestank der Fischgruben. Wenn man eine solche Grube im Winter öffnet, breitet sich der Gestank über das ganze Dorf aus und der Geruch ist »schlimmer als der schlimmste Abort«. Wegen der Fischkultur gewinnt man zeitweise den Eindruck, dass

Kamtschatka »zum Himmel« stinkt. Nichtsdestotrotz beschäftigte sich Steller eingehend mit dem Thema. Sein Antrieb war sowohl persönliches Interesse als auch Druck durch die Regierung: Fisch war nämlich eine wertvolle natürliche Ressource, die noch mehr ausgenutzt werden sollte.[24]

Nach seiner Rückkehr von der Beringinsel verbrachte Steller den Herbst und Winter hauptsächlich in Bolsheretsk, Kamtschatkas Verwaltungshauptstadt. Das Sammeln von Notizen und Aufzeichnungen, das Verfassen des Berichts und der Briefwechsel versorgten ihn mit Arbeit. Dennoch blieb dem Wissenschaftler noch genügend Zeit für Bildungsarbeit. Er gründete eine Schule, an der er auch selbst unterrichtete. Darüber hinaus erledigte er auch weniger angenehme Aufgaben. Die Regierung hatte nämlich angeordnet, in dem Gebiet die Landwirtschaft einzuführen. Typischerweise wurde bei diesem Entwicklungsprojekt wieder zu Zwangsmaßnahmen gegriffen und nicht über die Hindernisse und Möglichkeiten der örtlichen Gegebenheiten nachgedacht. Ein Hindernis stellte der Kommandant des Gebietes dar, der sich herzlich wenig dafür interessierte, derartigen Fortschritt voranzutreiben. Steller schreibt missbilligend: »Der vorherige Kommandeur Kolesov war ein Säufer, der durch einen anderen, noch schlimmeren Säufer ersetzt wurde.«

Das wahre Leben ist doch die Arbeit im Gelände! Nach seinem Frühjahrsausflug auf die Kurilen plante Steller Wanderungen durch Kamtschatka. Vielleicht fehlte ihm zu seiner Schreibarbeit der Ausgleich, denn er hatte nicht vor, sich mit Kamtschatka zufriedenzugeben, sondern beschloss, bis zur Mündung der Kolyma und zum arktischen Ozean weiterzuziehen. Er war inspiriert von den Mammutknochen, die man in der Tundra gefunden hatte und die nach St. Petersburg gebracht worden waren. Der Ursprung der geheimnisvollen Riesen warf Fragen auf und gemeinhin galt die Annahme, dass diese Elefanten, die vor langer Zeit gelebt hatten, zu Zeiten der biblischen Sintflut ertrunken oder an Kälte verstorben sind. Der Gedanke, dass es sich dabei um eine eigene Spezies handelt, war noch nicht geboren. Vielmehr vermutete man, dass es sich bei den Mammuts um Artgenossen unserer heutigen Elefanten gehandelt habe, die sich nach Sibirien verirrt hatten. Die Mammutknochen bekam Steller allerdings nicht mehr zu Gesicht; er kam nie an der Kolyma an und auch nicht am arktischen Ozean. Im Laufe seiner Kamtschatka-Reise hatte er selbst die Unmöglichkeit seines Vorhabens gewiss eingesehen.

Wegen der Verzögerung seiner Lohnzahlung brach Steller erst gegen Ende des Sommers auf. Er kam nur langsam voran, da das Gelände außerordentlich schwer begehbar ist. Überall gibt es Sümpfe und Gewässer, Berge und tiefe Täler. In der Gegend regnet es viel, weshalb die Vegetation auffallend üppig ist. Die Laubbäume bilden ein dichtes, verwickeltes Buschwerk, das es zu durchdringen galt. Lennart Meri, der in seiner Jugend durch Kamtschatka wanderte, schreibt, das Gebüsch sei beinahe einladend wie Stacheldraht. Noch beeindruckender fand er jedoch die bis zu drei Meter hohen Gräser, die üppig und »dicht wie Filz« waren sowie betörend dufteten. Die Region ist dünn besiedelt und die Siedlungen konzentrieren sich in den kleinen Dörfern an den Flussufern und der Küste oder auf in Jurten lebende Nomadenstämme. Neben den Itelmenen leben hier noch Korjaken und Ewenen (ehemals Lamuten), die Rentierzucht betreiben, und im Norden die Tschuktschen. Bis zu den Dörfern der Russen sind es mehrere hundert Kilometer und bis zur Mündung der Kolyma und zum arktischen Ozean sind es sogar 3000 Kilometer. Von daher ist es nur verständlich, dass Steller sein Mammutprojekt aufgab – oder doch nur verschob? Da er kein Reisetagebuch mehr führte, oder jedenfalls keines gefunden wurde, musste seine Route auf Grundlage seines Forschungsmaterials rekonstruiert werden. Bis nach Anadyr ist er offenbar nicht gekommen. Vermutlich hat er es nicht nördlicher als bis nach Oljutorski geschafft. Etwas nördlich davon liegt die Insel Karaginski vor Kamtschatkas schmalsten Stelle. Eine beeindruckende Leistung, denn von Bolsheretsk bis nach Oljutorski sind es über 1000 Kilometer Luftlinie, doch Steller hatte keine Flügel!

Den Winter verbrachte er in Oljutorski und machte sich bei dieser Gelegenheit mit der Lebensart der örtlichen Bevölkerung vertraut. Diese bestreiten ihren Lebensunterhalt weitestgehend mit Lachsfang und der Jagd auf Robben und Walen. Gegen Ende des Winters 1744 verabschiedete er sich einmal mehr und machte sich mit seinem Hundeschlitten auf den Rückweg. Eigentlich wollte er noch einen Abstecher auf die Insel Karaginski machen, da sie nicht weit vom Festland entfernt liegt. Zudem war die gebirgige, rund hundert Kilometer lange Insel vielversprechend unerforscht. Stellers schätzte optimistisch, dass er die Insel übers Eis in nur wenigen Stunden erreichen würde. Doch es kam anders. Als er bereits ein gutes Stück zurückgelegt hatte, gab das Eis unter ihm nach. Seine Hunde und der Schlitten versanken im eisigen Wasser und er selbst ertrank beinahe. Doch wie durch ein Wunder gelang es ihm, sich von einer Eisscholle zur nächsten springend ans Ufer zu retten. Er ließ Karaginski unbetreten zurück und setzte seine Reise mit Schneeschuhen fort. Von irgendwelchen Reisegefährten ist keine Rede – offensichtlich hatte er keine offizielle Begleitung. Auf derartigen Fußmärschen brauchte man auch kein großes Gefolge. In Stejnegers Biografie wird immerhin ein *Slushiv*, also ein Kosake, erwähnt. Ob der treue Lepihin etwa einmal mehr dabei war? Über Lepihins Leben nach der Expedition ist nichts in Erfahrung zu bringen, doch denkbar ist es durchaus.

Exkursionen auf eigene Faust waren Stellers liebste Art zu reisen. Er entschied sich für möglichst leichtes Gepäck, das er selbst trug. Während der Wanderung ernährte er sich nur von den Schätzen der Natur, so dass er das Brot, das er als Reserve in den Rucksack gepackt hatte, nicht benötigte. Die Flüsse sind voll von Lachsen und im Spätherbst gibt es genügend Beeren und essbare Pflanzen. Seinen eigenen Angaben zufolge blieb er rüstig und hatte einen besseren Appetit als je zuvor und »guter Appetit ist ein Indikator für gute Gesundheit«. Dieser verging ihm jedoch, als er von den örtlichen Bewohnern bewirtet wurde. Die gastfreundlichen Menschen wollten ihm ihr bestes Essen anbieten – *Selaga*. Diese besondere Delikatesse wird aus diversen Produkten der Natur zubereitet, den Zwiebeln der Schatten-Schachblume, den Samen der Zirbelkiefer, Weidenröschen-Sprösslingen, Moltebeeren und Krähenbeeren und darüber hinaus was auch immer noch vorhanden ist. Regionale Lebensmittel in Reinkultur! Hört sich aus der Sicht eines Vegetariers so weit sehr gut an. Aber ... alles wird in eine hölzerne Schüssel geschaufelt und anschließend mit ungewaschenen Händen geknetet. »Allein der Anblick dieses Prozederes reicht aus, um Übelkeit hervorzurufen.« Danach wird diese mit schmutzigen Händen geknetete Masse in Robben- oder Walfett gebraten. Das gibt auch dem geneigtesten Vegetarier den Rest. Steller war keineswegs pingelig, schreibt allerdings: »Ich habe es nie fertiggebracht, mehr als nur einen kleinen Bissen von diesem seifenartigen Durcheinander herunterzuschlucken.« Offenbar haben diese kleinen Happen als Geste der Höflichkeit ausgereicht, denn Steller baute zu der Bevölkerung vor Ort ein ausgezeichnetes Verhältnis auf. Er hätte es nie geschafft, so viele und detaillierte

Informationen über ihr Leben mit uns zu teilen, wenn er nicht ihr Vertrauen gewonnen und enge Beziehungen zu ihnen aufgebaut hätte.

Bei den Itelmenen

Ich bin bereits ungemein vertraut mit Steller, als das von mir bestellte Kamtschatka-Buch schließlich ankommt. Ich war mir also bewusst, dass mein Idol ein eifriger Wissenschaftler war. Nichtsdestotrotz bin ich von seinen Errungenschaften überwältigt. Es ist unfassbar: Steller verbrachte insgesamt nur zweieinhalb Jahre in Kamtschatka. Und doch hat er neben all den anderen Leistungen dieser Zeit auch noch ein Buch geschrieben. Das ist schon beeindruckend, bedenkt man die Umstände, unter denen er die Informationen beschaffen musste und die dazu nötigen Fußmärsche von hunderten Kilometern, die primitiven Reisebedingungen ... Dabei musste er nicht nur die Proben mühsam sammeln, mitnehmen, konservieren, beschriften, sondern sein eigenes Essen sammeln, jagen und zubereiten. Ganz zu schweigen davon, wie er das Vertrauen der Leute gewann, um sie schließlich langwierig zu befragen ... Kann es sein, dass die Menschen früher mehr Zeit hatten als wir?

Sein Buch umfasst rund 300 kleinbedruckte Seiten mit nur wenigen Zeichnungen. Das Inhaltsverzeichnis offenbart bereits das beeindruckend breite Themenspektrum. Die 37 Kapitel reichen thematisch von »Klima« und »Mineralien« Kamtschatkas bis hin zu den »Tischsitten« und »Näharbeiten« der Urbevölkerung der Region. Aber auch »Wasservögel« und »Insekten«, »Vulkane« und »Robbenjagd« werden von ihm behandelt. Für sein eingeschränktes Forschungsinteresse kann man ihn jedenfalls nicht kritisieren. Überraschend ist der große völkerkundliche Anteil, denn Steller hat sich seinen Ruf vor allem als Naturwissenschaftler erarbeitet. Ich hatte daher nicht gedacht, dass sich der Vermesser der Seekuh und Verfertiger langer Pflanzenverzeichnisse auch genauso tiefschürfend mit der Lebensart der Menschen auseinandergesetzt hat. Aber warum auch nicht? Er selbst hatte seine Erfahrungen als Jäger und Sammler gemacht. Er war ein Reisender, der Askese gewohnt war. Und gerade deshalb war er prädestiniert, mit den Naturvölkern zu leben, mit ihnen zu plaudern und ihre Erfahrungen und Ansichten zu dokumentieren. Man könnte meinen, dass er charakterlich ungeeignet für die Aufgabe war. Schließlich wird er als aufbrausend, schroff und ungeduldig beschrieben. In seinem Tagebuch bestätigt er diese Charakterisierung und ein paar Auseinandersetzungen stehen ihm noch bevor. Aber Steller wird auch als heiter und gut gelaunt beschrieben. Man sollte nicht vergessen, was Gmelin über ihn geschrieben hat. Und war es nicht eben jener Steller, der auf der Beringinsel die Bedeutung der Gemeinschaftlichkeit erkannt hatte?

Beim Lesen des Kamtschatka-Buches kann kein Zweifel aufkommen: Steller hat sich bei den Naturvölkern wohlgefühlt und unter ihnen Seelenverwandte gefunden, ungekünstelte und fröhliche Menschen, frei von Scheinheiligkeit und Überheblichkeit. Das Leben der Naturvölker ist gefährlich und körperlich anstrengend, weshalb diese sich der Einmaligkeit des Lebens bewusst sind und Momente des Glücks zu schätzen wissen. Aber es gibt auch Zeiten, in denen Schneestürme oder andere natürliche Umstände sie geradezu zum Müßiggang zwingen. Oder auch im Sommer, wenn die Natur Essen in Hülle und Fülle bietet, da es in den Flüssen von Lachsen nur so wimmelt. Tatsächlich kritisiert Steller sogar den Hang der Itelmenen zum Müßiggang. Sie scheinen nicht die gleichen Effizienz-Anforderungen an sich zu stellen wie der Wissenschaftler an sich. Weltlicher Mammon war zweitranging, denn »sie nehmen nur das, was sie brauchen; wenn sie schon genug Fisch haben, würden sie keinen anhäufen, selbst wenn die Lachse in ihre Wohnungen steigen würden«. Daher ist auch Schufterei zweitrangig. Aber kein Ehrgeiz, Besitz anzuhäufen, ist doch eine Arbeitslosigkeitsfalle? Vielleicht ist aber genau deshalb ihre Gesellschaft so angenehm und entspannend. Der Wissenschaftler hat unter diesen Leuten der Tundra, der Wälder und der Berge keinerlei Wettkämpfe beobachtet. Obwohl er sie auch nach ihren Naturkenntnissen fragte, hielt er sie wohl kaum für völlig gleichwertig, schließlich galten Itelmenen nach zeitgenössischer Auffassung als Wilde und Heiden. Aber für Steller waren sie auch »Kinder der Natur« und als solche gefielen sie ihm, so dass er sich ihnen gegenüber von seiner besten Seite zeigte: er war verständnisvoll, beschützend und ehrlich interessiert.

Bereits im 18. Jahrhundert tauchte die Idee des »edlen Wilden« auf, der unverdorben von der Zivilisation als harmlos, aufrichtig und gutmütig galt. Doch in der Praxis wurden diese Vorstellungen wohl nur selten validiert. Kaum ein Philosoph, Dichter oder Wissenschaftler war bereit, einen Schritt auf die von ihm verehrten Wilden zuzugehen und tatsächlich in ihr Leben einzutauchen. Es war damals äußerst ungewöhnlich, dass ein Gelehrter in einer Jurte oder in einem Grubenhaus wohnte und die Speisen aß, die ihm dort angeboten wurden, um so Informationen zu sammeln. Zudem lag über all dieser theoretischen Glorifizierung der »Wilden« in der Praxis ein brutaler Zynismus. Der Verlust der primitiven Urbevölkerung war Teil des unaufhaltsamen Fortschritts und in Hinblick auf die Zukunft galt der Erhalt dieser Völker, ihrer Sprachen, Kulturen und Kenntnisse als verzichtbar. Man bewahrte sich allenfalls Artefakte als Kuriositäten oder naturwissenschaftliche Trophäen auf. In seinem Buch über die Eroberungsgeschichte Australiens *Terra nullius* bietet der Schwede Sven Lindqvist trostlose Beispiele für diese Art »wissenschaftlichen« Arbeitens. Er schreibt unter anderem von seinem Landsmann, dem Zoologen Eric Mjöberg, der von 1910 bis 1911 eine Expedition nach Australien anführte. Ziel dieser Expedition war in Mjöbergs eigenen Worten »möglichst viele Skelette der interessanten, immer seltener werdenden australischen Negerrasse« zu beschaffen. Die Mannschaft plünderte die Friedhöfe der Aborigines und brachte die Skelette ins ethnografische Museum nach Schweden. Der Forscher schreibt zufrieden von seinem erfolgreichen Raubzug und den »Streichen«, die sie den »Negern« gespielt hatten.

Die Wissenschaft ist aber auch positiv in Erscheinung getreten. Die Finnen zum Beispiel interessierten sich im 19. Jahrhundert für die Urbevölkerung Sibiriens und bereisten die Gegend bis zur Gründung der Sowjetunion. Man machte sich auf die Suche nach den eigenen Wurzeln und erforschte verwandte Sprachen. Zwar fühlten sich auch die Finnen überlegen, doch war ihr Interesse und Mitgefühl aufrichtig und das missbräuchliche Verhalten russischer Kaufleute, Beamter und Priester wurde oft scharf kritisiert. Sakari Pälsi schreibt in seinem Buch *Pohjankävijän Päiväkirjasta* von seiner Reise durch Kamtschatka und die Tschuktschen-Halbinsel in den Jahren 1917 bis 1919. Im Vorwort der Neuauflage schreibt Juha Janhunen auch über Pälsis Beziehung zur Urbevölkerung. Er charakterisiert Pälsi als einen volksverbundenen Schelm der Bohème und stellt fest, dass er gerade *wegen* dieser Charaktereigenschaften mit den Menschen in Kontakt gekommen ist. Das erinnert an Stellers Art zu Reisen und seinen sarkastischen Sinn für Humor. Pälsi hat zwar die Urbevölkerung des Nordens typisiert und die Menschen ein wenig komisch und kindlich dargestellt, erklärt Janhunen, aber alles in allem empfand der Wissenschaftler ihnen gegenüber »erkennbare Sympathie, sogar eine Art Seelenverwandtschaft«.

Das Gleiche kann man auch von Steller sagen. Er typisiert und verallgemeinert, verlacht den Aberglauben der Itelmenen und ihr kindliches Verständnis der Weltordnung: »Im Winter darf man draußen nicht barfuß herumlaufen, weil das Stürme verursacht. Wenn ein Moorschneehuhn ins Wasser fällt, verwandelt es sich in einen Lachs …« Steller stellt verblüfft fest, dass die Menschen tatsächlich an diese Fantasiewelt glauben, in der Geister umherirren, Tiere die Sprache der Menschen verstehen und der Zusammenhang von Ursache und Wirkung zufällig ist. Zugleich wird er nicht müde, diese sprudelnde Fantasie zu bewundern, ebenso wie das gute Gedächtnis der Geschichtenerzähler. Man kann sich vorstellen, wie er all das mit glänzenden Augen und einem sanften Lächeln im Gesicht schreibt: »Ein Erdbeben entsteht dadurch, dass die Hunde, die unter der Erde die Geisterschlitten ziehen, sich die Flöhe abschütteln.« Steller sieht in den Itelmenen das Einzigartige und stellt wiederholt mit Verwunderung fest, dass er kein vergleichbares Volk kennt. Er hebt auch die Offenheit und Unvoreingenommenheit der Itelmenen hervor, was davon zeugt, dass die Sympathie auf Gegenseitigkeit beruhte.

Steller schlussfolgerte völlig richtig, dass die Itelmenen das älteste Volk Kamtschatkas sind, dass sie vor den anderen dort angekommen waren und schon seit Jahrtausenden in dem Gebiet gelebt hatten. Es ist möglich, dass ihre Vorfahren oder eben Vertreter eines noch älteren und bereits verschwundenen Volkes über die Landbrücke nach Amerika gezogen waren und somit auch die Vorfahren der Indigenen Amerikas sind. Laut Steller glichen sich die Itelmenen und die Aleuten in ihrem äußeren Erscheinungsbild einander wie »Erbsen aus derselben Schote«.

Vor der Ankunft der russischen Kosaken hatten die Itelmenen nicht nur ihre lebhafte Fantasie gepflegt, sondern auch Wissen und Fähigkeiten gesammelt, um in den natürlichen Gegebenheiten Kamtschatkas zurechtzukommen. Sie waren noch tatsächlich Jäger und Sammler, mehr noch als die rentierhütenden Korjaken und Ewenen. Sie waren Experten, wenn es darum ging, von der Natur zu leben. In dem Kapitel seines Kamtschatka-Buches, das die Bäume, die Büsche und die übrige Vegetation der Halbinsel behandelt, lobt Steller auch die Pflanzenkenntnisse der Itelmenen: »So fundierte Kenntnisse haben nicht einmal die gebildetsten Menschen: ich werde nicht müde, all dies zu bewundern.« Das theoretische Wissen der Jäger und Sammler sei zwar durchaus etwas amüsant und merkwürdig, aber was macht das schon, wenn sie es schaffen, sich in der Natur mit allem zu versorgen, was sie brauchen. Er fügt demütig hinzu: »Das schafft nicht einmal der größte Philosoph oder Naturwissenschaftler.«

Seine Auflistung und Erörterung beeindruckender Eigenschaften der Itelmenen geht noch weiter, ja man kann sagen, ihm sind die Zügel entglitten. Steller schreibt, dass diese Fähigkeiten aus der Not heraus entstanden sind und sich durch praktische Erfahrungen weitergebildet haben. Dennoch ist er der Meinung, dass die Lebensart der Itelmenen, ihr natürlicher Scharfsinn und ihr Hang zum Gehorsam und allem Guten belegten, dass Gott diese Menschen mit besonderem Einfallsreichtum und einem bemerkenswerten Gedächtnis gesegnet habe. In ganz Sibirien und Russland gebe es kein Volk, aus dem sich so gute Christen und treue Bürger machen ließen ... Seine Ausführungen ziehen sich und scheinen nicht enden zu wollen, wenn er ihre Bereitschaft beschreibt, neue Ideen anzunehmen und falsche Überzeugungen abzulegen, sofern man ihnen die Dinge überzeugend vermittelt. Dann lachen sie selbst über ihre Dummheiten. Dann werden die Russen zum wiederholten Mal als »Blutsauger« beschimpft, deren Gräueltaten sich gegen den Willen Gottes und Ihrer Majestät richteten. Dann hofft er wieder, Gott möge eingreifen und dafür sorgen, dass sich Ihre Majestät der Belange annähme und Beamte in die Gegend schicken möchte, die wie gute Christen handeln und mit deren Hilfe die Fähigkeiten und der gute Charakter der Itelmenen zu ihrem Recht kämen und sie Mut fassen könnten, um so dem Staat noch bessere und treuere Dienste zu leisten ... Diese Gedanken bezeugen, dass Steller das Herz am rechten Fleck hatte! Er verteidigt die Schwächeren mit einer solchen Inbrunst, dass er sich selbst und seine eigenen Interessen hierbei ganz vergisst. Er kann über diese Ungerechtigkeit nicht gleichgültig hinwegsehen und so gleitet ihm der Stift aus der Hand ... An diesem Punkt bemerkt er jedoch selbst, dass sein Kummer über die schlechte Behandlung der Ureinwohner eigentlich nicht in das Kapitel über Kamtschatkas Bäume, Büsche und Pflanzen gehört und beginnt ein wenig verlegen ein neues Kapitel: »Mein gutes, sympathisierendes Bild von diesen Menschen hat mich nun zu weit vom Thema abschweifen lassen und ich komme zurück zu ihren Pflanzenkenntnissen.« Er zügelt seine Erregung und kommt so von den grausamen »Blutsaugern« zu den Süßgräsern, aus denen die Itelmenen Teppiche und Regenjacken weben, sowie zum Scheiden-Wollgras, dessen Flaum man zu Watte kämmt für Windeln und Hygienebinden …

Was genau schätzt Steller also an den Itelmenen? Die Autarkie und die damit einhergehende Unabhängigkeit, Freiheit. Dies alles ist auch ihm wichtig, weshalb er illusionslos festhält: »Bevor die Itelmenen zum Christentum bekehrt wurden, waren sie freie Wesen; nun sind sie zu den Patenkindern und Sklaven der Kosaken geworden.« Die Missionsarbeit der Russen sei armselig, da sie keine Nächstenliebe vermittelten, sondern wirtschaftliche Interessen verfolgten. Die Bewohner Kamtschatkas wurden mit zehnjähriger Steuerbefreiung zum Glauben gelockt, doch obwohl sie in dieser Zeit keine Steuern zahlen mussten, zahlten sie denselben, wenn nicht gar den vielfachen Preis an Gebühren für die Dienste der Pfarrer und Taufpaten. Steller schreibt aufgebracht, dass für eine Hochzeit bis zu fünf Fuchspelze verlangt werde und dass viele sich dem Christentum verweigerten, weil sie die Gebühr für die Taufe nicht bezahlen könnten. Von Steller wissen wir, dass er selbst einen Vertreter der Urbevölkerung in Kamtschatka und einen weiteren in Sibirien bekehrte, doch in Anbetracht der gegebenen Umstände bleibt seine geistliche Arbeit weitgehend außen vor. Dies mag etwas überraschen, da wir ihn als frommen Christen kennengelernt haben. Als Lutheraner war er zwar kein Mann der in Russland vorherrschenden Kirche, aber das wäre wohl kaum ein Hindernis gewesen, hätte er sich zu der Sache berufen gefühlt. Es entsteht der Eindruck, dass in ihm der Wissenschaftler obsiegte. Die Missionsarbeit blieb anderen überlassen. Er tröstete sich mit dem Gedanken, dass es in Kamtschatka dereinst bessere Pfarrer geben würde, die den Itelmenen eine »neue und bessere Moral und den wahren Glauben« vermitteln würden. Und da sie auf sehr vernünftige Weise empfänglich seien, würden sie dann den Glauben annehmen.

Steller gehörte keineswegs zu den Geistlichen, die Schamanentrommeln oder ähnliche Dinge verbannen wollten. Als Wissenschaftler blieb er stets auch Zuhörer und schrieb lange Erläuterungen über die Glaubensvorstellungen und Rituale der Itelmenen. Nicht einmal kräftiges Fluchen und vulgärer Sprachgebrauch vermochten den Theologen der Universität Wittenberg abschrecken. Im Gegenteil, er lieferte dafür eine Menge farbenfroher Beispiele. In ihrer Einstellung zu den Göttern spiegele sich einmal mehr die Originalität der Itelmenen wider. So wird die höchste Gottheit Kutka von den Itelmenen nicht angebetet und erfährt auch keinen Dank von ihnen, stattdessen machen sie ständig Scherze über ihn. »Die Itelmenen halten sich selbst für viel schlauer als ihren eigenen Gott – niemand ist dümmer und verrückter als Kutka«, schreibt Steller und stellt verwundert fest: »Soweit ich weiß, hat kein anderes Volk unter dieser Sonne so eine fantastische Entdeckung gemacht.« Die Itelmenen begründen ihre Ansicht folgendermaßen: Ein vernünftiger Gott hätte eine bessere Welt geschaffen, in der es nicht so viele Berge und lästige Klippen gäbe wie in Kamtschatka. Nicht so viele schwer befahrbare Flüsse, keine tobenden Stürme und andauernden Regen … Mit seiner misslungenen Schöpfungsarbeit hat Kutka für gewaltiges Ärgernis gesorgt. »So beschimpfen sie Kutka aufs Übelste, wenn sie im Winter durch die verschneiten Berge wandern und wenn sie im Sommer flussaufwärts ziehen, sind sie ebenso kritisch«, konstatiert Steller. Die Dummheiten des Gottes werden von seiner schönen und weisen Frau Chachy kontrastiert. Dank ihr konnte er seine schlimmsten Fehler korrigieren und einsehen, dass er nicht vollkommen ist. Hier sah Steller eine Parallele zwischen dem Volk und ihren Gottheiten. Er schreibt in einer Fußnote:

> »Vielleicht haben die Itelmenen diese Schlüsse aus ihren eigenen Reihen gezogen, da ihre Mädchen und Frauen die Männer an Verstand und Geschick übertreffen. Deshalb sind die Frauen die Kommandeurinnen der Männer, tragen Hosen und setzen von ihren Männern respektvolle Behandlung voraus.«

Es ist schon interessant, wie Steller in unterschiedlichen Zusammenhängen den Verstand, den Scharfsinn und die Fähigkeiten der Itelmeninnen betont. Dabei belegen die Männer stets den zweiten Platz. Als Steller über die Arbeitsteilung der Itelmenen schreibt, erklärt er, dass die Frauen die Kinder großziehen, »darüber hinaus haben sie eine Reihe von Aufgaben, so dass man meinen könnte, dass sie mehr Verstand haben als die Männer, was auch den Tatsachen entspricht«. Die Kompetenz der Frauen zeige sich zum Beispiel auch darin, dass sie alle Pflanzen sammeln, unabhängig ob diese nun zum Essen, als Medizin oder für das Weben benötigt werden. Sie sind also die eigentlichen Botanikerinnen, eine Aufgabe, die Steller gewiss Anerkennung abrang. Er lobt auch die Kunstfertigkeit der Frauen, die nicht nur Sängerinnen und Liedermacherinnen sind, sondern auch sämtliche Kleidung und Schuhe herstellen, die häufig aufwendig und ausgefallen sind. Nach Steller lieben die Männer ihre Frauen ungemein und wollen keine Nacht von ihnen getrennt sein. Allerdings hätten sie das Bedürfnis nach Abwechslung und können mehrere Frauen haben, wobei für gewöhnlich drei das Maximum sind. Auch die Frauen fühlen sich in Gesellschaft ihres Partners wohl und auch für sie ist es eine Auszeichnung, wenn sie mehrere Männer auf ihre Seite ziehen können.

Das äußere Erscheinungsbild der Itelmenen beschreibt Steller mit geradezu wissenschaftlicher Präzision. Er listet ihre Eigenschaften auf. Ähnlich wie in Büchern über Vögel die Färbung des Federkleids und die Schnabellängen beschrieben werden, doch schwingt in seinen Schilderungen auch echte Bewunderung mit: »Pechschwarzes, glänzendes, dickes Haar, rosenrote Backen, schneeweiße Zähne, kleine, feine Hände, konvexe Fingernägel …« Als er mit der Haut fortfährt, die »am ganzen Körper zart und weich« ist, erwähnt er, dass die Itelmenen kaum schwitzen und folglich auch nicht schlecht riechen, wobei sie aufgrund ihrer Ernährung »ebenso wie die Seetaucher und Mantelmöwen nach Fisch riechen, wenn man ihre Haut massiert«. Bei der Lektüre dieser Beschreibungen drängt sich der Verdacht auf, dass der Forscher seinem Untersuchungsobjekt doch sehr nahe gekommen scheint. »Die Frauen haben kleine, runde Brüste«, geht der Bericht weiter, »die auch im Alter von 40 Jahren noch ziemlich fest sind und nicht sehr schnell anfangen zu hängen«. Und dann wendet er sich den primären Geschlechtsmerkmalen zu, wobei er nahezu wörtlich eine Beschreibung aus der Vogelwelt bemüht. Hier befinde sich »eine kleine Quaste von dünnem schwarzem Haar, so wie auf dem Kopf eines Sägers«.

Laut Steller sind die Nachkommen itelmenischer Frauen und russischer Männer außerordentlich hübsch und leidenschaftlich und »ihnen gelingt es auch die Männer zu verführen, die sich auf ihren Reisen zwischen Moskau und Kamtschatka auf keine außerehelichen Beziehungen einlassen«. Was genau man sich unter den »Verführungskünsten« vorstellen

Abb. 15: Darstellung eines Itelmenen in Paulys *Description ethnographique des peuples de la Russie*,1862.

muss, lässt der Autor offen. Immerhin deutet er in einem langen, obskuren Satz an, dass es vielen wohlhabenden Kaufmännern dabei schlecht ergangen ist, da die schönen und gerissenen Itelmenen ihnen das letzte Hemd abgenommen haben. Abgesehen vom äußeren Erscheinungsbild schwärmt er auch davon, wie gesund und abgehärtet dieses Volk des Nordens ist. Viele werden bis zu 70 oder 80 Jahre alt, arbeiten bis zu ihrem Lebensende und »nehmen die meisten Zähne mit ins Grab«. Krankheiten und Invalidität entstehen hauptsächlich infolge von Unfällen, die den Jägern und Sammlern im rauen Klima und im schwierigen Gelände zustoßen. Ein Grund für die gute Gesundheit vermutet Steller in der fischreichen Ernährung. Damals hielten Ärzte den Verzehr von fetthaltigem Fisch offensichtlich für ungesund, denn Steller betont nachdrücklich, dass die Erfahrung eines ganzen Volkes das genaue Gegenteil beweise. Auch das frische Quellwasser Kamtschatkas, von dem die Itelmenen reichlich trinken, führt er als Grund für ihre gute Gesundheit an. Ebenso Gemüse, wie Wurzeln und Wildzwiebeln, mit deren Hilfe sie sich Fieber und Skorbut vom Leib halten. Als Arzt zieht Steller ein Resümee, das auch in heutigen Diskussionen über Ernährung überzeugen würde:

> »Der Grund für das lange Leben und die gute Gesundheit der Itelmenen lässt sich weitestgehend auf ihren einfachen Lebensstil und ihren inmitten der Knappheit erlangten Seelenfrieden zurückführen als auf irgendeinen bestimmten einzelnen Faktor.«

Als Arzt und Moralist entwickelte Steller eine weitere Theorie. Er zerbrach sich nämlich den Kopf, weshalb dieses Volk einen solch ausgeprägten sexuellen Trieb hatte. Als Antwort führt er den reichlichen Verzehr von Zwiebeln, Rogen und vergorenem Fisch an: »Die Samenzellen entwickeln sich und die Blutgefäße werden vom Geruch des Fischöls stimuliert.« Und der Wissenschaftler, der sogar eine empirische Studie durchgeführt hat, fährt fort:

> »Ich habe die Sache mit einem Experiment bestätigt, indem ich ein halbes Jahr lang eine itelmenische Frau zum Essen zu mir nahm und sie von den üblichen Speisen komplett fernhielt, wodurch sie merklich gemäßigter und zurückhaltender wurde.«

Die Welt der Eroberer

Wir betrachten heute Kamtschatka vielleicht selbstverständlich als Teil von Russland, doch hat auch diese Region eine ähnlich blutige Eroberungsgeschichte erlebt, wie viele andere abgelegene Ecken der Welt. Steller beschönigt nichts. Vladimir Atlasov und seine Truppe, die 1697 aus Jakutsk eingetroffen waren, beschreibt er als Freibeuter auf einem Raubzug. Atlasov war auch mit seinen eigenen Leuten so brutal, dass seine Kosaken ihn schließlich töteten. Steller war der festen Überzeugung, dass das Blutvergießen hätte verhindert werden können, wenn man sich den Ureinwohnern gegenüber »human« und »christlich« verhalten hätte. Aufstände gab es selbst in der ersten Hälfte des 18. Jahrhunderts noch, besonders im Zuge der Zwangsrekrutierungen für Berings Expeditionen: der letzte Aufstand erfolgte 1740. Steller wurde Zeuge der Strafmaßnahmen. »Zumindest eins ist sicher: dass die Itelmenen immer zum Aufstand getrieben worden sind«, schreibt er und begründet seine Behauptung anhand von zehn Beispielen für die jahrzehntelangen Misshandlungen und Gräueltaten durch die Russen. Auch wenn die Verbrechen von den Kosaken ausgingen, so ist der Bericht auch für die höheren Instanzen nicht schmeichelhaft. Jeder Leser versteht, dass der Grund in der vernachlässigten Überwachung der Beamten lag. Laut Steller war das Leben der Bewohner Kamtschatkas im Vergleich zu den Anfangszeiten der Eroberung zwar erträglicher geworden, doch hätte man in dem Gebiet eine Überwachung der öffentlichen Ordnung benötigt. »So lange wie aus Jakutsk Leute hierhergeschickt werden, die ihre eigenen Interessen verfolgen, gibt es für dieses Land und seine Menschen keine Hoffnung.«

Die Probleme im Nordosten Sibiriens und in Kamtschatka wurden durch die Praxis der Deportation noch verschlimmert. Ein Soldat, der in Westsibirien ein Verbrechen begangen hatte, wurde in den fernen Osten verbannt. Allerding wurde er nicht degradiert, sondern im Gegenteil noch befördert. So beinhaltete die Strafe eigentlich eine Belohnung oder zumindest eine Kompensation. Steller erklärt, dass eine Privatperson aus Moskau in Tobolsk zum Unteroffizier wird, in Tomsk zum Unterleutnant und in Kamtschatka zum Oberst »und es ist ganz egal, welchen Schaden er dem Land und dem Volk zufügt: man kann ihn nicht aufhalten«. So kam es, dass es in dieser Region viele Deportierte und sogar Verbrecher gab, von denen einige sogar Aufsichtsbeamte waren. Steller berichtet mit düsterer Genugtuung, die Kosaken in den örtlichen Kirchbüchern überprüft zu haben. Kein einziger dieser Raubfürsten, die auf »unchristliche« und »bösartige« Weise zu ihrem Reichtum gekommen waren, habe seinen Nachkommen eine Erbschaft hinterlassen. Auch sonst scheint das Klima Kamtschatkas für die Kosaken ungesund gewesen zu sein, denn »nicht einmal ein Drittel der in Kamtschatka lebenden Kosaken starb eines natürlichen Todes«. Am Ende des Kapitels über die Eroberungsgeschichte resümiert Steller, dass »im Chaos dieser trostlosen Gebiete der russische

Staat ebenso viel Schaden davongetragen hatte wie die Itelmenen«. Die Absicht dieser Aussage war eine didaktische und sollte die Beamten wachrütteln.

Wir wissen nicht, ob Steller tatsächlich glaubte, dass Ihre Majestät nichts von den Problemen wusste und gegen die Missstände vorgegangen wäre. Der naive Glaube an den Gerechtigkeitssinn politischer Führer ist jedoch in der Tat erstaunlich stark. So glaubten unzählige unschuldige Gefangene und Deportierte während Stalins Pogromen, dass Väterchen Stalin dem Grauen sofort ein Ende setzen würde, wüsste er nur davon. Man kann das Schriftstück aber auch als Druckmittel begreifen. Steller wollte mit seiner Veröffentlichung die Missstände einer breiteren Leserschaft bekannt machen. Doch die Ausbeutung der Ureinwohner Sibiriens und Kamtschatkas war für den Staat weniger ein Problem als vielmehr eine Methode, um Vermögen einzutreiben. Die Sorgen eines kleinen Teils der Bevölkerung tangierten die Obrigkeit in St. Petersburg kaum, solange sich die Ureinwohner fügten und keine Unruhe stifteten. Man muss dabei im Hinterkopf behalten, dass zu jener Zeit selbst auf europäischer Seite Russlands noch die Leibeigenschaft herrschte. Vor diesem Hintergrund überrascht es nicht, dass *die Anderen* hart angefasst wurden. Am einfachsten war es, den abenteuerlustigen, furchtlosen Kosaken das Recht zur Steuereintreibung in diesen abgelegenen Gebieten zu übertragen. Die Kosaken drehten folglich ihre Runden und sammelten von der örtlichen Bevölkerung *Jassak* ein.

Jassak bezeichnete eine Abgabe – auch Kronenzobel genannt – abgelegener Stämme, die in Form der schönsten Pelze eingefordert wurde. Einen Teil der »Beute« reichten die Kosaken an den Staat weiter. Der andere Teil verblieb bei ihnen und diente ihnen zum Lebensunterhalt. Je mehr sie aus der Bevölkerung herauspressten, umso mehr verblieb bei ihnen. Daher wurde die Steuereintreibung für die Menschen zu einer schweren Bürde. Selbst Kinder wurden als Steuerzahler eingetragen, obwohl dies nicht rechtens sei, schreibt Steller aufgebracht. Und so war Sibirien bereits Mitte des 18. Jahrhunderts derartig ausgeplündert, dass die Bestände der Pelztiere, insbesondere der Zobel, bedrohlich zurückgegangen waren. Deshalb richtete sich der Blick der Herrscher immer weiter nach Osten. Als Berings Mannschaft die Nachricht von der Inselgruppe überbrachte, auf der es von Seeottern und Ohrenrobben nur so wimmelte, hatte dies eine große Bewegung zur Folge. Immerhin ging der Staat gegen die private Ausbeute vor: das Gepäck Reisender aus Sibirien wurde kontrolliert und Pelze mussten verzollt werden.

Auch zu Stellers Zeiten hatten sich noch nicht alle Bewohner Kamtschatkas der fremden Macht unterworfen. Es konnte durchaus vorkommen, dass Eindringlinge niedergeschlagen oder in Grubenhäusern ausgeräuchert wurden. Um ihre eigene Sicherheit zu gewährleisten, machten die Pelzeintreiber daher ihre Runden allgemein mit einer bewaffneten Patrouille von 15 bis 20 Männern. Dies bedeutete aber auch, dass jeder mit Zobel entlohnt werden musste.

Und was erhielten die Menschen der Wälder und der Tundra als Gegenleistung für ihre Steuern? Unschwer vorstellbar erhielten sie nichts! Mit den Pelzen wurde zwar auch gehandelt, aber man kann sich schon denken, wer in dem Geschäft erfahrener und skrupelloser war. Um sich Messer und andere Gebrauchsgegenstände sowie Alkohol und Tabak leisten zu können, begaben sich die Leute häufig in lebenslängliche Schuldleibeigenschaft. Eine derartige Abhängigkeit paralysierte die Bewohner Kamtschatkas und ruinierte ihr Leben. Steller konstatiert, dass die Urvölker in der Nähe der Russen negative Charakterzüge entwickelten, während sie in der Natur ihre Würde bewahrten. Wie dachte Steller über diese kolonialistische Weltordnung? Ein Mensch, der zu Beginn des 18. Jahrhunderts geboren wurde, hatte doch bestimmt Verständnis für Missionierung durch die Eroberer. Doch Steller hegte zumindest ebenso große Sympathie für die Eroberten! Man gewinnt den Eindruck, als würde Steller sich mit den Itelmenen in ihre Vergangenheit zurücksehnen. In eine Zeit der Freiheit, eines vom Staat unabhängigen Lebens als Naturvolk. Mit all den Schwierigkeiten, die ein solches Leben mit sich bringt, allerdings ohne die unmenschlichen Gräueltaten der fremden Eroberer.

Wie entsteht bei Menschen der Gerechtigkeitssinn? Er kann nicht reine Theorie sein, mentale Ordnung oder Paragrafensammlung. Dies wäre zu rigide, denn ein Sinn für Gerechtigkeit widerspricht oftmals Gesetzen, Verordnungen und Zeitgeist. Er bedarf auch des Gefühls. Menschen haben eine gewisse Grunddisposition zur Empathie, die jedoch schon in der Kindheit und Jugend geweckt, gelenkt und gestärkt werden muss. In der Kantorenfamilie hat Steller gewiss eine strenge Erziehung erhalten. Durch seine pietistische Glaubensüberzeugung wurden diese Anlagen weiter ausgeprägt. Später fand er vor allem in Hoffman, dem Leiter der Universität, sowie in Prokopovič, dem Bischof von St. Petersburg, prägende Vorbilder. Auf seinen Reisen hatte Steller neben naturwissenschaftlichen Büchern auch Klassiker der Antike sowie philosophische und religiöse Texte bei sich. In seinen Texten erwähnt er Denker wie Christian Wolff, Gerolamo Cardano, Hugo Grotius und Samuel von Pufendorf. Pufendorf, ein deutscher Philosoph des 17. Jahrhunderts, war der Meinung, wenn sich ein Volk einem Herrscher unterwarf, dieser sich um die Sicherheit und das Wohlbefinden des Volkes zu kümmern hatte. So entstünde in der Gesellschaft Stabilität, die für alle von Vorteil ist. Steller scheint Putendorf genau gelesen zu haben. Auch er war der Auffassung: keine gottgegebene aristokratische Despotie und keine Macht ohne Verantwortung. Ein anständiger Bürger hatte seinen Teil zum Gelingen des Ganzen beizutragen, indem er seine Arbeit gut erledigt, sich um seine Familie kümmert und Steuern zahlt.[25]

Steller lehnte die Idee des Kolonialismus wohl kaum prinzipiell ab, zumal er selbst an einer Forschungsexpedition teilnahm, deren Zweck darin bestand, die Kolonialisierung voranzutreiben. Russland hatte die Absicht, Stützpunkte in Sibirien, Kamtschatka und sogar auf der anderen Seite des Ozeans in Alaska zu etablieren. Als die Mannschaft der *St. Peter* die Beringinsel verließ und als letzte Handlung ein Kreuz auf dem Grab des Kapitänkommandeurs errichtete, wurde auch eine Flagge des russischen Imperiums als Zeichen der Eroberung zurückgelassen. Die Insel war zwar unbewohnt, doch das galt nicht für die Aleuten und die amerikanische Küste.

Als Wissenschaftler stand Steller im Dienst der Petersburger Akademie, er musste sich somit dem russischen Staat gegenüber loyal verhalten. Dies war er in seinen Schriften bemüht, mit Ausdrücken des Respekts und der Anrede »Majestät« nachzuweisen. Inwiefern es sich hierbei um opportunistische Umsicht oder um ernst empfundene Loyalität handelte, lässt sich heute nicht mehr zweifelsfrei erkennen. Steller wollte vor allem forschen und unergründete Gebiete bereisen. Russland ermöglichte ihm dies. Aber er war auch gläubiger Christ und Gelehrter. Zum Zwecke der Mission dürften die Eroberungszüge der westlichen Staaten prinzipiell für ihn akzeptabel gewesen sein. Denn Eroberung bedeutete Fortschritt. Er selbst schreibt optimistisch über die Möglichkeiten des Ackerbaus, der Viehzucht und der Fischerei. Was jedoch diese Entwicklungen für seine geliebten

Naturmenschen zwangsläufig bedeuten würde, scheint er verdrängt zu haben. Oder noch wahrscheinlicher ist, dass Steller an der Steigerung des Wohlstands aller Menschen glaubte, wenn man die Dinge nur gut organisierte. Verwerflich war also nicht die russische Eroberung an sich, sondern die barbarische Art der Aneignung des Landes. Dieses Gebiet, das von natürlichen Ressourcen nur so strotzte, hätte man friedlich besetzen sollen und den Menschen, die seit jeher dort lebten, Wohlbefinden gewährleisten sollen, anstatt sie auszubeuten und zu ermorden. Steller sehnte sich nach einer freundschaftlichen Übernahme.

In seinem Buch *Isän jalanjäljillä* erzählt Jörn Donner von seinem Vater Kai Donner, der in den Jahren 1911 bis 1914 mit Rentiernomaden durch die sibirische Tundra gewandert war. So wie Steller hatte auch er sich in den harschen Bedingungen gut zurechtgefunden, sich in der Einöde mithin wohlgefühlt und war mit den Urvölkern ausgekommen. Auch Kai Donner kritisierte die russischen Beamten, Pfarrer und Kaufleute, deren ausbeuterisches Verhalten dazu geführt habe, dass die Urbevölkerung in Armut und Alkoholsucht getrieben wurde. Jörn Donner schreibt von seinem Vater:

> »Ich hatte den Eindruck, dass irgendwo in Kais Vorstellung hartnäckig das Bild vom edlen Wilden lebt, der an einem Ort in der Natur sein unverdorbenes Leben verbringen könnte, ohne die invasive neue Kultur oder besser gesagt Unkultur.«

Die Ära, die mit der Eroberung durch die Kosaken eingeleitet worden war, setzte sich in Sibirien und Kamtschatka auch nach der Zeit Stellers noch lange fort. Eine radikale Veränderung ergab sich erst mit der Sowjetherrschaft. Aber ob man sich nun im Sozialismus oder Kapitalismus befindet – die Lebensform der Nomaden, Jäger und Sammler ist so gut wie ausgestorben. Allenfalls einige Handvoll Menschen setzen die Tradition in einer Mischung aus alt und neu fort. Genauso ist es aufgrund der Globalisierung überall auf der Welt. Ist das verwerflich? Jörn Donner vermeidet eine Idealisierung der Naturvölker und fragt stattdessen: »Ist es besser in einer Kote zu wohnen als in einem Haus? Ist die Unfähigkeit zu lesen irgendwie eine lobenswerte Eigenschaft?« Man darf nicht vergessen, dass die Entwicklung mit der Eroberung durch eine kriegerische Nation angestoßen wurde. Häufig ist die Situation der Ureinwohner auch heute noch schlechter als jene der Eroberer. Auch die Itelmenen bilden in Kamtschatka eine deutliche Minderheit: bei der Volkszählung im Jahr 2010 gab es von ihnen nur rund 3000. Die Zahl der Nachkommen aus Beziehungen zwischen Itelmenen und Russen schwankt zwischen 2000 und 8000.

Für die Natur war die Entwicklung jedoch ausnahmslos vernichtend. Allein aufgrund des Bevölkerungswachstums entstand ein Druck auf die Umwelt. Zudem hat der Ausbau von Technik und Infrastruktur den Einfluss menschlichen Handelns vervielfacht. In Kamtschatka, wo der Lachsfang seit Urzeiten einen wesentlichen Teil des Lebens der Bewohner darstellte, wurden auf diese Weise die Lachsbestände durch Überfischung und Fischwilderei ausgerottet. Dem Lebenserwerb aus der Natur wurde so die Grundlage entzogen und die Selbstständigkeit und wirtschaftliche Unabhängigkeit der Urbevölkerung nachhaltig untergraben. Natürlich war das Leben der Naturvölker nicht nur harmonisch und sie haben nicht unbedingt »im Einklang« mit der Natur gelebt. Und Menschen haben es bereits vor langer Zeit und weitgehend ohne Technik verstanden, zahlreiche Tierarten auszurotten.

Krieg, Mord und Sklaverei sind historisch betrachtet häufig Ergebnisse beim Zusammentreffen verschiedener Volksgruppen. »Alle menschlichen Gesellschaften haben sich sowohl in Gewalt als auch Zusammenarbeit geübt und die Umstände scheinen zu bestimmen, welche dieser beiden Eigenschaften die primäre ist«, stellt der Evolutionsbiologe Jared Diamond fest. Ihm zufolge haben Völker, die in kleinen und weit gestreuten Gemeinschaften lebten, so sehr unter der endlosen Vergeltungsspirale der Stammeskriege gelitten, dass die Kolonialherrschaft in diesen Gebieten den Menschen eine ungekannte Sicherheit und Bewegungsfreiheit gebracht hat. Als Beispiel führt er die Gebiete im Hochland von Papua-Neuguinea an, wo der Kampf der örtlichen Volksgruppen erst in den 1960er Jahren mit der Zentralregierung endete. Diamond hält das Problem der andauernden Stammeskriege für einen entscheidenden Grund dafür, dass es überhaupt Staaten gibt: die resolute Regierung hat schließlich die Gewalt in den Griff bekommen. Doch auch wenn Kolonialherrschaften mancherorts für Frieden gesorgt haben, lässt sich nicht abstreiten, dass die Geschichte des Kolonialismus insgesamt eine äußerst blutige war. Sie beinhaltet die Ausrottung unzähliger Völker, sowohl ganz offen und programmatisch als auch indirekt.

Diese bereits hunderte von Jahren andauernde Expansion der westlichen Länder hat die Welt so nachhaltig verändert, dass man sich kaum vorstellen kann, in was für einer Welt wir leben würden, hätte es kein Kolonialzeitalter gegeben. Wenn die Europäer sich also nicht das Recht herausgenommen hätten, andere Gebiete zu erobern, wenn Afrikaner nicht als Sklaven von einem Teil der Welt in einen anderen gebracht worden wären, wenn Amerika immer noch weitestgehend von indigener Bevölkerung besiedelt wäre, wenn in Australien Aborigines die Mehrheit bildeten, wenn in Tasmanien die ursprünglichen Tasmanier und in Sibirien die nordischen Völker nach wie vor prägend wären ... Wie würde die Welt aussehen? Der materielle Wohlstand würde sich nicht so sehr in Europa respektive in der Bevölkerung europäischer Abstammung häufen. Und auch die Debatte über Entwicklungsarbeit, Geflüchtete und Migranten wäre eine ganz andere.[26]

Aktuell können wir gewissermaßen einen Rollenwechsel beobachten, der sich künftig wohl noch stärker zeigen wird: Heute sind vor allem die westlichen Länder das Ziel von Migrationsbewegungen, die über die Grenzen ins Landesinnere kommen. Es ist allgemein bekannt, dass uns wahrscheinlich ›Völkerwanderungen‹ bevorstehen, wenn es uns nicht rechtzeitig gelingt, den Klimawandel aufzuhalten. Da die Hauptverursacher des Klimawandels die westlichen Staaten sind, befinden wir uns inmitten einer moralischen Zwickmühle. Wenn der Westen – so wie bisher – nicht bereit ist, Zugeständnisse an seinen materiellen Wohlstand zu machen, wird die Krise zu einer Katastrophe. Denn natürlich können nicht beliebige Menschen in den Westen kommen. Doch wie sollen wir mit dem wachsenden Migrationsdruck umgehen?

Der Zwischenfall in Irkutsk

Im Frühjahr 1744 kehrte Steller nach einjähriger Wanderschaft durch Kamtschatka nach Bolsheretsk zurück. In seiner Abwesenheit hat es in Bolsheretsk einen Kommandeurswechsel gegeben und auch am Hafen waren ihm keine Offiziere mehr bekannt: Berings Männer waren offenbar weitergezogen. Die Führung hat Vasili Hjemetevski übernommen, der auch bei Spangbergs Segelreisen dabei gewesen war. Er war für sein unangenehmes und hitziges Temperament bekannt, weshalb Streit mit Steller vorprogrammiert war. Steller fand zudem Hjemetevskis Umgang mit der Urbevölkerung unerträglich. Schließlich schickte Steller eine Beschwerde über das Verhalten des eigenmächtigen Anführers nach St. Petersburg. Der Gegenschlag ließ nicht lange auf sich warten. Den Senat erreichte ein Brief von Hjemetevski, in dem Steller bezichtigt wird, einen Aufstand angestachelt zu haben: »Steller hat Itelmenen, die sich des Aufstands schuldig gemacht hatten, freigelassen und sie mit Waffen ausgestattet ...« Dies war aus Sicht des Senates eine äußerst ernste Angelegenheit, die eine Ermittlung erforderlich machte. St. Petersburg schickte eine Mitteilung an das städtische Büro in Irkutsk – Steller sollte festgenommen und verhört werden!

Was war geschehen? Nach seiner Rückkehr von der Beringinsel verbrachte Steller den Winter in Bolsheretsk, das man sich als verschlafenes Kaff vorstellen muss, obwohl es die Verwaltungshauptstadt Kamtschatkas war. Aus Mangel an Beamten wurde Steller zum Dienst verpflichtet, als aus einem entlegenen Dorf (mal wieder) Gefangene und des Aufstands beschuldigte Itelmenen herangekarrt wurden. Steller schreibt, dass die Itelmenen aus 700 Kilometern Entfernung gekommen waren und er angewiesen worden war, sie zu verhören, »eine Aufgabe, um die ich nicht gebeten habe und die ich nicht wollte«. In den Verhören stellte sich heraus, dass die Itelmenen gänzlich unschuldig waren. »Genau deshalb sagten die Männer, dass sie sich den Verhören widersetzt hatten: weil sie unschuldig waren, der Kaiserin ihre Unterwürfigkeit schworen und daran glaubten, dass die Gerechtigkeit siegt«, hält Steller im Protokoll fest. Er ließ die Männer unverzüglich wieder frei. Dass er die Itelmenen mit Waffen ausgestattet habe, war natürlich eine Verleumdung durch Hjemetevski. Woher sollte Steller Waffen nehmen? Aber der Vorwurf wog schwer und erwartete ihn bereits in Irkutsk und fiel ihm später sogar noch auf die Füße. Der Haftbefehl unterbrach und verhinderte nämlich seine Rückreise nach St. Petersburg – mit verhängnisvollen Folgen.

Im August 1744 wollte Steller Kamtschatka hinter sich lassen. Er hatte die Halbinsel kreuz und quer durchreist und reichlich Material zusammengetragen und vor dem Hintergrund der angespannten Situation war ein weiterer Aufenthalt in Bolsheretsk nicht naheliegend. Er befand sich in Begleitung seines Assistenten Alexej Gorlanov sowie des Illustrators Johann Berckhan, die beide zuvor Gmelins und Müllers Gehilfen gewesen waren. Die jungen Männer waren zwar nicht auf der anderen Seite des Ozeans in Amerika gewesen, aber sie hatten ganze elf Jahre in Sibirien und Kamtschatka verbracht, weshalb ihnen die Rückkehr nach St. Petersburg sicher zupassgekommen sein dürfte. Nach 17-tägiger Segelreise befanden sie sich im Hafen von Ochotsk. Hier war es inzwischen still geworden. Das hektische Treiben aus den Zeiten der Forschungsexpedition als Schiffe, Wohnungen, Baracken und Lager gebaut wurden, war vorbei. Die Bevölkerungszahl war zurückgegangen, das Leben erloschen und der Hafen verfallen … Steller hielt sich dort nicht lange auf, sondern reiste über die Berge nach Jakutsk, wo er Ende Oktober eintraf. Den folgenden Winter verbrachte er in Jakutsk.

Das Gebiet Jakutien ist heute als Teilrepublik Sacha bekannt. Die Region ist auch für ihre Rekordtemperaturen bekannt, die bis zu minus 70 Grad Celsius reichen können. Der finnische Russland-Reisende Jussi Konttinen, der mit seiner Familie ein Jahr in Jakutien verbrachte und wundervolle Berichte für die finnische Tageszeitung *Helsingin Sanomat* schrieb, stellte in diesem Kontext fest, dass der Begriff »ordentlicher« Winter relativ sei:

> »Ende November, als die Temperaturen schon knackige 30 Grad minus betrugen, lamentierte ein Ortsansässiger mir gegenüber, wie sehr sich das Klima erwärmt habe.«

Auf dem Foto reitet der Mann auf einem kleinen, zotteligen Jakuten-Pferd und der glitzernde Reif lässt einen die Kälte erahnen und wird von der Bildunterschrift bestätigt, der zufolge das Bild bei minus 50 Grad Celsius aufgenommen wurde … Aber Konttinen schreibt:

> »Wenn ich mir anschaue, wie viel es in Finnland regnet, bin ich jedoch dankbar. Bei uns scheint die Sonne. Der nächtliche Sternenhimmel ist unglaublich schön. Auf den Dorfstraßen wird nachts das Licht ausgemacht und dann breitet sich die Milchstraße am Himmel aus. Und in der Stube ist es warm genug.«

Sicher betrachtete auch Steller manchmal den jakutischen Nachthimmel mit seinen unzähligen Sternen, um mit beschlagendem Atem und knirschendem Schnee wieder in die Stube zu huschen … Obwohl er den jakutischen Winter größtenteils in Innenräumen verbrachte, musste er sich keineswegs langweilen, denn er hatte reichlich Schreibarbeit. Und er hatte auch Post bekommen, sowohl von Gmelin aus St. Petersburg als auch von seinem Bruder aus Deutschland.

Steller und sein Bruder Augustin haben über all die Jahre hinweg den Kontakt gepflegt. Freilich waren die Neuigkeiten beim Eintreffen der Post nicht mehr »neu«. Augustin berichtet im Brief etwa vom Tod des Vaters, der bereits über ein Jahr zurücklag. Wie all die anderen war auch Augustin überzeugt, dass sein Bruder auf der Amerika-Expedition verstorben sei. Welche Freude als er erfuhr, dass die Mannschaft doch noch zurückgekehrt war. In Deutschland hatten die Zeitungen von Stellers Heldentaten berichtet, dass die Rettung allein sein Verdienst sie, und dass der Wissenschaftler eigenhändig das Schiff gebaut habe, mit dem die Mannschaft in die Zivilisation zurückgesegelt war … Über diese Art öffentlicher Aufmerksamkeit vermochte sich Steller indes nicht freuen. Er wurde zurecht nervös, denn der russische Staat wollte alles, was mit der Großen Nordischen Expedition im Zusammenhang stand, verheimlichen. Die Berichterstattung sollte nur durch die Behörden erfolgen. Auch Steller hatte der Akademie eine schriftliche Verpflichtung abgegeben, dass er keine Informationen über seine Tätigkeiten nach außen trug. Nun bestand also die Gefahr, dass er für die Weitergabe von Informationen an die ausländische Presse angeklagt würde. Steller schreibt seinem Bruder eine verärgerte Antwort: »Ich möchte wirklich wissen, wer aus mir einen geschwätzigen Seemann gemacht hat. Mein Bestreben ist es, Lücken in der Forschung zu füllen, nicht irgendwelche beliebigen Seiten einer Tageszeitung.« Dass die Staatsregierung die Informationen zurückhielt, mag widersprüchlich erscheinen, war doch ein Zweck der Expedition gewesen, zu demonstrieren, dass Russland seine »eigenen« Gebiete kartiert habe, um so das Besitzrecht zu legitimieren. Die Geheimhaltungspolitik wiederum könnte den Eindruck mangelnden Interesses erwecken. Offensichtlich überwog jedoch die Sorge, dass die Veröffentlichung der Informationen mitsamt dem Kartenmaterial und den Berichten über die reichen, natürlichen Ressourcen Konkurrenten auf den Plan rufen würde.

Und so verbrachte Steller die Zeit auch mit den Vorbereitungen auf seine bevorstehende Reise. Sowohl die Bootsreisen als auch die Verpflegung mussten organisiert werden, wenngleich er diese Arbeit bar jeglicher Illusionen erledigt haben mochte. Schließlich war er bereits durch Sibirien gereist und wusste, dass hier schwerlich etwas nach Plan läuft. Da er kistenweise Material gesammelt hatte, beschloss er zu Wasser zu reisen. Daher musste er abwarten, bis das Eis auf der Lena geschmolzen war, was im Mai der Fall ist. Anschließend tritt der Fluss über die Ufer. Daher treibt in der Strömung Holz und Unrat, weshalb er sich noch etwas gedulden musste, bis eine sichere Bootsreise möglich war ... Steller brach erst im Herbst in Irkutsk auf.

Irkutsk am Ufer der Angara war Steller bereits bekannt, da er auf seiner Reise nach Kamtschatka dort einige Zeit verbracht hatte, wenn auch nicht freiwillig, sondern weil die Organisation der Expedition jeglichen Rahmen sprengte. Berings Truppen waren vorangegangen und hatten alle zur Verfügung stehenden Transportmittel für sich beansprucht, sodass Steller sich Pferde besorgen und ein Flussboot bauen lassen musste. So verbrachte er ein ganzes Jahr in der Gegend und unternahm ausgedehnte Reisen unter anderem an den Baikalsee. Besonders begeistert war er vom Bargusingebirge, wo zur Zeit der Sowjetunion ein Naturschutzgebiet entstehen sollte, um den bedrohlich zurückgegangen Zobelbestand zu schützen. Die Gegend hatte zahlreiche neue Arten zu bieten, aber auch die imposanten Gebirgslandschaften waren ein Erlebnis.[27]

Irkutsk war bereits eine relativ reiche Stadt. Es gab Kirchen und Klöster, Verwaltungsgebäude sowie etwa 1000 private Gebäude. Außerdem gab es einen Basar, einen Marktplatz, eine Herberge, eine Badeanstalt und mehrere Bars. Gmelin, der zuvor in Irkutsk gewesen war, berichtet abschätzig von der Sauferei und der Faulheit der Stadtbewohner und behauptet, es sei »schwierig auch nur einen einzigen Daueranwohner der Stadt zu finden, der nicht mit Syphilis infiziert ist«. Die Bevölkerung litt natürlich auch an anderen Beschwerden und es gab nicht allzu viele Ärzte, die sich für sie interessierten, weshalb Steller auch als Arzt genügend Arbeit in Irkutsk fand. Als der finnische Sprachwissenschaftler Matias Castrén rund 100 Jahre später durch Sibirien zog, präsentierte Irkutsk sich ihm als die beste Stadt Sibiriens. Die Stadt sei nicht nur sauber, sondern auch prunkvoll. Der Stil und die Sitten sind vergleichbar mit St. Petersburg, »der Champagner schäumt über die Tische und Bänke«.

Doch nun auf seiner Rückreise erwartete Steller eine unangenehme Überraschung: der Senat verlangte eine Erklärung für die Befreiung der aufständischen Itelmenen. Zu seinem Glück wurde das Verhör von einem vernünftigen und besonnenen Mann geführt – Lorenz Lange, dem Vizegouverneur von Irkutsk. Er war offensichtlich schwedischer Herkunft, so dass ihm die unsichere Stellung der Ausländer bewusst war; außerdem hatte er Verbindungen zur Petersburger Akademie und wusste auch um den schlechten Ruf von Hjemetevski, der Steller angezeigt hatte. Er war jahrelang als russischer Botschafter in China tätig gewesen, weshalb er gewiss nicht zum ersten Mal an einer schwierigen Aufklärung beteiligt war. Kurzum, er akzeptierte die Erklärung, die Steller ihm lieferte. Der Streit, den Hjemetevski angezettelt hatte und der Steller hätte gefährlich werden können, hatte sich somit erledigt – einfach so. Steller war wieder ein freier Mann, er hatte es bis nach Irkutsk geschafft und war auf dem Weg nach St. Petersburg. Das musste gefeiert werden! Also wurde beim Vizegouverneur gefeiert und Steller trank einen über den Durst. Dabei kam es zu einem folgenschweren Zwischenfall. Heute lässt sich nicht mehr rekonstruieren, was genau besprochen wurde und wie es dazu kam. Ohnehin benötigen Betrunkene ja nicht immer einen Grund für einen Gefühlsausbruch. Vielleicht aber gehörte Steller einfach zu denjenigen Männern, die unter dem Einfluss von Alkohol auf Krawall aus sind. Oder vielleicht hatte ihn auch die Vorladung zum Verhör weit mehr aufgewühlt, als ihm selbst bewusst war. Wie dem auch sei, am Abend kippte er sich Schnaps in einem strammen Takt hinter die Binde. Bald war sein Geist benebelt, der Verstand und die Selbstbeherrschung waren wie weggeblasen und plötzlich ergab sich gewissermaßen ein Rollentausch. Oder zumindest bildete Steller sich ein, dass jetzt Lange auf die Anklagebank müsse und er kannte keine Gnade. Nein, er verkündete, dass Lange ein Verbrecher sei, der sich ausgerechnet der Majestätsbeleidigung schuldig gemacht habe.

Die Situation war keineswegs nur peinlich, sondern geradezu selbstzerstörerisch. Daher lachte auch niemand über Stellers Anfall, denn allen waren die möglichen Konsequenzen allzu bekannt. In Russland existierte nämlich ein aus heutiger Sicht bizarres Gesetz – *slovo i dielo* (= »Wort und Tat«). Erlassen worden war es zwar bereits vom Vater Peters des Großen im Jahr 1649, doch abgeschafft wurde es erst im Jahr 1762. Mit diesem Gesetzesparagrafen konnte jeder beliebige Mensch einen anderen in erhebliche Schwierigkeiten bringen, indem man vor Zeugen verkündete: »Ich beschuldige dich der Majestätsbeleidigung in Wort und Tat«. Hatten die Anwesenden die Anklage gehört, war es ihre Pflicht, sowohl den Ankläger als auch den Angeklagten festzusetzen. Anschließend mussten beide Parteien zum Verhör gebracht werden. Wurde das Verhör von einem geheimen Tribunal geführt, standen diesem äußerst effiziente Verhörmethoden zur Verfügung, um zu einer Entscheidung zu gelangen. Mit Hilfe des *slovo i dielo*-Gesetzes wurden Menschen nach Sibirien gebracht und mussten ihren gesamten Besitz aufgeben. Ja, selbst ein Todesurteil war möglich.[28] Allerdings trug auch der Kläger ein nicht geringes Risiko, denn sollten sich die Anschuldigungen als haltlos herausstellen, fiel das Ungemach auf ihn selbst zurück. Impulsiven Menschen hat dieses Gesetz gewiss viel Leid beschert. Und auch Alkoholkonsum, wie er in Russland traditionell gepflegt wird, provozierte vor diesem Hintergrund gewiss für viele Schwierigkeiten.

Es war dies keineswegs das erste Mal, dass jemand aus den Reihen der Großen Nordischen Expedition in einem Gefangenentransport zum Verhör gebracht wurde. Gmelin hatte während der Reise beinahe seine beiden Illustratoren verloren, weil ein betrunkener Diener in Rage die Formel von *slovo i dielo* ausgesprochen hatte. Die Angelegenheit wurde jedoch stillschweigend übergangen. Auch Waxell erlebte so einen Ausbruch, der wiederum geschlichtet werden konnte. Müllers Nachfolger Johann Eberhard Fischer geriet aufgrund dieses Paragrafen jedoch in ernsthafte Schwierigkeiten und kam deshalb auch nie bis nach Kamtschatka. Ein Soldat, der auf der Reise nach Ochotsk dabei war, sprach diese Formel gegen Fischer. Und so mussten sie kehrtmachen und unter Aufsicht der Soldaten zurück nach Jakutsk reisen. Eine zweimonatige Schlittenfahrt durch das verschneite Gebirge! In Ochotsk wurde Fischer von Beamten verhört und freigelassen. Dieses Ereignis hat sich zweifellos nicht förderlich auf seine Arbeitsmoral ausgewirkt.[29]

An dem fraglichen Abend bei Vizegouverneur Lange befanden sich unter den Gästen zum Glück keine übereifrigen Leute, die Soldaten hinzuriefen, um die Männer festnehmen zu lassen. Steller ließ sich beruhigen und wurde ins Bett gebracht. Am nächsten Morgen schämte er sich und bat um Verzeihung; er hatte ja nicht tatsächlich Vorbehalte gegen Lange. Und auch Lange war erleichtert und zeigte sich versöhnlich, denn auch Unschuldige konnten sich im Zuge eines Verhörs verheddern. Der Vizegouverneur von Irkutsk war nicht-russischer Herkunft. Aufgrund seiner exponierten Position mochte er Feinde haben, so dass ihm solch ein Prozess durchaus zum Verhängnis hätte werden können. Dieser Zwischenfall zwang Steller zur übereilten Abreise, er traute sich nicht länger bei Lange zu Gast zu bleiben, so dass er samt Entourage an Heiligabend abreiste. Und so begann das Jahr 1746 – Stellers letztes Lebensjahr – im Zeichen der Reise. Er legte in der ihm noch verbleibenden Zeit mehrere tausend Kilometer zurück.

Auf Reisen in Sibirien

»Die Hauptverkehrsstraße Sibiriens ist die längste und mit Sicherheit die am schlechtesten ausgebaute Straße der ganzen Welt«, stellt der Schriftsteller Anton Tschechow fest. Tschechow durchquerte Sibirien im Frühjahr 1890 auf seiner berühmten Reise zur Insel Sachalin. Der Frühling war rauer als gewöhnlich, der starke Regen und die Überflutungen vermochten sein Gemüt nicht zu erhellen. Hier hält jede Jahreszeit ihren je eigenen Anlass zur Frustration bereit: im Frühjahr ist der Schlamm lästig, im Sommer die Grasbüschel und Schlaglöcher, im Winter die Schneewehen. Doch wie reiste man vor dem Bau der Eisenbahnstrecke durch Sibirien?

Im Winter mit dem Schlitten, und wenn der Boden frei von Eis war, mit dem Wagen. Es gab Poststellen, wo man seine Fahrt buchen konnte. Wer das ständige Be- und Entladen des Gepäcks umgehen wollte, benutzte seinen eigenen Schlitten oder Wagen und lieh sich nur die Pferde und den Fahrer aus, die an den Poststellen ausgewechselt wurden. Der Wechsel verlief nicht immer zügig, denn der Poststellenbetreuer oder der Fahrer war manchmal so müde und gereizt, dass man die Fahrt wirklich auf Biegen und Brechen erzwingen musste. Dabei konnte es förderlich sein, den Beamten ein Papier vorzuzeigen, das belegte, dass es sich bei dem Reisenden um eine wichtige Person handelte, der bedeutsame Angelegenheiten zu erledigen hatte. In den Jahren der Großen Nordischen Expedition reisten so viele Leute auf der Hauptverkehrsstraße durch Sibirien, dass es einen regelrechten Mangel an Pferden, Fahrern und Fahrzeugen sowie an sämtlichen von den Reisenden benötigten Ressourcen gab.

Im Sommer, nachdem die gefährlichen Hochwasser abgeflossen waren, waren die gewaltigen Flüsse Sibiriens die bedeutendsten Verkehrswege. Allerdings fließen alle von Süden nach Norden ins Polarmeer: der Ob, der Jenissei und die Lena mit ihren zahlreichen Nebenflüssen. Im Winter fuhr man dann wieder mit dem Schlitten auf den vereisten Flüssen. Man möchte meinen, dass Erfrierungen unvermeidbar waren, und dass Hypothermie eine weitverbreitete Todesursache darstellte. Sicher waren starke Erfrierungen und Frostbeulen auch weit verbreitet, manchmal kam es gewiss auch vor, dass Menschen zu Tode froren, vor allem wenn sie betrunken waren. Aber man konnte in dieser Kälte durchaus auch leben – wenn man sich mit Pelzen einkleidete und die Filzpantoffel anließ. Allerdings weist Tschechow darauf hin, dass später im Frühling das Problem mit den Filzpantoffeln war, dass sie nass wurden und dann zu »Stiefeln aus Sülze« wurden, in denen es »nass wie in einer Toilette« war.

Kai Donner berichtet, dass er als schmaler Mann sich im Winter in einen scheinbar korpulenten, ja fetten Herrn verwandelte, da er alle seine Wintermäntel übereinander anzog. Ungeschlagen dürfte aber wohl eine gewisse Kate Marsden sein. Die englische Krankenschwester und fromme Christin trat Ende des 19. Jahrhunderts eine ungewöhnliche Reise nach Jakutsk an. Sie hatte von einer Pflanze erfahren, die in Sibirien vorzufinden sei und mit der man Lepra heilen könne. Sie wollte nun diese Pflanze finden und den armen Menschen helfen, die an dieser schrecklichen Krankheit litten. Ein Heilmittel gegen Lepra fand sie zwar nicht, aber sie half dennoch unzähligen Armen und Kranken, indem sie die Gründung neuer Krankenhäuser in Sibirien vorantrieb. Marsden hat sich so viele dicke Lagen an Kleidern übereinander angezogen, dass sie schließlich nicht mehr bewegen konnte. Und so mussten zwei starke Polizisten ihr unter die Arme greifen und sie in den Schlitten heben. Als Proviant hatte diese tapfere Person einen gewaltigen Vorrat an englischem *Christmas Pudding* dabei.

Auch von den Unannehmlichkeiten der schlechten Straßenverhältnisse gibt es viele farbenfrohe Schilderungen. Obwohl die Straßen voller Schlaglöcher waren, schlug man ein zügiges Reisetempo an und Tschechow fragt sich, wie der Kutscher – »dieser Akrobat« – es schafft, sich überhaupt auf dem Kutschbock zu halten. In Reiseschilderungen werden wiederholt die Wörter »Zittern« und »Rattern« verwendet. Der finnische Insektenforscher Johan Sahlberg schreibt, dass sich die Aufschläge nach den Schlaglöchern wie Explosionen anfühlten. Es galt daher, sich während der Reise möglichst nicht den Kopf am Verdeck des Wagens zu stoßen. Von der Forschungsausrüstung, wie zum Beispiel Schraubgläsern und Reagenzgläsern, blieben dabei natürlich nur Scherben übrig. Dass ein Wagen umkippte, scheint auch eine Erfahrung zu sein, der so gut wie niemand entkam. Manchmal kam es auch zu Zusammenstößen, wenn zwei Wagen bei vollem Tempo aufeinandertrafen.

Wenn die Beförderung mit dem Schlitten oder dem Wagen schon körperlich beschwerlich, ja gefährlich waren, vielleicht bot dann die Aussicht auf die Landschaft eine angemessene Entschädigung für die Tortur? Man könnte sich vorstellen, dass Sibiriens prächtige Natur die Beulen am Kopf und das schmerzende Steißbein zumindest für einige Momente vergessen ließ ... Aber nein, auch diese Aussicht wird von finsteren Schilderungen korrigiert, wobei es sich dabei um Texte von Leuten handelt, die freiwillig nach Sibirien gereist sind.

> »Wir fuhren quer durch das Flachland, über Wiesen und Felder, einen kleinen Hügel hinauf, auf Sand und unbewaldetes Land, wieder hinunter aufs Flachland, dann auf einen Hügel – und das gleiche Spiel den ganzen Tag. Wenn das Land noch nicht vom Grün des Frühlings zum Leben erweckt wurde, sind diese Gegenden unbeschreiblich ermüdend anzusehen. Sie hinterlassen auf der Seele des Betrachters ihren eigenen Grauton und versetzen ihn in eine unerträglich schwere und bedrückende Stimmung.«

Diese trübselige Beschreibung stammt aus Castréns Feder, die jedoch von Tschechow bestätigt wird:

> »Das Flachland Sibiriens scheint genau bei Jekaterinburg[30] anzufangen, weiß der Teufel, wo es endet; ich würde sagen, es erinnert stark an unsere südrussische Steppe, wenn man mal von den Zwergbirken absieht, die einem hier und da mal entgegenkommen, und vom kalten Wind, der einen in die Backen beißt.«

Insgesamt scheint das Gebiet zwischen dem Ural und dem Jenissei – also ein großer Teil Sibiriens – nach Meinung der Reisenden eher langweilig zu sein. Aber nach dem Jenissei ändert sich alles, denn, wie Tschechow bestätigt, beginnt am Jenissei Sibiriens »einzigartige, atemberaubende und wunderbare Natur«. Der Finne Unto Parvilahti, der als Nazi-Kollaborator nach dem Zweiten Weltkrieg aus Finnland nach Sibirien floh und sich dort folglich unfreiwillig aufhielt, beschreibt mit überschwänglicher Bewunderung die prächtigen Landschaften am Jenissei. Schon der Fluss selbst ist riesig, sowohl in der Breite als auch in der Länge. Parvilahti beobachtet, dass am Oberlauf des Flusses Obstbäume wachsen und Kamel- und Pferdeherden umherziehen, während man am Unterlauf die arktische Tundra vorfindet, wo Rentierzucht betrieben wird.

Die Flüsse Sibiriens wirken unfassbar groß, an manchen Stellen bis zu zwanzig Kilometer breit und zumindest einem Europäer fällt es schwer, ein Gewässer als Fluss zu bezeichnen, wenn man das andere Ufer noch nicht einmal sehen kann. Die winterlichen Flussreisen waren also nicht sonderlich abwechslungsreich, denn die Schlittenrouten verliefen häufig in der Mitte des Flusses. Der Naturforscher Alexander von Middendorff, der im Jahr 1842, rund einhundert Jahre nach Steller, durch Sibirien reiste, schreibt nicht nur von den unvermeidbaren Erschütterungen während der Schlittenfahrt, sondern auch von der Eintönigkeit der schneebedeckten Flüsse. Durch die hohen Uferböschungen sieht man nichts und selbst, wenn man etwas sähe, blendet der Schnee die Augen oder die Landschaft ist von dichten Schneewehen bedeckt …

Wenn jedoch das Eis geschmolzen ist, würde ein enthusiastischer Naturforscher wie Steller wohl kaum diese düsteren Beschreibungen unterzeichnen. Das Auge des Naturforschers braucht keine malerischen oder exotischen Landschaften, sondern nimmt Details ins Visier, interessante Pflanzen oder Vögel. Steller konnte sich für Artemisia, Disteln und Traganten begeistern. Wenn also bereits ein Tschechow die Vielfalt von Echten Gänsen und Gänsevögeln bewunderte, wie viel Freude muss das erst einem Steller bereitet haben.

In die sibirische Hauptstadt Tobolsk kam Steller Anfang März. Dort musste er sich erneut mit Beamten herumschlagen. Reisende, die in den europäischen Teil Russlands einreisen wollten, mussten eine Gepäckerklärung anfertigen und Zölle entrichten. Und natürlich weckten Stellers Kisten das Interesse der Beamten: getrocknete Pflanzen und Wurzelstöcker, Tierfelle und Knochen, in Schnapsflaschen eingelegte Fische und andere Kuriositäten. Steller versicherte, dass er nichts dabeihat, womit er

Handel betreiben würde, sondern nur seine wissenschaftlichen Sammlungen und Souvenirs für seine Freunde und Angehörigen.

Wo waren also die wertvollen Seeotterfelle, die zweifellos zu verzollen gewesen wären? Darüber berichtet Steller nichts, aber Stejneger vermutet, dass er sie spätestens in Irkutsk verkauft hatte. Der beste Pelzmarkt war in China und nicht in Russland; die Chinesen waren und sind immer noch verrückt nach luxuriösen Pelzen und bereit, beachtliche Summen dafür auszugeben.

In seinem letzten Brief an den Senat beschwert sich Steller über die Behandlung, die ihm zuteilwurde und man gewinnt den Eindruck, dass die Beamten seine Souvenirs konfisziert haben. Außerdem stockte Stellers Lohnzahlung weiterhin, da er zumindest auf dem Papier noch als tot galt. Ende März waren Steller und seine Freunde in Werchoturje, wo noch einmal das Gepäck durchwühlt wurde und Zölle zu entrichten waren. Dies war der letzte Kontrollpunkt vor Europa. Insgesamt war seine Reise nervenaufreibend. Als er sich mit seiner Gesellschaft zu Frühlingsbeginn im April endlich westlich des Urals befand, empfanden die Reisenden sicher Erleichterung. Bis nach St. Petersburg lag zwar noch ein langer Weg vor ihnen, aber die weiteren Straßen waren zumindest nicht mehr in so schlechtem Zustand. Daher dürfte ihnen die Reise im Vergleich zur Einöde Kamtschatkas oder den Bergen in Jakutien wie ein Spaziergang erschienen sein. Außerdem lag die nächste Etappe in Solikamsk, im Gouvernement Perm, wo sie sich erholen konnten. Sie hatten sogar eine Unterkunft bei dem gastfreundlichen Herren Grigori Akinfjevič Demidov in Aussicht. Bei ihm fühlte sich Steller letzten Endes so wohl, dass die Eile, nach St. Petersburg zu gelangen, in Vergessenheit geriet. Die Assistenten setzten indes ihre Reise fort und schließlich machte sich auch Steller auf den Weg, drehte jedoch wieder um und blieb den ganzen Sommer in Solikamsk. »Warum?«, fragte sein Bruder Augustin verwundert. Steller hatte bereits neun Jahre ununterbrochen im Gelände gearbeitet und jahrelang in der Einöde gelebt. Wollte er denn gar nicht wieder unter Menschen, nach St. Petersburg und nach Deutschland? Freute er sich gar nicht darauf, nach all den Jahren seine Freunde und Verwandten zu sehen? Was machte er mitten in Russland?

Er wohnte bei einem Gutsherrn in einem verschlafenen Dorf auf dem Land. Er unternahm Ausflüge an die Flussufer und in die Berge. Und sammelte Pflanzen. Aber was hielt ihn vor einer Weiterreise zurück? Er selbst erklärt, dass der Zeitplan aufgrund der Verzögerungen, die durch die Zollbeamten eingetreten war, geändert werden musste. Er hatte erkannt, dass er es nicht zum Sommeranfang nach St. Petersburg schaffen würde. Dies wäre aber nötig gewesen, um die Zwiebeln und Wurzelstöcke, die er gesammelt hatte, im Garten der Akademie einpflanzen zu können, bevor sie verwelkten. Nun brachte er sie zu Beginn der Saison in Demidovs Garten, von wo aus sie später nach St. Petersburg umziehen konnten. Er klagte auch darüber, dass die Zollbeamten beim Durchwühlen seines Gepäcks seine Sammlungen beschädigt hatten, so dass er einige Pflanzen erneut suchen und einsammeln musste.

Stellers Pate Grigori Demidov war ein wohlhabender Mann, Besitzer einer Salzmine und wohnte etwas abseits der Stadt in einem Dorf namens Krasnoja Selo. Er hatte ein prächtiges Haus am Ufer der Kama mit einem edlen Garten und einem neuen Gewächshaus, in dem sogar Zitrusbäume wuchsen. Demidov interessierte sich für Naturwissenschaften, besonders für die Pflanzen, so dass gelehrte Gäste bei ihm sehr willkommen waren. Demidov bat daher Steller zu bleiben, sie könnten gemeinsam den ganzen Sommer über Ausflüge unternehmen. Auch Gmelin war auf seiner Rückreise nach St. Petersburg bei Demidov zu Gast gewesen und in seinem Reisebuch lobt er die angenehme Atmosphäre in dessen Haus. Auch die Ehefrau erhält Lob, aber das gute Benehmen der Kinder, ihr umfangreiches Wissen und ihre »Erwachsenheit« scheinen Gmelin besonders beeindruckt zu haben, da man solches »in diesem Land nur selten sieht«.

Vielleicht hat Steller sich dort einfach wie zu Hause gefühlt und zur Abwechslung das angenehme Leben auf dem Gutshof genossen. Und dazu gab es noch die Ausflüge, die Feldforschung ... Da Demidov offenbar ein sympathischer Zeitgenosse war und sich auch noch leidenschaftlich für Pflanzen begeisterte, fanden die beiden Männer gewiss schnell eine gemeinsame Basis. Sie suchten, sammelten und bestimmten Pflanzen. Wann hatte Steller das schon jemals gemeinsam mit jemand anderem gemacht? Er hatte sich stets allein abgerackert. Und selbst wenn er einen Assistenten dabeihatte, führte dieser die Arbeit wegen der Bezahlung und nicht aus Begeisterung durch. Steller und Demidov schmiedeten sogar Pläne, gemeinsam eine Flora in der Region Perm zu errichten. Und wenn die Region Perm ein solches Leben zu bieten hat, was hat dann St. Petersburg zu bieten? Stejneger vermutet, dass hinter dem langen Aufenthalt auch der

Personalwechsel an der Akademie der Wissenschaften steckte. Die Leitung war von unangenehmen Personen übernommen worden und die Stellung der Deutschen hatte sich einmal mehr verschlechtert. Der Student Krašeninnikov wurde zum Adjunkten ernannt und hatte also dieselbe Position wie Steller inne. Viele von Stellers Freunden waren entweder verstorben oder hatten ihren Aufgabenbereich gewechselt. Währenddessen wartete in Deutschland seine Familie auf ihn, allen voran sein Bruder Augustin. Wartete sonst noch jemand auf ihn? Vermisste ihn in St. Petersburg noch irgendwer? Das ist die Frage, die Steller jahrelang in seinen einsamen Stunden beschäftigt hatte.

Die Liebe

Vielleicht dachte Steller an jenen heißen Sommertagen auf den Wiesen am Ufer der Kama über die Sehnsucht und die Liebe nach, während er sich mit seinem Freund Grigori Akinfjevič im Schatten der riesigen Pappeln eine Pause gönnte … Während Grigori Akinfjevič schnarchte, verscheuchte Steller die Bremsen und Fliegen, lauschte dem Summen der Bienen und Schwebfliegen. Der Zilpzalp zwitscherte irgendwo im Laub die Silben seines Liedes, die anderen Vögel schwiegen, ermattet von der Hitze. Die Wiese war voll vom Blau der Glockenblumen und dem Rot der Nelken, die Gräser zeichneten ihre Rispen und die Schmetterlinge flatterten wie lose Blütenblätter im Wind … Von welchem Wind ließ Steller sich treiben? Nun, er war nicht mehr im Einsatz für die Professoren der Akademie, das hier war seine persönliche Reise und vielleicht überlegte er, ob seine Entscheidung weise war.

Dennoch blieb er bei der Familie Demidov, denn offenbar vermochte er sich dieser ehrlichen Freundschaft, den fröhlichen gemeinsamen Abenden, ruhigen Teestunden in der ermüdenden Wärme der verglasten Veranda nicht zu entziehen … Es scheint, als wäre Steller auf dem Gutshof in der liebevollen Umarmung der Daunenmatratze versunken und als könne er nicht mehr aufstehen. Trotz allem blieb er natürlich weiterhin fleißig; er und Gregori Akinfjevič schmiedeten viele Pläne. Pflanzen sind schön und verlässlich, mit ihnen kann man Pläne machen und das wusste Steller. Aber es gibt noch eine andere Schönheit, mit der Steller zu große Pläne gemacht hatte. Brigitta Elena, seine Liebe, seine Frau.

Brigitta Elena war in St. Petersburg und auch sie hatte eine Daunenmatratze, in der man versinken konnte. Vielleicht ließ sie sich auch von einem anderen im Arm halten? Und sicherlich verbrachte sie fröhliche Abende in Gesellschaft. Dafür braucht man eine Menge Geld, das war Steller gewiss bewusst. Sie musste ihre Möbel und die Bibliothek ihres ehemaligen Mannes veräußern. Ein durch Sibirien irrender Adjunkt verdient nicht genug. Der Naturforscher Steller hat in Sibirien leider keine Goldgrube gefunden.

Brigitta Elena hatte einen Brief aus Bolsheretsk erhalten. Steller hatte ihn verfasst, als er von der Segelreise zurückgekehrt war und tatsächlich hatte sein Schreiben das Ziel erreicht. Was mag der Frau durch den Kopf gegangen sein? Überraschung? Freude? Überrumpelung? Ihr Mann lebte doch noch, war gar nicht in den Weltmeeren ertrunken! Die Frau griff zum Stift und schrieb eine Antwort. Was waren ihre Gefühle, wonach sehnte sie sich? Was sprach ihr leidenschaftlich pochendes, pralles Herz? Zweihundert Rubel fehlten ihr – so steht es in dem Brief, den Steller als Antwort in Ochotsk in die Hände bekam.

Wenn man Stellers Geschichte rekonstruiert, drängt sich die Frage auf, warum über ihn bisher kein Film gemacht worden ist. Berings Segelreise mit den Stürmen und dem Schiffbruch, das Jahr auf der wüsten Insel, die Abenteuer in Sibirien und Kamtschatka … Ein Leben voller Leidenschaft. Schließlich der tragische Tod. Wieso hat es dieser Stoff noch nicht zu einem Film gebracht? Ach ja, die Liebesgeschichte! Die darf keinesfalls fehlen. Doch in dieser Geschichte tauchen nur wenige Frauen auf. Männer gibt es dagegen zur Genüge. Aber in den Erzählungen des 18. Jahrhunderts gab es auch noch keine Frauenquote, schon gar nicht auf Forschungsreisen und im Bereich der Wissenschaft. Immerhin standen die gesamten Ereignisse unter dem Einfluss übermächtiger Frauenfiguren: Katharina I., Anna Iwanowna und schließlich Elisabeth Petrowna. Und auch nach Elisabeth bestieg eine Frau den Thron, Katharina II., die Große. Ihre Förderung der Wissenschaften kam Steller jedoch nicht mehr direkt zugute. Immerhin wurde Pallas gefördert, der sich folglich mit Stellers Manuskripten befassen konnte. Aber von einer (Film-)Geschichte erwartet man auch intime, private Einblicke – etwas Liebe. Und ja, auch die hat Steller erlebt. Die Liebesgeschichte hatten wir nur übersprungen, da er es so eilig hatte, an der Großen Nordischen Expedition teilzunehmen. Schließlich war diese das größte Abenteuer seines Lebens. Dagegen wirkt eine Romanze doch blass – das muss selbst ich als Frau zugeben. Wir müssen also nochmal in der Zeit zurückgehen …

Wie wir uns erinnern, waren die deutschen Lande für Steller zu klein. Die Professorenstelle an der Universität in Halle schien nicht in die Gänge zu kommen und eigentlich wollte der junge Mann sich seiner Karriere als Forscher widmen und nicht dozierend am Pult herumstehen und langweilige Vorlesungen halten. Er hatte Fernweh. Und da die Universität in Halle enge Beziehungen zur Petersburger Akademie unterhielt, erfuhr Steller von den in Russland organisierten Expeditionen und den Möglichkeiten, die diese boten. Und so verließ er 1734 sein Heimatland, in das er nie wieder zurückkehren würde, und heuerte in Danzig als Arzt auf einem Schiff an. Das Schiff brachte verwundete Soldaten zurück in ihr Heimatland Russland. Auf der Ostsee erlebte er seinen ersten Sturm. Im Vergleich zu denen, die ihn in den Gewässern Alaskas erwarteten, war es ein sehr kleiner Sturm. Im November kamen sie im Hafen von Kronstadt an. Der junge Mann war in einem fremden Land und der Winter stand vor der Tür. Er brauchte eine Menge Mut, denn er hatte dort offensichtlich keine festen Kontakte und seine Russischkenntnisse waren praktisch nicht vorhanden. Es wäre allerdings schon verwunderlich, wenn Steller kein Empfehlungsschreiben im Handgepäck gehabt hätte, hatte doch Professor Hoffmann ihn für talentiert genug gehalten, ihm eine Professur in Pflanzenkunde anzubieten. Hoffmann seinerseits war Ehrenmitglied der Petersburger Akademie der Wissenschaften, so dass sein Empfehlungsschreiben sicherlich eine gewisse Wirkung entfaltet hätte.

Steller gelang es, zwei wichtige Kontakte zu knüpfen. Einer war der Professor für Pflanzenkunde an der Petersburger Akademie, Johann Amman, ein gebürtiger Schweizer und nur zwei Jahre älter als er selbst. Der andere war der Bischof Teophan Prokopovič, der Steller als Assistenten seines deutschen Leibarztes einstellte. Steller musste sich keine Sorgen mehr um eine Unterkunft und sein täglich Brot machen, denn er kam im grandiosen Palast des Bischofs unter. Den orthodoxen Bischof störte es überhaupt nicht, dass er Lutheraner war; der Herr galt als liberal und die ihm unterstellten Priester konnten bisweilen auch ziemlich unorthodox sein. Sein Berater stand sogar im Verdacht, Atheist zu sein! Prokopovič verfügte über eine der beeindruckendsten Privatbibliotheken der damaligen Zeit und schrieb neben Predigten auch selbst Gedichte und Dramen. Er war damals um die 50 Jahre alt – ein Mann, der sich selbst etwas zu viel Arbeit und Verpflichtungen aufgebürdet hatte, so dass ihn der Stress plagte und seine Gesundheit instabil war. Und so kam ihm als zweiter Leibarzt der gut gelaunte, enthusiastische und geistreiche junge Mann gerade recht. Prokopovič gestand auch Steller viele Freiheiten zu und der machte das Beste aus seiner freien Zeit: Wenn er sich nicht um die Gallensteine des Bischofs kümmerte, durchkämmte er die Bibliothek, untersuchte im Garten Pflanzen oder arbeitete in der Akademie. Im Frühling und Sommer unternahm er Ausflüge in die Umgebung und erforschte den Pflanzenbestand der gesamten Petersburger Region. Die väterlich verständnisvolle Gesinnung des Bischofs manifestiert sich in einem vom Bischof verfassten Gedicht, mit dem er Steller auf liebvolle Art neckt. In dem Gedicht rennt der junge Arzt so eifrig seinen Heilkräutern hinterher, dass er seine Patienten darüber vergisst, die in der Zwischenzeit schon verstorben und begraben sind. Selbst das Erbe ist schon aufgeteilt, als der Arzt schließlich mit dem Heilmittel zurückkommt …

Bei Prokopovič genoss Steller also die freundliche und unterstützende Atmosphäre, frei von Engstirnigkeit. Auch die Annehmlichkeiten und den guten Service wusste er zu schätzen (im Hause des Bischofs wurde ausgezeichnetes Bier gebraut). Auch sonst war der Bischof kein Geizkragen, sondern teilte gerne, was er hatte: Er hat mit seinem eigenen Vermögen unter anderem eine Schule für über 60 Schüler bauen lassen. Prokopovič starb im Herbst 1736, ihm gelang es allerdings noch vor seinem Tod, gemeinsam mit Amman, Steller für den Dienst an der Akademie und die Teilnahme an der Großen Nordischen Expedition zu empfehlen. Steller unterstützte seinen neuen Freund Professor Amman bei der Pflege und Katalogisierung des Herbariums sowie bei der Gründung des botanischen Gartens.

Damals lernte er auch seinen Landsmann Johann Eberhard Fischer kennen, den Rektor der akademischen Schule. Ebenso wie Steller wurde auch Fischer später zur Großen Nordischen Expedition berufen und trat

Müllers Nachfolge an, wenngleich er es nicht bis nach Kamtschatka schaffte, da er wegen des bereits erwähnten Majestätsbeleidigungs-Paragrafen plötzlich als Gefangener abtransportiert wurde. Fischer und Steller begegneten sich ein letztes Mal bei Demidov in Solikamsk. Die Professoren Gmelin und Müller hatten ihre Forschungsreise bereits begonnen, so dass Steller sie erst in Sibirien einholte.

Die Anfangszeiten an der Akademie waren für diese Deutschen eine aufregende Zeit. Sie waren selbst noch jung, viele von ihnen gerade mal 20 Jahre alt, und nun eröffnete ihnen das Machtimperium ein Fenster zur Welt der Wissenschaft. Aber es gab in der Stadt auch einen deutschen Wissenschaftler, der nicht mehr ganz so jung und enthusiastisch war: der 50-jährige Professor Daniel Gottlieb Messerschmidt. Er war ebenso wie Steller ein Zögling der Universität in Halle und ehemaliger Schüler von Hoffmann, allerdings bereits 1716 nach St. Petersburg gekommen. In der Zwischenzeit war Messerschmidt den Schilderungen zufolge bereits zu einem alten, kränkelnden, vielleicht zum Teil auch an Hypochondrie leidenden, finsteren Mann verkommen. Er hatte zu viel durchgemacht. So hatte er eine im kaiserlichen Auftrag ausgeführte Expedition nach Sibirien hinter sich. Dieses Ein-Mann-Projekt war ungemein herausfordernd gewesen. Messerschmidts Aufgabe war es, in Stejnegers Worten »Informationen und Material zu sammeln und Beobachtungen anzustellen in Bezug auf Sibiriens Geographie und Naturwissenschaft in ihren unterschiedlichen Formen, außerdem die Medizin, Epidemiologie, Ethnographie und Philologie der Bewohner Sibiriens zu erforschen, ebenso Relikte und Monumente sowie alle anderen Auffälligkeiten, auf die er stieß …« In Sibirien vergingen sieben Jahre und Messerschmidt kehrte mit einer gewaltigen Anzahl an Proben und stapelweise Manuskripten zurück. Aber er war müde, verweigerte die Fortsetzung der Expedition und wollte seine eigenen Sammlungen nicht einmal mit der Kneifzange anfassen.

Als nun Steller Messerschmidt kennenlernte, war dieser bereits in Rente und litt neben seiner schwachen Gesundheit auch an wirtschaftlichen Engpässen. Für Steller, der von Sibirien träumte, war er jedoch eine wichtige Anlaufstelle, denn Messerschmidt wusste aus eigener Erfahrung über das Sibirien der damaligen Zeit bestens Bescheid. Er kannte sich mit den Menschen, der Geschichte und der Natur besser aus »als alle anderen zusammen«, wie Stejneger schreibt. Aber wir wollten über Stellers Liebe berichten und schon wieder drängen sich Männer und alte Herren und Bischöfe und Professoren in unser Blickfeld! Immerhin hatte der arme und mürrische Messerschmidt eine junge, hübsche Frau. Es ist die Tochter des Generals von Böckler, Brigitta Elena. Man fragt sich vielleicht, wie eine junge und schöne Frau in so eine Ehe hineingeraten konnte. Tatsächlich war jedoch damals ein 20 Jahre älterer Partner für eine Frau keine ungewöhnliche Partie. Außerdem wurde der Bund kurz nach Messerschmidts Rückkehr aus Sibirien geschlossen. Wahrscheinlich heiratete Brigitta Elena den Mann in der Überzeugung, dass er seinen Dienst als Wissenschaftler in der Gunst der Kaiserin fortsetzen würde. Dies hätte ihr eine Zukunft in Wohlstand sowie ein reges gesellschaftliches Leben beschert. Sie hatte gewiss nicht von einem zurückgezogenen Leben mit einem armen und mürrischen alten Mann geträumt.

Nach der Hochzeit entschied Messerschmidt jedoch, in seine Geburtsstadt Danzig zurückzukehren. Die Reise verlief äußerst unglücklich, denn das Schiff erlitt Schiffbruch, wobei das gesamte Umzugsgut verloren ging. Und auch Danzig war nicht mehr so wie früher, so dass das Paar nach St. Petersburg zurück kehrte, allerdings deutlich ärmer und elender als zuvor. Brigitta Elena wurde mit dem Adjektiv »wild« beschrieben und galt als unpassende Partnerin für Messerschmidt. Man kann sich also leicht vorstellen, was für einen frischen Wind ein energischer, begeisterter und ausgelassener junger Mann wie Steller in den muffigen Professorenhaushalt brachte. Und dass die junge Frau, die zu diesem muffigen Haushalt verdammt war, sich in ihn verliebte. Doch ebenso verliebte sich Steller in sie.

Von seinen Jugendlieben wissen wir nichts. Über Verlobungen zu Studentenzeiten, Romanzen oder sexuellen Verhältnissen sind keinerlei Zeugnisse erhalten. Dies bedeutet indessen nicht, dass er tatsächlich keinerlei Beziehungen unterhalten hat. Auch die Studenten des 18. Jahrhunderts, selbst die Pietisten, wurden bei Versuchungen manchmal schwach. Allerdings wurde damals mir Eroberungen weit weniger angegeben oder in Briefen geprahlt. Da Steller ohnehin eher verschwiegen war, dürfte er auch etwaige Damenbekanntschaften diskret behandelt haben. Und so wissen wir auch nicht, wie die Liebesgeschichte zwischen Brigitta Elena und Georg Wilhelm angefangen hat. Tatsächlich gibt es keinerlei Hinweise, dass die beiden bereits vor dem Ableben des armen Messerschmidt im Jahr 1735 ein Verhältnis unterhielten. Das junge Paar heiratete nämlich erst im Jahr 1737, wahrscheinlich irgendwann Ende November. Das Hochzeitsfest war wohl ziemlich schlicht, zumindest berichtet keine Quelle davon. Man würde erwarten, dass Steller in den Briefen an seinen Bruder von dem Ereignis berichtet, doch er erwähnt seine Heirat Augustin gegenüber mit keinem Wort. Und das, obwohl die Beziehung der Brüder immer gut war und obwohl sie einen regelmäßigen Briefwechsel unterhielten. Selbst als Steller sich vor seinem Aufbruch nach Sibirien in einem Brief von seinem Bruder verabschiedete, erwähnt er Brigitta Elena mit keinem Wort. Und auch später nicht. Nie! Augustin erfuhr von der Hochzeit seines Bruders zu seinem Entsetzen erst, als dieser bereits verstorben war. Und zwar als es um die Klärung des Nachlasses ging.

Warum? Warum verschweigt ein Mann, der in seine Frau verliebt ist, diese vor seinen Verwandten und macht aus seiner Heirat ein Geheimnis? Es erweckt beinahe den Anschein, als hätte Steller sich für seine Frau geschämt. Brigitta Elenas Ruf konnte aber doch nicht so schlecht sein. Oder war es schlimm, dass sie eine Witwe war und eine etwa achtjährige Tochter hatte? Oder war Steller so schüchtern, wenn es um persönliche Angelegenheiten ging? Steckt dahinter Stellers Enttäuschung, dass seine Partnerin nicht auf die Sibirien-Reise mitkam, so dass er sich von seiner frischgebackenen Braut verabschieden musste? Doch Steller schrieb seinem Bruder just in der Phase einen Brief, als Brigitta Elena noch fest entschlossen war, mitzukommen. Wobei Brigitta Elena wohl kaum begeistert von der Aufgabe ihres neuen Partners war, was wiederum nur allzu verständlich ist. Die Schwierigkeiten in Sibirien hatten seinerzeit bereits an Messerschmidts Nerven und Gesundheit genagt und ihn letztlich in die Knie gezwungen. Und jetzt schon wieder Sibirien! Diese riesige, furchtbare Strafkolonie!

Es gibt gute Gründe für die Annahme, dass Steller bereits ahnte, dass sie ihre Meinung noch ändern würde, zumal die Strapazen einer Frau kaum zumutbar waren. Vielleicht hielt er es also vor diesem Hintergrund für das Beste, seine junge Ehe nicht an die große Glocke zu hängen. Das ist natürlich Spekulation, aber es scheint mir die plausibelste Erklärung zu sein und fügt sich auch zu Stellers Schwäche, Misserfolge still auszuhalten. Wie wir bereits wissen, wurde Steller als Adjunkt für die Reise nach Sibirien engagiert und der Vertrag Anfang 1737 unterzeichnet. Als Lohn wurden ihm 660 Rubel im Jahr ausgelobt, das Doppelte des normalen Gehaltes eines Adjunkten, was in Hinblick auf die Kosten und Strapazen der Reise absolut gerechtfertigt ist. Der Senat segnete das Ganze im August ab und im September musste Steller noch den feierlichen Treueeid ablegen, zu dem auch die Geheimhaltungsverpflichtung in Bezug auf die Expedition gehörte. Der strenge Ukas kümmerte Steller wohl kaum. Sein jahrelanger Traum wurde wahr! Anfang 1738 begann die Reise.

Brigitta Elena nahm ihren ganzen Mut zusammen und kam mit. Zu ihrem Gefolge gehörte auch der Illustrator Ivan Kornilov Decker, der später in Sibirien in Gmelins Diensten verblieb. Johann Berckhan, der bereits bei Gmelin war, wurde wiederum zu Stellers Gehilfen. Stejneger vermutet, dass Decker für Steller zu langsam gewesen sei. Gut möglich, denn Decker war einmal bei einer Expedition Müllers dabei. In einem Brief an Gmelin beklagt sich eben jener Müller, dass viele von den Zeichnungen noch nicht fertig seien, woran allein Decker schuld sei, weil er immerzu schlafe und Tee trinke. Die Reise wurde mit Pferden zurückgelegt. In dicke Pelze eingerollt nahmen Männer und Frauen im Schlitten ihre halb liegende Position ein. Am Straßenrand befanden sich Poststationen oder Gasthäuser, in denen sie übernachten konnten. Sie hatten einen kurzen Aufenthalt in der alten Stadt Nowgorod, dann noch einen weiteren in Twer an der Wolga. Die Straße, die von Twer nach Moskau führte, hatte Peter der Große bauen lassen – sie war also noch neu. Aus Gründen der Sicherheit waren auf beiden Seiten der Straße alle Bäume in Schussdistanz gefällt, so dass Wegelagerer Reisenden nicht so leicht auflauern konnten.

Ende Januar traf die Gruppe in Moskau ein, wo sie länger verweilte. Steller erhielt einen Vorgeschmack auf die geduldigen Mühlen der Bürokratie. Zunächst musste er um seine Gehaltszahlung kämpfen und über den Beginn der Auszahlungen diskutieren. Doch noch einen schlimmeren Streit hatte Steller mit seiner Frau. Brigitta Elena verkündete, dass sie nicht weiter will. Sie hatte beschlossen, dass sie nicht nach Sibirien mitkommt. Die winterliche Schlittenfahrt von St. Petersburg nach Moskau, so geschmeidig diese nach damaligen Maßstäben verlaufen war, hatte ihr offenbar schon gereicht, um zu erkennen, dass Expeditionen nichts für sie waren. War Brigitta Elenas kleine Tochter dabei, oder war sie bei Verwandten in St. Petersburg geblieben? Beide Optionen sind denkbar. Für die Mutter war es eine Wahl zwischen Pest und Cholera: Das Kind auf eine

Schlittenfahrt in primitive und sogar gefährliche Verhältnisse mitzunehmen, oder aber für Jahre vom Kind getrennt zu sein, denn die Sibirien-Reisen war auf mehrere Jahre ausgelegt. Brigitta Elena entschied sich gegen beide Szenarien.

Obwohl ihre Entscheidung kaum überrascht, stellte sie für Steller einen herben Schlag dar. Er hatte sicher vor Glück geglüht bei der Vorstellung der bevorstehenden Abenteuer, die er mit seiner geliebten Frau teilen könnte. Und nun musste er allein weiterziehen. Die rosaroten Wölkchen zerfielen und lösten sich in Nichts auf ... Sie mussten sich in Moskau um eine Wohnung kümmern, Möbel anschaffen und Unterhaltszahlungen festsetzen. Das alles kostete Steller Zeit und sicher auch Nerven. Doch für ihn war ein Rücktritt von der Reise keine Option. Ehrgeiz und Pflichtbewusstsein gegenüber dem russischen Staat verbauten diesen Weg. An sich war es nicht unüblich, dass Reisende in die entlegensten Ecken des Reiches von ihren Familien begleitet wurden, die Mutigsten folgten ihren Angehörigen sogar in die Verbannung. Auch viele Teilnehmer der Großen Nordischen Expedition, so wie Bering, Spangberg und Waxell, hatten ihre Familien dabei. Doch sollte Steller diese Vergleiche als Argumente angeführt haben, ließ er die Tatsache außer Acht, dass die Offiziere ganz andere Möglichkeiten hatten, ihren Familien Sicherheit und Annehmlichkeiten zu bieten, als er selbst. Auch der Stil der Professoren war im Vergleich zu Steller ein ganz anderer. Wir haben bereits gesehen, wie beeindruckend Gmelins und Müllers Karawane war, zu der eine Menge Personal gehörte, Diener, Ärzte und Soldaten.

Anna Berings Ausstattung gibt Aufschluss über den Reisestil der Berings. So hatte sie eine große Menge Samt- und Seidenkleider dabei, sowie brokatverzierte Mäntel und Pelze, sowie kistenweise leichtere Kleidung. Zum Küchenbedarf gehörte unter anderem das Silbergeschirr (für den Alltagsgebrauch) sowie Porzellangeschirr für 60 Personen (für geladene Gäste), sowie sechs Teekessel. Wie Berings Biograf Frost zu Recht betont, gehörten die Berings zur Oberschicht der russischen Ständegesellschaft, so dass sie auf entsprechende Weise lebten. »Diese Ausstattung zeigte, dass sie würdige Vertreter des Imperiums waren. Die Schwierigkeiten, die die Beförderung der Ausstattung mit sich brachte, galten als hinnehmbar, ebenso wie die Ausgaben, die durch die Beschaffung einer angemessenen Wohnung in so entlegenen Orten wie Jakutsk und Ochotsk entstanden.« In den

Jahren der Expedition, als Gepäcktransporte organisiert wurden und Schiffe gebaut wurden, stieg in Jakutsk und Ochotsk also nicht nur die Bevölkerungszahl. Auch das gesellschaftliche Leben in den Städten blühte auf, zumindest nach sibirischen Maßstäben.

Eine Reise mit Steller bot jedoch keinen Glanz und kein Leben in hohen gesellschaftlichen Kreisen und so traf Brigitta Elena eine vernünftige Entscheidung und blieb in Moskau, von wo aus sie nach St. Petersburg zurückkehrte. Wie hat Steller diesen Rückschlag verkraftet? Es hat ihn hart getroffen und die Reise setzte ihm auch anderweitig zu. Von Moskau reiste er durch Nischni Nowgorod nach Kasan und weiter über das Uralgebirge nach Jekaterinburg. Von dort ging es die Flussroute entlang in die sibirische Hauptstadt Tobolsk. Dort wurde der Jakute Alexej Danilov sein Assistent, was ihm den Alltag sicher erleichterte. Sie setzten die Reise fort, so dass sie im folgenden Winter in Tomsk waren. Dort erkrankte Steller schwer. Zur Weihnachtszeit hatte er so hohes Fieber, dass er fantasierte und dem Tode geweiht schien. Schließlich wurde er jedoch wieder gesund und konnte seine Reise fortsetzen. Anfang des nächsten Jahres traf er bei Gmelin und Müller am Jenissei ein, wo er sechs Wochen verbrachte. Die Landsmänner und Kollegen fühlten sich wohl miteinander und in ihren Gesprächen ging es nicht ausschließlich um die Wissenschaft. Steller schüttete ihm sein Herz aus und erzählte von seiner Enttäuschung. Ein Brief, den Steller aus Irkutsk an Gmelin schickte, deutet darauf hin.

Zu dem Zeitpunkt lag Brigitta Elenas Reiseabbruch bereits über zwei Jahre zurück. Es ist also Zeit vergangen und die prächtige Natur Sibiriens mit Baikalsee und Bargusingebirge hatte seine Wunden geheilt und sein Leben war wieder mit Freude erfüllt, denn er schreibt: »Ich habe sie schon vergessen und mich in die Natur verliebt.« Im selben Brief fügt er hinzu: »Und wenn ich meine junge Frau auch nicht hier bei mir habe, so habe ich stattdessen zwei Raben.« Gmelin versuchte Steller in seinem Antwortbrief zu trösten, aber es war zwecklos. In seinem nächsten Brief dankte Steller ihm für seine freundlichen Worte, erklärte jedoch, dass es nichts mehr gebe, das seinen Zorn lindern könne, denn »sie hat mich auch schon in Russland auf verletzende Weise betrogen und geschröpft, und wenn ich ihre Forderungen nicht auf sich beruhen lasse, werde ich auch hier in Sibirien noch geschröpft, denn wenn ›Frau Doktor Messerschmidt‹ in Moskau nicht mit 300 Rubel auskommt und mit den über 300 Rubeln aus dem Verkauf der Möbel, dann weiß ich nicht, wie ich es schaffen soll, diese bisher schon so schwierige und teure Reise fortzusetzen.«[31]

Und wie ging die Beziehung von Brigitta Elena und Steller weiter? Darüber berichtet unter anderem der französische Historiker und Diplomat Jean Benoît Schreier, der seinerzeit durch Europa gereist und eine Zeit lang in Russland gearbeitet hatte. In St. Petersburg erwarb er das Manuskript von Stellers Kamtschatka-Buch, das er später in Reinschrift brachte und in Deutschland veröffentlichte. Offenbar hatte Schreier auch Briefe von Steller an seine Frau erworben oder zumindest zu Gesicht bekommen. Laut Schreier wären die liebevollen Gefühle des Reisenden erneut entflammt. Als Steller nach seiner Rückkehr von der Beringinsel nach Bolsheretsk kam, schickte er einen Brief an seine Frau und berichtete von seinem Überleben. Schreiner zufolge schrieb Steller: »Ich wünsche mir nichts mehr, als dass wir uns bald wiedersehen …« Ein ganz anderer Ton als in seinem Brief an Gmelin, aber die Zeit heilt alle Wunden und auch Stellers Zorn war zwischenzeitlich verraucht.

Anstatt jedoch sich den innigen Wunsch zu erfüllen, begab er sich für ein weiteres Jahr auf die Reise durch Kamtschatka und träumte in seinen schriftlichen Arbeiten in erster Linie von Mammutknochen. In Ochotsk erwartete ihn ein Brief von Brigitta Elena, in der sie sich besorgt darüber zeigte, dass sie nicht die 200 Rubel erhalten hatte, die als Teil von Stellers Lohn für sie vorgesehen waren. Ihre Sorge war nicht unbegründet, denn schon von Anfang an gab es Probleme mit der Bezahlung. Man fragt sich aber vor allem, ob sie überhaupt keine Worte der Freude oder Erleichterung über Stellers überraschende Rettung fand. Da der Briefwechsel zwischen den beiden verloren gegangen ist, lässt sich die Frage leider nicht mit Gewissheit beantworten. Schreier schätzt sie jedenfalls als kühl ein. Er schreibt von Frau Stellers Vergnügungen, von Festen mit ihren Verehrern in St. Petersburg, gerade so als ob sie »nur wenig oder überhaupt nicht an die Tatsache dachte, dass sie immer noch einen Ehemann hat«. Stejneger zeigt für die als leichtfüßig dargestellte Frau seines Idols mehr Verständnis. Er erinnert an die bedrückenden Jahre der jungen, lebhaften Frau an der Seite von Messerschmidt. Wenn auch der zweite Ehemann für Jahre auf Reisen geht, so dass sie nicht nur verwitwet, sondern nun auch noch als Strohwitwe zurückbleibt, ist es da verwunderlich, dass sie versucht, in St. Petersburg ein eigenes Leben aufzubauen und zu genießen?

Später, als sie tatsächlich erneut zur Witwe wurde, heiratete sie sehr bald wieder. Auch das ist nachvollziehbar, meint Stejneger. Sie habe praktisch bereits neun Jahre allein gelebt und war nun fast 40 Jahre alt. Auch ihr dritter Ehemann trug einen deutschen Nachnamen; es war Herr Freiesleben und er hatte eine Stellung am Hof, woraus Stejneger schlussfolgert, dass Brigitta Elenas Ruf ungeachtet der bitteren Kommentare nicht so schlecht gewesen sein konnte. Nach Stellers Tod forderte die Witwe offiziell das Vermögen ihres Mannes ein, welches allerdings überschaubar war. Über ihr späteres Leben und jenes ihrer Tochter ist nichts bekannt.

Der Chirurgie-Assistent Betge, der auf der Amerika-Expedition dabei gewesen war, versorgte Schreier später mit Erinnerungen an das Leben auf der Beringinsel. Betge kehrte im Anschluss an die Reise nach St. Petersburg zurück und wurde dort Chirurg der Marine. Wie wir bereits wissen, wohnte er auf der Insel mit Steller im Grubenhaus. Betge berichtet, dass in der dunklen und finsteren Winterzeit auch Steller seine schweren Momente hatte. Wenn der männliche Eifer sich legte, traten vielfältige Gefühle zu Tage: Reue, Sehnsucht und Empfindsamkeit. Man gewinnt den Eindruck, dass es eine Zeit gab, als Steller noch daran glaubte und darauf hoffte, dass sich seine Ehe noch einmal einrenken ließe. Gegen Ende seines Lebens prägte jedoch Bitterkeit seinen Gemütszustand, denn in seinem Memorandum an die Akademie schreibt er am 18. August, dass sein Eigentum nicht an Frau Steller übergeben werden solle, da diese »nicht der Akademie gedient hat und inzwischen allein zurechtkommen dürfte«. Dieser Text wird häufig als Stellers Testament bezeichnet, da es sein letztes offizielles schriftliches Dokument ist. Er selbst hat dieses Schreiben wohl kaum als Testament begriffen, sondern als eine Anweisung, bis er nach St. Petersburg zurückkommt. Wahrscheinlich fürchtete er, sollte sein ganzer Lohn und seine gesamte Habe – vielleicht war noch ein Zobelpelz dabei – an Brigitta Elena übergeben werden, bald sein gesamter Besitz verschwendet wäre, so dass er mit leeren Händen dastünde, wenn er nach St. Petersburg käme. Doch gerade die Unterbrechung der Reise in Solikamsk und der Sommer bei Demidov deuten darauf hin, dass Steller es plötzlich gar nicht mehr eilig hatte, nach St. Petersburg zurückzukehren. Vielleicht blickte er dem Wiedersehen mit seiner Frau gar nicht mehr voller Vorfreude und mit warmem Herzen entgegen. Letzten Endes verlief Stellers Liebesgeschichte ziemlich traurig und auch sehr kurz …

In seinem Liebesleben mag Steller zwar Enttäuschungen erlebt haben, doch – wie er selbst an Gmelin schreibt – fand er Trost in der Liebe zur Natur. Wie nahm also diese erfüllte und erfüllende Leidenschaft ihren Anfang? Über Stellers Kindheit finden sich nur spärliche Informationen. Wir wissen nur das, was sein großer Bruder berichtet. In einer Kurzbiografie erinnert sich Augustin, dass sein kleiner Bruder Ausflüge in die Natur unternommen hat und dabei voller Eifer Dioskurides' Pflanzenwerk unter dem Arm mit sich herumtrug. Man kann sich gut den etwas altklugen Knirps vorstellen, wie er Pflanzen sammelt und presst. Aber diese Rekonstruktion kann auch von dem Bild beeinflusst sein, das wir vom späteren Steller haben. Viele kleine Kinder interessieren sich für die Natur. Wenn man ihnen die Möglichkeit zu Ausflügen bietet, sind sie von Tieren und Pflanzen begeistert und natürlich auch von Picknicks und Lagerfeuern. Kinder sind gegenüber Raupen, Mäusen und Spinnen unvoreingenommen, wenn Eltern sie nicht mit ihrem Ekel anstecken. Die Beziehung zur Natur beruht auf Erlebnissen und Erfahrungen des Gefühlslebens. Und genauso verhält es sich mit der Fähigkeit zur Empathie.

Obwohl die Kantorenfamilie vielleicht mehr Zeit mit Musik als in der Natur verbracht hatte, waren Orte in der Natur für den kleinen Jungen relativ leicht erreichbar. Die Stadt Bad Windsheim war in der ersten Hälfte des 18. Jahrhunderts klein und ländlich. Die Stadt war umgeben von üppigen Flusstälern, wo Getreide und Weinreben wuchsen und auf deren weiten Wiesen man das Knarren der Wachtelkönige hören und beeindruckende Großtrappen sehen konnte. Der Schoßbacher Wald hinter der Stadt wurde von Auerhühnern, Haselhühnern, Dachsen und Wildschweinen bewohnt und dort lag auch die Nistgemeinschaft der bekannten Graureiher. Eine ideale Umgebung für die Laufbahn eines Entdeckers. Hätten Kinder heute doch immer noch diese Möglichkeiten! Obwohl über die Natur in unserer Umgebung mehr gesprochen wird als je zuvor, gibt es davon weniger als je zuvor.

Der Tod

Stellers letzte Reise begann sich abzuzeichnen. Vor ihm lag noch eine unglückliche, zermürbende Strecke von anderthalbtausend Kilometern, die ihn zurück nach Sibirien führte. Es ist August 1746 und wir befinden uns immer noch am Fuße des Urals in Solikamsk. Der Sommer neigte sich dem Ende. Man kann sich mit dem Gedanken trösten, dass dieser letzte Sommer für Steller in vielerlei Hinsicht eine gute Zeit war. Er hatte in Demidovs Herrenhaus komfortabler gewohnt als sonst und die Gegend gemeinsam mit einem anderen Pflanzenliebhaber erkundet. Vielleicht war Demidov für ihn so etwas wie ein Seelenverwandter, mit dem er gemeinsam interessantes Material gesammelt hatte. Doch dann zerschlug sich alles. Am 15. August kam Steller von einer Pflanzenexkursion zu Demidovs Gutshof zurück und erhielt nicht einmal die Gelegenheit, sich auszuruhen, oder sich mit seinen neuen Funden zu beschäftigen. Denn Zahar Lupandin, ein Kurier der kaiserlichen Majestät, kam herbei und hatte den Befehl, Steller unverzüglich festzunehmen und zur Anhörung nach Irkutsk zu bringen. Wie schon zuvor warf man ihm vor, die Itelemenen befreit und zum Aufstand angestachelt zu haben. Der Hinweis, dass das Verhör bereits geführt und seine Unschuld bewiesen worden war, führte zu nichts. Steller war zutiefst schockiert. Man kann sich gut vorstellen, wie Lupandin rot anlief, als er den Einspruch des entsetzten und verzweifelten Mannes zu hören bekam. Aber vielleicht sah Steller auch ein, dass es zwecklos ist, auf einen Boten zu schießen. Lupandin musste seinen Auftrag wie befohlen ausführen.

Der Kurier gab Steller einen Tag Zeit, sich vorzubereiten. Vor ihm lag keine kleine Reise, denn auf den heutigen Landstraßen sind es von Solikamsk bis nach Irkutsk noch immer 4000 Kilometer. Mit den Fahrzeugen der damaligen Zeit, also mit Pferdewagen und Schlitten, war das eine enorme Herausforderung. Der Herbst stand zudem vor der Tür. Und es war ein sibirischer Herbst, auf den ein sibirischer Winter folgte. Nach unserem Kalender war es bereits Ende August. Steller sammelte also eilig seine Manuskripte und seine Pflanzen zusammen und schreibt besagtes Memorandum an die Akademie. Darin protestiert er, dass seine jahrelange Arbeit durch die plötzliche Unterbrechung zunichte gemacht werden könne. Er teilt jedoch mit, dass er sich demütig füge und sich auf den Weg mache, wenngleich er den Grund für die Festnahme nicht nachvollziehen könne. Er konstatiert, dass er im Laufe des Sommers 2000 Kilometer auf eigene Kosten gereist sei, da die städtischen Büros in Sibirien ihm nicht seinen Lohn ausbezahlt haben. Im Gegenteil, in Tobolsk sei sogar sein Eigentum beschlagnahmt worden, so dass er nun nur noch einen Mantel und 60 Rubel habe, mit denen er zurück nach Irkutsk reisen müsse.

Sein Unmut ist nur allzu verständlich. Der russische Staat nahm einen Mann in die Mangel, der sich mit fanatischem Eifer seiner Arbeit widmete, und der anstelle des verdienten Lohns eine Anklage und möglicherweise sogar eine harte Strafe erhielt. Doch worum ging es in der Anklage eigentlich? Die Ursache für diese Anklage war bürokratische Bummelei und langsame Postzustellung. Wir befinden uns in Sibirien. Der Freispruch durch den Vizegouverneur war nämlich nicht unverzüglich abgeschickt worden, sondern blieb noch über einen Monat im städtischen Büro liegen. Und obwohl die Männer bei ihrer Verabschiedung ihren Streit längst beigelegt hatten, hat Lange Steller den Vorfall möglicherweise doch nicht verziehen, so dass er die Weitergabe des Protokolls verzögerte. Oder, was wahrscheinlicher ist, die Feiertage um Weihnachten und Neujahr haben die Arbeiten im Büro verzögert. Und natürlich musste die Nachricht quer durch ganz Sibirien gebracht werden. Als Steller Ende des Winters von Asien nach Europa reiste und dabei die Kontrollpunkte in Tobolsk und Werchoturje passierte, wurde der Senat *darüber* in Kenntnis gesetzt. Da der Senat jedoch noch *keine* Informationen über den Ausgang der Verhöre in Irkutsk hatte, verdächtigte er Steller, sich den festnehmenden Beamten entzogen zu haben. Folglich wurde der Kurier auf die Sache angesetzt und erhielt die Anweisung, Steller zum Verhör nach Moskau zu bringen. Er traf Stellers Assistenten und frühere Weggefährten Danilov und Berckhan in Kasan an, erfuhr von ihnen, dass Steller den Sommer in Solikamsk geblieben war und erhielt vom Senat die neue Anweisung: Steller solle zurück nach Irkutsk gebracht werden!

Steller hatte also einen Tag Zeit, seine Instruktionen aufzuschreiben, die vor allem seine Pflanzensammlungen und sonstigen Sammlungen betreffen, über deren Schicksal er zutiefst besorgt war. Niemand sollte die Kisten öffnen und durchstöbern oder gar mit den Proben hantieren, denn diese waren zerbrechlich oder konnten knicken oder vom Winde verweht werden … Demidov versprach, sich um die Pflanzen zu kümmern, die sie in seinem Garten gepflanzt und gesät hatten. Ein glücklicher Zufall sorgte dafür, dass Fischer just in diesem Moment eingetroffen war und Stellers schriftliche Arbeiten an sich nehmen konnte. Fischer verstand Stellers Kummer wie kein anderer, schließlich hatte er selbst eine ähnliche Erfahrung mit einer plötzlichen Festnahme gemacht. Doch obwohl ihm seine Freunde jegliche Art der Unterstützung anboten und obwohl Steller nur in Bezug auf seine Forschungsarbeit besorgt schien, sah er mit Sorge in die Zukunft. Er wusste nicht, was ihm vorgeworfen wird und musste denselben Weg zurückkehren, auf dem er im Frühjahr angereist war. Allerdings nun auch noch im erniedrigenden Status eines Gefangenen! Es ist überaus bewundernswert, dass er selbst in dieser Lage versprach, für die Akademie Pflanzen zu sammeln.

Und so machten sie sich auf den bereits bestens bekannten Weg. Die Tage zogen vorbei, die Wochen zogen vorbei, der Herbst kam näher und es wurde kälter … Anderthalb Monate später erreichten Steller und Lupandin die Kleinstadt Tara am Ufer des Irtysch. Die Männer mussten dortbleiben, bis der Fluss gefror, damit sie die Reise sicher mit dem Schlitten fortsetzen konnten. Sie hatten erst ein Drittel der Reise hinter sich gebracht.

Die Stadt Tara war ein Knotenpunkt, von dem aus eine Straße nach Tomsk führte und eine weitere nach Semipalatinsk. Für Steller stellte sie einen Wendepunkt dar. An einem Tag im Oktober traf mit einer Troika ein weiterer Kurier in Tara ein, der auf der Suche nach Steller und Lupandin war. Er hatte eine eilige Botschaft: der Freispruch durch den Senat. Der Freispruch ist auf den 20. August datiert, also nur zwei Tage, nachdem Steller sich fügsam mit Lupandin auf den Weg nach Irkutsk gemacht hatte … Der Senat hatte also endlich das Anhörungsprotokoll erhalten, das im Januar in Irkutsk abgeschickt worden war, sowie den Freispruch durch Vizegouverneur Lange. Steller seufzte vor Erleichterung, forderte Zugpferde an und machte sich einmal mehr unverzüglich auf den Rückweg. Er erreichte Tobolsk, wo er bei seinem Freund, dem Erzbischof Anton Naroǩnicky unterkam. Der Erzbischof war ein vielbeschäftigter Mann, der in der Stadt Kirchen, Schulen und ein Priesterseminar gründete. Als Pallas im Jahr 1770 nach Sibirien reiste, traf er in Tobolsk den Stadtsekretär, der sich mit warmem Herzen an Stellers Besuch erinnerte und auch daran, wie großzügig der Erzbischof seinen Gast bewirtet hatte. Das üppige Angebot bezog sich insbesondere auf die Getränke. Gmelin, der während seiner Jahre in Sibirien auch eine Zeit in Tobolsk verbracht hatte, schreibt von den Festlichkeiten der Oberschicht, die kein Maß kannten. »Wer im Glas nach Freude sucht, findet dort mehr davon als an jedem anderen Ort der Welt«, versichert er und bestätigt damit auch die Gastfreundlichkeit des Erzbischofs Narožnicky. Und wie wir wissen, gehörte Steller nicht zu den Männern, die ins Glas spucken. Trotz Pietismus und Askese fühlte er sich mit einem Glas in der Hand durchaus wohl.[32] Von einigen wird Steller in seinem letzten Lebensabschnitt als depressiver Trinker dargestellt. Man gewinnt so den Eindruck, dass er geradezu alkoholabhängig gewesen sei, was sein Biograf Stejneger jedoch entschieden zurückweist. Und in der Tat lassen sich die vielen Exkursionen und Aktivitäten, die er im Sommer entfaltete, kaum mit einem unter Depressionen leidenden Alkoholiker vereinbaren, sondern zeugen im Gegenteil von einem energischen und tatkräftigen Mann. Unabhängig davon ließ es sich Steller in Tobolsk bei seinem Freund dem Erzbischof ganze drei Wochen lang gut gehen. Das ist eine lange Zeit, vor allem, da man vielleicht erwarten würde, dass ihn die Verlängerung seiner Sibirien-Tour frustrierte.

Schon der erste Anhörungsstreit in Irkutsk war ungemein stressig gewesen. Steller linderte seinen akuten Stress durch Alkohol, wodurch er bekanntlich die Kontrolle verlor. Dafür genügte allerdings ein einziger Abend und er kam wieder zur Besinnung. Doch die erneute Anklage mitsamt dem sechswöchigen Gefangenentransport und allen Ungewissheiten war sicher eine viel schlimmere Tortur. Die damit einhergehende nervliche und aufgrund der Reise auch körperliche Belastung dürfte insofern einer längeren Erholung bedurft haben.

Die sibirischen Dörfer und Städte sind Mitte des 18. Jahrhunderts kein gesundes Umfeld. In derselben Region waren zuvor sowohl Gmelin als auch Müller an starkem Fieber epidemischen Ausmaßes erkrankt. Beide sind zwar wieder genesen, Gmelin fielen allerdings die Haare aus. Und auch Steller erkrankte. Der körperlich starke Mann war offenbar stark geschwächt und konnte sich auch nicht richtig erholen. Plötzlich, nach drei Wochen des Feierns, wollte er die Rückreise antreten. Den Sorgen und Einwänden seiner Freunde zum Trotz und glühend vor Fieber setzte er sich in den Schlitten und begann seine Reise nach Tjumen. Fast 300 Kilometer im eisigen Frost über das Eis des Irtysch und des Tobols … Nicht ideal für einen Fieberpatienten. Aber Steller war eigenständig und eigensinnig. Ein Mann, der fest an seine eigenen Kräfte glaubte. Er hatte so harte Torturen bereits mehrfach überstanden, so dass er auch dieses Wagnis auf sich nahm. Immerhin kam er so voran!

Seine Reise begann in der ersten Novemberwoche und am 12. November 1746 war er nach eisig kalter und qualvoller Schlittenreise am Ziel in Tjumen. Steller war jedoch kaum noch bei Bewusstsein und starb bald nach seiner Ankunft. In der Stadt hielten sich zufällig die deutschen Ärzte Johan Theodor Lau und Heinrich Schäfer auf, beides Chirurgen der Seeleute, die an der Großen Nordischen Expedition teilgenommen hatten. Sie kannten Steller gut, da sie in der Mannschaft der *St. Paul* gedient hatten. Lau hatte sogar für Steller einige Pflanzen gesammelt. Auch diese Männer waren auf dem Rückweg nach St. Petersburg und nahmen Steller in Empfang, der die Stadt noch mit letzter Kraft erreichte. Lau und Schäfer gaben ihr Bestes, aber sie konnten nichts mehr ausrichten, denn es hätte wohl ein Wunder benötigt. Das Fieber, der geschwächte Allgemeinzustand und die Fahrt durch die Kälte waren zu viel gewesen. Und so verstarb Steller innerhalb von 24 Stunden, nachdem er in Tjumen angekommen war.

In Tjumen gab es nur einen orthodoxen Friedhof, auf dem keine lutherischen Verstorbenen erlaubt waren. Als Grabstätte wurde daher eine flache Ebene am Ufer der Tura außerhalb der Stadt gewählt. Den Segen erteilte ihm ein lutherischer Pfarrer, der den Verstorbenen in seinen eigenen roten Umhang kleidete. Der Boden war schon gefroren und auch die Totengräber waren vielleicht nicht hochmotiviert, denn das Grab wurde ziemlich flach. Und so wurde Steller zur leichten Beute für Grabräuber, die in der Dunkelheit der Nacht die Grube öffneten, den roten Umhang stahlen und den Leichnam den streunenden Hunden überließen. Lau und Schäfer ließen den Verstorbenen noch einmal in die Erde hinab und bedeckten das Grab mit einem schweren Stein.

Die Nachricht von Stellers Tod erreichte die Akademie im Dezember desselben Jahres. Es wurde nicht viel Aufhebens gemacht, denn das Ereignis wurde von größeren Problemen in der Akademie überschattet. Niemand wurde beauftragt, die Nachricht den Angehörigen in Deutschland zu überbringen, so dass Augustin erst in der Zeitung vom Tod seines

Bruders erfuhr. Um das Andenken an seinen Bruder zu würdigen – und offenbar auch aus Frustration über die miserable und dubiose Kommunikation – schreibt Augustin einen Nachruf auf Steller. Von den Ereignissen der Russland-Jahre hatte er natürlich keine Vorstellung, er hatte nur die Briefe seines Bruders, die jedoch absichtlich optimistisch und aufgrund der Geheimhaltungspflicht vorsichtig formuliert waren. Und so fanden sich in Augustins Nekrolog etliche Fehler und falsche Gewichtungen. Da er die russischen Beamten kritisierte und verdächtigte, etwas mit dem Tod des Bruders zu tun zu haben, sorgte der Nekrolog in wissenschaftlichen Kreisen jedoch für einigen Wirbel. Die russische Staatsregierung zeigte sich empört. Man wollte sich keinesfalls als barbarisches Land präsentieren, das seine ausländischen Wissenschaftler heimlich ermorden lässt. Es musste also eine Verteidigungsrede verfasst werden. Da diese anonym veröffentlicht wurde, bleibt bis heute unklar, wer der Verfasser ist. Möglicherweise handelte es sich dabei um Müller, der auch später im Auftrag des Staates Pamphlete verfasste.

Die öffentlichen Erklärungen setzten dem Aufruhr ein Ende, wobei der Fall 30 Jahre später allerdings noch einmal aufgerollt wurde. Damals beschäftigte sich Jean Benoît Schreier mit der Angelegenheit, der auch Stellers Kamtschatka-Manuskripte veröffentlichte. Er fügte dem Werk eine selbstverfasste Kurzbiografie Stellers hinzu. Und auch diese beinhaltet stellenweise erschütternde Informationen. Schreier impliziert, dass irgendwelche Feinde von Steller schuld an dessen Tod seien. Er behauptet weiter, die Fahrer hätten im Gasthaus gezecht, so dass Steller im Schlitten eingeschlafen und erfroren sei. Noch jemand anderes lässt sich von dem Thema inspirieren und fabriziert eine weitere Version, der zufolge Steller selbst gezecht habe, im Schlitten bewusstlos geworden und erfroren sei. Und so werden Feinde, Saufgelage, Schlittenfahrten und Frost zu einer Geschichte der letzten Tage im Leben Stellers versponnen, die wohl einen Funken Wahrheit beinhalten dürften und dennoch keinen verlässlichen Aufschluss über die tatsächlichen Ereignisse bieten. Und auch wir können diese nicht mit Gewissheit rekonstruieren. Immerhin erlauben zeitgenössische Schriftstücke eine plausible Rekonstruktion der grundlegenden Geschehnisse. Feinde hatte Steller zweifellos und die Anordnung des Senats war gewiss der Grund der verhängnisvollen Reise. Doch von Mord sollte nicht die Rede sein. Vielmehr trugen Pech und auch Stellers Überschätzung seiner körperlichen Kräfte die Hauptschuld am Unglück.

Als Augustin sich bei der Akademie nach den Hinterlassenschaften seines Bruders erkundigte, erhielt er eine Kopie von Stellers unterzeichnetem Testament, das für ihn eine veritable Überraschung barg. Im Testament vermachte Steller seinen weltlichen Besitz nämlich seiner Ehefrau Brigitta Elena Steller. Dies mag uns überraschen, doch Augustin wusste bis zu diesem Augenblick noch nicht einmal, dass sein Bruder verheiratet war!

Der Professor der Petersburger Akademie Pallas, der seine eigenen Forschungen in Sibirien anstellte, hielt sich 20 Jahre nach Stellers Tod in Tjumen auf. Er besuchte auch Stellers Grab und schrieb darüber in einem Brief an einen Freund. Der Grabstein war noch da, aber Pallas prophezeite, dass irgendwann die Strömung der Tura das sandige Ufer soweit unterspülen würde, dass das Grab vom Fluss mitgerissen würde und somit »Stellers Knochen sich mit den vom selben Fluss von fernen Stränden angespülten Mammutknochen vermischen werden …« Vielleicht ist es tatsächlich so geschehen. Vielleicht hat Steller, der Zeit seines Lebens davon träumte, Mammutknochen zu finden, diese nach seinem Tod gefunden.

5 Was nach Steller kam

Veränderungen

Als Leonhard Stejneger seine monumentale Biografie von Steller veröffentlichte, war er bereits beinahe seit 15 Jahren Stellers Spuren gefolgt. Die Kommandeurinseln besuchte Stejneger mehrfach, erstmals im Jahr 1882. Damals verbrachte er dort und in Kamtschatka insgesamt zwei Jahre. Stejnegers Aufgabe war es unter anderen, Wetterstationen einzurichten, das Schicksal der Stellerschen Seekuh zu erforschen und vom Robbenbestand der Inseln zu berichten.[33] Orcutt Frost sammelte wiederum 17 Jahre lang Material für seine Bering-Biografie. Er befasste sich nicht nur mit dem Material aus den Archiven, sondern bereiste sowohl Russland als auch die Inseln vor Alaska.

Neben solchen Riesen erscheint mir mein Beitrag recht gering. Mein eigenes ›Archiv‹ besteht aus Büchern aus dem Buchhandel und natürlich auch unzähligen Texten aus dem Internet. Reisen nach Kamtschatka oder Alaska zu Recherchezwecken konnte ich mir nicht leisten. Meine einzige Reise, die mit Steller zu tun hatte, war ein Besuch im Helsinkier Naturkundemuseum. Um mich über das Leben Stellers zu informieren, suchte ich unter anderem nach Fotos, Videoausschnitten und Erzählungen aus den Gegenden, in denen er seine Abenteuer erlebt hatte. Bei der Betrachtung ertappe ich mich immer wieder bei der Frage, wie die Landschaft wohl zu Stellers Zeiten ausgesehen und wie sehr sie sich seitdem verändert hat. Und nicht nur die Landschaft war eine andere, sondern die ganze Welt mit ihrer zeitgenössischen Weltanschauung, ihren vielen ›neuen‹ Erkenntnissen und spezifischen Handlungsweisen. Allmählich entstand in meinem Kopf eine Geschichte, die weit über die Hauptfigur Stellers hinauswuchs. In ihr geht es auch um den Umgang mit natürlichen Ressourcen und um Naturschutz, über den Rückgang von Tierbeständen, über das Artensterben, über das Verhalten der Wissenschaft und der Regierungen oder Behörden …

Unweigerlich drängt sich dabei die Erkenntnis auf, dass wir selbst Teil dieser Entwicklung sind und wie wenig wir uns im Alltag die Bedeutung unseres Anteils daran bewusst machen. Am deutlichsten werden die Veränderungen im urbanen Umfeld sichtbar. St. Petersburg hat sein Erscheinungsbild innerhalb weniger Jahrzehnte komplett geändert. Das fängt mit dem Namen an – noch vor einiger Zeit hieß die Stadt Leningrad. Und während Petropawlowsk in Kamtschatka anfangs nur ein Hafen mit barackenartigen Behausungen und einigen Lagerhallen war, ist es heute eine Stadt, die von der martialischen, wenn auch mittlerweile verfallenen Architektur aus der Zeit des Kommunismus geprägt ist. Und die Beringinsel, dieses wüste, geheimnisvolle Eiland, von dem die Welt vor Steller noch nie gehört hatte? Heutzutage wird die Insel von etwa 600 Menschen bewohnt. Die Bevölkerung besteht aus Russen, Aleuten und den gemeinsamen Nachkommen von Russen und Aleuten. Der Großteil wohnt im Nordwesten der Insel, in dem Dorf Nikolskoje. Die dicht gedrängte Siedlung ist von offener Landschaft umgeben und wird von einem hügeligen Gebirge und vom Schimmern des Meeres geprägt. Keinerlei Hochhäuser aus Beton, sondern alte Holzhäuser. Obwohl ein Teil der Gebäude grau ist, präsentiert sich das Gesamtbild überraschend bunt, beinahe als wäre eine Malerkampagne durchgeführt worden. Es strahlt türkisblau, leuchtet orange, gelb und rot. Im Dorf gibt es eine neue orthodoxe Kirche, ein Gesundheitszentrum und einen Kindergarten. Das Leben in Nikolskoje ist offenbar auf absehbare Zeit gesichert.

Auf der Nachbarinsel Medny gibt es hingegen seit dem Ende der Sowjetzeit keine menschliche Siedlung mehr. Die Insel dient jedoch weiterhin als Nistplatz für Vögel und wird dauerhaft von Säugetieren wie den zierlichen, eleganten, dunklen Polarfüchsen bewohnt. Polarfüchse sind auch auf Fotos von der Beringinsel zu sehen und es sieht so aus, als hätten sie wieder Vertrauen zu den Menschen gefasst, denn in manchen Videos wagen sie sich ganz nah an die Kamera heran.

Der größte Teil der Kommandeurinseln und der umliegenden Meeresgebiete sind heute Naturschutzgebiete, in denen Jagen und Fischen ver-

Abb. 16: Heute ist die Beringinsel bewohnt. In dem Dorf Nikolskoje wohnen rund 500 Menschen, deren Lebensunterhalt hauptsächlich der Fischfang ist.

boten oder zumindest eingeschränkt ist. Das kommerzielle Fischen ist bereits seit 1958 im Umkreis von 50 Kilometern verboten. Die Gegend ist immer noch ein wichtiger Nist- und Paarungsort für Vögel und Robben. Man trifft hier auch mehrere Walarten an, die sich hier an dem reichhaltigen Nahrungsangebot bedienen.

Die felsige und bewaldete Insel »Kayak Island« vor Alaska, auf der Steller die vielleicht hektischsten sechs Stunden seiner Forscherkarriere verbrachte, steht ebenfalls unter Naturschutz. Sie ist unbewohnt und wegen ihrer schwierigen und unvorhersehbaren Wetterverhältnisse kein typisches Ausflugsziel für Touristen.

Das Buch *Steller's Island* von Dean Littlepage berichtet von den Erlebnissen eines zeitgenössischen Wanderers. Dieser reiste mit einem Kleinflugzeug auf Kayak Island und zeltete und wanderte dort eine Woche lang. Die Natur auf der Westseite der Insel war erstaunlich unberührt. Die Zeit scheint hier seit Steller stehengeblieben zu sein, während auf der Ostseite die moderne Welt Einzug gehalten hat. An den Stränden hat sich eine Menge Strandgut angesammelt, welches im 18. Jahrhundert großenteils noch gar nicht existierte. Das bedeutet vor allem Plastik: Plastikflaschen und Dosen, Netze, Angelleinen, Seile, Styropor ... *Alles* aus Plastik, stellt Littlepage fest. Der von Menschen produzierte und weggeworfene Plastikschund kommt zum Teil von weit her. Die Meeresströmungen reißen den Müll mit sich und lassen ihn entweder in einem endlosen Strudel kreisen oder spucken ihn irgendwo an den Strand. Auf der Ostseite von Kayak Island befindet sich eine dieser abgelegenen Müllkippen der Ozeane.[34]

Über die Shumagin Islands, wo der Seemann Nikita Shumagin als erstes Skorbutopfer der Großen Nordischen Expedition verstarb, lese ich im Buch der Finnin Auli Irjala. Irjala, die mit ihrem Partner die Welt umsegelt hat, erzählt von Häfen, in denen es von Fischerbooten nur so wimmelt, von Fischfabriken, in denen mexikanische und asiatische Einwanderer arbeiten, aber auch von dem zeitlosen Panorama: von Inseln, die nicht von Menschen, sondern von Bären bewohnt werden und deren friedliche Natur von majestätisch emporragenden Bergen eingerahmt wird. Menschliche Siedlungen stechen in dieser Landschaft stets ins Auge. Und so fällt es genauso auf, wenn es keine gibt. Wie Frost im Vorwort seiner Bering-Biografie feststellt: »Wenn man Petropawlowsk außen vorlässt, war es verblüffend, wie wenig sich die Gegend über die Jahrhunderte verändert hat. Jene entfernten Gebiete sind immer noch größtenteils unbewohnt.«

Die bergigen, steinigen und kargen Landschaften vermitteln einen starken Eindruck von Wildnis und Beständigkeit, wobei die ungezähmte Wildheit vom rauschenden Ozean untermalt wird. Und obwohl Erdbeben oder Vulkanausbrüche manchmal die Landschaft zum Teil sogar drastisch und plötzlich verändern, verstärken auch derlei Ereignisse den Eindruck der Unberührtheit noch zusätzlich. Diese Veränderungen ohne menschliches Zutun verschmelzen mit der Landschaft und werden zu einem Teil von ihr. Denn natürlich sind Naturgewalten Teil der Natur. Doch obwohl die Kulisse dieselbe ist, hat sich gerade aufgrund menschlicher Tätigkeit viel verändert. Es geht nicht nur um das Dorf, das mit seinen leuchtend blauen Häusern hervorsticht, nicht einmal um die schrecklichen Massen an Plastikmüll, sondern um Veränderungen, die man nicht so leicht sieht.

Der Nordpazifik und die Beringsee stehen bereits seit Jahrhunderten unter dem Einfluss der Menschen. Sie haben sich zu einem der produktivsten Seegebiete der Welt entwickelt, deren immense Nahrungsvorräte die Basis für Nistgemeinschaften von Millionen Vögeln und Robben bilden. Und dennoch ist die größte Veränderung der verlorene Reichtum. Als Steller von der Beringinsel zurückgekehrt war, schrieb er in einem Brief an Gmelin, dass die Fauna der Inselgruppe zwischen Kamtschatka und Amerika so reich sei, dass sich eine Expedition in jene Gegend ohne Weiteres allein durch die Pelzjagd finanzieren ließe. Er konnte nicht ahnen, was die Zukunft mit sich brachte. Es vergingen rund 40 Jahre bis zur nächsten russischen Expedition. Jedenfalls wenn man Expedition im engen Sinn des Wortes begreift, zu der eine Mannschaft und Naturwissenschaftler gehören. Nahezu unmittelbar setzten allerdings wilde Pelztierjagden ein und mit jedem getöteten Tier wurden die Inseln ein bisschen leerer. Und genauso hat es sich vielerorts abgespielt, ob man sich nun auf den Meeren der südlichen oder nördlichen Halbkugel umsieht, in der Taiga oder in den Tropen, in der Prärie oder der Savanne. Insofern überrascht es nicht, wenn Marcel Robischon, Professor an der Berliner Humboldt-Universität, in einem Artikel unter der Überschrift *101 naturwissenschaftliche Bücher, die man vor dem Tod lesen sollte* auch Stellers Reisetagebuch auflistet und feststellt: »In der Weltgeschichte hat man viel zu oft gesehen, dass auf Entdeckungsreisen Raubzüge folgen, dass nach der Forschung die Ausrottung beginnt und nach den Beobachtungen die Zerstörung.«

Als sich die Information über das reiche Vorkommen von Seeottern auf der Beringinsel verbreitete, machte man sich bereits im darauffolgenden Jahr auf den Weg. Steller selbst durchstreifte damals Kamtschatka und hörte von der ersten Gruppe, die von dem gebürtigen Sibirer Emilian Basov angeführt wurde. Die 20 Mann starke Truppe segelte auf der *Kapiton*, einem auf primitive Weise zusammengezimmerten Boot, das kaum seetauglich war. Diese Art Boot nannte man *Šitik*, wobei sich die Bezeichnung von »knoten« oder »flechten« ableitet. Zu den Baumaterialien gehörten nämlich Weidenzweige und Ledergurte, mit denen die Planken am Kielholz befestigt wurden. Für Eisennägel oder Schrauben reichte das Budget nicht. Mit diesem *Šitik* brachen sie also in die Brandung des Ozeans auf … Ein Sturm zerschmetterte die *Kapiton*. Die Männer hatten indes Glück im Unglück und strandeten direkt auf der Beringinsel. Auf der Insel töteten sie haufenweise Otter und Polarfüchse, zimmerten sich erneut ein Boot zusammen und kehrten triumphierend nach Kamtschatka zurück. Die darauffolgende Exkursion war noch produktiver. Basov nahm nämlich Itelmenen mit, die äußerst kompetente Jäger waren. Der Jagdzug wurde auch auf die Nachbarinsel Medny ausgedehnt.

Am wertvollsten waren die Seeotterfelle, aber auch die Polarfüchse und Robben fielen dem blinden Blutrausch der Jäger zum Opfer. Da die Jäger sich zudem über lange Zeit auf den Inseln aufhielten, mussten sie sich auch um ihre Verpflegung kümmern. Daher wurden nicht nur Pelztiere abgeschlachtet, sondern von Seekühen bis hin zu Kormoranen nahezu jegliche Lebewesen. Die Tiere konnten von den Kommandeurinseln nicht entkommen. Umgekehrt bedeutete die isolierte Lage der Inseln natürlich auch, dass die gewaltigen Lücken im Bestand nicht durch Zuzug gefüllt werden konnte. Zudem folgten immer mehr Jäger nach, sodass auf der Insel schließlich mehrere Gruppen gleichzeitig im Einsatz waren. Und so vergingen nach Stellers Abreise nicht einmal 15 Jahre, bis die Otter beinahe ausgerottet waren, so dass es sich bald schon nicht mehr lohnte, Jagden zu organisieren.[35] Spätere Berichte über geringe Beute von wenigen Exemplaren geben nicht nur Aufschluss über den tragischen Zusammenbruch des Otterbestandes, sondern auch über das Jagdverständnis, das in jener Gegend praktiziert wurde. Wir nehmen alles, was wir kriegen können, und sei es das letzte Exemplar. Denn, wenn ich es nicht nehme, dann nimmt es ein anderer.

Auf der Jagd nach Seeottern wichen die Jäger auf die aleutische Inselkette aus und arbeiteten sich dann Insel für Insel bis an die Küste Alaskas vor. Die Pelztierjäger konnten zu ihrer Freude beobachten, dass die Otterbestände sogar von Insel zu Insel zunahmen. Dies liegt schlichtweg daran, dass der Nährwert des Meeres nach Osten hin zunahm. Dies war ein veritabler Ansporn mit dem Schlachten weiterzumachen. Aber selbst der reichste Bestand konnte diesem unerbittlichen Ansturm nicht standhalten und in den 1780er Jahren waren die Aleuten nahezu leer.

Die Reise von Kamtschatka an die Küste Alaskas war für die kleinen Boote zu weit und gefährlich und für große Segelschiffe brauchte man viel Kapital. Und so übernahmen die Ausbeute von reichen Kaufleuten gegründete Kompanien, die wiederum ehemals selbstständige Pelztierjäger und Pelzhändler (sogenannte *promyšlenniki*) anheuerten. Die Pelzkompanien betrieben einen harten Konkurrenzkampf, teilweise sogar bewaffnet.[36]

Das Leben der Urvölker wurde auf den Kopf gestellt. Die Aleuten, oder die zu den Aleuten gehörigen Stämme, hatten schon seit Jahrtausenden ein unabhängiges Leben geführt und alles, was sie brauchten, direkt aus der Natur bezogen. Aber nun proklamierte der russische Staat die Natur als sein Eigentum und die Pelzjäger, die den Staat vertraten, übernahmen die Kontrolle über die Inseln. Die Russen waren mit ihren Schusswaffen den Eingeborenen weit überlegen, so dass die Aleuten häufig zur Sklavenarbeit gezwungen wurden, indem man ihre Frauen und Kinder als Geiseln nahm. Ganze Dörfer wurden von einer Insel zur nächsten verlegt, immer der Beute auf der Spur. Für Verderben sorgten auch importierte Krankheiten, gegen die die Aleuten in ihrer Isolation keine Immunität aufgebaut hatten. So entstand eine Hierarchie, in der die Handelskompanien dem russischen Imperium untergeben waren und Steuern an ihre Herrscher entrichteten; die Untergebenen der Kompanien waren die russischen *promyšlenniki*, die nicht mehr selbst jagten, sondern ihrerseits die Aleuten zu ihren Untergebenen machten. Doch zu guter Letzt zahlte die Natur den Preis.

Abb. 17: Aleutische Jäger auf der Beringinsel in den 1880er-Jahren.

Leere Inseln

Russland war lange zurückhaltend, was die Geschäfte in Alaska anging. Für die fernen Randgebiete wollte man keine Ressourcen riskieren, vor allem nicht, nachdem sich der Traum von einer Segelroute vom Polarmeer zum Pazifik nicht erfüllt hatte. Es gab auch nicht genügend Erzvorkommen, um Minen zu errichten. Als auf der Insel Medny Kupfer gefunden wurde, schickte man immerhin einen Geologen auf die Insel. Diese Maßnahme schien Kaiserin Elisabeth jedoch vollkommen zu genügen.[37] In der Praxis blieb das Gebiet also den Pelzjägern überlassen.

Der gigantische Staat hat es also nicht geschafft, seine Grenzen effektiv abzustecken. Erst als man erfuhr, dass James Cook die Beringstraße passiert hatte, wurde man in St. Petersburg unruhig. Wie sollte Russland seine, wie sollte Katharina die Große ihre Herrschaft demonstrieren? Sie verfiel auf die grandiose Idee, die ursprünglich auch Peter der Große hatte: Es wurde eine prestigeträchtige, wissenschaftlich qualifizierte und kriegstüchtige Expedition in das Gebiet geschickt. Aufgabe dieser Expedition war es einmal mehr eine befahrbare nördliche Schiffsroute zu suchen und die Inseln und Küste Alaskas zu kartieren. Die Kaiserin interessierte sich auch für die Geschäfte der Handelskompanien, wobei die Expedition angewiesen wurde, die Ureinwohner »human und freundlich« zu behandeln. Dies war keineswegs mütterliche Fürsorge, vielmehr ist dies Ausdruck des Besitzanspruchs an dieses Gebiet. Strategisches Ziel war es, die örtliche Bevölkerung so weit zufrieden zu stellen, dass sie als Puffer gegen Eindringlinge dienen konnten. Kurzum, die Expedition sollte das Revier nachhaltig abstecken.

In St. Petersburg wurde das Projekt von Peter Simon Pallas organisiert, der das Seegebiet aus Stellers Manuskripten kannte und den die Frage umtrieb, ob sich seit Steller etwas verändert hatte. Kapitän Joseph Billings' Expeditionsgruppe machte sich 1785 auf den Weg. Die Expedition folgte zum Teil Berings Route auf der *St. Peter* nach. Die Reise erwies sich als schwierig und zog sich bis ins Jahr 1793. Eines der Schiffe ging gar verloren und noch immer verursachte der Skorbut viel Leid. Stellers Erkenntnisse über Skorbut scheinen also verloren gegangen zu sein. Die Unfähigkeit, der Krankheit vorzubeugen, ist jedoch aus einem weiteren Grund denkwürdig. Billings war nämlich auf Cooks Expedition dabei gewesen, bei der Cook bekanntermaßen für die Ernährung der Mannschaft Sorge trug.

So wie auch auf Berings Expedition war die Mannschaft international zusammengestellt. Sowohl Billings als auch der Kapitän des zweiten Schiffes waren Engländer. Ein hoher Offizier war Russe. Es handelte sich um Gawriil Sarytschew, dessen Vermessungen als außerordentlich präzise gelobt werden. Auf dem Schiff gab es auch einen Bering, nämlich Vitus Berings Enkel Christian. Er war für die Navigation verantwortlich. Der Arzt kam aus Italien und der Naturwissenschaftler war wiederum Deutscher. Letzterer war jedoch nicht mit Stellers Energie ausgestattet, denn seine Leistungen werden als dürftig bezeichnet. Ein weiterer Engländer, Martin Sauer wurde zum Sekretär der Mannschaft ernannt und fertigte eine ausführliche Reiseschilderung an, in der er die Rolle des Naturwissenschaftlers einnahm. Sauer machte wertvolle Augenzeugenbeobachtungen von den katastrophalen Zuständen der Fauna in der Beringsee und im Nordpazifik.

Das Ergebnis der Expedition konnte Katharina die Große nicht beeindrucken, auch wenn die Kaiserin jetzt bessere Karten von den Seegebieten Alaskas besaß. Aber eine segelbare arktische Schiffsroute wurde natürlich nicht gefunden und vor allem war es nicht das Ziel gewesen, die Missstände des russischen Kolonialismus aufzuzeigen und schon gar nicht, diese nach Europa hinauszuposaunen. Sauer war zu allem Überfluss aufmüpfig, versteckte sein Material vor den Russen, verschwand aus dem Imperium und veröffentlichte alles in England, was für eine kleine Sensation sorgte. Das war für Russland ein großes Ärgernis: In den eigenen Reihen gab es nicht hinreichend kompetente Leute und auf das ausländische Personal war kein Verlass. Allerdings gab es auch aus den eigenen Reihen bereits Kritik. Auch wenn es in erster Linie Sauer und Billings waren, die Kritik an der Pelztierjagd und den Geschäften der Handelskompanien übten, steuerte auch der Russe Sarytschew einen missbilligenden Kommentar dazu bei.

In akademischen Kreisen hatte man schon früher vom Rückgang der Seeotter Wind bekommen. In einem Artikel berichtete etwa Pallas von dem geringen Vorkommen der Otter auf gewissen aleutischen Inseln und auch davon, dass sie auf der Beringinsel überhaupt nicht mehr zu sehen seien. Dennoch hielt man ein vollständiges Aussterben für ausgeschlossen.

Die Jäger, die davon berichtet hatten, standen vielmehr unter Verdacht, mit ihren Behauptungen die Konkurrenz von den Inseln fernhalten zu wollen. Pallas hat diese Informationen sicherlich mit den Teilnehmern von Billings' Expedition geteilt, so dass diese bereits eine Vorahnung hatten, was sie erwarten würde. Und dennoch war der Anblick der Realität für sie ein Schock. Denn auf »ein ausgeplündertes und verlassenes Vakuum von Tieren«, wie Ryan Tucker Jones, Forscher an der Universität in Oregon, in seinem Buch *Empire of Extinction*, es treffend beschreibt, waren sie doch nicht vorbereitet. Er fährt fort:

> »Steller, ihr Reiseführer, hatte von einer unglaublichen Fülle von Meerestieren geschrieben, wo immer er hinkam. Jetzt, als die Expeditionsgruppe eine Inselgruppe nach der nächsten passierte, sahen sie wenige bis gar keine Seeotter, stark zusammengeschrumpfte Gruppen von Robben – und keine einzige Seekuh mehr.«

Laut Jones war gerade diese Einsicht die größte Errungenschaft von Billings' Expedition. Die Teilnehmer waren die ersten und fast die einzigen Europäer, die schon im 18. Jahrhundert den Zusammenbruch des Pelztierbestands bezeugten und die Raubjagd kritisierten. Während wir heute mit dem Artensterben bestens vertraut sind, hatte man die Probleme damals kaum für möglich gehalten. Liest man historische Texte, stellt man mit Erstaunen fest, wie beharrlich man – auch die Naturwissenschaft – an dem Glauben festhielt, dass Tierbestände zwar reduziert, nicht jedoch ausgerottet werden könnten, obwohl der Dodo auf Mauritius bereits Ende des 17. Jahrhunderts ausgerottet war.

Auch in Sibirien hatte man beobachtet, wie der Bestand der eifrig gejagten Zobel zurückging und vielerorts gänzlich ausgerottet war. Auch die akademischen Teilnehmer an Berings Expedition Gmelin, Müller und Krašeninnikov bestätigten dies, ebenso wie Steller, der über den Schwund der Zobel in Kamtschatka kurz nach der russischen Eroberung schrieb. Die Jagd der Itelmenen habe sich im Vergleich zu früher deutlich erschwert.

Der Rückgang der Tierbestände in Sibirien führte dazu, dass die Jäger nach Kamtschatka und bald darauf auf die Inseln und die lukrativeren Gewässer des anderen Kontinents auswichen. Nichts konnte die Menschen aufhalten und zum Umdenken bewegen. Immer wartete hinter der nächsten Ecke ein Füllhorn, aus dem man sich bedienen konnte und so hielt sich die Vorstellung vom unerschöpflichen Überfluss. Obwohl auf den kleinen isolierten Inseln der Schwund schnell voranschritt und sich leicht beobachten ließ, fiel es offenbar schwer, das Ausmaß und die Endgültigkeit des Verlustes zu akzeptieren. Die Tiere seien nur durch die Verfolgung »gestört« worden und an einen anderen Ort »umgesiedelt«, um eines Tages in gewohnter Fülle zurückzukehren.

Die Teilnehmer von Billings' Expedition, die den ganzen Weg von Kamtschatka nach Alaska segelten und die verödeten Inseln sahen, sprachen nicht mehr von einer Umsiedlung. Sauer schätzte, dass die Zerstörung bereits ein so schreckliches Ausmaß erreicht hatte, dass die Jagd nach Seeottern nicht mehr lange fortgesetzt werden könne: »In 15 Jahren wird es diese Art überhaupt nicht mehr geben.« Er schrieb auch über Stellers Seekuh. Er hatte die örtliche Bevölkerung befragt und war zu dem Schluss gekommen, dass die Art bereits ausgestorben war. Er gab sogar eine genaue Jahreszahl an: 1768. In jenem Jahr wurde das letzte Exemplar getötet und die Art wurde seitdem nicht mehr gesichtet.

In der Geschichte der Stellerschen Seekuh findet sich jedoch noch eine weitere außergewöhnliche Figur: Pjotr Jakovlev. Es war dies eben jener Geologe, der im Jahr 1754 von Kaiserin Elisabeth losgeschickt wurde, um die Mineralvorkommen der Kommandeurinseln zu untersuchen. Jakovlev berichtet, dass die Seekühe auf der Insel Medny bereits komplett ausgerottet und auch auf der Beringinsel nur noch selten zu sehen seien. Außergewöhnlich ist nun sein Vorschlag, denn er bat, die Tiere unverzüglich unter Artenschutz zu stellen. Jakovlev stellte nämlich ganz richtig fest, dass die Seekühe nicht vor den Jägern fliehen könnten, da sie sich zur Nahrungsaufnahme ständig am Uferstreifen aufhalten müssten. Die Bitte fand keinen Zuspruch.

Die Stellersche Seekuh ist leider nicht die einzige ausgestorbene Art über die Steller geschrieben hat und die kein anderer Naturforscher mehr zu sehen bekam. Die zweite ausgerottete Art ist der Brillenkormoran (*Phalacrocorax perspicillatus*). Der Brillenkormoran war ausschließlich auf der Beringinsel anzutreffen. Aufgrund des extrem kleinen Verbreitungsgebietes war er trotz großen Bestands sehr anfällig. Wie es für isoliert lebende Tiere typisch ist, war auch dieser Vogel zutraulich und verstand es nicht, vor den Menschen zu fliehen. Zudem war er wegen seiner stattlichen Größe (ein Exemplar wog sechs bis sieben Kilo) ein schlechter und unwilliger Flieger. Kurz gesagt: ein ausgezeichneter Braten. Steller zufolge reichte ein Brillenkormoran, um drei Männer satt zu bekommen, und wenn man den ganzen Vogel mitsamt den Federn schmoren ließ, wurde das Fleisch zart und schmackhaft. Das Fleisch von Vögeln, die sich von Fisch ernährten, war allgemein zwar nicht beliebt, aber die Schiffbrüchigen konnten es sich nicht leisten, wählerisch zu sein.[38] Die letzten Brillenkormorane lebten auf Aij Kamen, einer kleinen Insel nordwestlich der Beringinsel, und starben irgendwann in den 1850er Jahren. Ivan Kupriaнov, der Gouverneur von Alaska, schaffte es, noch sieben tote Exemplare zu ergattern, die er verschiedenen Museen spendete. Mehr ist von dieser Art nicht geblieben.

Eines dieser äußerst seltenen Exemplare befindet sich in der Sammlung des Naturkundemuseums in Helsinki. Es hat schwarzbunte Federn, einen metallischen Glanz an den Flanken und auf dem Rücken und weiße Flecken auf den Oberschenkeln; sein Scheitel ist etwas fransig. Vor dem Hintergrund seiner traurigen Geschichte wirkt der gutmütige und etwas tollpatschig Vogel rührend. Während ich ihn betrachte, fallen mir die Krähenscharben ein, die ich auf dem Vogelberg in Norwegen beobachtet hatte: an die Küken, die Schulter an Schulter im Nest schliefen und denen die Vogelmutter unablässig mit ihrem Schnabel durchs fransige Gefieder fuhr …

Der unaufhaltsame Fortschritt

Schließlich musste man der Tatsache ins Auge sehen, dass Arten unwiederbringlich ausgerottet werden. Bereits der renommierte französische Wissenschaftler Georges Cuvier hatte erkannt, dass die eigenartigen Knochenfunde, die er untersucht und nach Paris gebracht hatte, nicht von einer noch lebenden Art stammen konnten. Cuvier hielt 1796 einen Vortrag über das Thema. Er präsentierte daher eine folgerichtige Erklärung für die in Sibirien gefundenen Relikte: Es handele sich hierbei nicht um afrikanische oder asiatische Elefanten, die sich in den Norden verirrt hatten oder mit der Sintflut angespült worden waren, sondern vielmehr um eine eigene Art. Gleichzeitig stellte er noch zwei weitere bis dato unbekannte Tiere aus Nord-Amerika vor: das gigantische Riesenfaultier und einen bizarren Vertreter der Reptilien. Einmal sensibilisiert fand man bald schon weitere Fossilien … Mammuts und Mastodonten, riesige Echsen und andere ungewöhnliche Wesen. Die Vergangenheit der Erde musste neu gedacht werden und es drängte sich unweigerlich die Frage auf: Wo waren diese Tiere hin? Sie waren ausgestorben, das wurde schnell klar. Doch warum?

Cuvier selbst glaubte, dass der Grund dafür in plötzlichen und massiven Umbrüchen in der Natur lag. Menschliche Beteiligung kam ihm und auch anderen Forschern nicht in den Sinn. Und in der Tat existierten zur Zeit der Dinosaurier ja noch keine Menschen. Stattdessen teilten sich damals zahlreiche große Säugetiere und Vögel den Planeten. Diese Megafauna war größtenteils untergegangen. Untersuchungen zeigten wiederum, dass Wellen des Artensterbens häufig mit der Verbreitung des modernen Menschen zusammenfielen.[39] In Australien begann etwa die Vernichtung der großen Beuteltiere mit der Ankunft der Menschen vor 40 000–50 000 Jahren. Mit dem Rückgang der Eisschicht und der folgenden Besiedlung Eurasiens starben dort sowohl die Mammuts als auch viele andere große Säugetiere aus. Und auch heute noch hat die Ankunft der Menschen den Verlust der Megafauna zur Folge, zuerst in Nord-, dann in Süd-Amerika. Zeitlich zuletzt lässt sich dieser Zusammenhang auf Madagaskar, in Neuseeland und anderen Ozeaninseln beobachten.

Durch das Artensterben auf den Kommandeurinseln war der Zusammenhang nun so evident, dass der menschliche Einfluss unzweifelhaft nachweisbar war. Über die Ursachen und die verstärkenden Faktoren früherer Wellen des Artensterbens wurde zwar immer noch diskutiert, doch immer mehr Forscher gingen nunmehr davon aus, dass unsere Spezies zumindest der ausschlaggebende Faktor war. Wie Elizabeth Kolbert in ihrem Buch *The sixth extinction: an unnatural history* (dt. *Das sechste Sterben. Wie der Mensch Naturgeschichte schreibt*) feststellt: »Der Umbruch, den Cuvier gerade vor Beginn der Geschichtsaufzeichnungen bemerkt hatte, waren wir.«

Und es war dies eine wichtige Erkenntnis über ein bedeutendes Phänomen. Die reiche und vielfältige Fauna wird von Menschen von der Erde getilgt. Und das Aussterben großer Tiere wirkte sich auch auf andere Tiere und die Vegetation aus. Hunderte, tausende Arten sind verschwunden. Arten sind auch ohne menschliches Zutun oder andere Katastrophen wie Vulkanausbrüche und Asteroiden ausgestorben. Aber unter ›friedlichen‹ Bedingungen geschieht das Artensterben in einem gemäßigten Tempo. Schätzungen von Forschern zufolge schreitet das Artensterben heute hundertmal, möglicherweise gar tausendmal so schnell voran wie in der Zeit vor den Menschen. Wir Menschen des Industriezeitalters führen mit ständig anwachsender Geschwindigkeit die Vernichtung fort, die unsere Vorfahren in der Steinzeit begonnen haben. Forscher, die das Aussterben der Megafauna untersucht haben, prognostizierten, dass in einiger Zeit das Rind das größte Landtier der Erde sein wird, wenn wir diese Entwicklung nicht aufhalten. Heute sind daher nicht mehr nur große, sich langsam fortpflanzende Tierarten bedroht, sondern die gesamte Umwelt. Doch warum ändert sich der Mensch nicht?

Gerade der Umgang mit der Vernichtung der Stellerschen Seekuh bietet ein ausgezeichnetes Beispiel dafür, mit welchen Strategien Menschen ihr Gewissen seit Jahrhunderten und Jahrtausenden beruhigen. Noch in der ersten Hälfte des 19. Jahrhunderts stellte man sich nämlich die Frage, ob die Stellersche Seekuh tatsächlich ausgestorben sei. Es sei doch durchaus möglich, dass in irgendwelchen arktischen Seegebieten noch einige Exemplare lebten …

Als A.E. Nordenskiöld 1881 sein Buch über seine Segelfahrt durch die Nordostpassage veröffentlichte, hatte er keinen Zweifel mehr daran, dass Stellers Namenstier ausgestorben war. Stattdessen schlussfolgerte er, nachdem er auf der Beringinsel die Erinnerungen einiger Männer gehört hatte, dass mindestens bis im Jahr 1854 Exemplare gelebt hätten. Nordenskiöld glaubte auch an die beliebte Theorie der Umsiedlung: Die Seekühe seien schließlich von den »üppigen Weiden« der Beringinsel vertrieben worden. Der Mensch hätte somit die Art nicht endgültig ausgelöscht, sondern sie konnte in ihrem neuen Lebensraum den »Überlebenskampf« nicht mehr gewinnen. Immerhin dankte Nordenskiöld dem Geologen Jakovlev für seinen Vorschlag, die Seekuh unter Schutz zu stellen.

Stejneger ärgerte sich über Nordenskiölds Darstellung. Er war nämlich wie Sauer überzeugt, dass die Seekuh bereits im Jahr 1768 ausgestorben war. Das später gesichtete Exemplar hielt er für ein Narwalweibchen. Auch

Georg Heinrich von Langsdorff war von Sauers Rekonstruktion überzeugt. Er nahm Anfang des 19. Jahrhunderts an der Weltumseglung durch Adam von Krusenstern teil und sah die Folgen der Raubjagd mit eigenen Augen. Dabei gelangte er zu der Auffassung, dass Stellers Seekuh ebenso wie der Dodo und das Mammut längst endgültig ausgerottet waren. Bei derselben Weltumsegelung war noch ein weiterer deutscher Naturwissenschaftler dabei, Wilhelm von Tilesius. Er hatte Stellers Tier- und Pflanzenproben untersucht und glaubte daran, dass die Stellersche Seekuh noch existierte. Man könne sie sogar an der Küste Alaskas und Kaliforniens finden! Dort war sie freilich schon seit Urzeiten nicht mehr anzutreffen. Pallas wiederum, der in seinem zoologischen Opus *Zoographia Rosso-Asiatica* die Seekuh zu Recht als eine eigene Art präsentiert, erwähnt ihr Aussterben mit keinem Wort, obwohl er Sauers und Langsdorffs Arbeiten kannte. Glaubte er so fest an die von Gott geschaffene Harmonie, dass er das Aussterben nicht für möglich hielt? Oder wollte er die russische Kaiserin nicht vor dem westlichen Europa mit der Ausrottung von Tieren in Verbindung bringen?

Trotz alles Unverständnisses für derlei am eigentlichen Problem vorbeigehender Diskussionen ist eine gewisse Unsicherheit aber auch verständlich. Wie sollte man sicher sein, dass das letzte Exemplar einer Spezies verstorben ist? Diese Gewissheit war/ist erst nach etlicher Zeit laufender Validierungen gegeben. Auch heute kommt es vor, dass Arten ›wiederentdeckt‹ werden, die man zuletzt vor einem halben Jahrhundert gesichtet hat. Wenn es um besonders faszinierende Arten geht, wird die Hoffnung länger als sonst am Leben gehalten. Bestes Beispiel hierfür ist der tasmanische Beutelwolf, dessen mutmaßlich letztes Exemplar 1936 im Zoo von Hobart starb. Immer noch kursieren jedoch mehr oder weniger glaubhafte Erzählungen über Sichtungen von Beutelwölfen und die Suche wird hartnäckig fortgesetzt. Wie dem auch sei, überraschende Neufunde beschränken sich für gewöhnlich auf Vögel und kleinere Säugetiere, wohingegen Tiere in der Größenordnung von Stellers Seekuh äußerst selten wiederentdeckt werden.[40]

Als man schließlich anerkennen musste, dass die Stellersche Seekuh ebenso ausgestorben war wie der Dodo, versuchte man immerhin die Gründe zu beschönigen. War der Mensch wirklich in der Lage, eine ganze Art vom Erdball zu fegen? Sollte das tatsächlich zutreffen: Wie sollte man mit dieser Schuld umgehen? Sind die Schuldigen die Jäger, die töten, oder die Behörden und Regierungen, die das Töten nicht einschränken? Oder war die ausgestorbene Art nicht doch selbst schuld?

Für den Deutsch-Balten Karl von Baer stand 1840 das Aussterben der Stellerschen Seekuh als Tatsache zweifellos fest. Doch bei der Suche nach den Gründen erwies er sich als loyaler Diener Russlands. Baer verdunkelte den Einfluss »des Menschen«, bis er sich auf ein Individuum einschoss: Wenn man jemanden die Schuld geben könne, dann Steller. Seiner Meinung nach hatte dieser die Seekuh den Pelztierjägern als Nahrungsquelle angepriesen und somit das zügellose Töten befeuert. Der russische Staat träfe hingegen kaum eine Schuld. Außerdem müsse der Fortschritt als Kampf zwischen Zivilisation und unberührter Natur begriffen werden, aus dem die Zivilisation als Gewinnerin hervorgehen würde. Und so folgerte Baer weiter: »Die Zerstörung der Natur kann und muss uns im Herzen wehtun, aber sie ist auch unaufhaltsam.«

Nachdem die Rolle des Menschen mit zunehmender Schärfe zu Tage trat, vermochte die Vorstellung des unaufhaltsamen Fortschritts die aufgebrachten Gemüter tatsächlich zu beruhigen. Mit einem unabwendbaren und großen Ziel ließ sich das Schuldgefühl offenbar gut aushalten. Dieser Theorie ging selbst Nordenskiöld auf den Leim, der als einer der Pioniere des Naturschutzes bekannt ist. Er kritisierte zwar die Raubjagd auf Spitzbergen und der Båreninsel scharf, indem er unter anderem von einem »Ausrottungskrieg« gegen die Walrosse schreibt und diesen Tieren dasselbe Schicksal wie der Stellerschen Seekuh prophezeit. Zugleich fand er jedoch auch weitere Gründe für das Aussterben einiger Arten. In seinem Reisetagebuch über die Nordostpassage schreibt er etwa, dass schon allein die Gestalt der Seekuh sich allzu sehr von der anderer Tiere unterscheide, woraus hervorginge, dass es sich um »eine zum Tode verurteilten Tiergruppe« handle. Als weitere Beispiele nennt er die »Isländische Eisente« (= Riesenalk) sowie die »Dronte von Mauritius« (= Dodo) und »die großen Straußverwandten in Neuseeland« (= große, flugunfähige Moa).

In diesen Worten wird der Zeitgeist greifbar, wonach einige Tierarten schlichtweg überholt wären. Die Starken überleben, die Schwachen und Elenden scheiden aus. Die Flugunfähigkeit war nach dieser Denkart ein Indikator für die Überlebensunfähigkeit der Vogelart und der Mensch lediglich ein randständiger Faktor. Tiere, die noch nie mit Menschen Kontakt gekommen waren und ihn nicht zu fürchten gelernt hatten, wurden folglich als »dumm« angesehen. So war es nur konsequent, dass diese ›zurückgebliebenen‹ Tiere gewissermaßen aussortiert wurden. Es handele sich nachgerade um ein Naturgesetz, weshalb die Hauptursache für das Aussterben von diesen Tieren eben nicht der Mensch sei, der die Tiere niederknüppelte, sondern die Primitivität der Tiere.[41] Tatsächlich sterben Arten durchaus auch aus Gründen aus, die nicht mit den Menschen in Zusammenhang stehen. Doch gerade die Beispiele, die Nordenskiöld anführt, wurden vom Menschen ausgerottet.

Zu Stellers Zeiten und auch noch 100 Jahre nach ihm, leitete man sich das Recht zur uneingeschränkten Ausbeutung der Natur aus der Bibel ab und später zog man Darwins »Überlebenskampf« als Rechtfertigung heran. In seinem 1859 erschienenen Werk *On the Origin of Species* (dt. *Über die Entstehung der Arten*) fanden sich passende Erklärungen. Allerdings musste man zuerst noch etwas an seiner Evolutionstheorie feilen, indem man Werte und Ziele hinzufügte, die die Funktionsmechanismen nicht beinhalten konnten und die auch nicht von Darwin stammten. In der praktischen Evolution wird die Entwicklung aus Adaption und Anpassung an herrschende Gegebenheiten bestimmt. Dagegen bleiben die Meinungen der Menschen über den Wert oder die Schwäche einer Art reine Theorien.

Tatsächlich lebten in der gesamten Zeit nie mehr als 1000 Russen in dem gesamten Gebiet. Der Pelzhandel war der Haupterwerb, wenngleich auch mit anderen Tätigkeiten wie dem Walfang, der Fischerei, dem Kohleabbau und sogar dem Eisexport nach Kalifornien Handel getrieben wurde. Dennoch blieb der große Erfolg aus. Vor allem nach dem Aussterben der Seeotter entpuppte sich das Land auf der anderen Seite des Ozeans für Russland mehr als ein Klotz am Bein denn als das erhoffte Füllhorn. Und so endete Russlands Alaska-Gouvernement im Jahr 1867 durch den Verkauf des Territoriums an die Vereinigten Staaten. Russland trat seine Eroberung recht bereitwillig ab: die Aleuten und Alaska wurden für lediglich 7,2 Millionen Dollar verkauft. Die Kommandeurinseln verblieben hingegen bei Russland, aber auch dort verpachtete man das Recht zur Pelztierjagd für 20 Jahre an die amerikanische Kompanie. Und so gehören der Goldrausch, die Ölbohrungen, die Gasleitungen und Fischfabriken Alaskas bereits zur Geschichte der USA.

Der Wechsel unter die Herrschaft der USA sorgte in Alaska jedoch weder für Freiheit bei den Menschen noch für Abschussregelungen bei den Tieren. Gerade als Russland Einsicht für die Pelztierproblematik entwickelt hatte und daher die Jagd auf Robben und Seeotter einschränkte (bei den Robben sogar mit Erfolg), begannen nun die USA, ohne das Geringste aus den Fehlern Russlands zu lernen, damit von vorne. Unter den USA war das Gebiet lange Zeit unter militärischer Kontrolle und der Status der Ureinwohner war ungeschützt. Menschen wurden aus ihren Häusern vertrieben, es kam zu Alkoholismus und Selbstmorden. Auch die Tiere wurden mit neuer Kraft und ohne Begrenzung attackiert.

Das leichtsinnige Schlachten der Pelztiere im Nordpazifik endete erst im Jahr 1911. Damals schlossen die USA, Russland, Japan und Großbritannien (für Kanada) einen Pakt, der die Robbenjagd auf offenem Meer komplett verbot und die Jagd an Land einschränkte. Ebenso wurden die Seeotter unter Schutz gestellt. Zu dem Vertrag kam es unter anderem, weil bei dem blutigen Gemetzel auf den Pribilof-Inseln in Alaska eine anfangs möglicherweise bis zu drei Millionen Tiere umfassende Kolonie Nördlicher Seebären auf rund 200 000 Exemplare geschrumpft war. Die Walrosse und Seeotter, die auf dem kleinen Archipel wohnten, waren bereits vollständig ausgerottet. Die Robbenjagd auf offenem Meer war besonders grausam, denn das Fangen geschah völlig wahllos und traf in erster Linie die Weibchen, da sie durch das Säugen einen erhöhten Nährstoffbedarf hatten und sich deshalb im Meer auf die Suche nach Fischen begeben mussten. Die Jungen der getöteten Muttertiere erwartete indes der grausame Hungertod. Washington Coulson, der Kapitän der Amerikanischen Flotte, war im August 1891 auf den Pribilof-Inseln zu Besuch und berichtete später dem Kongress, ihm habe sich dort einer der jämmerlichsten Anblicke seines Lebens geboten: »Tausende tote und im Sterben liegende Junge lagen überall in der Kolonie verteilt, als wären die Strände gefüllt mit reihenweise schmachtenden und hungrigen kleine Robben, die mit dem Blick aufs Meer gerichtet nach ihren Müttern riefen; Müttern, die nie wieder zurückkehren würden.«

Die gefährliche Vernichtung der Nördlichen Seebären, die sich bis auf ihre kleinen Jungen erstreckte, sorgte letztlich für so großes Grauen, dass dadurch das erste internationale Schutzabkommen ratifiziert werden konnte.

Verlorener Reichtum

Der Seeotter hat zweifellos lange Zeit die Geschichte der Beringsee und des Nordpazifiks geprägt. Eroberer gibt es auf dieser Welt verschiedene, so dass früher oder später irgendein ›Besitzer‹ Anspruch auf das Gebiet erhoben hätte. Dennoch muss man sich vor Augen führen, was passiert wäre, wenn dieses samtige Wesen nicht in so großen Gruppen in diesem Gebiet gelebt hätte.

Wir vergessen oft, was für eine bedeutende Rolle auch andere Arten in der Geschichte des Menschen spielen. Über natürliche Ressourcen ist gestritten und Krieg geführt worden und die übermäßige Ausbeutung natürlicher Ressourcen hat nicht nur die Natur, sondern auch den Menschen selbst in unbeschreibliche Katastrophen gestürzt. Dennoch scheint unsere Menschheitsgeschichte im Allgemeinen von der Umweltgeschichte nicht tangiert zu werden. Es ist jedoch instruktiv, den Lauf der Geschichte unter dem Gesichtspunkt der Natureroberungen und der Nutzung natürlicher Ressourcen zu betrachten. Vielleicht könnten wir so auch die Gegenwart klarer erkennen und unsere Rolle im Kontinuum ähnlicher Phänomene als aktiven Teil begreifen. Wie eng sind doch hochgeschätzte Wirtschaftsangelegenheiten und heruntergespielte Umweltangelegenheiten miteinander verflochten! Probleme entstehen und wachsen häufig mit der Zeit, weshalb wir es versäumen, rechtzeitig einzugreifen, während spätere Korrekturen sich als schwierig oder unmöglich erweisen und nicht immer zum gewünschten Ergebnis führen.

Nachdem der Seeotter unter Schutz gestellt worden war, begann sich der Bestand allmählich zu erholen. Hier und da hatten kleine Populationen überlebt, insgesamt nur 2000 Exemplare, die sich nun vermehrten und in ihren früheren Gebieten ausbreiteten. Heute wird der weltweite Seeotterbestand auf rund 100 000 Exemplare geschätzt. Wegen des massiven Rückgangs ist die Art jedoch genetisch geschwächt und die Populationen sind immer noch extrem zerstreut. Außerdem beginnt die Jahrzehnte andauernde Genesung zu stagnieren oder die Bestände sind wieder rückläufig; der Seeotterbestand auf den Aleuten ist tatsächlich geradezu eingebrochen. Die Gefahr ist also keinesfalls gebannt und der Seeotter gehört weiterhin zu den bedrohten Arten.

Die Moderne hat zudem neue Gefahren mit sich gebracht. Ölunfälle und andere Verschmutzungen stellen für alle Meerestiere permanent eine kollektive Bedrohung dar. Da der Otter sich von Muscheln und Krustentieren ernährt, nimmt er Umweltgifte auf und vor allem in Kalifornien scheinen die Otter verschiedenen Krankheiten und Parasiten ausgesetzt zu sein. Und als wäre das noch nicht genug, hat der Jagddruck der Haie und Schwertwale auf tragische Weise zugenommen. Der Klimawandel ist wiederum eine eigene große Sorge. Die Versauerung und Erwärmung der Meere, die Zunahme giftiger Algenblüten, die Veränderungen im Meeresorganismus und die abweichenden Wetterbedingungen können sich radikal auf die Lebenschancen der Otter auswirken.

Die Otter selbst haben einen überraschend starken Einfluss auf ihre Umgebung. Deshalb gelten sie als gutes Beispiel für sogenannte Schlüsselarten. In den Küstenregionen, in die der Seeotter allmählich zurückgekehrt ist, ist eine Regeneration des gesamten Ökosystems beobachtet worden. Seeotter essen eifrig Seeigel und halten somit deren Bestand unter Kontrolle, was von enormer Bedeutung ist. Seeigel ernähren sich nämlich hauptsächlich von großen Braunalgen, in deren üppigen ›Algenwäldern‹ zahlreiche Fischarten, Krustentiere und andere Meeresbewohner leben. Dort, wo die Otter ausgerottet waren, schoss die Seeigelpopulation steil in die Höhe, so dass am Meeresgrund nur noch eine Wüste zurückblieb. Das fiel auch den Menschen auf, die Braunalgen für industrielle Zwecke sammelten. Den Menschen gelang es jedoch nicht die Seeigelpopulation zu verringen und auch nicht die Algenvegetation wiederherzustellen. Allein die Rückkehr des Seeotters brachte das Ökosystem wieder ins Gleichgewicht.

Forscher ziehen sogar eine Verbindung zwischen dem Schicksal des Seeotters und der Stellerschen Seekuh in Erwägung: Viellicht vermehrten sich damals, als die Seeotter auf den Kommandeurinseln ausgerottet worden waren, die Seeigel und vernichteten so viele Braunalgen, dass den Seekühen die Nahrung ausging? Vielleicht hat dies das Aussterben der Seekuh beschleunigt? Darüber sind Berechnungen angestellt worden, in denen die Anzahl russischer Jagdtruppen und jährlicher Beutetiere, ein Prozentanteil der Verschwendung des Fangs und die langsame Fortpflanzung der Seekühe geschätzt wurden. Natürlich sind bereits die statistischen Ausgangswerte ungenau, da weder Steller noch sonst jemand Schätzungen über den Bestand der Seekühe vor ihrem Verschwinden angestellt hatte. Spätere Forscher gehen von möglicherweise 1500–2900 Tieren aus. Auf jeden Fall gilt heute das gnadenlose Töten als Hauptgrund für das Aussterben der Seekuh, auch wenn der Rückgang der Seegraswiesen diese Entwicklung begünstigt haben könnte. Doch auch der Rückgang der Seegraswiesen war auf die Jagd zurückzuführen, selbst wenn diese sich gegen den Seeotter richtete.

Auch die Robben, denen Steller begegnet war, erholten sich von diesen katastrophalen Zeiten, stehen jedoch immer noch auf der Liste bedrohter Tiere.[42] Zwischen den unterschiedlichen Populationen gibt es Schwankungen: an einigen Orten geht es den Tieren besser, an anderen Orten sind die Bestände wieder schwächer geworden. Die Gefahren sind weitestgehend dieselben wie bei den Seeottern. Einigen Studien zufolge leiden die Robben auch an Hunger: Im Meer gibt es nicht mehr genügend fettigen und nahrhaften Fisch. Vor allem in der Trag- und Säugezeit ist der Nährstoffbedarf hoch und wenn das Weibchen auf mageren Fisch zurückgreifen muss, kann es zu Abgängen und Verkümmerung der Jungen kommen.

Der extensive industrielle Fischfang mit Trawlern und Schleppnetzen hat die Anzahl und die Relationen der Fische in der Tat auf den Kopf gestellt. Dieser große Umbruch wird durch die Klimaerwärmung auch in Zukunft fortgesetzt. Kurz gesagt, die gesamte Nahrungskette der Ozeane ist durcheinandergeraten. Das ist wohl auch ein Grund dafür, dass die Bestände zahlreicher Seevögel zurückgehen oder bereits kollabiert sind. Der Zusammenbruch der Nahrungskette erhöht wiederum den Jagddruck auf die Robben. Es ist dasselbe Phänomen wie bei den Seeottern: Immer öfter fallen die Robben Haien und Schwertwalen zum Opfer. Vor allem der Schwertwal (*Orcinus orca*), ein großes Tier, das im Familienverband wandert, braucht viel Nahrung.

Wie ist es dazu gekommen? Der Hai hat früher leichtere Beute gefunden als Seeotter oder Robben – damals, als es in den Meeren noch von großen Fischen wimmelte. Der kommerzielle Fischfang ging vor allem auf Kosten der großen Fische, deren Anzahl sich so verringert hat. Die Schwertwale wiederum ernähren sich zum Teil von Fischen, ein Teil hat sich jedoch darauf spezialisiert, andere Wale zu jagen. Schwertwale können mit vereinten Kräften tatsächlich auch viel größere Wale, als sie es sind, angreifen – in etwa so, wie auch Wölfe Elche jagen.

Auch Steller schrieb, dass die Schwertwale »andere Wale auf grausamste Weise bedrängen, indem sie sie mit ihren furchterregenden Zähnen verletzen und töten«. Er berichtet, so ein Gefecht sowohl auf dem Meer als auch auf der Beringinsel beobachtet zu haben und beschreibt das Ereignis: »Die angegriffenen Wale geben so jämmerliche Laute und Geschrei von sich, dass man es meilenweit hört und sie haben eine solche Angst, dass sie lebendig an den Strand flüchten.« Sollte man also zum Schutz der Robben und Seeotter Schwertwale töten? Zu dieser Logik greift der Mensch gerne, aber zum Glück ist man bis dato noch nicht dazu übergegangen. Nach Meinung der Forscher müsste man sich nämlich bemühen, die natürliche Vielfalt der Meere zu regenerieren. In der Praxis würde dies zum Beispiel bedeuten, dass man das Fangen großer Fische reduziert und alle Wale in Ruhe lässt.

Die Abhängigkeit unserer Wirtschaft von Öl reicht noch weit in die Vergangenheit zurück. Lange bevor man auf die Idee kam, Öl und Gas aus der Erde zu pumpen, stellt Callum Roberts, Professor für Meeresbiologie an der Universität von York, in seinem Buch *The Unnatural History of the Sea* fest. Öl begann bereits im 17.–18. Jahrhunderts wirtschaftliche Bedeutung zu erlangen. Damals wurde es zur Beleuchtung, Beheizung und für viele weitere Anwendungen benötigte:

> »Der größte Teil dieses Öls kam aus dem Meer – aus den Körpern der Wale und Robben. Das Schlachten wurde über vier Jahrhunderte lang in erschreckendem Ausmaß praktiziert; Millionen Tiere wurden für Öl, Leder sowie Wal- und Walrossknochen getötet. Ein Seegebiet nach dem nächsten wurde leergeplündert und die Jagd setzte sich von einer Art zur nächsten fort – mit der größten und beeindruckendsten Megafauna, die auf unserem Planeten noch zu finden war, im Visier.«

Auch in Bezug auf die Wale schienen die Menschen die Gefahr der Ausrottung nicht zu erkennen. Roberts schreibt, dass man heute die Zerstörung, die in den vergangenen Jahrhunderten angerichtet worden sind, leicht erkennen kann: Wenn ein Seegebiet sich leerte, gingen die Menschen zum nächsten Gebiet über; wenn die gesuchte Art selten wurde, gingen sie zur nächsten Art über. Roberts fährt fort:

> »Trotzdem glaubten damals viele Menschen lieber daran, dass die Wale irgendwo anders hingezogen sein, als dass sie der Wahrheit ins Gesicht sahen – dass die Walfänger dabei waren, ihre eigene Lebensgrundlage zu zerstören.«

Der Walfang erlebte noch einen neuen Aufschwung, nämlich als man Schiffe zuerst mit Dampf- und dann mit Dieselmotoren ausstattete, bis man regelrechte schwimmende Fabriken entwickelte und damit noch größere und schnellere Arten angreifen konnte. Schließlich verhängte die Internationale Walfangkommission im Jahr 1986 ein Verbot über den kommerziellen Walfang, wobei Japan, Norwegen und Island nach wie vor das Töten vieler Arten fortsetzten. Japan legte dar, Walfang zu »wissenschaftlichen« Zwecken zu praktizieren und gab Ende 2018 bekannt, sogar aus der Internationalen Walfangkommission auszutreten und 2019 erneut die kommerzielle Jagd auf nationalen Seegebieten aufzunehmen.

Forscher und die Internationale Walfangkommission hatten eine Schätzung vorgelegt, wie viele Wale es vor Beginn der Ausbeutung in den Weltmeeren gegeben haben dürfte. Als Datengrundlage zogen sie Logbücher der Jagdschiffe und weitere historische Berichte heran. Über die vorgelegten Zahlen entstand Anfang der 2000er Jahre eine Debatte. Steve Palumbi, Professor an der Stanford Universität, und Joe Roman, Forscher an der Harvard Universität, stellten nämlich den Schätzungen der Kommission ihre eigenen, genetisch begründeten Untersuchungen entgegen. Ihrer Auffassung nach waren die Walpopulationen deutlich größer gewesen als bisher angenommen. Palumbi und Roman begründen ihre Schätzungen mit genetischer Variation. Wenn Populationen wachsen, nimmt ihre genetische Variation zu, wenn sie schrumpfen, nimmt die Variation ab. Da Wale außergewöhnlich alt werden, lassen sich genetische Variationen nicht so schnell erkennen. Doch genau deshalb kann das Genom der heutigen Wale Hinweise auf die Zeit vor dem Zusammenbruch der Walbestände geben. Poetisch ausgedrückt: Sie tragen gewissermaßen den Glanz der Vergangenheit in ihren Zellen. Und wie unterscheiden sich die Zahlen? Anhand der Proben von Buckelwalen und Finnwalen im Nordatlantik schätzten Palumbi und Roman, dass vor der Massenjagd die Anzahl der Wale etwa zehnmal so hoch gewesen sein musste, wie die Schätzung der Walfangkommission![43]

Wie lässt sich diese enorme Differenz erklären? Das Interesse der Walfangkommission liegt naturgemäß darin, den Walfang wiederaufzunehmen, sobald der Bestand die Belastung aushält. Es ist also gar nicht überraschend, dass die Mitglieder der Kommission die Studie der Genetiker kritisierten und ihr vorwerfen, dass die Proben lückenhaft seien. Doch auch Daten durch Zeitzeugnisse zu erheben, muss lückenhaft bleiben, zumal die Wilderei hunderte Jahre angedauert hat. Es ist ja nur ein Bruchteil der Logbücher erhalten, wobei nicht alle Wale eingetragen wurden. Tödlich verletzte Wale, die man nicht fangen konnte, wurden etwa nicht als Beute eingetragen. Und auch in historischen Texten berichten zahlreiche Augenzeugen von einer solchen Fülle von Walen, dass im Vergleich die aktuellen Bestände nicht einmal annähernd die Werte von damals erreichen können. Wenn also Palumbis und Romans Studien stimmen oder zumindest annähernd der Wahrheit entsprechen, bedeutet eine Wiederaufnahme oder Fortsetzung des Walfangs für diese großen und sich langsam vermehrenden Arten das Verderben.

Schilderungen alter Seefahrer und Forschungsreisender von der Fülle von Walen, Robben, Vögeln und auch Fischen können den Menschen der heutigen Zeit unglaubwürdig erscheinen. Laut einigen zeitgenössischen Erzählungen des 17.–18. Jahrhunderts sei das Segeln schwergefallen, weil der Fjord »so voll von Walen« ist, die in den Meeren wirbelnden Fischschwärme »halten das Boot fast vom Fahren ab« und in der Laichzeit platschten die Fische in solchen Massen, dass es scheint als »würden die Flüsse rückwärts fließen«. Auch Steller schreibt, dass die Lachse in Kamtschatka den Fluss hinaufstiegen, in so »unglaublichen Mengen, dass das Wasser über die Ufer steigt«. Er verwendete den Ausdruck »lebende Welle« und stellte fest: »Wenn man eine Harpune ins Wasser wirft, trifft sie fast immer einen Fisch.«

Derartige Schilderungen gibt es viele und in Summe kann man sie kaum als bloßes Seemannsgarn abtun. Es scheint, dass die Europäer ein ums andere Mal vom Überfluss der Natur geblendet werden. Die neuen, gerade erst »gefundenen« Gebiete stellten ein Wunder ohne Gleichen dar, denn die Länder und Seegebiete Europas hatten sie schon lange ausgenutzt. So brauchen sie für ihre Erzählungen große Worte: *gigantisch, unbeschreiblich, unglaublich*. Professor Callum Roberts, ein Meeresbiologe, misst den Schilderungen aus der Vergangenheit einige Bedeutung bei. Er schreibt, dass sie ein Fenster zur Vergangenheit böten. Durch diese zeitgenössischen Beschreibungen hätten wir die Möglichkeit, uns eine Vorstellung vom Rückgang der Tierbestände zu machen. Sie können einen Anhaltspunkt bilden, so dass wir unsere Situation richtig einsortieren können.

Er schreibt von einem Problem, das alle Veränderungen der Natur mit sich bringt und das sich nicht nur auf die Meere beschränkt. Veränderungen seien schwer zu erkennen und zu verstehen, weil wir selbst Teil des Prozesses sind. Menschen halten die Eigentümlichkeiten ihres Zeitalters für »natürlich« oder »normal«, da sie es nicht anders kennen, weil es schon »immer« so war. Wenn auf diese Weise, Generation für Generation, sich die grundlegenden Annahmen über die Umwelt allmählich verändern, entsteht eine Art kollektives Vergessen. Und mit diesem Vergessen nehmen wir in Kauf, dass der Zustand der Natur kontinuierlich schwächer wird. Es entsteht keine Sorge, kein Bedürfnis, die eigene Handlung kritisch zu reflektieren oder gar zu verändern. Laut Roberts wäre es daher gut, einen Blick in die Vergangenheit zu werfen, um dieses verzerrte Bild geradezurücken: »Wenn wir die Welt mit den Augen früher Forschungsreisender sehen, können wir unsere eigene Umwelt besser verstehen und durch dieses Verständnis auch bessere Methoden finden, um unsere Umwelt zu schützen.«

Das könnte das Motto dieses Buches sein. Nicht zufällig wird im ersten Kapitel von Roberts' Buch über Berings Expedition erzählt und dass darin auch die Geschichte von Steller und der Stellerschen Seekuh vorkommt. Steller ist eine der Stimmen aus der Vergangenheit, die uns über den Reichtum der Fauna berichten. Der verlorene Reichtum ist vielleicht die wichtigste Botschaft dieser zeitgenössischen Schilderungen. Die jungen Generationen wissen nichts davon und die betrauerten Verluste der alten Menschen werden von ihnen als Nostalgie abgetan, stellt Roberts fest und fährt fort:

> Aber was ist mit den Verlusten, die niemand, der heute noch lebt, gesehen hat? Im größten Teil der Welt reicht der Einfluss des Menschen auf das Meeresleben über Jahrhunderte, manchmal sogar bis zu tausend Jahre zurück. Niemand, der heute lebt, hat das goldene Zeitalter der Dorsche und Heringe gesehen. Niemand hat einen Schwarm von 500 Pottwalen gesehen oder eine solche Menge an Heringen, dass es scheint, dass es im Fluss mehr Fische als Wasser gibt. Der größte Teil des Verschwindens ausgebeuteter Populationen hat stattgefunden, bevor auch nur einer der heutigen Menschen geboren wurde.

Wenn wir in der Geschichte über das Aussterben der Tiere lesen, entsteht das Bild von einem dramatischen Ereignis, willkürliches Töten, beinahe Zerstörung um ihrer selbst willen. Das ist jedoch nicht die ganze Wahrheit.

Obwohl es eine Menge Blutbäder gab und das Aussterben schnell voranschritt, kann der Verlust von den Menschen unbemerkt erfolgen. Wenn die Sterblichkeitsrate einer Tierart über mehrere Jahre hinweg die Geburtenrate übersteigt, kommt ihr Ende unweigerlich. Allerdings kann das erhebliche Zeit dauern. Mit Hilfe von Computersimulationen durchgeführte Untersuchungen zeigen, dass vor allem große und sich langsam vermehrende Tiere wie die Mammuts bereits durch eine kleine Gruppe von Jägern dem Untergang geweiht sind – innerhalb von tausend oder zweitausend Jahren. Ein solcher Rückgang kann Jahrhunderte, sogar Jahrtausende dauern. Eine Zeitspanne, die aus menschlicher Perspektive lange erscheint, sodass Änderungen in der Population nicht wahrnehmbar sind. Eine Zeitspanne, die wiederum aus geologischer Perspektive mithin einem Wimpernschlag gleichkommt.

Gerade die Überlebenden machen es schwer, das Risiko der gesamten Art zu erkennen. Um uns herum gibt es Arten, die seltener werden und einige die sogar aussterben. Doch wenn es in einem allgemeinen Abwärtstrend temporäre Stillstände oder kleine sägeartige Spitzen gibt, gelingt es uns nicht, die logischen Konsequenzen zu ziehen. Das sanfte Gefälle kommt uns ungefährlich vor. Der Mensch beruhigt sich gerne mit optimistischen Gedanken wie »die gibt's ja noch« oder »die gibt's woanders«. Allerdings herrscht immer häufiger und nahezu weltweit derselbe Trend. Und so schrumpfen die Populationen allmählich, werden noch stärker voneinander isoliert, begegnen sich schließlich gar nicht mehr. Letztlich geht es nur noch um das Überleben vereinzelter Gruppen, gleichsam um eine Wartezeit vor dem unaufhaltsamen Artensterben.

Um diesen unausweichlichen, schleichenden Prozess geht es, wenn von »Aussterbeschuld« (engl. *extinction debt*) und »lebenden Toten« die Rede ist. Es gibt Arten, die verschwinden, obwohl in ihrem Lebensraum gar keine Schwächung mehr stattfindet. Die Aussterbeschuld wird mit dem Aussterben bezahlt – eine weitere Art ist ausgerottet. Doch das ist nicht der einzige Weg. Denn zumindest in einigen Fällen war es möglich, diese ›Schuld‹ zu bezahlen, indem man die aktuellen Lebensbedingungen einer Art so verbesserte, dass sie noch gerettet werden konnte. Der Seeotter, der Nördliche Seebär und der Stellersche Seelöwe sind Beispiele dafür, wie selbst bedrohlich geschrumpfte Bestände sich erholen können, wenn ausreichende Maßnahmen schnell genug umgesetzt werden. Andererseits sind sie Beispiele dafür, wie neue und überraschende Gefahren günstige Tendenzen negativ beeinträchtigen und erneut in ein Gefälle führen können. Die Fähigkeit der Natur sich anzupassen und zu erholen ist manchmal verblüffend, doch häufig erwarten wir zu viel von ihr.

Trügerisch ist zudem die Annahme, dass nur große und exotische Arten betroffen seien. Der verlorene Artenreichtum macht sich heute nahezu überall bemerkbar und wir Europäer sind davon genauso betroffen. Jeder kann über seinen eigenen Heimatort nachdenken: über seine jeweilige Geschichte, die Gegenwart und darüber, wie viel Artensterben die Zukunft mit sich bringen wird. Die Wälder sind als Lebensräume so geschwächt, dass Tiere wie der Raufußkauz und die Weidenmeise, die noch vor Kurzem gängige Waldbewohner waren, nun als bedroht gelten. Und dann die Hühnervögel, diese wichtige Gruppe der nördlichen Ökosysteme, die buchstäblich die Vielfalt der Natur nähren? Man kann nur spekulieren, wie viele von ihnen es im 16.–17. Jahrhundert gegeben haben muss ... Oder zu Stellers Zeiten?

Carl von Linné – ein Zeitgenosse Stellers – unternahm in den 1730er Jahren eine Reise in den Norden Finnlands und Schwedens. Linné schreibt von der Fülle der Blaubeeren und von den Mengen an Hühnervögeln, die sich von dem Beerenregen ernährten: er schätzte, dass er dort vielleicht mehr Auerhühner, Birkhühner, Haselhühner und Moorschneehühner gesehen habe als an jedem anderen Ort. Ihm zufolge wurden Hühnervögel im Herbst mit Fallen so stark bejagt, dass sie für die Menschen eine tägliche Mahlzeit waren; ohne die Vögel hätten die meisten gehungert. »Sowohl in Västerbotten als auch in Österbotten bevorraten sich die Einwohner mit genügend getrocknetem Geflügelfleisch, um ihre Familien zu ernähren und können darüber hinaus unglaubliche Mengen zum Verkauf nach Stockholm schicken.« Da, schon wieder *unglaubliche* Mengen!

Und die aktuelle Situation? Die Nachrichten berichten von der schwachen Brut der Gerfalken im Sommer 2018. Der wichtigste Grund für die missglückte Brut ist, dass es dem Gerfalken an Nahrung, also an Moorschneehühnern mangelt. 30 Gerfalkenpärchen können also nicht mehr genug Moorschneehühner zum Fressen finden! Auch die Brut-Resultate der Steinadler waren ausgesprochen schwach, weil die Adler im Winter und Frühling nicht genug Nahrung hatten. Einen bedeutenden Anteil seiner Nahrung bezieht der Steinadler im Winter und Frühling aus besagten Hühnervögeln.

Laut einer von Jägern durchgeführten Erhebung sind die Brutbestände der Auerhühner und Birkhühner von 1960 bis 1990 um 70 % zurückgegangen. Nach Berechnungen von Ornithologen war der Auerhuhnbestand zu dem Zeitpunkt bereits um über 75 % gesunken. In den jüngeren Atlasrechnungen von 2006–2010 wird bestätigt, dass die gesicherte Brut der Auerhühner auch weiterhin rückläufig ist. Der Rückgang betraf das Gebiet von Süd-Finnland bis Süd-Lappland, allerdings wurde auch im nördlichsten Teil Finnlands in der Gemeinde Utsjoki keine Brut mehr verzeichnet. Trotz alledem sprechen wir von »guten« und »schlechten« Hühnervögeljahren und von »Schwankungen« im Bestand und in einer Gesetzesverordnung aus dem Jahr 2018 wurde die Jagdsaison der Hühnervögel tatsächlich weiter *verlängert*. Der Zusammenbruch ist zum Normalzustand geworden und die langsame Rückläufigkeit mit ihren kleinen sägeartigen Ausschlägen nach oben betrachten wir als beruhigende »Konstante« und »Anpassung«.

Die Stimme der Wissenschaft

Steller konnte sich nicht vorstellen, wie schnell der Reichtum seiner geliebten Tiere verloren gehen würde. Naturwissenschaftler nach ihm hatten jedoch einen besseren Blick darauf, was in den von ihnen erforschten Gebieten, die von der paradiesischen Vielfalt der Natur geprägt waren, passieren würde. Alfred Russel Wallace, der Mitte des 19. Jahrhunderts ausgedehnte Forschungsreisen nach Südamerika und Asien unternahm, schien sich der bevorstehenden Entwicklung bewusst zu sein. Wie es für Naturforscher seiner Zeit üblich war, sammelte er Proben, tötete und präparierte also Tiere und finanzierte sich damit auch die Reise. Als Wallace endlich seinen begehrten Paradiesvogel in Händen hielt, beschrieb er dessen Schönheit ausführlich und gewissenhaft. Er hielt den Vogel in seiner Hand und wusste, dass er für den Rest der Welt nahezu unbekannt war:

Generation für Generation hat der Paradiesvogel in diesen tiefen, dunklen Wäldern gelebt, »ohne dass das Auge eines scharfsinnigen Beobachters ihn gesehen hat«. Es wirkt geradezu wie eine Vergeudung von Schönheit und der Gedanke macht Wallace melancholisch. Andererseits wägt er weiter ab, »wenn ein zivilisierter Mensch eines Tages in diese abgelegenen Gegenden kommt, ins Versteck dieser jungfräulichen Wälder, können wir sicher sein, dass er bald die Verhältnisse, die die Natur bisher im Gleichgewicht gehalten haben, durcheinanderbringt – und schließlich auch diese zierlich gewachsenen Kreaturen vernichtet, deren Schönheit er einfach nicht verstehen kann …«

Nur der »zivilisierte« Mensch kann verstehen – und versteht doch nicht ganz. Und ein Naturwissenschaftler, für den die Erforschung der Natur eine Lebensaufgabe und ein großes Abenteuer ist, stellt eine zerrissene Persönlichkeit dar: Er nimmt eine Entwicklung in Kauf, deren Folgen er später bereuen wird. Es ist ein wenig erschreckend von Naturforschern der vergangenen Jahrhunderte zu lesen, die ihre Arbeit mit einer Waffe in der Hand ausführten. »Ich habe den Vogel erschossen«, verkünden sie, unverblümt und geradeheraus. So schreibt etwa Stejneger, wie schwer es für ihn war, ein anständiges Exemplar des auf der Beringinsel vorkommenden Zaunkönigs zu erlegen. Da der Vogel so klein ist, schoss er mehrere Exemplare kaputt, bevor er schließlich Erfolg hatte.

Heutzutage ist das Sammeln von »Proben« nicht mehr ganz so selbstverständlich, jedenfalls wenn es um Vögel oder kleine Säugetiere wie vielleicht Nager geht. Die meisten Biologen machen ihre Arbeit in Gebieten, in denen die Vielfalt schon stark gelitten hat und die wenigen, die in außergewöhnlich unberührte Naturgebiete kommen, sind sich der Einzigartigkeit des Ortes bewusst. Sie kommen in der Regel nicht auf den Gedanken, diese letzten Scherben der Vielfalt zum »Nutzen der Zivilisation« zu opfern.

Wann erfolgte dieser Sinneswandel? Natürlich Schritt für Schritt und in verschiedenen Gegenden zu unterschiedlichen Zeiten. Margaret Murie, die als Naturschützerin der nordamerikanischen Wildnis bekannt ist und hundert Jahre lebte, beteiligte sich an den Forschungen ihres Mannes, dem Zoologen Olaus Murie. In ihrem Buch *Two in the Far North* denkt sie an ihre gemeinsamen Jahre. Murie schreibt über Alaska Ende der 1950er Jahre und von den Ornithologen, mit denen sie zusammengearbeitet haben.

Auch diese erschossen Vögel für wissenschaftliche Experimente, allerdings mit Bedacht. Es handelte sich dabei um Ausnahmefälle und die Objekte durften keine seltenen Arten sein. Für gewöhnlich begnügten sie sich jedoch damit, sie mit der Kamera einzufangen.

In dem Buch *The Snoring Bird* erzählt der Rabenforscher Bernd Heinrich die Geschichte seines im Jahr 1896 geborenen Vaters. Gerd Heinrich bereiste entlegene Regionen sowohl in Asien als auch in Afrika und seine Arbeit bestand darin, neue und seltene Arten für die Museen zu sammeln. Seine letzte Reise unternahm Heinrich 1961 nach Tansania und es war nicht nur deshalb die letzte, weil er für derlei Expeditionen zu alt war, sondern die Zeit der »wissenschaftlichen Jagdreisen« sich allgemein dem Ende zuneigte.

Aus diesen Sammlungen lassen sich zweifellos wertvolle Informationen ziehen. Mithilfe von Proben getöteter Tiere lassen sich etwa die Verwandtschaftsbeziehungen der Arten oder genetische Variationen untersuchen. Und dieses Wissen kann für den Artenschutz von Nutzen sein. Heutzutage erfordert die Beschaffung von Proben jedoch nicht unbedingt eine Waffe, denn tote Tiere lassen sich auf andere Weise finden. Es gibt meist leider hinreichend Exemplare, die vor ein Auto gelaufen, gegen eine Fensterscheibe geflogen oder sonst irgendwie ums Leben gekommen sind. Insekten und andere Wirbellose werden nach wie vor gesammelt, da es nicht möglich ist, diese kleinen und gut versteckten Kreaturen ohne Jagd und Mikroskopieren zu finden und zu bestimmen. Wirbellose, die für die Wissenschaft neu sind, gibt es immer noch reichlich, nicht nur in den Regenwäldern, sondern sogar in den fragmentierten europäischen naturbelassenen Wäldern.

Steller schreibt, er sei mehr an Naturwissenschaft als an Politik und Wirtschaft interessiert, da diese nicht so »gefährlich und abscheulich« sei. Das zeugt davon, wie isoliert sich der in Russland arbeitende deutsche Wissenschaftler fühlte. Andererseits erlebte er die Natur in ihrer befreienden Idylle. Aber wie wir bereits festgestellt haben, hat Steller es wiederum nicht ertragen, gesellschaftliche Missstände tatenlos mit anzusehen. Er verfasste feurige Pamphlete, wenn es um Sozialpolitik und Gesundheitspflege, Besteuerung, Bildungsangelegenheiten und kirchliche Fragen ging. Es war seine Mission, die Gesellschaft gerechter zu machen. Obwohl Steller weder das Aussterben der Tiere, die er noch beobachten konnte, noch all' die anderen Probleme, die durch die Ausbeutung der Natur entstanden, vorhersehen konnte, kann man davon ausgehen, dass er auch heute an den Debatten über Umweltangelegenheiten teilnehmen würde.

Der Pelzwahn, der den Nordpazifik leergefegt hatte, warf Fragen auf, die sich seitdem an verschiedenen Stellen der ganzen Welt wiederholt haben und die jetzt noch aktueller sind als jemals zuvor. Wer hat das Recht auf natürliche Ressourcen und in welchem Umfang? Wie wird der Wohlstand, den wir aus der Natur schöpfen, aufgeteilt? Was ist die Aufgabe der Forscher? Und sollten politische Entscheidungsträger Forschungsergebnisse berücksichtigen müssen? Welche der teilweise divergierenden Forschungen sind jedoch maßgeblich?

Niemand streitet heute noch ab, dass wirtschaftliches Handeln nachhaltig sein muss. Doch allen Reden zum Trotz werden natürliche Ressourcen extensiv und verschwenderisch ausgebeutet. Dieser Umstand wird noch verschärft durch das Bevölkerungswachstum und die permanente Angst marktwirtschaftlicher Gesellschaften, ständig von Konkurrenten umgeben zu sein. Hierzu werden immer deutlicher auch die nächsten Generationen gezählt.

»Nutzung« ist ein äußerst entlarvender Begriff: Natur, die nicht für die Industrie und oder Handel nutzbar ist, wird als unnütz angesehen. Anders gewendet: Die Natur erhält ihre Bedeutung erst durch die »Nutzung« des Menschen. Daher spricht man auch lieber von »Pflege« der Natur. Als ob die Natur ohne die Menschen nicht existieren könnte. Wenn sich aber gerade aufgrund dieser »Pflege« die Vielfalt der Natur verringert, entsteht vielfach der Eindruck, als wäre diese Entwicklung zwangsläufig und obwohl man doch alles dagegen unternommen hat. Wer seinen Blick auf die Wirtschaft fokussiert, nimmt die Details der Natur nicht wahr und kann diese nicht vermissen: Die Natur ist und bleibt, was auch immer wir mit ihr machen. Oder wenn wir dennoch eine Schwächung der Natur erkennen, suchen wir die Ursachen häufig in der Natur selbst. Ein typisches Beispiel ist, dass man für den Rückgang von Wild- und Fischbeständen Raubtiere verantwortlich macht, obwohl der Hauptgrund die jahrzehnte- sogar jahrhundertelange Vernichtung der Lebensräume sowie die Überjagung und Überfischung durch den Menschen selbst ist. Die das eigene Gewissen beruhigenden Gedanken sind seit Jahrhunderten dieselben!

Gleichgültigkeit im eigentlichen Sinne nimmt mit zunehmenden Umweltproblemen zwar ab, doch sind heute viele Menschen »geschwindigkeitsblind«. Geschwindigkeitsblindheit (engl. *speed blindness*) ist in einer Welt des rasenden technischen Fortschritts und der wirtschaftlichen Wachstumsnotwendigkeit mithin zur Normalität geronnen. Der Erfolg von Staaten, Konzernen und Individuen wird häufig einzig am wirtschaftlichen Erfolg gemessen. Inzwischen ist diese Glorifizierung der Unersättlichkeit zu einer weithin unhinterfragten Ideologie geworden. Zwar wird auch immer wieder Kritik am Konzept eines linearen Wachstums im Kontext eines begrenzten Planeten geübt, indem man als Option eine Art Kreislaufwirtschaft vorschlägt. Jedoch zielt das politische Handeln fast ausschließlich auf die Erhöhung des Konsums und damit das Wirtschaftswachstum ab.

Die Forscher der Petersburger Akademie mussten Ihrer Majestät ihre Treue schwören. Krašeninnikov schreibt lediglich darüber, wie das Imperium sich die Natur zu Nutzen machen konnte und überging dabei die Untaten gegen die Urbevölkerung. Pallas verschweigt in seinen Aufzeichnungen wiederum das Aussterben der Stellerschen Seekuh und nach Meinung von Baers war für all die Gräuel nicht der russische Staat verantwortlich. Forscher wissen, welche Informationen ihre Geldgeber wollen. So wie auch andere Arbeitnehmer, sind sie um ihre Position und ihre wirtschaftliche Sicherheit besorgt. Zudem kann ein Arbeitsumfeld, das sich stark an der Ausbeutung der Natur orientiert, das Denken prägen. Und so gibt es auch heute noch die Akademien und die Krašeninnikovs, die irgendwelchen Imperien dienen – nicht nur dem russischen. Auch bei uns befinden sich Forscher staatlicher Einrichtungen im Einflussbereich der Politik, weshalb die Belastbarkeit der Natur bei intensiver wirtschaftlicher Nutzung noch heute verschiedentlich bestätigt wird. Freie Wissenschaftler wiederum müssen befürchten, dass eine Stellungnahme in der Debatte ihrem Ansehen schadet: Es ist sicherer still zu sein und sich auf die Wissenschaft zu konzentrieren. Und so schweigen viele Forscher zu den Entwicklungen und begründen das damit, dass der Wissenschaft keine Stellungnahme zu politischen Fragen zustünde.

Aber es gibt auch Forscher, die Stellers Fackel weitertragen und den Mut besitzen, ihre Meinungen offen zu äußern. »Für mich ist es selbstverständlich, dass die Professoren Finnlands am gesellschaftlichen Dialog teilnehmen, und zwar nicht nur, wenn sie darum gebeten werden, sondern gerade dann, wenn sie nicht darum gebeten werden«, konstatierte der finnische Meeresbiologe Erik Bonsdorff in einem Interview, als er an den Wissenschaftstagen 2017 zum Professor des Jahres gewählt wurde. Bonsdorff selbst hatte bereits in den 1980er Jahren vor der Eutrophierung der Ostsee durch die Fischzucht gewarnt. Leider würden die Entscheidungsträger eher auf Vertreter staatlicher Forschungseinrichtungen als auf Vertreter unabhängiger Wissenschaft hören, wie Bonsdorff feststellt. Besonders wenig Gehör finden Ökologen. Ein gutes Beispiel ist der inzwischen verstorbene Akademiker Ilkka Hanski, der sich mehrfach für den Schutz der Wälder ausgesprochen hatte. In Anbetracht der Tatsache, dass er einer der international renommiertesten und meistausgezeichneten Wissenschaftler Finnlands war, hat seine Botschaft über die Bedeutung der Biodiversität die Entscheidungsträger bemerkenswert wenig interessiert.

Von vielen Seiten wurde die Idee vorgebracht, ein wissenschaftliches Beratungsorgan zu gründen. Diese Vorschläge stießen bisher jedoch auf taube Ohren. Stattdessen versuchen Entscheidungsträger die Arbeitsbereiche der Forscher zu beeinflussen, indem finanzielle Förderungen zielgerichtet vergeben werden. So mussten in den Naturwissenschaften jahrzehntelange Studien verkürzt oder beendet werden, Forschungseinrichtungen wurden sogar geschlossen. Neue Studien über den Zustand der Umwelt ins Leben zu rufen, gestaltet sich immer schwieriger. Da die Entscheidungsträger selbst keine Wissenschaftler sind, sind ihnen die Prinzipien der Wissenschaft häufig fremd. »Zur Wissenschaft gehört auch immer eine Ungewissheit und dieser Aufmerksamkeit zu schenken ist die eigentliche Stärke der Wissenschaft«, sagt Maija Heikkilä, Forscherin der Finnischen Akademie, die das Ökosystem des arktischen Meereises erforscht.

> »Die Grundlagenforschung mag langsame oder schwankende Ergebnisse liefern, aber sie hilft, die Welt zu verstehen. Gerade deshalb ist die Kontinuität der Grundlagenforschung lebenswichtig. Wir brauchen sie und wir brauchen die Erkenntnis, um gesellschaftliche Entscheidungen zu treffen.«

Auch die Anzahl der Journalisten, die sich mit Umweltthemen beschäftigen, ist im Verhältnis zur Bedeutung des Themas verschwindend klein. Wenn aber die Medien nicht in Umweltthemen investieren, kommt kein öffentlicher Diskurs in Gang. Folglich erhält das Thema bei gesellschaftlichen Entscheidungen kaum Gewicht.

Um die massiven Probleme zu verhindern, die für den Klimawandel und die Abnahme der Biodiversität ursächlich sind, bräuchten wir ein holistisches Verständnis. Die Gesellschaft muss sich strukturell wandeln. Würde der Abschied von der Ideologie des Wirtschaftswachstums und eine sparsamere Lebensweise zu Aufstand und Rebellion führen? Wohl kaum. Die Entscheidungsträger haben auch früher schon das Volk in Krisensituationen dazu bewegt, Opfer zu bringen, indem sie an das Gemeinwohl erinnerten. Die größte Schwierigkeit besteht wohl darin, die Machthaber selbst dazu zu bringen, nach Alternativen zu suchen: Das von Wettbewerb und Märkten bestimmte Weltbild hält sich bei ihnen besonders hartnäckig.

Macht und Einfluss sind schon über Gebühr an die wirtschaftlichen Eliten übertragen worden, zweifellos deshalb, weil die politischen Entscheidungsträger und die wirtschaftliche Elite engstens miteinander verwoben sind. Die Menschen, die an die Macht gelangen, gehören zu den Privilegierten, egal ob es nun die Kaiserin von Russland oder ein Minister oder Industrieller ist. Sie alle scheinen wenig Empathie mit den Schwächeren zu haben. Daher interessiert sie auch das Schicksal bedrohter Arten in der Regel wenig und sich mit dem Thema zu beschäftigen, erscheint ihnen meist unnötig. Zudem wollen sie nichts ändern, da sie dann ja auch Gefahr liefen, Macht und Einfluss einzubüßen.

Auch die russische Regierung reagierte nicht auf Jakovlevs Vorschlag, die Seekuh unter Schutz zu stellen: das Tier war dem Tod geweiht. Auch die Warnungen der Naturforscher über das Schwinden der Seeotter fanden keine Beachtung oder führten allenfalls zu sporadischen Beschränkungen. Der russische Staat wollte seine Pelzsteuer. Alles andere war egal. Als schließlich die Seeotter nahezu ausgerottet waren, war ganz Alaska für Russland unwichtig geworden.

Beim aktuellen Artensterben handelt es sich jedoch nicht nur um den Verlust einzelner Arten, sondern um den Zusammenbruch der Ökosysteme, der sich natürlich auch auf unsere eigene Art auswirkt.[44] Es ist noch nicht das Ende der Welt; auch eine verarmte Natur lebt weiter. Aber wenn es uns nicht einmal gelingt, die aktuelle Fülle der Natur zu bewahren, wird der Kampf um natürliche Ressourcen so brutal, dass sich das niemand für seine Nachkommen wünschen kann. Der wohlhabende Westen hat noch die besten Chancen, die Notbremse zu ziehen, zu sparen und zu schützen. Die nächsten Jahrzehnte sind entscheidend. Die Entscheidungen, die wir heute treffen, entscheiden über die Zukunft unseres Planeten, mehr als alle früheren Entscheidungen der Menschen.

Vitus Bering hat keine Nordost-Passage gefunden, aber er hat auch sonst nicht viel gefunden. Den nördlichen Seeweg besegelte zum ersten Mal der gebürtige Finne und nach Schweden vertriebene A. E. Nordenskiöld. Sein Schiff, die *Vega*, reiste von West nach Ost durch die Passage. Der Aufbruch war im Jahr 1878 und die Beringstraße passierten sie erst im Sommer, nachdem sie im Eis überwintert hatten. Nun erfüllte sich der Traum von Peter dem Großen. Auf der Nordost-Passage fahren heute Frachtschiffe und auch wenn der Verkehr noch recht bescheiden ist, erwartet man, dass er zunehmen wird. Der Grund liegt auf der Hand. Durch den Klimawandel schmilzt das Polareis und wird dünner. Aktuell kann die Passage zwei Monaten pro Jahr genutzt werden, doch die Prognosen versprechen längere Zeiträume. Die Arktis erwärmt sich sogar noch schneller als der Rest des Planeten!

Hier zeichnet sich eine gewaltige Veränderung ab, von der teilweise mit Begeisterung gesprochen wird, da sie die »Nutzung« der natürlichen Ressourcen der Arktis erleichtern wird. Neben Russland hat auch noch eine Großmacht Interesse an dem nördlichen Seeweg: China. Auch das kleine Finnland arbeitet an Plänen einer Zugverbindung quer durch Lappland, die am Nordpolarmeer enden soll, sowie an einem Tunnel zwischen Helsinki und Tallinn. Wir wollen die nördlichen Wald- und Mineralvorkommen unseres Landes effektiv nutzen.

Die Wissenschaftsgemeinde hat der Begeisterung einen Dämpfer verpasst. Die bevorstehenden Veränderungen sind an so viele Faktoren gekoppelt, dass es unmöglich ist, alle Folgen vorherzusehen. Die Auswirkungen der Methanemissionen, die durch die Versauerung der Meere verursacht werden, oder die Veränderungen des Golfstroms, oder der schmelzende Permafrost – alle diese Entwicklungen sind für sich genommen bereits schwer vorhersehbar. Wie sie jedoch künftig miteinander interagieren, ist eine von zahlreichen offenen Fragen. Wer weiß, was beispielsweise aus dem Fischreichtum der nördlichen Meere wird? Schon jetzt haben Seevögel, die in großen Kolonien nisten, Schwierigkeiten hinreichend Nahrung zu finden und an vielen Orten ist ihr Bestand bereits kollabiert. Die Brut der Vögel wird von Veränderungen in den Fischbeständen und den Verhältnissen der Fischarten beeinflusst. Diese werden wiederum vom Planktonvorkommen beeinflusst, welches seinerseits von der Eisschicht und von den Meeresströmungen abhängt …

Der Traum von Peter dem Großen war vielleicht kein achtsamer Traum, aber für Herrscher haben Errungenschaften oft einen Eigenwert, über deren unangenehme Folgen sie vielfach nicht nachdenken. Schließlich leiden sie selbst häufig am wenigsten unter negativen Nebenwirkungen.

Hydrodamalis gigas

Im Jahr 1860 erstreckte sich Finnland gewissermaßen bis nach Alaska. Genauer gesagt, waren sowohl Alaska als auch Finnland Teil des russischen Imperiums. Und so kam es, dass der Finne Johan Hampus Furuhjelm Gouverneur von Alaska wurde. Bekannt wurde er auch als Forschungsreisender und auch für die russische Marine führte er mehrere Aufträge durch. Furuhjelm ist es zu verdanken, dass ein vollständiges Skelett der Stellerschen Seekuh während seiner Gouverneurszeit ins Naturkundemuseum nach Helsinki gebracht wurde. Irgendwie hat er es geschafft, dieses für seine Sammlung zu ergattern und nach Finnland zu schicken.

In den Museen der Welt gibt es weniger als 30 vollständige Skelette einer Stellerschen Seekuh. Wobei auch die einzelnen Skelette häufig ein wildes Puzzle aus Teilen verschiedener Individuen sind. Fast alle Knochen, die auf der Beringinsel gefunden wurden, waren als Hinterlassenschaften des wilden Abschlachtens kreuz und quer an den Stränden angehäuft. Oft weisen sie Spuren von Axthieben auf, oder sind vom Feuer geschwärzt. Vielleicht sind genau deshalb keine vollständigen Skelette individueller Tiere erhalten. Aktuell gibt es vielleicht zwei Skelette, bei denen die Knochen von ein und demselben Individuum stammen. Und eines davon ist der von Furuhjelm bereitgestellte Schatz.

Ich habe das Naturkundemuseum in Helsinki bereits seit 30 Jahren nicht mehr besucht. Aber jetzt, nachdem ich mich mit Steller so intensiv beschäftigt habe, unternahm ich eine Reise dorthin. Das Museum öffnete um zehn, ich war überpünktlich, so dass ich noch einen Kaffee trinken konnte. Eine erwartungsvolle Spannung machte sich in mir breit. Fast so, als wäre ich auf dem Weg, Steller zu treffen ... Das zwar nicht, aber mich erwartete immerhin ein Kontakt mit seiner Welt und seiner Zeit. Ich erinnerte mich, dass die Seekuh bei meinem letzten Besuch unter der Decke der Eingangshalle hing. Nun stand sie jedoch in der Eingangshalle ... nein, es handelte sich um einen ausgestopften Elefanten, der ebenfalls gigantisch wirkte. Offenbar sah ich aus, als würde ich etwas suchen, denn ein Museumsführer eilte mir zu Hilfe. Die Stellersche Seekuh? Sie ist gleich im nächsten Raum.

Und tatsächlich: Da ist sie, im geheimnisvollen Halbdunkel zwischen anderen, viel, viel kleineren Skeletten. Sie ist riesig – das Skelett der Saimaa-Ringelrobbe wirkt im Vergleich wie ein Kuscheltier – ihre Rippenknochen formen eine Art Bootsraum, in dem eine Unzahl von Robben passen würden. Ihre Knochen sind dick und robust, in dunklem Beige-Braun. Vor allem die Armknochen sind auffallend massiv. Aber klar, sie mussten ja auch großes Gewicht aushalten. Man stelle sich allein die Belastung vor, wenn das Tier über die rutschigen Steine und Felsen robbte. In einem Artikel wird berichtet, dass man in vielen Museen der Welt beim Zusammensetzen und Ausstellen der Skelette davon ausging, dass die Hand- und Fingerknochen verloren gegangen seien. Deshalb baute man diese aus den Knochen anderer Tiere nach. Offenbar hat man Stellers Beschreibung nicht gelesen oder geglaubt. Denn er hatte die vorderen Gliedmaßen der Stellerschen Seekuh korrekt als stumpf beschrieben, als wären Handfläche und die Finger amputiert worden.

Und das Wesen? Das Gefühl, das sie ausstrahlte, oder besser: das Gefühl, das sie bei ihrer Betrachterin weckt? Es ist nur ein nacktes Skelett. Dennoch finde ich, dass es irgendwie weich und sanft wirkt; wahrscheinlich, weil ich seine Geschichte kenne. Nicht die Geschichte des ausgestellten Individuums, aber da es stellvertretend für eine ausgestorbene Art steht, berührt mich sein Schicksal.

Was sagt mir dieses Skelett?

Der Lebensfunken in mir und all meinen Artgenossen ist für immer erloschen. Erloschen. Oder ausgelöscht.

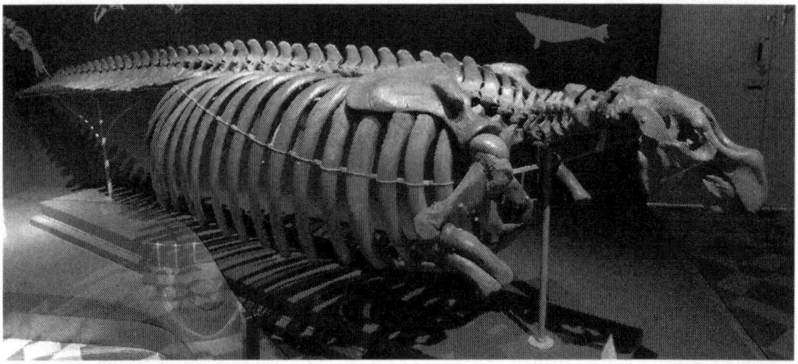

Abb. 18: Das Skelett der Stellerschen Seekuh ist eine Rarität des Naturhistorischen Museums in Helsinki. In fast allen anderen Museen der Welt sind die Skelette der Stellerschen Seekuh aus den Knochen mehrerer Individuen zusammengesetzt oder es gibt nur vereinzelte Knochen. Die Art ist wahrscheinlich 1768 ausgestorben.

Die Urvölker identifizierten sich oft mit Tieren. Es kam vor, dass sie eine Tierart für ihren Stammesältesten hielten oder Tiere andere magische Dimensionen annahmen. Diese respektvolle Grundhaltung hat sie keineswegs davon abgehalten, Tiere zu töten, schließlich war die Jagd Teil der Lebensgrundlage der Naturvölker. Trotzdem war ihnen die Verwandtschaft zwischen Menschen und anderen Tierarten auch ohne Kenntnis der Evolutionstheorie intuitiv bewusst. Obwohl unsere evolutionären Pfade sich vor Millionen Jahren trennten, haben wir noch immer viel gemeinsam. Auf der Gefühlsebene ist das recht einfach zu verstehen. Daher verhalten sich Kinder Tieren gegenüber unvoreingenommen, sprechen mit ihnen und halten sie für ebenbürtig.

Für den Zoologen Steller waren andere Arten nicht nur nutzbare Beute, sondern auch schöne und faszinierende Wesen. Auch wenn Steller sich Tieren gegenüber zum Teil brutal verhielt, etwa wenn die wissenschaftliche Neugier es verlangte, so war er doch auch von der mütterlichen Liebe der Seeotter oder von der Sorge der Seekühe um ihre verstorbenen Familienmitglieder tief gerührt. Dennoch hätte er sich nie vorstellen können, dass eines Tages Menschen mit ihrer Technik in den Tiefen des Ozeans Walgesänge hören und aufnehmen können. Und was sonst noch alles über die

Kommunikation, den Verstand, das Bewusstsein und die Gefühle der Tiere in der Zeit nach Steller herausgefunden wurde!

Tatsächlich hat man erst in den letzten Jahren angefangen, die geistigen Fähigkeiten anderer Arten ernsthaft zu erforschen. Bis dahin hatte man sich mit dem Thema allenfalls vorsichtig, meist sogar abweisend beschäftigt. Gerade so, als wäre eine offene, interessierte Haltung wissenschaftlich unangemessen. Man hat interessante Kenntnisse über den Verstand und das Gefühlsleben von Walen, Elefanten, Primaten, Hundeartigen sowie von Rabenvögeln und Papageien gewonnen, ebenso wie von zahlreichen anderen Tieren. Auch Reptilien, Fische und die zu den Weichtieren gehörenden Tintenfische, deren geistigen Eigenschaften man bis vor kurzem als äußert gering einstufte, überraschten die Forscher. Erstaunliche Erkenntnisse gewann man auch über das Gedächtnis und das Lernverhalten von Hummeln. Wir müssen wohl akzeptieren, dass auch das Leben der Insekten weit komplexer ist, als man bisher angenommen hat. Und die Pflanzen – auch sie haben offenbar weit mehr Fähigkeiten, die Welt wahrzunehmen, als wir bisher geahnt haben.

Andere Arten zu unterschätzen, mag auf mangelndes Wissen oder auch Egozentrik zurückzuführen sein. Teilweise steckt auch Berechnung dahinter. Durch das ignorante Abwerten anderer Lebewesen wird ihre Misshandlung leichter hinnehmbar. Wenn ein ausreichend hoher Prozentsatz der Nutztiere bis zum Schlachten überlebt, können wir behaupten, sie hätten sich an die traurigen Bedingungen »angepasst«; sie haben ja keine weiteren Bedürfnisse! Und je weniger wir über das Leben der Tiere in der Natur wissen, umso ›leichteren‹ Gewissens – und umso willkürlicher – können wir sie töten und ihre Lebensräume zerstören, ohne selbst darunter zu leiden.

Mit dem Auslöschen anderer Arten löscht der Mensch allerdings auch sein eigenes Leben aus. Wer andere Arten abwertet, verschließt die Augen und Ohren vor faszinierenden Geschichten, lernt niemals, andere Arten zu verstehen und lernt somit auch nie, die Welt so zu verstehen, wie es vielleicht möglich wäre. Immer, wenn Forscher von einem neuen Fund berichten, kann man sicher sein, dass dieser Fund nicht der letzte ist. Das Defizit an Intellekt und an Gefühlen der Tiere scheint bis dato also vielmehr ein Defizit der menschlichen Forschung gewesen zu sein. Oder hat sich auch nur eine einzige erforschte Tierart nach eingehender Untersuchung als simpler herausgestellt als erwartet?

Die Menschen gewinnen zweifelsohne neue Erkenntnisse über andere Arten. Doch wie viel bleibt uns noch verborgen? Wenn wir heute den Walgesängen lauschen können, vielleicht vermögen wir künftig sogar ihre Botschaft zu entschlüsseln? Vielleicht könnten wir, wenn wir andere Arten besser verstehen würden, die Welt und unseren eigenen Platz in ihr auf neue Weise begreifen. Vielleicht könnten wir von anderen Arten etwas übernehmen, wovon wir jetzt nicht einmal träumen können? Diese Möglichkeit setzt jedoch den Respekt vor dem Leben anderer Arten und den Schutz ihrer Lebensbedingungen voraus. Denn zu den ausgestorbenen Arten können wir keine Verbindung mehr herstellen.

Zu seinen Lebzeiten hat Steller es nicht geschafft, auch nur ein einziges Wort zu veröffentlichen. Er verpackte seine Schriften und verschickte sie mit Segelschiffen und Pferdewagen in der Hoffnung, dass sie unterwegs nicht verloren gingen. Es dauerte Jahre, ehe der erste Text posthum unter seinem Namen veröffentlicht wurde und auch danach ging es in eher langsamem Tempo weiter. Der Anfang als Schriftsteller war nicht vielversprechend, aber was ist nun? Als Stellers Geburt bereits über 300 Jahre zurücklag, wurden seine Manuskripte aus den Archiven der Museen ausgegraben, untersucht und in Buchform veröffentlicht. Die Kollaboration der Universität Halle und der Petersburger Akademie hat bereits mehrere Veröffentlichungen hervorgebracht. In Deutschland ist die Steller-Gesellschaft unter seinem Namen tätig, in Alaska wurde eine Schule nach ihm benannt. Kaum ein Forscher würde zu hoffen wagen, dass seine Taten die Welt der Wissenschaft noch nach 300 Jahren interessiert. Neben Stejnegers Biografie wurden über Steller auch andere, freiere Erzählungen veröffentlicht, sogar Kinderbücher und Comics. Er ist eine der Hauptfiguren in der Dichtung des deutschstämmigen Schriftstellers W. G. Sebald *After Nature*. Um sein »Andenken zu ehren«, wie man so schön sagt. Aber was würde Steller selbst davon halten?

Gewiss wäre er erfreut und sicherlich auch ein wenig geschmeichelt. Ich vermute trotzdem, dass er sich am meisten wünschen würde, dass sein Andenken so geehrt wird, dass Naturwissenschaftler weiterhin die Lebewesen dieser Welt untersuchen und erforschen.[45] Er würde sich zweifellos Gerechtigkeit auch für die marginalisierten Urvölker und überhaupt für alle Minderheiten wünschen, so unbeugsam wie er Zeit seines Lebens nach Gerechtigkeit verlangt hat.

Aber vor allem ließe sich sein Andenken am besten ehren, wenn wir die Welle des von Menschen verursachten Artensterbens, die aktuell auf unserem Planeten im Gang ist, ernsthaft aufzuhalten versuchten. Die Vernichtung der Tiere im Nordpazifik ist nicht die einzige von Menschen herbeigeführte Ausrottung. Im Gegenteil: Wir zerstören die Natur mehr denn je und sind auf seltsame Weise genauso blind wie Stellers Zeitgenossen, wenn es darum geht, unsere eigene Rolle im Kontext der Umwelt zu sehen. Der Mensch will durch das Wachstumsmantra immer mehr, die Tiere sollen eben woanders hingehen. Doch wo können sie hin? Die Arten und ihre Populationen kann man sich wie kleine Teelichter rund um den Globus vorstellen und immer mehr Flammen werden kleiner und trüber. Immer mehr stehen im Begriff endgültig zu erlöschen oder sind tatsächlich bereits erloschen.

Der in materieller Hinsicht anspruchslose Steller würde erschrecken, sähe er das Ausmaß, das die Ausbeutung der Natur heute erreicht hat, wie wenig unberührte Natur noch übrig ist und wie beharrlich wir auch diese noch angreifen. Und dass wir diese von der Politik legalisierte Vernichtung als Nutzung bezeichnen, die sich selbst berechtigt und die zu einer so bedingungslosen Überzeugung geworden ist, dass sie einer Religion ähnelt. Das hätte diesen Mann sicher gegrämt. Für ihn hatte Religion etwas mit Moral zu tun und zu seiner Moral gehörte nicht die verschwenderische Gier, die anderem Leben Schaden zufügte.

Die Männer, die die Seekühe erschlagen haben, dachten nicht daran, dass das Tier ihretwegen nur 30 Jahre später für immer und ewig ausradiert sein würde. Noch weniger dachten sie an uns, die Menschen, die über 250 Jahre später leben. Aber das Wissen, das sie hatten, war gering, fast nicht vorhanden im Vergleich zu dem Wissen, das uns heute zur Verfügung steht. Diese Männer führten ein hartes Leben und wurden nicht mit Schulbildung oder Empathie verwöhnt. Die Last der Schuld liegt bei denen die Macht und Einfluss haben, den Beamten und Gelehrten, für die das schnellstmögliche Wachstum des wirtschaftlichen Wohlstands der einzige Leitfaden war und vielleicht hat es sie nicht gestört, dass dieser Wohlstand ungleich verteilt war. Aber man muss auch berücksichtigen, wie schwach das ökologische Verständnis im 18. Jahrhundert war.

»Die Stellersche Seekuh ist ausgestorben und die Welt ist wieder ein einsamerer Ort.« So schrieb es der Meerestierforscher Victor B. Scheffer und kann man das Artensterben besser in Worte fassen? Auf der Welt gibt es knapp acht Milliarden Menschen – so gesehen ist die Welt alles andere als einsam – aber die Frage lautet, in was für einer Welt wir leben wollen. Und zunehmend auch, in was für einer Welt wir (über-)leben können.

Nachwort eines Verstorbenen

»So sehr ich mir auch wünsche, von dieser Insel wegzukommen, so viel Leid uns auch auf dieser elenden Reise widerfahren ist, ich möchte dennoch um keinen Preis die Momente, die ich hier in der Natur erlebt haben, missen.«

Dies schrieb ich später in meinem Brief an meinen Freund Gmelin genauso, wie ich es empfunden habe. Und vielleicht war von allen Menschen Gmelin derjenige, der mich am besten verstand. Er selbst hatte Jahre in Sibirien mit beschwerlichen Exkursionen und elenden Strapazen zugebracht. All dies verblasste jedoch zu Nebenerscheinungen oder zu alltäglichen Entbehrungen, wenn er vor den Blumen und Gräsern der wogenden Steppenlandschaften oder der smaragdgrün schimmernden Taiga stand. Auch er musste diese bittersüßen Momente gekannt haben, in denen die Natur mit ihrer Schönheit das Herz zu durchbohren schien und den Atem zum Stocken brachte. Oder so sehr an ihm rüttelte, dass der Geist sich beinahe vom Körper löste und leicht wie der Flugsamen einer Distel in die strömende Luft stieg.

Waren es diese wunderbaren Momente, die sich so bedeutungsvoll anfühlten, dass es sich lohnte für sie zu leben und all die Mühen auszuhalten? Ich erlebte sie stets allein inmitten der Natur und immer. Und zwar immer, wenn ich mit der Natur in Berührung kam. Der weiß-blaue Enzian im Bargusingebirge, die unbekümmert spielenden Seeotter am Strand der Beringsinsel, der Frühlingshimmel und die ersten Schneeammern … Das Bewusste und Unbewusste, das den Geist des Menschen plagt, die Einmaligkeit der Ereignisse, der unaufhaltsame Lauf der Zeit, die Reise bis zum Tod, die Gefangenschaft in uns selbst – vielleicht wird all das nur durch die Verbindung mit anderen Lebewesen leichter. Und vielleicht lautet die wichtigste Erkenntnis, dass der Mensch in seiner Einsamkeit gar nicht einsam ist, dass weder sein Schicksal noch jenes seiner Art das einzige ist, so einmalig es auch sein mag?

Menschen, die diese Verbindung zu anderen Lebewesen nicht spüren, die diese Verbindung nie mit Mark und Bein erfahren dürfen, entgeht eine ganz grundlegende Erkenntnis. Deshalb fühlen sie sich auf eine Art auch leer und elend …

Zugleich frage ich mich manchmal, ob ich wegen dieser überragenden Momente vielleicht zu sehr im Weltlichen verhaftet war. Habe ich dabei sogar meine Verbindung zu Gott verloren? War meine Verbundenheit zur Natur zu stark? Doch dann wiederum: Wie konnte an einem solchen Gefühl etwas falsch gewesen sein? Handelte es sich denn dabei nicht um die Verbindung zum Universum, also zu Gott?

Als Wissenschaftler wird mir beinahe schwindelig, wenn ich sehe, wie sich das menschliche Verständnis vom Leben, der Welt und sogar vom Universum entwickelt hat und wie viel man in rund 300 Jahren herausgefunden hat. Und trotzdem beneide ich euch nicht um eure Zeit.

Etwas zu finden, das noch nicht gefunden wurde, etwas zu erforschen, das noch nicht erforscht war und etwas zu benennen, das noch nicht benannt worden war – es war dies meine Berufung, die meine Reise von einem Kontinent zum nächsten, von Europa nach Asien, von Asien nach Amerika und wieder zurück, geprägt hat. Zeit meines Lebens war ich größtenteils auf der Reise und bin nie an dieselben Orte zurückgegangen. Nachdem ich 1734 mein Heimatland Deutschland verlassen hatte, bin ich nie wieder dorthin zurückgekehrt.

Was hat mich angetrieben? Was war meine intrinsische Motivation, aus der ich meine Kraft schöpfte? Zugegeben, zumindest zum Teil war dies die Eitelkeit eines Abenteurers und der Ehrgeiz eines Wissenschaftlers. Aber ich beschönige nichts, wenn ich behaupte, dass mein Leben am meisten von meinem leidenschaftlichen Wissensdurst gelenkt wurde.

Jeder Forscher ist in seinem Fach ein Entdecker, aber ich durfte auch im ursprünglichen Sinne des Wortes ein Entdecker sein. Die Naturwissenschaftler eurer Zeit kartieren die Welt über Mikroskope und Computer gebeugt; ich habe sie noch zu Fuß, mit dem Segelschiff oder dem Hundeschlitten erkundet. Oder wenn Biologen heute noch durch die Wälder, auf die Meere oder durch die Tundra ziehen, setzen ihre wissenschaftlichen Funde Fachkenntnisse einer bestimmten Lebensform voraus, sie müssen sich einschränken und spezialisieren. Und sehr häufig sind diese neuen Funde überaus kleine Kreaturen oder erinnern an eine nahverwandte Art, so dass die Unterschiede kaum wahrnehmbar sind.

Ich durfte in einer Zeit leben, als es kein Hindernis, sondern ein Vorteil war, wenn der Forschergeist in verschiedene Richtungen abschweifte. Ich konnte mich in jede beliebige Umgebung stürzen, mich mit jeder beliebigen Gattung befassen. Das ganze pulsierende Leben unseres Planeten und mit seinen vielfältigen Manifestationen waren meine Forschungsgegenstände und ich wollte, dass mir kein einziges Lebewesen fremd bleibt. Ich wollte alles Leben erforschen. Und noch mehr – sogar Unbelebtes, denn ich habe auch Steine umgedreht, von denen es auf meinen Reisen wahrlich genug gab.

Auf der Beringinsel begegneten wir großen Lebewesen, die im Küstengewässer schwammen. Ich fertigte die erste wissenschaftliche Beschreibung von ihnen an und diese Beschreibung blieb die einzige. So große Tiere verstecken sich heutzutage nirgendwo mehr: die Erde ist kartiert, der Mensch hat seine Umwelt bis in die Tiefen der Ozeane und sogar bis in den Weltraum abgetastet und ausgelotet.

Ich verachte keineswegs das Kleine, das mit dem menschlichen Auge kaum erkennbar ist. Der Beweis dafür sind die kleinen Parasiten, die ich im Federkleid von Vögeln fand und in Irkutsk erforschte und zwischen Schieferplatten sammelte. Nun, es waren die kleinsten Lebewesen, die mich zwangen, innezuhalten und ihnen meine Aufmerksamkeit zu schenken. Aber da war noch etwas. Ich durfte durch unkartierte Gebiete ziehen, in die noch kein aufgeklärter Mensch vorgedrungen war. Ich bewegte mich inmitten von überschwänglichem und unbeschreiblichem Reichtum. Dabei fühlte ich eine zerreißende Freude, die man in eurer Zeit nicht mehr erleben kann. Nicht auf diese Weise. Ihr könnt sorgfältig ausgewählte Proben nehmen, sondieren, sieben, schneiden und vermessen, aber ihr könnt nicht mehr … all das liebkosen.

Diese Begegnung mit der unbekannten Welt, die zu meiner Zeit noch möglich war, könnt ihr nur erahnen. Und das ist eure Schuld. Oder unsere Schuld? Auch ich habe meinen Anteil an der Entwicklung. Wir sind eine Art, die Wissen verschlingt. Aber auch andere Arten! Das ist die andere, weit schwerwiegendere Schuld und der Hauptgrund, weshalb die Welt nicht mehr dieselbe ist wie zu meiner Zeit. Und das Bewusstsein darüber überschattet jeden eurer Ausflüge in die Natur, jede eurer Berührungen mit anderen Arten.

Von diesem Wandel erzählen auch jene majestätischen Tiere, die in der Brandung wogenden Riesen, die meinen Namen tragen.

Danksagungen

Die Verfasserin dieses Buches nutzt Informationen, die andere beschafft haben, weshalb der Dank letztlich allen gilt, die im Literaturverzeichnis erwähnt werden – sowie allen anderen WissenschaftlerInnen.

Außerdem möchte ich mich bei der Verlegerin Jaana Airaksinen und dem Verlagschef Tatu Matilainen dafür bedanken, dass sie so mutig waren, Stellers Geschichte bei Into ins Verlagsprogramm aufzunehmen. Der deutsche Naturforscher aus dem 18. Jahrhundert ist in Finnland keine bekannte Persönlichkeit und somit kein Stoff mit Bestseller-Garantie.

Der Redakteur Tuomas Lojamo hat die verschiedenen Versionen des Manuskripts gelesen und lektoriert und damit beachtliche Arbeit geleistet. Seine qualifizierten Kommentare und Korrekturen haben maßgeblich zur abschließenden Form des Buches beigetragen. Ein großes Danke!

Danke an den Biologen Juha Valste, der Teile des Manuskripts gelesen hat und ebenfalls wertvolle Kommentare und Korrekturvorschläge gemacht hat. Valstes Wissen ist enzyklopädisch und wenn sich im Text noch Fehler finden, liegt die Schuld nicht bei ihm, sondern einzig und allein bei mir.

Und Danke an Risto Sauso, der mit mir schon seit über drei Jahrzehnten durch Höhen und Tiefen geht. Er hat die erste, übermäßig verschnörkelte Version meines Stellers gelesen und daran geglaubt, dass daraus noch ein Buch wird.

Anmerkungen

1 Der Dreistachlige Stichling ist äußerlich anpassungsfähig und sein Sozialverhalten ist ungemein interessant. Die im Schwarm lebenden Fische kennen einander, und man kann bei ihnen einen auf Fairness basierenden Teamgeist beobachten: wer hilft, dem wird auch geholfen. Die Männchen sind sorgsame Väter, bauen kleine Nester für die Rogen und bewachen, lüften und säubern diese. Später ernähren sie eine Zeit lang auch noch die geschlüpften Jungen. Ich habe einmal auf dem Grund eines kleinen Baches einen flitzenden Stichling-Vater beobachtet, der sauer alle anderen Fische vertrieb, die sich dem Nest nähern wollten. Sein Brutkleid glänzte in prächtigem Blau und Orange. Steller seinerseits hat Dreistachlige Stichlinge an den Stränden der Kurilen und von Kamtschatka beobachtet.

2 Stellers Manuskript wurde von Frank Golder, Professor der Stanford Universität, gefunden. Dieser veröffentlichte zwei Werke über Berings Reisen. Die Bücher beinhalten neben Stellers Tagebuch auch die Logbücher der Schiffe, die Berichte von Leutnant Sven Waxell und Kapitän Alexei Tschirikow sowie eine kurze Steller-Biografie.

3 Steller war der Meinung, dass ein Mensch in einer rauen Umgebung und unter schweren Bedingungen umso fleißiger und scharfsinniger wird. Das Gleiche galt für Tiere: die Schlittenhunde im Norden können sich an lange Strecken erinnern und sind zu erstaunlichen Leistungen fähig, die Menschen andernorts nicht für möglich halten würden. Später musste Steller jedoch einsehen, dass seine Umwelttheorie nicht lückenlos anwendbar ist, da er z. B. in Jakutien faule Säufer vorgefunden hatte, wobei dort das Klima so rau wie kaum woanders war!

4 In seinem Reisebuch bietet Gmelin eine Schilderung einiger staatlich betriebener Unterkünfte, die für Reisende bestimmt waren. Er berichtet, wie die Expedition am Jenissei-Strom beim Betreten einer solchen abgeschiedenen Absteige vor dem sich bietenden makabren Anblick erschauderte: Im Zimmer herrschte Dunkelheit und der Gastgeber sah »beinahe wie ein Mörder« aus. Zu allem Überfluss sprach er kein Wort und bewegte sich unruhig im Raum umher, sodass Gmelins Gefolge andauernd den Kontakt zu ihm verlor. »Meine Vermutungen waren jedoch falsch«, stellte Gmelin fest und berichtete weiter, dass der Mann nur deshalb nicht auf ihre Fragen antwortete, weil er taubstumm war. Die Unruhe war auf sein hohes Alter zurückzuführen, weshalb der alte Mann sich dann und wann irgendwo in die Ecke setzen

musste, um seine Beine auszuruhen. Gmelins Beobachtungen zufolge wurden diese abgelegenen Raststätten häufig von schlecht bezahlten Invaliden betrieben.

5 Bevor er in die Hauptstadt zurückkehrte, zog Gmelin jedoch in ausgedehnten Kreisen durch Sibirien und Mittelasien, sodass seine Reise auch ohne den Kamtschatka-Auftrag noch weitere vier Jahre dauerte!

6 Laut Steller handelte es sich beim Bärenklauschnaps um eine Erfindung der Kosaken, die aus einer Zeit stammte, als noch kein Schiffverkehr über das Ochotskische Meer eingerichtet worden war, sodass der Transport des Getränks mit viel Arbeit und Strapazen verbunden war. Die schnapsdurstigen Kosaken hatten auch mit vergorenem Fisch Destillierexperimente durchgeführt, die jedoch nicht zu den erhofften Ergebnissen geführt hatten. Stellers Schilderung zufolge war der Genuss von Bärenklauschnaps ziemlich ungesund – »das Blut verfärbte sich schwarz und das Gesicht blau« und schlimmstenfalls grenzte der Rausch an Wahnsinn und Vergiftungszustände. Die Betrunkenen verloren jegliche Hemmungen und ließen ihren »Fantasien« derart freien Lauf, dass sie sich am nächsten Morgen dafür schämten. So sehr, dass sie sich zum Trost erneut einen hinter die Binde kippen mussten. Und dafür brauchte es angeblich keinen Schnaps, sondern bereits ein Schluck Wasser konnte den Rauschzustand erneut entfachen!

7 Steller fertigte von seinen Pflanzenfunden Artenlisten in lateinischer Sprache an. Auf der Liste von Kayak Island gibt es 143 Arten. Viele der von ihm vergebenen Namen sind wortreiche Beschreibungen, da, wie bereits erwähnt, die binäre Nomenklatur noch nicht verwendet wurde. Als 1753 Linnés *Species Plantarum* erschien, lag Steller bereits unter der Erde. Die hierarchische Ordnung der Lebewesen der Natur sowie die lateinischen Namensbezeichnungen hatten allerdings schon Fahrt aufgenommen und Linnés *Systema Naturae* war bereits in Gebrauch.

8 Sauer sind wir bereits begegnet: Er war es, der von jenem alten Chugach-Indigenen geschrieben hatte, der sich daran erinnerte, als kleiner Junge Berings Schiff auf Kayak Island gesehen zu haben und sich mit seiner Familie vor den Männern versteckt hatte. Sauer war auch bei Billings Forschungsreise dabei, für deren Organisation Pallas von der Akademie der Wissenschaften zuständig war, derselbe Naturforscher, der Stellers hinterlassene Papiere gesammelt und veröffentlicht hat. Der Kreis der Wissenschaftswelt Russlands war damals recht überschaubar. Billings' Expedition, Sauer und Pallas werden wir später noch begegnen.

9 Der Seeotter (*Enhydra lutris*) ist ebenso schlank und kurzbeinig wie der bei uns beheimatete Otter, allerdings viel größer. Das Gewicht eines ausgewachsenen Männchens kann bis 30–45 kg betragen, ein Weibchen wiegt 15–30 kg. Der Seeotter wird nicht von einer dicken Fettschicht gewärmt, sondern trägt einen für ein Säugetier ungemein dichten Pelz. Just dieser samtige Pelz wurde unzähligen Seeottern zum Verhängnis, da er eine beliebte Ware ist. Tatsächlich ist der Seeotter nur sehr knapp dem Aussterben entgangen.

10 Der scharfsinnige Entdecker des Alpenschneehuhns war der schwedische Botaniker Lars Montin, Schüler von Linné. Er gab der Art 1776 ihren heutigen Namen gab. Das Alpenschneehuhn gehört zu den Hühnervögeln, ist allerdings noch wider-

standsfähiger als das Moorschneehuhn und bewohnt Gebirge, die Tundra und allgemein die Wildnis. Selbst im Winter sucht es keinen Schutz in den Wäldern.

11 Aufgrund ihrer isolierten Lage, erhalten einige dauerhaft auf der Insel lebende Spezies kein Genmaterial von anderen Populationen. So haben sie ihren eigenen Evolutionssonderweg angetreten. Die Polarfüchse der Bering- und der Mednyinsel werden als eigene Unterarten betrachtet (*Alopex lagopus beringensis* und *Alopex lagopus semenovi*). Auch das Alpenschneehuhn (*Lagopus muta ridgwayi*) und der Zaunkönig (*Troglodytes troglodytes pallescens*) haben sich von ihren Verwandten auf dem Festland abgespalten.

12 Säugetiere bilden allgemein in ihrem Organismus selbst Vitamin C. Menschen jedoch und auch anderen Primaten sowie zumindest Meerschweinchen und Fruchtfledermäusen ist diese Fähigkeit abhandengekommen. Die Vitamin-C-Herstellung besteht aus vier Phasen, wobei vier verschiedene Gene benötigt werden. Doch aufgrund von evolutionärer Mutation entsteht unter anderem beim Menschen in der letzten Phase kein wirksames Enzym mehr und der Prozess schlägt fehl. Diese Mutation hatte lange Zeit kein Problem dargestellt, da der Mensch ursprünglich die Savannen bewohnte und folglich ganzjährig Früchte, Wurzeln und anderes Gemüse essen konnte. Als der Mensch später auch den Norden und sogar die arktische Zone besiedelte, gelang es mit Rohkost den Skorbut soweit in Schach zu halten, dass die nördlichen Gebiete immerhin nicht entvölkert wurden.

13 Diese plötzlichen Todesfälle scheinen merkwürdig, hängen aber wahrscheinlich mit dem Kollagen zusammen. Kollagen ist ein Protein des Bindegewebes, das in Knochen, Knorpeln, Sehnen, Haut und der Membran vorkommt, die die Organe umgibt. Für die Bildung dieses Proteins wird Vitamin C benötigt und deshalb treten bei Vitamin-C-Mangel als erste Symptome eine Schwächung der Haut und Schleimhäute auf. Kollagen ist das allgemeinste Protein des Organismus und stellt etwa 30 % der trockenen Materie des menschlichen Körpers dar. Und so überrascht es kaum, dass die Unterbrechung der Synthese eines so wichtigen Proteins zu dramatischen Folgen und schließlich zu inneren Blutungen und Herzstillstand führt. Allein schon das Aufstehen kann einen plötzlichen Abfall des Blutdrucks und Ohnmacht verursachen.

14 Steller listet die Pflanzen genau auf: Echtes Löffelkraut und andere Kreuzblütler, Ehrenpreis, Weidenröschen, Knöllchen-Knöterich, Küsten-Blauglöckchen sowie Doldenblütler. Im Frühjahr gruben sie die Zwiebeln der aus Kamtschatka bekannten Schatten-Schachblume aus. Aus den Zweigen der Preiselbeere, Wintergrün und Krähenbeere kochten sie einen Tee-Ersatz.

15 Der Seeotter gehört zu den wenigen Säugetieren, von denen bekannt ist, dass sie Werkzeuge verwenden. Unter Wasser sucht der Otter einen Stein von passender Größe, nimmt ihn in die Vorderpfoten und schlägt damit am Meeresgrund gegen Muscheln, um diese abzulösen. Um Luft zu schnappen, kehrt er zwischendurch an die Wasseroberfläche zurück. Hat er die Muschel vom Stein gelöst, taucht er mit der Beute zwischen den Vorderpfoten und den Stein in der Achselhöhle eingeklemmt wieder auf. Er dreht sich auf dem Rücken, treibt auf dem Wasser und platziert den

Stein als Ambos auf seinem Bauch und klopft so die Schale der Muschel auf. Wenn es keine passenden Steine gibt, nimmt er sich eine zweite Muschel zur Hilfe. Steller hat darüber nichts geschrieben, aber die Verwendung von Steinen als Werkzeug gehört vor allem zur Strategie der Otter in Kalifornien. Die Otter in den nördlicheren Seegebieten finden wahrscheinlich reichlich Muscheln mit weicherer Schale, so dass sie diese einfach mit ihren Zähnen knacken können.

16 Auch ich musste mich an meiner eigenen Version dieses »guten und sättigenden« Getränks versuchen. An einem Herbstabend, als die Aufgaben des Tages erledigt waren, das Geschirr gespült war und das Feuer im Ofen knisterte, bereitete ich mir davon eine Portion zu, wobei ich es wohlweislich vermied, meinem Partner eine Tasse anzubieten. Wie Waxell goss ich einen Tee aus Zweigen der Krähenbeere auf, die ich gesammelt hatte und dickte das Getränk mit Roggenmehl an, während ich jedoch auf das Schießpulver verzichtete. Das Walfett ersetzte ich durch Rapsöl. Ich muss gestehen, dass ich nicht die ganze Tasse getrunken habe, aber ein paar ordentliche Schlucke habe ich durchaus zu mir genommen. Der Geschmack war nicht so übel; das Getränk war weitgehend geschmacksneutral. Allerdings war es so fettig, dass ich Brechreiz bekam. Vermutlich muss man zu einem gewissen Grad mangelernährt sein, um *Saturna* wahrlich genießen zu können.

17 Nordkapern waren die Lieblinge der Walfänger, was sich auch in ihrem englischen Namen *Right Whale* (= »richtiger Wal«), widerspiegelt. Diese »richtigen« Wale hatten aus Sicht der Schlächter viele gute Eigenschaften: sie hielten sich in Gruppen in Küstennähe auf, sie waren langsam und friedlich. Wenn sie tot waren, trieben sie an der Oberfläche und sie lieferten reichlich brauchbares Fett. Von den drei Arten erholte sich der Bestand der Südkapern am besten vom Walfang, während der Atlantische Nordkaper ebenso wie der Pazifische Nordkaper als stark gefährdet gelten (etwa 300 Exemplare). In letzter Zeit ist die Sterberate alarmierend angestiegen, wobei als wichtiger Grund die Zusammenstöße mit Schiffen gelten.

18 Auch auf der südlichen Halbkugel finden sich Arten, die zur Familie der Ohrenrobben gehören und während seiner Beobachtungen der Robben auf der Beringinsel erinnerte Steller sich an Beschreibungen von William Dampier, einem britischen Forschungsreisenden des 17. Jahrhunderts. Dampier, der eher ein Seeräuber als Kapitän eines Handelsschiffes war, war seinerzeit ein außerordentlich kompetenter Naturforscher und in der Bibliothek in St. Petersburg hatte Steller die Gelegenheit, sich mit seinen Schilderungen der Fauna der südlichen Regionen vertraut zu machen. Steller schlussfolgerte ganz richtig, dass die Distanz zu weit war, so dass es sich bei Dampiers Robben um andere Arten als die Bewohner der Beringinsel handeln musste.

19 Der lateinische Name dieser Ordnung lautet *Sirenia*, womit jedoch weder auf die Alarmsirene noch die mythologischen Fabelwesen Bezug genommen wird.

20 Waxells Reiseschilderung *The American Expedition*, deren deutschsprachiges Manuskript er 1756 fertigstellte, erschien erst lange nach seinem Tod als Buch. Neben Stellers Tagebuch gilt es als eines der beiden wichtigen Dokumente, auf die Historiker sich stützen. Die Notizen in den Logbüchern sind jedoch im Vergleich extrem

dürftig. Waxell hat nicht ganz so frisch geschrieben wie Steller, so dass es ihm leichter fiel, im Nachhinein schlauer dazustehen, und auch ansonsten sind seine Aufzeichnungen ein wenig eklektisch. Andererseits ist es für Memoiren auch durchaus charakteristisch und keine Seltenheit, sich selbst und sein Leben etwas beschönigend darzustellen. Über Bering und Steller schreibt Waxell nur sporadisch und auch sein Stil ist nicht so temperamentvoll wie Stellers.

21 Plenisner haben wir es zu verdanken, dass uns von der Stellerschen Seekuh überhaupt irgendwelche Zeichnungen geblieben sind. Steller selbst war ein extrem unbeholfener Zeichner, wie sein Biograf Stejneger feststellt und als Beweismaterial eine Seite ungelenker Kritzeleien von den Körperteilen der Seekuh beifügt.

22 Der Riesenseeadler (*Haliaeetus pelagicus*) ist eine der Arten, die Steller für die Wissenschaft dokumentiert hat, woran auch seine englische Bezeichnung *Steller's sea eagle* erinnert. Er ist der größte Adler Asiens und deutlich größer als der in Europa verbreitete Seeadler. Auch seine Farbgebung ist auffällig: vor seinem dunklen Gefieder stechen seine Schultern und sein Schwanz weiß hervor. Auf Fotos sitzen diese Schönheiten in dichtem Schneegestöber oder verschlingen Fische auf dem Meereis. In ihrem Reiseroman *Sibirien. Selbstporträt mit Flügeln* beschreibt Ulla-Leena Lundberg, dass sie der Anblick des großen, orange-gelben Schnabels des Adlers verblüffte: »Als hätte er eine Apfelsine im Rachen.«

23 Im Jahr 2005 fotografierte Gorshkov eine Gruppe von Bären, die an einem Fluss in Kamtschatka Fische fingen. Es waren insgesamt 200 Bären. Gorshkov spricht von einem »Paradies für Fotografen« und berichtet, dass er dort ein Foto gemacht habe, auf dem gleichzeitig 20 Bären zu sehen sind. Als er ein Jahr später an den Fluss zurückkehrte, gab es dort keine Bären mehr. Die Überreste am Flussufer belegten, dass dort ein Blutbad stattgefunden hatte. Nachdem Gorshkov dies angezeigt hatte, wurden Wilderer festgenommen, bei denen man große Mengen an Gallenblasen von Bären und 400 abgehackte Bärentatzen fand, die vermutlich nach Asien geschmuggelt werden sollten.

24 In Stellers Kamtschatka-Buch gibt es ganze 19 Seiten Fischwissen und er schafft es, 30 Fischarten zu dokumentieren. Er bewahrte auch Fische auf, indem er sie an der Luft trocknete oder in Gläsern mit Alkohol konservierte. Wilhelm von Tilesius, der 70 Jahre später Stellers Nachlass untersuchte, war von der Qualität seiner Proben und der Gründlichkeit der Beschreibungen beeindruckt. Steller beschriftete seine Proben stets mit Angaben zu Fundort und Datum – unverzichtbare Informationen. Es ist dies eine Stolperfalle, in die auch Forscher spätere Generationen immer wieder tappten. Selbst Charles Darwin verzweifelte an seiner eigenen Nachlässigkeit, da er nicht auf allen Proben vermerkt hatte, von welcher der Galapagosinseln sie jeweils stammten.

25 In seinem Reisetagebuch aus Sibirien übt Steller scharfe Kritik an der dortigen Besteuerungspraxis, bei der Arme genauso viel Steuern zahlen mussten wie die Wohlhabenden, obwohl sie kaum genug Brot für ihre Familien hatten, während es für die Reicheren ein Leichtes gewesen wäre, höhere Steuern zu zahlen. Er prä-

sentierte auch zahlreiche Lösungsvorschläge, wie der Staat sich besser um das Wohl des Volkes kümmern könnte.

26 Auch Länder, die keine Kolonien hatten, haben von den günstigen Rohstoffen ferner Länder profitiert und ihren Wohlstand zum Teil auf deren Kosten errichtet.

27 In der Gegend um Irkutsk fand Steller u. a. einen ungewöhnlich weißen, blaugepunkteten Enzian sowie das Altai-Stiefmütterchen und gelben Rhododendron. Letztgenannter stellte sich als giftig heraus, denn das zahme Rentier, von dem Steller begleitet wurde, stopfte sich etwas davon in die Backen, aber bekam dann seltsame Zuckungen und Krämpfe, plumpste auf den Boden und lag dort mehrere Stunden völlig reglos. Es erholte sich jedoch wieder und war bald genauso munter wie zuvor.

28 Eine etwas allgemeinere Form der Majestätsbeleidigung existiert im Hochverrat auch heute noch, wenngleich selbst die Majestätsbeleidigung auf der Welt noch nicht völlig ausgestorben ist. Den wohl strengsten majestätischen Schutz genießt der König von Thailand, für dessen Schmähung man eine langjährige Haftstrafe bekommen kann.

29 Der russische Historiker Passenjuk tadelt Fischer als einen unangenehmen und affektierten Typen, der gerne seine Untergebenen herumkommandierte. Ihm zufolge hatte Fischer einmal auf einer schwierigen Passage danach verlangt, in einer »wiegenartigen« Sänfte getragen zu werden. Vielleicht war diese Beförderung in der Wiege eine kleine Wiedergutmachung für den Gefangenentransport, oder aber dies war genau der Hintergrund für den Zorn des Soldaten.

30 Die Minenstadt Jekaterinburg befindet sich an der Ostseite des Uralgebirges und von dort aus beginnt die Reise durch Sibirien. Auch Steller kommt auf seinem Hinweg durch die Stadt, auf dem Rückweg war dies jedoch nicht mehr gestattet, da die Durchreise durch Jekaterinburg verboten worden war. Wegen des Zolls wollte man Reisende auf dem Weg von Sibirien nach Europa durch den Kontrollpunkt in Werchoturje im Norden umleiten.

31 Wie bereits festgestellt waren 300 Rubel das normale Jahresgehalt eines Adjunkten der Akademie, wobei der Lohn während der Großen Nordischen Expedition verdoppelt wurde. Über 600 Rubel, die Brigitta Elena in Moskau ja zur Verfügung standen, waren also keine geringe Summe.

32 Steller spricht sich auch für eine freiere Alkoholpolitik aus. Die Einnahmen aus der Alkoholsteuer waren für den Staat vielerorts deutlich höher als andere Steuereinnahmen. Aber auch hauseigene Brennereien und Schmuggel wurden eifrig betrieben und Steller war auch der Meinung, dass die gesetzlichen Einschränkungen die Leute nicht am Saufen hinderten. Er glaubte, dass Schnaps etwas von seinem Glanz einbüßen würde und die Leute ihren Konsum mäßigen würden, wenn der Staat die Regeln lockern würde, so dass es einfacher wäre, an Alkohol zu kommen und die Preise sinken würden. Auch Krašeninnikov schrieb, dass die private Schnapsherstellung in Kamtschatka zwar verboten war, die Leute allerdings bereits beim Betreten einer Kneipe selten nüchtern waren. Ihm zufolge kamen die Menschen in die

Kneipe »um zu trinken, bis ihr Maß voll ist. Und ihr Maß ist, dass sie sich unter den Tisch trinken«.

33 Stejneger wurde über 90 Jahre alt. Einen Vorgeschmack auf den Tod hat er aber bereits auf seiner ersten Reise zur Beringinsel erhalten, als er eine der *Baidarkas* (eine Art Kajak) der Aleuten ausprobierte. Er machte mit dem Gefährt eine Drehung um 180 Grad und blieb mit dem Kopf solange unter Wasser, dass er wiederbelebt werden musste. Er erzählt, dass ihm das tolle Lichtspiel der sich kräuselnden Wasseroberfläche ungewöhnlich deutlich ins Bewusstsein drang.

34 Über die Ansammlung von Plastikmüll im Meer ist in letzter Zeit viel berichtet worden, denn die Mengen sind schockierend und der Plastikmüll tötet – erhängt, ertränkt und erstickt – unzählige Meerestiere. Die neuste Sorge ist Mikroplastik, das entsteht, wenn ins Meer entsorgtes Plastik sich zersetzt. Es gerät u. a. durch Autoreifen oder das Waschwasser von Kunstfasertextilien in die Gewässer. Diese kleinen Plastikpartikel, die bspw. in Salz oder Trinkwasser nachgewiesen wurden, nehmen natürlich auch die Menschen unbemerkt auf.

35 Einer Schätzung zufolge lag die Seeotterpopulation auf den Kommandeurinseln vor der Ausrottung bei mehreren tausend, vielleicht über 5000 Exemplaren, während Mitte der 1750er nur noch wenige Hunderte übrig waren. In den 1810er Jahren gelang es Jägern, die sich sieben Jahre auf der Insel Medny aufhielten, innerhalb des gesamten Zeitraums nur noch 15 Otter zu fangen.

36 Gewonnen hat letzten Ende Grigori Schelichow und später verbündete sich seine Witwe mit seinem Schwiegersohn und seinem ehemaligen Konkurrenten und gründete die Russländisch-Amerikanische Kompagnie. Der russische Staat wurde Teilhaber und hielt dem Unternehmen wirtschaftlich und gesetzlich den Rücken frei.

37 Die russische Bezeichnung *ostrow medny* bedeutet übersetzt Kupferinsel – so auch der englische Name Copper Island.

38 Neben der Jagd wurde der Artenbestand auf Inseln häufig auch von Tieren zerstört, die die Menschen mitgebracht hatten. Auf den Inseln Alaskas wurden bspw. Ratten und von Menschen ausgesetzte Polarfüchse zum Problem. Dieses Problem der Einfuhr fremder Arten ist auf den Inseln der südlichen Ozeane bekannt und weit verbreitet. Neben den Ratten haben verwilderte Hunde und Katzen, Schweine und Ziegen, sogar Affen, Schlangen und Mücken (oder von Mücken übertragene Krankheiten) diverse heimische Arten der Inseln vernichtet.

39 Einigen Forschern zufolge war der moderne Mensch mit seinen Artverwandten möglicherweise sogar schon für das Aussterben großer Säugetiere in Afrika mitverantwortlich.

40 Als Beispiel für einen großen Neufund sei hier der Nördliche See-Elefant aufgeführt, der Ende des 19. Jahrhunderts als ausgestorben galt. Im Jahr 1892 fand man jedoch an der Küste im Norden Mexikos eine kleine Kolonie von etwa 100 Tieren. Hinzuzurechnen sind noch Jungtiere, die ihr Leben auf Wanderschaft verbringen und erst mit der Geschlechtsreife an den Paarungsort zurückkehren. Nachdem die Art unter Artenschutz gestellt worden war, konnte sich der Bestand erholen, so dass die

Tiere nun auch an der Küste Kaliforniens auftreten und die Anzahl der Exemplare auf 210 000–239 000 geschätzt wird!

41 Auch Steller nennt die Seeotter »dumm« und meint damit ihre Zutraulichkeit. Die »Dummen« stellten sich jedoch als äußerst lernfähig heraus, denn er beschreibt sie auch mit dem Adjektiv »listig«. Er schildert, wie ein Tier sich totstellen konnte und erst dann davonflitzte, als die Männer mit den Knüppeln sich weit genug entfernt hatten.

42 Der weltweite Bestand des Nördlichen Seebären wird auf knapp unter 1,3 Millionen geschätzt. Der Stellersche Seelöwe kommt auf insgesamt 160 000 Exemplare; die westliche Population wird als bedroht eingestuft, die Entwicklung der östlichen Population gilt allerdings als stabil und wurde 2013 von der Liste der bedrohten Arten genommen.

43 Den weltweiten Bestand der Buckelwale schätzten Palumbi und Roman sogar auf 1,5 Millionen, während der Wert der Walfangkommission 100 000 betrug. Der heutige Bestand liegt Schätzungen zufolge bei 30 000–60 000 Exemplaren. Der Zwergwal, der nach wie vor getötet und dessen Fleisch verkauft wird, hat sich der genetischen Untersuchung zufolge ebenfalls nicht von der Raubjagd erholt, denn die ursprüngliche Anzahl der Exemplare im Nordatlantik war doppelt so hoch wie heute.

44 Im Sommer 2017 wurde in der renommierten internationalen Fachzeitschrift *PNAS* (die am zweithäufigsten zitierte wissenschaftliche Veröffentlichungsreihe *Proceedings of the National Academy of Sciences*) von einer Studie berichtet, dass das sechste Aussterben, das gerade im Gang ist und von Menschen verursacht ist, stark unterschätzt wird und weiter fortgeschritten ist als bisher angenommen. In einer breiten Studie wurden die Zahlen der Tierpopulationen der Welt und ihre reduzierten Lebensräume geschätzt, und auf dieser Grundlage geht es nicht mehr nur um den Verlust von seltenen Arten. Auch die Bestände von weitverbreiteten Arten gehen in außerordentlich schnellem Takt zurück.

45 Auf der ganzen Welt wurden bislang etwa 1,8 Millionen Lebensformen beschrieben – Tiere, Pflanzen, Pilze, Algen, Mikroben … Die Zahl der noch unbekannten Arten kennt niemand (die Schätzung liegt bei acht Millionen Arten) und leider werden viele verschwinden, ehe wir überhaupt von ihrer Existenz erfahren. Auch wenn es sich bei den neuen Funden hauptsächlich um Wirbellose oder laut genetischer Untersuchungen um »abgespaltene« Arten bereits bekannter Arten handelt, können durchaus noch, vor allem im Regenwald, für die Wissenschaft neue Säugetiere, Vögel und Reptilien entdeckt werden; Forscher der Universität in Turku fanden vor Kurzem in Papua-Neuguinea z. B. eine große Rattenart und einen Waran. Auch im Artenbestand der Ozeane gibt es noch viel zu erforschen.

Literaturverzeichnis

In der Geschichte über Steller habe ich mich vor allem auf die Steller-Biografie von Leonhard Stejneger sowie die Bering-Biografie von Orcutt Frost gestützt.

In Teil I–III waren auch Stellers Reisetagebücher, in Teil IV Stellers Kamtschatka-Buch besonders wichtige Quellen. Teil V wurde vor allem von zwei Büchern geprägt: Callum Roberts' *The Unnatural History of the Sea* sowie Ryan Tucker Jones' *Empire of Extinction.* Über das Artensterben bietet auch Elizabeth Kolberts *The Sixth Extinction: An Unnatural History* eine interessante Lektüre.

Amundsen, Bård: Conservative seabirds in a squeeze. Science Norway, 16.5.2016. https://www.sciencenorway.no/birds-forskningno-norway/conservative-seabirds-in-a-squeeze/1433310.

Anderson, Alun: After the Ice: Life, Death and Politics in the New Arctic. Smithsonian Books, 2009.

Archer, Christon I.: The Voyage of Captain George Vancouver: A Review Article. BC Studies, No. 73. 1987. Vancouver: The British Columbia Quarterly. http://ojs.library.ubc.ca/index.php/bcstudies/article/view/1259.

Baron, Jeremy Hugh: Sailors' Scurvy before and after James Lind – a reassessment. Nutrition Reviews 67(6). 7/2009. https://pdfs.semanticscholar.org/123e/bc0bd57683f8d8cfa0bee98a016fc5f2f37b.pdf.

Bell, Margaret E.: Touched with Fire. Alaska's George William Steller. New York: William Morrow, 1960. https://archive.org/details/touchedwithfirea00bell.

Bergman, Sten: Auf Schi und Hundeschlitten durch Kamtschatka. Stuttgart: Strecker und Schröder, 1928.

Blåfield, Martti: Nordenskiöld. Helsinki: Into, 2016.

Bobrick, Benson: East of the Sun. The Epic Conquest and Tragic History of Siberia. New York: Poseidon Press, 1992.

Castrén, M. A.: Nordische Reisen und Forschungen (Hrsg. A. Schiefner). Leipzig, 1856.

Collins, Henry B. Jr.: Georg Wilhelm Steller. Encyclopedia Arctica, 15-Volume Unpublished Reference Work, 1947–1951. Dartmouth College Library. http://collections.dartmouth.edu/arctica-beta/html/EA15-68.html.

Coyne, Jerry: Why Evolution is True. Oxford: Oxford University Press, 2009.

Darwin, Charles: Die Fahrt der Beagle (aus dem Englischen von Elke Schönfeld). Hamburg: Mare Verlag, 2006.

Diamond, Jared: Vermächtnis. Was wir von traditionellen Gesellschaften lernen können (aus dem Englischen von Sebastian Vogel). Frankfurt/Main: S. Fischer, 2012.

Donner, Jörn: I min fars fotspår – Resor i Sibirien förr och nu. Söderström, 2006.

Donner, Kai: Bei den Samojeden in Sibirien. Stuttgart: Strecker und Schröder, 1936.

Egerton, Frank N.: A History of the Ecological Sciences, Part 27: Naturalists Explore Russia and the North Pacific During the 1700 s. Bulletin Ecological Society of America, Volume 89, Issue 1, 2008. https://esajournals.onlinelibrary.wiley.com/doi/abs/10.1890/0012-9623%282008%2989%5B39%3AAHOTES%5D2.0.CO%3B2.

Elert, Alexander Ch.: Russian Siberians of the 18th Century and Alcoholism. Science First Hand: Great Northern Expedition: in the wake of the academic detachment. Volume 18, No. 6, 25.12.2007. https://scfh.ru/en/papers/russian-siberians-of-the-18th-century-and-alcoholism/?sphrase_id=13035146.

Elert, Alexander Ch.: Description of the City of Irkutsk and Its Suburbs. »Irkutsk Customs and LifeStyle«. Science First Hand: Great Northern Expedition: in the wake of the academic detachment, Volume 18, No. 6, 25.12.2007. https://scfh.ru/en/papers/description-of-the-city-of-irkutsk-and-its-suburbs-quot-irkutsk-customs-and-life-style-quot/?sphrase_id=13035146.

Elert, Alexander Ch.: A Journey across Siberia. Turks of the Krasnoyarsk Uyezd and Their Shamans. Science First Hand: Great Northern Expedition: in the wake of the academic detachment, Volume 18, No. 6, 25.12.2007. https://scfh.ru/en/papers/a-journey-across-siberia-turks-of-the-krasnoyarsk-uyezd-and-their-shamans/?sphrase_id=13035146.

Elert, Alexander Ch.: Great Northern Expedition: In the Wake of the Academic Detachment. Science First Hand: Great Northern Expedition: in the wake of the academic detachment, Volume 18, No. 6, 25.12.2007. https://scfh.ru/en/papers/great-northern-expedition-in-the-wake-of-the-academic-detachment/?sphrase_id=13036529.

Fiacco, Joshua: Steller's Sea Cow: The Sole Arctic/Subarctic Extinction. Magnetic North Arctic Studies at the Smithsonian. http://nmnh.typepad.com/arctic_studies/2015/07/stellersseacow.html.

Flinkman, Vilma: Uusi tutkimus: kuudes sukupuuttoaalto on jo täällä – ja olemme tutkineet lajien joukkotuhon laajuuden aivan väärin. Helsingin Sanomat, 13.7.2017.

Ford, Corey: Where the Sea Breaks Its Back. The Epic Story of a Pioneer Naturalist and the Discovery of Alaska. Anchorage: Alaska Northwest Books, 1992.

Frost, Orcutt: Bering – the Russian Discovery of America. New Haven, CT: Yale University Press, 2003.

Golder, Frank A.: Bering's Voyages. An Account of the Efforts of the Russians to Determine the Relation of Asia and America, Volume I: The Log Books and Official Reports of the First and Second Expeditions 1725–1730 and 1733–1742. American Goegraphical Society, New York, 1922. https://archive.org/details/beringsvoyagesa00stejgoog; und Teil II: Steller's Journal of the Sea Voyage from Kamchatka to America and Return on the Second Expedition 1741–1742 (Englische Übersetzung und Kommentare von Leonhard Stejneger). American Geographical Society, New York, 1925. https://archive.org/details/beringsvoyagesac02gold oder https://www.americanjourneys.org/aj-099/index.asp

Gorshkov, Sergey: Odyssey through Kamchatka. Raahe: Lumo Publishing Oy, 2016.

Greenwald, Noah & Stephanie Callimanis, Amanda Garty, Emily Peters: The Bering Sea. A Biodiversity Assessment of Vertebrate Species. Center for Biological Diversity Pacific Environment, 2006. https://www.biologicaldiversity.org/publications/papers/BeringSeaRpt.pdf.

Grock, Isabelle: Eco engineers. The spectacular return of sea otters. BBC Wildlife, Volume 34, No. 7, 5/2016.

Grzimek, Bernhard: Vom Grizzlybär zur Brillenschlange: Ein Naturschützer berichtet aus vier Erdteilen. Kindler, 1979.

Häkli, Esko, Juha Nurminen, Nils-Erik Raurala: The Northeast-Passage: From the Vikings to Nordenskiold. Helsinki: John Nurminen Foundation, 1992.

Hanski, Ilkka: Kutistuva maailma. Elinympäristöjen häviämisen populaatioekologiset seuraukset. Helsinki: Gaudeamus, 2007.

Hanski, Ilkka: Tutkimusmatkoja saarille. Luonnon monimuotoisuutta kartoittamassa. Helsinki: Gaudeamus, 2016.

Hanski, Ilkka: Lahjakkaimpien nuorten tutkijoiden on vaikea innostua tavoitteista, joita poliitikot asettavat tieteelle. Kanava-lehti 2/2016. https://suomenkuvalehti.fi/jutut/kotimaa/suomi-jaa-tiedemaailman-takariviin-akatemiaprofessori-ilkka-hanskin-tiukka-viesti-hallitukselle/?shared=312505-e6d2fba6-999.

Heinrich, Bernd: The Snoring Bird. My Family's Journey through a Century of Biology. New York: Harper Collins Publishers, 2007.

Hintzsche, Wieland: The Second Kamchatka Expedition is a Heroic Scientific Act of the 18th Century. Science First Hand: Great Northern Expedition: in the wake of the academic detachment, Volume 18, No. 6, 25.12.2007. https://scfh.ru/en/papers/the-second-kamchatka-expedition-is-a-heroic-scientific-act-of-the-18th-century/?sphrase_id=13035146.

HS-AFP: Nälkäiset karhut tappaneet kaksi ihmistä Venäjällä – liikakalastus Sahalinin saarella johtanut karhujen nälkiintymiseen. Helsingin Sanomat, 16.10.2017.

Irjala, Auli: Meren selkä taittuu. Kertomuksia Kristiinan purjehdukselta. Helsinki: Edita 2007.

Jager, E. J.: The first plant lists and collections from Alaska – Georg Wilhelm Steller's botanical work in America. Research Gate, 01/ 2000. https://www.researchgate.

net/publication/293775629_The_first_plant_lists_and_collections_from_Alaska_-_Georg_Wilhelm_Steller's_botanical_work_in_America.

Järvinen, Olli & Kaarina Miettinen: Sammuuko suuri suku? Luonnon puolustamisen biologiaa. Helsinki: Suomen Luonnonsuojelun Tuki Oy, 1987.

Johansen Hans: Revised List of the Birds of the Commander Islands. The Auk. Volume 78, No. 1, 1961. Chicago: American Ornithological Society, 1961. https://sora.unm.edu/sites/default/files/journals/auk/v078n01/p0044-p0056.pdf.

Johnson, Donald S. & Juha Nurminen: Die große Geschichte der Seefahrt (dt. Übers. Frank Auerbach). Hamburg: National Geographic Deutschland, 2008.

Jones, Ryan Tucker: Empire of Extinction. Russians and the North Pacific's Strange Beasts of the Sea, 1741–1867. Oxford: Oxford University Press, 2014.

Jones, Ryan Tucker: Running into Whales: The History of the North Pacific from below the Waves. The American Historical Review, Volume 118, Issue 2, 1 April 2013. https://academic.oup.com/ahr/article/118/2/349/42096.

Kirkinen, Heikki: Venäjän historia. Helsinki: Otava, 2006.

Kolbert, Elizabeth: Das sechste Sterben. Wie der Mensch Naturgeschichte schreibt (aus dem Englischen von Ulrike Bischoff). Berlin: Suhrkamp, 2015.

Konttinen Jussi: Kunnon talvi on suhteellinen käsite – suomalaisperhe asui vuoden Siperiassa, jossa koulujen pakkasraja on –49. *Helsingin Sanomat*, 6. 1. 2017.

Kraševinnikov, Stepan P.: Explorations of Kamchatka. Report of a Journey Made to Explore Eastern Siberia in 1735–1741 … (engl. E. A. P. Crownhart-Vaughan). Portland: Oregon Historical Society, 1972. (Ensipainos 1755). https://pdxscholar.library.pdx.edu/open_access_etds/353/.

Lainema, Matti, Juha Nurminen: Die Entdeckung der Arktis (aus dem Englischen von S. Gruber, B. Lössl & F. M. v. Berger). Stuttgart: Georg Theiss Verlag, 2010.

Lauridsen, Peter: Vitus Bering. The Discoverer of Bering Strait (Englische Übersetzung von Julius E. Olson). S.C.Griggs & Company, 1889. https://archive.org/details/vitusberingdisco00laur.

Liesowska, Anna: Siberia salutes British nurse who set up a leper colony in remote Yakutian village. The Siberian Times, 15. 9. 2014. http://siberiantimes.com/home/sent-to-siberia/siberia-salutes-british-nurse-who-set-up-a-leper-colony-in-remote-yakutian-village/.

Lindqvist Sven: Terra Nullius. A Journey Through No-One's Land. (Englische Übersetzung von Sarah Death). Granta Books, 2005.

Linné, Carl von: Flora Lapponica (1737) (Englische Übersetzung). Nabu Press, 2011.

Littlepage, Dean: Steller's Island. Adventures of a Pioneer Naturalist in Alaska. Seattle: The Mountaineer's Books, 2006.

Litvinchuk, Spartak: Georg Wilhelm Steller in toponomics, names of plants and animals. Conference Paper: Aus Sibirien 2013, At Tyumen, Research Gate, 01/2014. https://www.researchgate.net/publication/271205836_Georg_Wilhelm_Steller_in_toponomics_names_of_plants_and_animals.

Lopez, Barry: Arktische Träume (dt. Übers. von Ilse Stramann). München: btb, 2000.

Lukina, Tatiana A.: Treatise of Folk Medicine by Georg W. Steller. Science First Hand: World in the eye of Science, Volume 25, No. 1, 30.4.2010. https://scfh.ru/en/papers/treatise-of-folk-medicine-by-georg-w-steller/?sphrase_id=13035146.

Lundberg, Ulla-Lena: Sibirien, Selbstporträt mit Flügeln (aus dem Schwedischen von Karl-Ludwig Wetzig). Stuttgart: Klett-Cotta, 2003.

Macdonald, David W. (Hrsg.): The Encyclopedia of Mammals. Oxford: Oxford University Press, 2009.

Mattioli, Stefano & Daryl P. Domning: An Annotated List of Extant Skeletal Material of Steller's Sea Cow (Hydrodamalis gigas). Aquatic Mammals, 09/2006. https://www.researchgate.net/publication/250020407_An_Annotated_List_of_Extant_Skeletal_Material_of_Steller's_Sea_Cow_Hydrodamalis_gigas_Sirenia_Dugongidae_from_the_Commander_Islands.

Meri, Lennart: Es zog uns nach Kamtschatka (aus dem Estnischen von M. Brandt & G. Hoppe). Leipzig: Brockhaus, 1968.

Meri, Lennart: Revontulten portilla (Übersetzung ins Finnische von Eva Lille). Helsinki: Gummerus, 1977.

Merimaa, Juha: Katse kohti Koillisväylää. Yliopisto-lehti 03/2007.

Middendorff, Alexander Theodor von: Auf Schlitten, Boot und Rentierrücken 1842–45 (Hrsg. Wieland Hintzsche). Edition Erdmann, 2013.

Mochalova, Olga & Firsov Gennady: Dendrologia of the Commander Islands, Russia. International Dendrology Society, 2005. https://www.dendrology.org/publications/dendrology/russia-dendroflora-of-the-commander-islands-olga-mochalova-gennady-firsov-2005/

Murie, Margaret: Two in the Far North (Erstauflage 1962). Anchorage: Alaska Northwest Books, 2003.

Mutanen, Annikka: Vuoden professori kehottaa tutkijoita osallistumaan keskusteluun – »erityisesti silloin kun ei pyydetä«. Helsingin Sanomat, 13.1.2017.

Nicholls, Henry: Look, no hands: steller's sea cow. The Guardian, 25.3.2016. https://www.theguardian.com/science/animal-magic/2016/mar/25/stellers-sea-cow-specimen-helsinki.

Niemi, Yrjö: Matkalla Siperiassa. Hämeenlinna: Päivä Osakeyhtiö, 2013.

Nordenskiöld, A. E.: Die Umsegelung Asiens und Europas auf der Vega. (Autorisierte deutsche Ausgabe, 2 Bände). Leipzig: F.A. Brockhaus, 1882.

Nousiainen, Marja: Merijääproksit kertovat menneisyyden ilmastosta arktisella alueella. tietysti.fi (Suomen Akatemian internetsivusto), 23.1.2018.

Nurminen, Matti (Hrsg.): Maailman eläimet. Nisäkkäät, Osa 1. Helsinki: Tammi, 1986.

Pälsi, Sakari: Pohjankävijän päiväkirjasta. Helsinki: Otava, 1982.

Panfilov, Alexander M.: Moving Beyond the Horizon, or a Prayer for Overcoming. Science First Hand: Great Northern Expedition: in the wake of the academic detachment, Volume 18, No. 6, 25.12.2007. https://scfh.ru/en/papers/moving-beyond-the-horizon-or-a-prayer-for-overcoming/?sphrase_id=13035146.

Panfilov, Alexander M.: »My Longing to Serve Society…« Science First Hand: Great Northern Expedition: in the wake of the academic detachment, Volume 18, No. 6, 25.12.2007. https://scfh.ru/en/papers/quot-my-longing-to-serve-society-quot/?sphrase_id=13036529.

Panfilov, Alexander M.: Non-Returnee, A Story of One Escape. Science First Hand: Great Northern Expedition: in the wake of the academic detachment, Volume 18, No. 6, 25.12.2007. https://scfh.ru/en/papers/non-returnee-a-story-of-one-escape/?sphrase_id=13036529.

Parvilahti, Unto: Berijan tarhat. Havaintoja ja muistikuvia Neuvostoliitosta vuosilta 1945–1954. Helsinki: Otava, 1958.

Passenjuk, Leonid: Ma kõnnin Komandorisaartel (Estnische Übersetzung von Armand Tungal). Tallinn: Eesti Raamat, 1978.

Pruett, Christin L., Tyler N. Turner, Carrie M. Topp. Sergey V. Zagrebelny, Kevin Winker: Divergence in an archipelago and its conservation consequences in Aleutian Island rock ptarmigan. Conservation Genetics, Springer International Publishing AG., 11. 2010. http://www.kevinwinker.org/Pruett%20et%20al%202010%20Conservation%20Genetics%20on%20Rock%20Ptarmigan.pdf.

Quammen, David: Der Gesang des Dodo. Eine Reise durch die Evolution der Inselwelten (aus dem Englischen von Ulrich Enderwitz). München: Ullstein, 2001.

Quammen, David: Fragile Russian Wilderness. National Geographic, 1/2009. https://www.nationalgeographic.com/magazine/2009/01/russia-wilderness/.

Quammen, David: Where the Salmon Rule. National Geographic, 8/2009. https://www.nationalgeographic.com/magazine/2009/08/kamchatka-salmon/.

Raby, Peter: Alfred Russel Wallace. A Life. London: Chatto & Windus, 2001.

Ranta, Pertti: Charles Darwin. Elämä ja evoluutio. Helsinki: Teos, 2011.

Roberts, Callum: The Unnatural History of the Sea. The past and future of humanity and fishing. London: Gaia, Octopus Publishing Group Ltd, 2007.

Robischon, Marcel: 101 Natural History Books That You Should Read Before You Die: Georg Wilhelm Steller's Journal of a Voyage with Bering, 1741–1742. Journal of Natural History Education & Experience, Volume 8, 2014.

Roman, Joe & Stephen R. Palumbi: Whales before Whaling in the North Atlantic. Science, Volume 301, 25.7.2003. https://www.researchgate.net/publication/10643325_Whales_Before_Whaling_in_the_North_Atlantic.

Ruokangas, Perttu: Maakotkan pesintä meni surkeasti. Ylen Uutiset, 19.11.2018. https://yle.fi/uutiset/3-10515178.

Saalas, Uunio: Retkeilyjä kolmessa maanosassa. John Sahlbergin matkakirjeiden ym. kirjoitelmien sekä kokemustensa mukaan kertonut Uunio Saalas. Helsinki, Porvoo: WSOY, 1952.

Sauer, Martin: An Account of a Geographical and Astronomical Expedition to the Northern Parts of Russia … etc. London: 1802. https://archive.org/details/cihm_47335.

Scheffer, Victor B., Clifford H. Fiscus, Ethel I. Todd: History of Scientific Study and Management of the Alaskan Fur Seal, Callorhinus ursinus, 1786–1964. NOAA Technical Report NMFS SSRF-780., 3/1984.

Schwartz, Mark: Whale scientist Palumbi transforms controversy into conservation. Stanford News, 23. 2. 2005.

ScienceDaily: Stanford University. »Whale Populations are too low to Resume Commercial Hunting«, Geneticists Find. ScienceDaily, 25. 7. 2003. https://www.sciencedaily.com/releases/2003/07/030725080621.htm.

Sebald, W. G.: Nach der Natur. Ein Elementargedicht. Frankfurt/Main: Eichborn, 2001.

Smith, Felisa A., Rosemary E. Elliott Smith, S. Kathleen Lyons, Jonathan L. Payne: Body size downgrading of mammals over the late Quaternary. Science 360, 310–313, 20. 4. 2018. http://science.sciencemag.org/content/360/6386/310.

Stejneger, Leonhard: Georg Wilhelm Steller. The Pioneer of Alaskan Natural History. Cambridge, Massachusetts: Harvard University Press, 1936.

Stejneger, Leonhard: How the Great Northern Sea-Cow (Rytina) became exterminated. The American Naturalist, Vol XXI, no. 12. December 1887. https://www.journals.uchicago.edu/doi/pdfplus/10.1086/274607.

Stejneger, Leonhard: Contributions to the History of the Commander Islands, No. 2. Investigations Relating to the Date of the Extermination of Steller's Sea-Cow. 1884 https://repository.si.edu/bitstream/handle/10088/12604/1/USNMP-7_421_1884.pdf.

Stejneger, Leonhard: The Russian Fur-Seal Islands. Washington: U.S. Commission of Fish and Fisheries, Government Printing Office, 1896. https://archive.org/details/russianfursealis00stej.

Stejneger, Leonhard: Results of on Ornithological Explorations in the Commander Islands and in the Kamtschatka. United States National Museum, the Smithsonian Institution, Bulletin No. 29. Washington: Government Printing Office, 1885. https://repository.si.edu/handle/10088/10215.

Stejneger, Leonhard: Additional Notes on the Plants of the Commander Islands. Proceedings of the United States National Museum, Vol. VII, No. 34, 27. 1. 1885. Washington, D. C.: Smithsonian Institution Press. https://repository.si.edu/bitstream/handle/10088/12676/1/USNMP-7_463_1885.pdf.

Steller, Georg Wilhelm: Ausführliche Beschreibung von sonderbaren Meerthieren. Carl Christian Kümmel: Halle, 2017.

Steller, Georg Wilhelm: Die Entdeckung Alaskas mit Kapitän Bering: Von Sibirien nach Alaska 1741–1742. Wiesbaden: Edition Erdmann, 2013.

Steller, Georg Wilhelm: Beschreibung von dem Lande Kamtschatka. Reise von Kamtschatka nach Amerika. Ausführliche Beschreibung von sonderbaren Meerthieren. Unveränderte Nachdrucke der 1774 in Frankfurt, 1793 in St. Petersburg und 1753 in Halle erstmals erschienenen Werke. Hrsg. Hanno Beck. Stuttgart: Brockhaus Antiquarium, 1974.

Sutton, Ann & Myron Sutton: Steller of the North. New York: Rand McNally, 1961.

Switek, Biran: Sea Otters, Hunters, and Sea-Cows – Replaying a Recent Extinction. Science Blogs, 24.6.2010. http://scienceblogs.com/laelaps/2010/06/24/sea-otters-hunters-and-steller/.

Sytin Andrei K., Lev. Ya Borkin: »What a Bliss it is to see Nature in its Very Being …« Science First Hand: Chinggis Khan: In the Eye of the Third Millenium, Volume 13, No. 1. 25.2.2007. https://scfh.ru/en/papers/quot-what-a-bliss-it-is-to-see-nature-in-its-very-being-quot/?sphrase_id=13036158.

Tschechow, Anton: Briefe aus den Jahren 1879–1904. München: Winkler, 1971.

Tschechow, Anton: Die Insel Sachalin (aus dem Russischen von Gerhard Dick). Zürich: Diogenes, 1987.

Turun yliopiston uutiset: Jättirotta, caramba-pistiäinen, huovuttaja ja varaani – uudet eläimet herättävät huomiota maailmalla. 20.2.2017.

Turvey S.T., C.L. Risley: Modelling the extinction of Steller's Sea Cow. The Royal Society Publishing, 22.11.2006. http://rsbl.royalsocietypublishing.org/content/2/1/94.

Valkama Jari, Ville Vepsäläinen & Aleksi Lehikoinen: Suomen III Lintuatlas. Luonnontieteellinen keskusmuseo ja ympäristöministeriö, 2011.

Valste, Juha (Hrsg.): Maailman Luonto. Nisäkkäät osa 1. Helsinki: WSOY-yhtymä Weilin+Göös Oy, 2001.

Waxell, Sven: Die Brücke nach Amerika. Abenteuerliche Entdeckungsfahrt des Vitus Bering 1733–1743 (aus dem Dänischen von Anni Carlsson). Olten/Freiburg: Walter, 1968.

Wetmore, Alexander: Biographical Memoir of Leonhard Hess Stejneger, 1851–1943. National Academy of Sciences of the United States of American Biographical Memoirs, Volume XXIV – 4. memoir, 1945.

Willmore, Karen & Margritt Engel: Steller's Fourth Kingdom. His Thoughts about the Human Realm. Stellerstudien 2016, Internationale Georg-Wilhelm-Steller-Gesellschaft Halle e. V. http://www.steller-gesellschaft.de/steller-studien/.

Winker, Kevin: The Crumbling Infrastructure of Biodiversity: The Avian Example. Conservation Biology, volume 10, no. 3. 6/1996.

Webseiten

Webseite der Steller-Gesellschaft

http://www.steller-gesellschaft.de/

Deutsch- und Englischsprachige Wikipedia:

https://de.wikipedia.org/
https://en.wikipedia.org/

Über die Kommandeurinseln

http://www.museum.lsu.edu/~Remsen/WinkerConsBiol.pdf
http://www.nhpfund.org/files/commander-islands-tentative-list-en.pdf (Webseite des UNESCO Welterbes)
http://ultima0thule.blogspot.fi/2015/02/nikolskoye-on-bering-island-far-far.html (Bilder von der Beringinsel; Blog von Mário Gonçalves)

Tierkunde

http://animaldiversity.org/ (Webseite der University of Michigan)
https://areena.yle.fi/1-1289706 (Minna Pyykkös Radiosendung über ausgestorbene Arten, darunter auch die Stellersche Seekuh und der Brillenkormoran. In finnischer Sprache).
http://www.hans-rothauscher.de/steller/museums.htm (über die Skelette der Stellerschen Seekuh)
http://www.iucnredlist.org/ (Webseite der Weltnaturschutzorganisation IUCN, Informationen über bedrohte Arten, wie u.a. den Seeotter und verschiedene Robben- und Walarten)
https://www.pinnipeds.org/ (über Robben)

Abbildungsverzeichnis